教师教学信念
生成机制的质性研究

吴金航　著

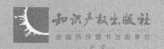

知识产权出版社
全国百佳图书出版单位
—北京—

图书在版编目（CIP）数据

教师教学信念生成机制的质性研究 / 吴金航著. —北京：知识产权出版社，2024.6
ISBN 978-7-5130-9379-8

Ⅰ. ①教… Ⅱ. ①吴… Ⅲ. ①教学研究 Ⅳ. ①G420

中国国家版本馆CIP数据核字（2024）第106410号

内容提要

本书主要以“教师教学信念的生成遵循何种机制”为研究问题，以教学心理与教学哲学的视角为切入点，以生成学习理论、计划行为理论、元认知理论和自我知觉理论等为理论基础，以质性研究为主要方法，着重阐释了教师教学信念的生成价值与功能，考察了教师教学信念的生成样态，探析了教师教学信念的生成途径，解析了教师教学信念的生成场域，构建了教师教学信念生成机制框架，在此基础上提出了教师教学信念生成的优化机制。

本书适合从事教师教育研究和教育教学管理的高校教师、中小学教师和师范类在读研究生阅读。

责任编辑： 王　辉　　　　**责任印制：** 孙婷婷

教师教学信念生成机制的质性研究

JIAOSHI JIAOXUE XINNIAN SHENGCHENG JIZHI DE ZHIXING YANJIU

吴金航　著

出版发行：知识产权出版社有限责任公司	网　　址：http:// www. ipph. cn
电　　话：010－82004826	http:// www. laichushu. com
社　　址：北京市海淀区气象路50号院	邮　　编：100081
责编电话：010－82000860转8381	责编邮箱：laichushu@cnipr.com
发行电话：010－82000860转8101	发行传真：010－82000893
印　　刷：北京中献拓方科技发展有限公司	经　　销：新华书店、各大网上书店及相关专业书店
开　　本：720mm×1000mm　1/16	印　　张：19
版　　次：2024年6月第1版	印　　次：2024年6月第1次印刷
字　　数：330千字	定　　价：96.00元

ISBN 978-7-5130-9379-8

序

教师主体在育人目标取向、教学内容设置、教学方式选择、对待学生态度、教学评价等方面为何存在个体偏好？这一问题是金航博士在他教学工作期间及读博初期的困惑。在一次“教学理念”的博士生专题研讨课中，受我对“教学信念”问题领域价值逻辑阐释的原型启发，他开始将教学信念作为思考教师主体教学偏好的基点进行探讨。习近平总书记对“四有好老师”的论述，更坚定了他的研究主题及方向。然而，带着这一“新发现”，在不断爬梳与教学信念相关的大量的中英文文献后，他遇到了新的困惑——“教师教学信念发展的影响因素”的前期假定已不具有新意。在与我的多次交流中，“教师教学信念是如何形成的”这一过程性问题进入了他的视域，继而教师是通过哪些路径来构建教学信念的？教学信念的生成遵循何种机制？教师应怎样优化自身的教学信念等便成了他集中思考的核心问题，最后将其博士论文选题定为《教师教学信念生成机制的质性研究》。

如今，金航博士毕业已5年有余，且顺利晋升教授。从攻读博士学位至今，他从未间断过教师信念的相关思考与探索，在对博士论文继续丰富的基础上，《教师教学信念生成机制的质性研究》一书即将付梓出版。应金航教授的邀请，特为该著作作序。

该著作以教学心理与教学哲学的视角为切入点，以生成学习理论、计划行为理论、自我知觉理论等相关理论为基础，以质性研究为主，综合运用了文献研究、个案研究、半结构访谈、课堂观察等研究方法，阐释了教师教学信念的生成价值与功能，考察了教师教学信念的生成样态，探析了教师教学信念的生成途径，解析了教师教学信念的生成场域，构建了教师教学信念生成机制的系统，提出了教师教学信念生成的优化机制。这一研究对教学理论、教师教育理论发展具有较为重要的学术价值，主要体现在以下三个方面。

一是问题分析逻辑严密清晰。在分析思路上，以“确定问题—界定问题—检视问题—分析问题—解决问题”为逻辑进路，由此形成了教师教学信念的“价值认识”“现实样态”“路径归因”“影响因素”“生成机理”和“发展路向”六大板块的研究内容。

二是构建了教师教学信念生成机制系统模型。该模型以教师教学信念生成的动力为根本，以教师教学信念生成过程为核心，以教师教学信念生成的条件为保障，以教师教学信念生成的加工策略为关键，以教师教学信念生成的应用为重点，共同组构了教师教学信念生成机制的系统。该系统模型不仅为教学实践场域的教师个体构建教学信念提供了理论导引，也为教师教育相关者开展教师专业发展计划提供一定的参考。

三是揭示了教师教学信念生成过程及其应遵循的规律。基于当前基础教育的实践调查，揭示了教师教学信念生成过程的三个面向：学习脉络、实践脉络和反思脉络。学习脉络下教师教学信念的生成过程包括六个基本阶段：学习活动—获得经验—形成观念—实践检验—效果反馈—确定信念。实践脉络下教师教学信念的生成过程包括五个基本阶段：教学实践—问题解决—效果反馈—经验形成—信念确立。反思脉络下教师教学信念的生成过程主要包括七个环节：描述、澄清、保存/质疑、问题、假设、检验、重构。教师教学信念的形成过程需要遵循“输入—加工—输出”的认知规律、“积极、正向、学生中心”的发展规律和“要素、层次、结构、环境互动”的系统规律。这些研究所得能在一定程度上激励教师不断探索自我教学生活的内心景观，为教师教育改进提供新的思路。

整体而言，该著作超越了教师的知识习得、技能掌握的研究取向，侧重于观照教师对教学意义的追寻。对教师教学信念生成机制的探寻，有助于唤醒教师个体在日常的学习、教学工作和教学反思中，在积淀学科知识、教学知识以及提升教学技能的同时，寻求自我教学生活的意义，而不是把自我生活意义的构建与教学知识、教学技能的发展完全割裂。在这个意义上，该著作耦合了知识习得、技能掌握与意义建构之间的鸿沟。

该著作通过深入剖析教师教学信念的形成过程，为提升教师专业发展提供理论支持和实践指导，为教师信念研究提供了别样的思考空间，值得研究教师信念的同仁和提升专业素养的中小学教师阅读。

略作数语，是为序。

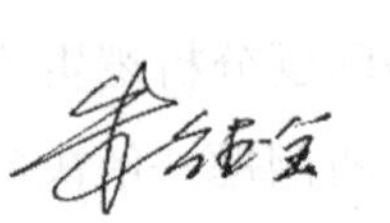

西南大学教育学部

2024年4月22日

目　录

绪　论 ……………………………………………………………1

一、问题缘起 ……………………………………………………1

二、研究目的与研究意义 ………………………………………10

三、文献综述与研究启示 ………………………………………13

四、核心概念界定 ………………………………………………28

五、理论基点 ……………………………………………………54

六、研究问题与研究内容 ………………………………………60

七、研究思路与研究方法 ………………………………………63

第一章　教师教学信念的生成价值与功能 ……………………67

一、教师教学信念的意涵 ………………………………………67

二、教师教学信念的双重价值 …………………………………84

三、教学信念的功能 ……………………………………………89

第二章　教师教学信念的质性研究设计 ………………………95

一、考察目的与对象 ……………………………………………95

二、调查工具与信效度 …………………………………………98

三、资料收集与资料编码 ………………………………………101

四、研究伦理与研究限制 ………………………………………107

第三章　教师教学信念的生成样态考察 ………………………109

一、教学目标信念 ………………………………………………110

二、教学内容信念 ………………………………………………112

三、教学主体信念 ………………………………………………115

四、教学方法信念 ………………………………………………121

五、课堂教学管理信念 …………………………………………127

六、教学评价的信念 ……………………………………………129

七、教师教学信念的生成样态评析 …………………………………………130
第四章　教师教学信念的生成路径试探 ……………………………………139
一、在多元学习中建构:教师教学信念生成的理论前提 ……………………140
二、在教学实践中内生:教师教学信念生成的现实基础 ……………………150
三、在师资培训中助推:教师教学信念生成的外推路径 ……………………156
四、在教学反思中修缮:教师教学信念生成的内生路径 ……………………160
第五章　教师教学信念的生成场域解析 ……………………………………169
一、主体场域:影响教学信念生成的微观系统 ……………………………170
二、实践场域:影响教师教学信念生成的中观系统 ………………………185
三、制度场域:影响教师教学信念生成的宏观系统 ………………………195
第六章　教师教学信念生成机制的系统构建 ………………………………201
一、教师教学信念生成的动力机制 …………………………………………202
二、教师教学信念生成的条件机制 …………………………………………205
三、教师教学信念生成的过程机制 …………………………………………210
四、教师教学信念生成的加工机制 …………………………………………223
五、教师教学信念生成的应用机制 …………………………………………225
第七章　教师教学信念生成的优化机制 ……………………………………229
一、教师教学信念生成的问题表征 …………………………………………229
二、教师教学信念生成的应然样态 …………………………………………232
三、教师教学信念生成的“自觉”机制 ………………………………………235
四、教师教学信念生成的“深化”机制 ………………………………………251
五、教师教学信念生成的“序化”机制 ………………………………………253
第八章　研究发现、贡献与不足 ……………………………………………257
一、研究发现与贡献 …………………………………………………………257
二、研究不足与展望 …………………………………………………………262
参考文献 ………………………………………………………………………265
附　录 …………………………………………………………………………287
后　记 …………………………………………………………………………295

绪　论

一、问题缘起

教育是一项需要远景规划的事业，完善而坚定的教师信念(teachers' belief)则成为教育事业发展必不可少的精神支柱。教学作为学校教育的中心工作，是影响学生核心素养形塑的重要因素。教学信念(teaching belief)作为教师的核心素养之一，影响着教师的教学决策和教学行为，进而影响着学生核心素养的发展。

然而，当前多数教师对教学信念的忽视与教学信念应作为教师核心素养的要求之间是失调的。布克曼(Buchmann)的研究指出，多数教师没有明确的、稳定的哲学观点或信念，即便拥有明确观念或信念的教师，也没有完全按照信念系统教学，他们不能将教学观念落实到教学实践活动中，其教学活动只是处理一些具体的琐碎的细节。[1]马莹博士的研究则指出，信念结构残缺及信念强度欠缺是目前我国基础教育教师信念存在的普遍问题。[2]现实教育情景中，有的教师认为“没有教学信念依然能教好书”。从某种意义上看，这种“教学无须信念”的信念观折射了这些教师漠视教学信念在教师专业发展中的重要意义，进一步而言，这些教师忽视了对自我教学生活内心景观[3]的观照。

事实上，教学信念不仅是教师专业发展不可或缺的重要内容，更是教师的核心素养构件。诚如雅斯贝尔斯(Jaspers)所言：“教育须有信仰，没有信仰就不成其为教育，而只是教学的技术而已。”[4]同理，教师也须有信念，没有信念的教师不能成为真正意义上的教师，只是教学技术的执行者而已。叶澜教授认为，未来教师应具备的首要专业素养是有与时代精神相通的教育理念——关于教育的观念和理性信念，并以此作为自己专业行为的基本理性支点[5]。由此可见，对教师而言，信念并不是可有可无的存在，相反，它是教师应具备的核心素养。

---

❶ BUCHMANN M. The use of research knowledge in teacher education and teaching[J]. American Journal of Education, 1984(92):421-439.

❷ 马莹.基础教育课程改革中的教师信念研究[D].西安:陕西师范大学,2012:54.

❸ 帕克·帕尔默.教学勇气:漫步教师心灵[M].吴国珍,等译.上海:华东师范大学出版社,2014:179.

❹ 雅斯贝尔斯.什么是教育[M].邹进,译.北京:生活·读书·新知三联书店,1991:44.

❺ 叶澜.新世纪教师专业素养初探[J].教育研究与实验,1998(1):41-46.

教师不仅要明确自我拥有何种信念，更要探索这种信念是如何形成的。斯坦福哲学百科全书指出，关于信念的研究，必须回答的问题是："有机体如何获得信念"❶。诺曼（Norman）曾指出认知科学必须关注的12项研究主题，其中第一项主题即为信念系统（belief system），他认为，我们对世界和自己信以为真的事物，会影响我们的记忆、知觉、问题解决和对一般经验的解释。所以有必要知道信念是如何形成，如何运作以及如何改变。❷基于此，教师教学信念是如何生成的？教师教学信念的生成应遵循何种机制？这些问题皆是学界值得重点探究的课题。

（一）课程改革的深化离不开教师教学信念的支持

课程改革作为促进教育改革与发展的关键利器，一直以来深受教育研究者和教育管理者关注。从拉尔夫·泰勒（Ralph Tyler）参与的课程改革的"八年研究"，赞科夫（Занков Леонид Владимирович）开展长达20年的"教育与发展"的实验研究，到后来各国不同时期的课程改革，均反映了课程改革是教育改革中的核心环节。

进入21世纪，我国启动了新一轮的基础教育课程改革，2001年6月教育部颁发《基础教育课程改革纲要（试行）》明确提出："知识与技能、过程与方法、情感态度与价值观"三维课程目标体系。三维课程目标作为国家新课程基本理念的重要体现，表征着新课程的价值追求，是各学科课程目标共同遵循的框架。

新课改启动至今，取得了一定的成效，但仍然存在不少问题。由21世纪教育研究院与中国教育网合作开展的"教师对新课改的评价"网络调查中，发现有74%的教师认同"合作、自主、探究"的新课改理念，但大部分教师对新课改实际成效评价偏低，仅有约四分之一的教师表示满意。❸基于新课改实施成效偏低的现状，学者们各抒己见，有研究者将其归因于推进方式和教师培训的实效性问题❹、既得利益

❶ WIKIPEDIA. Belief［EB/OL］.(2018-09-16)［2018-09-17］. https://en.wikipedia.org/wiki/Belief#cite_note-3.

❷ NORMAN D A. Twelve issues for cognitive science［J］. Cognitive Science，1980(4)：1-32.

❸ 李新玲．十年课改说成败［N/OL］. 中国青年报，2011-10-20(03)［2021-06-10］. http://zqb.cyol.com/html/2011-10/20/nw.D110000zgqnb_20111020_2-03.htm.

❹ 洪亮．十年课改：超越成败与否的简单评价——"教师对新课改的评价"网络调查［EB/OL］.(2011-10-16)［2017-02-10］. http://edu.people.com.cn/GB/15911286.html.

集团间的博弈[1]等，甚至有学者还讨论了新课改是否“轻视知识”[2]。尽管学者们为了发展理想中的教育而尽职尽责，但是这场改革所引发的很多问题仍然没有得到有效的解决，需要进行更为深入的研究与探讨。[3]

课程改革是一个时代性问题。随着科学技术的不断发展与更新，社会对公民素养的要求也随之变化，作为培养人的媒介——课程——也必须及时作出相应回应。进入千禧之年，世界上许多发达国家相继展开了相应的基础教育课程改革，其课改的共同理念主要倡导培养学生的核心素养(Key Competences)。如美国强调要培养学生的信息素养、媒体素养、信息技术素养、创造力与创新能力、批判思维与问题解决、主动性与自我导向、沟通与合作能力、灵活性与适应性、社会与跨文化技能、生产力与社会义务、领导与责任心等素养。[4]芬兰根据当代以及未来社会对公民、欧洲国家对公民的要求，规定了学生应具备七类核心素养——成长为人，文化认同与国际化，信息素养与交际，参与行使公民与企业家的权利，对环境、健康和可持续发展的将来的责任感，安全与交通，技术与个体。[5]澳大利亚于2008年发布的《墨尔本宣言》是以促进教育的公平与卓越、培养青少年成为成功的学习者、自信且富有创造力的个体和主动明智的公民为总体目标，基于这个总体目标，澳大利亚要培养的公民必须具有读写、计算、信息和通用技术、批判性和创造性思维、道德行为、个人和社会能力以及跨文化理解在内的七项通用能力和三大跨学科主题(土著居民和托雷斯海峡岛民的历史和文化、亚洲文化及澳大利亚与亚洲的融合和可持续发展)。[6]2008年，日本修订并颁布了最新课程标准——《学习指导要领》，将培养学生的“生存能力”定为日本义务教育的基本目标，关注学生八个方面的素养：语言能力、科技应用能力、外语能力、注重传统文化、实践能力、道德素养、身体健康、参与社会活动的素养。[7]

---

[1] 周大平．教育现实与新课改目标还有距离[N/OL]．中国青年报，2011-10-20(03)[2021-07-15]．http://zqb.cyol.com/html/2011-10/20/nw.D110000zgqnb_20111020_2-03.htm.

[2] 王策三．认真对待“轻视知识”的教育思潮——再评由“应试教育”向素质教育转轨提法的讨论[J]．北京大学教育评论，2004(3)：5-23.

[3] 马莹．基础教育课程改革中的教师信念研究[D]．西安：陕西师范大学，2012：4.

[4] 辛涛，姜宁，刘霞．我国义务教育阶段学生核心素养模型的构建[J]．北京师范大学学报(社会科学版)，2013(1)：5-11.

[5] 辛涛，姜宇，王烨辉．基于学生核心素养的课程体系建构[J]．北京师范大学学报(社会科学版)，2014(1)：5-11.

[6] 王烨晖，辛涛．国际学生核心素养构建模式的启示[J]．中小学管理，2015(9)：22-25.

[7] 辛涛，等．基于学生核心素养的课程体系建构[J]．北京师范大学学报(社会科学版)，2014(1)：5-11.

从各国有关学生核心素养的课程调整情况而言，其发展趋势及特征主要表现在：强调学生的核心素养的培养与社会发展之间的适应性；将核心素养细化为学科之中，从而把核心素养落到实处；基于核心素养框架下，构建系统的学业质量评价标准❶。

鉴于国际课程改革的新趋势及我国现阶段的课改困境，我国的课程研究者正积极完善课程改革的理念，构建适应于我国国情及教育实情的学生核心素养结构，课程目标已由“三维目标”向“核心素养”转向。核心素养将指导、引领着中小学课程教学改革实践❷。但不论什么“目标”，也不论什么“价值”，其贯彻、实施、实现在学校（尤其中小学校）教育条件下，无论如何都绕不开教学；没有教学，就没有完全意义上的课程和真正意义上的课程❸。这是因为构建基于核心素养的课程体系应至少包含具体化的教学目标、内容标准、教学建议和质量标准四部分，其中，具体化的教学目标和质量标准要体现学生核心素养，内容标准和教学建议要促进学生形成核心素养❹。

无论是“三维目标”，还是“核心素养”，其理念欲求落实，离不开课堂教学，在理念细化为具体的教学行为中，教师的信念起着至关重要的作用。这是因为任何革新计划若要获得成功，必须以教师的信念认同为前提。“没有教师的协助及其积极参与，任何改革都不能成功。”❺在课程改革中，教师被视为改革成功的关键，而教师的教学信念则被认为是落实课程的关键❻。进一步而言，教师的教育信念是教育改革的核心。如果教师对学习者的信念或者他们对有效教学的内在形象，与新课程或新教学方法所体现的正好相反，那么他们就不会充满热情、全力以赴地坚持改革❼。事实上，信念既是影响变革的因素，也是变革过程所产生的结果。教学本身是一种意向性活动，它不仅会影响着教师的教学意向，更会影响教师对教学现象及

❶ 王烨辉，辛涛．国际学生核心素养构建模式的启示[J]．中小学管理，2015(9)：22-25.

❷ 钟启泉．核心素养的“核心”在哪里——核心素养研究的构图[N]．中国教育报，2015-04-01(007).

❸ 王策三．“三维目标”的教学论探索[J]．教育研究与实验，2015(1)：1-11.

❹ 辛涛，姜宇，王烨辉．基于学生核心素养的课程体系建构[J]．北京师范大学学报（社会科学版），2014(1)：5-11.

❺ 国际21世纪教育委员会．教育——财富蕴藏其中[M]．北京：教育科学出版社，1996：15.

❻ 甄晓兰，周立勋．国小教师数学教学信念及其相关因素之探讨[J]．课程与教学季刊，1999，2(1)：49-68.

❼ 黄显华，霍秉坤，徐慧璇．现代学习与教学论：性质、关系和研究（第二卷）[M]．北京：人民教育出版社，2014：579.

教学理论的诠释，进而决定教师的教学表现❶。以“学生核心素养养成”为目标的课程改革，会对教师业已形成的教学目的观、教学内容观、教学方法观、教学主体观、教学管理观及教学评价观等因素产生影响。学生核心素养理念欲求落实，就不能忽视教师教学信念研究。

（二）新教师教育政策的落实呼唤教师教学信念的生成

伴随教育事业的发展，教师专业化已成为教育领域中的重要研究课题。教师为何需要专业化？如何专业化？这既是对教师专业化的价值追问，又是对教师专业化生成的路向考量，其宗旨在于最大限度发展教师的核心素养，培育教师在教育教学实践中的主体性人格，促进教学实践中的教师与学生能在交往互动中达成“教学相长”。

为了加强基础教育领域的教师专业化养成，近年来，我国先后出台了一系列教师教育方面的政策文件。2011年10月8日，由教育部制定的《教师教育课程标准（试行）》（教师〔2011〕6号）中，明确提出加强教师养成教育——注重未来教师气质的培养，营造良好教育文化氛围，激发师范生的教育实践兴趣，树立长期从教、终身从教信念❷。此次教师教育课程标准从三个领域明确提出了教师教育的课程目标——教育信念与责任、教育知识与能力和教育实践与体验。从现已搜集到的文献资料来看，将教育信念的养成作为教师素养之一并以政策文件的形式加以强调在教师教育领域尚属首次。可见，培养教师具有正确的儿童观、教师观、教育观、教学观及相应的行为观将成为当前及今后教师教育的重要价值取向。

2012年2月10日，在教育部印发的《幼儿园教师专业标准（试行）》《小学教师专业标准（试行）》和《中学教师专业标准（试行）》（教师〔2012〕1号）❸等文件中，强调了教师专业发展的基本内容，即专业理念与师德、专业知识和专业能力三部分；其中专业理念与师德又分为四部分：职业理解与认识、对学生的态度和行为、教育教学的态度与行为和个人修养与行为。再次强调将培养教师信念作为教师专业发展的

❶ STUART C，THURLOW D. Making it their own：pre-service teachers’ experiences，belief and practices［J］. Journal of Teacher Education，2000，51（2）：113-121.

❷ 中华人民共和国教育部．教育部关于大力推进教师教育课程改革的意见［EB/OL］．（2011-10-08）［2015-12-20］．http://www.moe.gov.cn/srcsite/A10/s6991/201110/t20111008_145604.html.

❸ 中华人民共和国教育部．教育部关于印发《幼儿园教师专业标准（试行）》《小学教师专业标准（试行）》和《中学教师专业标准（试行）》的通知［EB/OL］．（2012-09-13）［2015-12-20］．http://www.moe.gov.cn/srcsite/A10/s6991/201209/t20120913_145603.html.

重要素养。

2014年8月18日，教育部颁布了《教育部关于实施卓越教师培养计划的意见》（教师〔2014〕5号）（以下简称《意见》）。《意见》明确指出“针对中学教育改革发展对高素质教师的需求，重点探索本科和教育硕士研究生阶段整体设计、分段考核、连续培养的一体化模式，培养一批信念坚定、基础扎实、能力突出，能够适应和引领中学教育教学改革的卓越中学教师。”“加强养成教育，注重未来教师素质培养，营造良好教育文化氛围，引导师范生树立长期从教、终身从教信念。”❶

2018年1月31日由中共中央、国务院印发的《关于全面深化新时代教师队伍建设改革的意见》和2018年3月28日由教育部等五部门联合发布的《教师教育振兴行动计划（2018—2022年）》的通知❷中，明确将“四有好老师”作为教师素养建设的标准，而“要有理想信念”则为其首要标准。

综上可知，当前我国教师教育政策呼唤教师教育相关者（尤其是一线教师）要重视教师信念养成。可以说，教师信念及其养成问题将成为我国当前及今后教师教育研究领域重点关注的课题之一。

然而，反观当前教师教育现状不难发现，当前的教师教育仍然固守传统的培养理念——传递科学文化知识与教学技能。这一传统理念背后的认识逻辑主要在于教师通过培训掌握了知识与技能就可以成为教师，把书教好。这无疑与苏格拉底对“如果人们知道什么是善，就必然会变善”的认知偏见一样。受这一理性主义知识观的影响，长期以来教师教育以形塑知识型教师为教育旨趣。在教学过程中，教师的身份成了科学文化知识的“搬运工”或“二传手”，教师的知识创生与创造则沦落为可有可无、价值卑微甚至招致排斥。学生的身份成了知识的“接收器”或“白板”，学生的知识探究、知识创生则成为政策的宣言与教师的宣讲，脱离于教师的教学活动和学生的学习活动，“灌输—接收”的“授—受”关系则堂而皇之地成了众生顶礼膜拜的教学模式，进而引发了传递主义、灌输主义、控制主义以及压迫主义等教学论的僭越与滥觞❸。正是基于此，以至于教师被冠以“教书匠”之“雅名”。

掌握科学文化知识和教学技能虽然是教师顺利开展“传道、授业、解惑”的必要前提，但并非教师教育唯一本真所在，也非教师成长的终极旨趣。教学过程仍是教

❶ 中华人民共和国教育部．教育部关于实施卓越教师培养计划的意见[EB/OL]．(2014-08-19)[2015-12-20]．http://www.moe.gov.cn/srcsite/A10/s7011/201408/t20140819_174307.html.

❷ 教育部等五部门．教育部等五部门关于印发《教师教育振兴行动计划（2018—2022年）》的通知[EB/OL]．(2018-03-22)[2018-04-16]．http://www.moe.gov.cn/srcsite/A10/s7034/201803/t20180323_331063.html.

❸ 张良．课程知识观研究：从表征主义到生成主义[M]．重庆：西南师范大学出版社，2017：5.

师与学生以课堂教学为主要场域而实现相互交流、相互影响、共同发展的共生共存过程。在此过程中，我们过于重视知识的传递与掌握，因而混淆了手段（工具）与目的（价值）间的关系，误将掌握知识与成长画等号，尽管传递知识是教师教育的教学目标之一，但它不是教师教育的终极目标，掌握知识是为了更好地发展教师素养，形塑教师品性，不应忽略教学过程中的主体性存在及其教学行为背后的思想——教师教学信念，而教师教学信念往往是教师专业发展忽视的问题[1]。

事实上，信念对于教师个体、学校、教师教育等教育相关者而言意义重大。乌申斯基认为“无论有关教学和教育的指示是如何详细和准确，它们永远不能弥补教师信念的不足。……对人进行教育的最主要途径就是培养信念，然而只有以信念才能培养起信念。任何教学大纲，任何教学方法，不管它是多么完善，但如果不能变为教育者的信念，那就只能成为一纸空文，在实际上不能起任何作用。在这件事情上，甚至连最警惕的监督也不会见效。一个教育者永远不可能成为教育指示的盲目的执行者；教育指示不经过个人信念的加温，就不可能具有任何力量。”[2]苏霍姆林斯基也指出，“在学校全部教育现象及其复杂的关系中，最宝贵的东西是什么？教师的信念——这是学校里最宝贵的东西”[3]。其他相关研究也指出，教师在整个教学历程中的表现、思考与决定都深受教师的教学信念影响。平瑞克（Pintrich）则认为探究信念是教师教育中最有意义的内容[4]。因此，研究教学信念是教师教育领域中不可或缺的重要课题之一。

值得注意的是，探讨作为结果的教学信念与作为生成过程的教学信念是相辅相成、不可分割的内容。从“过程—结果”关系思维范式来看，任何结果都是由相应过程所致，任何过程都会导致相应的结果。基于此，对教学信念的研究不能只考察其现状是何？还应考量这些教学信念是如何形成的。盖因对教学信念现状的认识与把握是为了清晰地了解其结果，对教学信念形成过程的认识与理解则是为了更好地认知其形成的心理过程。诚如杜威（John Dewey）所言，我们不能只“依据表面结果来判断教育，而不顾及个人态度和习惯的发展。依据结果的观念，而不顾及获得结果的心理过程”[5]。

---

❶ 脱中菲．小学数学教师信念结构及特征的个案研究［D］．长春：东北师范大学，2014：130．

❷ 郑文樾．乌申斯基教育文选［M］．北京：人民教育出版社，2007：98．

❸ 苏霍姆林斯基．怎样培养真正的人［M］．蔡汀，译．北京：教育科学出版社，1992：193．

❹ PINTRICH P R. Implications of psychological research on student learning and college teaching for teacher education［M］//W R HOUSTON. Handbook of research on teacher education. New York：Macmillan，1990：826-857.

❺ 约翰·杜威．我们怎样思维·经验与教育［M］．姜文闵，译．北京：人民教育出版社，2005：61．

（三）知识建构理论的兴起倡导探究教师教学信念的生成过程

自教育活动出现以来，人们对教育功能的认识主要定位于传递经验培养人。基于这一教育信念，人们对教学的研究多倾向于为什么教学、教学什么、谁教谁学、怎么教学以及教学效果如何等本体论问题。因此作为课堂教学过程的引导者——教师，人们也主要观照其“传道、授业、解惑”的实践样态（教学行为），而鲜见对其行为动因深入考量。究其原因，一方面受行为主义思想的影响，行为主义者认为有什么样的行为就会有什么样的结果，即是说，教师的教学行为是影响教学质量的关键因素，进而影响学生的发展；另一方面教师的课堂教学行为具有外显性特征，教学行为可直接折射出教师的教学态度和教学效果。这些内容直接观察便可获得，可作为评价教师教学质量好坏的依据。教学行为就顺理成章地成为课堂教学理论研究的宠儿。事实也表明，教育的育人价值与社会价值正是基于教学行为的实施才得以实现，如何教学便成为有效课堂教学理论的关注重点。但是，一定的行为必然由相应观念支撑。以往课堂教学活动中，人们过多关注教师的课堂教学行为的表现及其结果，并据此给予好或坏的标签式评价，缺乏对教师教学行为结果的形成过程进行深入探究。基于这一传统的教师功能观下，长期以来，人们多倾向于将教师理解为知识的传递者、文化的传承者的功能性存在者，于是在教学论的研究领域中，较多探索了教师的角色、作用、专业知识和技能的养成等功能性因素，而忽略了教师在教学过程中的主体性存在的内心世界及其生成过程的探讨。因此，舒尔曼（Shulman）认为，在教学研究中信念是一个“缺失的范式”（missingparadigm）❶。

20世纪60—70年代，伴随计算机的发明与应用，认知心理学家以计算机作为类比物，在对人与计算机进行比较的过程中，提出了有关学习的新的隐喻——“学习是知识的获得”❷。认知主义者认为，知识是可以积累、加工、存储和分配的，知识可以像物品一样由教师传递给学生。在认知主义者看来，以知识传递为目的的讲授法就是最好的教学方法，教学评价就是以学生获得知识的多寡为主要指标。基于这样的认识逻辑，人们对教师或教师对自己的要求也主要在于掌握知识的多寡，因此才会有“若要给学生一碗水，教师必先有一桶水”的教学观。在教学方法上也主要以知识传递为要，学习就是对所教知识的复述与识记。显然，这种以计算机处理

❶ SHULMAN L S. Paradigm and research for the study of teaching[M]//M C WITTROCK. Handbook of research on teaching. 3rd ed. New York: Macmillan, 1986: 1-36.

❷ 莱夫，温格. 情景学习：合法的边缘性参与[M]. 王文静，译. 上海：华东师范大学出版社，2004：11.

信息方式为参照系的学习隐喻仅将学生视为信息接收者角色，将个体的学习视为孤立的、简单的活动。

20世纪80年代，从工业化社会向信息社会发展的过程中，人们不再将知识视为静态的、固定不变的存在，而是将知识视为动态的、情境的、可变的存在。于是，建构主义思想顺势而立。建构主义的知识观主要表征为：一是知识具有建构性，在建构主义者看来，知识是个体对客观世界主动建构的产物。二是知识具有社会性，建构主义者认为，知识是个体与社会之间相互作用的结果。三是知识具有情境性，建构主义者认为，任何知识都是在一定情境中生成的。情境理论的研究对象从关注学校到关注学校情境与校外情境并重，强调认知与学习的交互特性和实践的重要性。四是知识的复杂性，知识具有不稳定性、结构不良性和主观性的特点[1]。五是知识的默会性，知识不仅有明确的知识，还有潜藏于个体内在的不能直接观察到的知识，即默会性知识。基于建构主义知识观视角下，教师在教学过程中的角色功能除了传承科学文化知识外，还具有建构科学文化知识的功能。无论传承科学文化知识，还是建构科学文化知识，都离不开教师信念的影响，因为教师的教学信念不但会影响教师的教学计划和教学行为，更会影响着教师对教学理论及经验的诠释[2]。基于此，教师是如何诠释或建构自身的教学信念？这一问题也是教学论领域需要关注的问题。

知识与技能的掌握是教师顺利履行教书育人职责的基本素养，但它并非教师教育的终极旨趣，它仅能成为教师核心素养生成的手段。因此，引导教师形塑自己的教育教学信念理应成为教师教育追寻的目的，即教师教育的培养目标应从知识型教师向信念型教师转化。成为信念型教师的前提是必须具有明确且践行的教学信念，而教学信念生成则是实现这一条件的有效途径。从事物发展的规律来看，任何事物都是在多维因素相互作用中逐渐演变与发展的。凡是有事物的生成，其一定存在某种机制。基于此，教师教学信念是如何生成的？教师教学信念的生成存在何种机制？这些问题皆是值得学界深入研究的重要课题。

[1] 莱夫，温格．情景学习：合法的边缘性参与[M]．王文静，译．上海：华东师范大学出版社，2004：14.

[2] STUART C，THURLOW D. Making it their own：pre-service teachers' experiences，belief and practices[J]. Journal of Teacher Education，2000，51(2)：113-121.

二、研究目的与研究意义

（一）研究目的

本书旨在通过理论研究和实证研究，阐释教学信念的内涵、类型、结构、特征、价值与功能，考察当前我国小学教师教学信念及其生成的现况，基于调查资料发现教师教学信念生成的路径和影响因素，揭示教师教学信念生成的机制，并针对当前教师教学信念生成的问题提出相应优化机制，以期能为教师个体在构建教学信念时提供参考与借鉴，为教师在设计与实施教师专业发展计划时提供理论参考，为学校领导在搭建教师专业成长平台方面提供理论参考。

（二）研究意义

教师教学信念影响着教师的教学意向，进而影响着教师的教学行为。因此，教师教学信念的生成事关教师专业成长。关于教师教学信念及其生成的研究对我国的教学理论、教师教育理论以及教师个体的专业素养发展具有重要意义。

1. 丰富教学理论和教师专业发展理论体系

作为教师核心素养的教师教学信念具有双重的学科归属，它既是教学论学科中教学主体要素的基本构件，也是教师专业发展理论中不可或缺的重要内容。对教师教学信念及其生成的研究，可以进一步丰富教学理论和教师专业发展理论。

对教师教学信念的研究有利于教学理论体系的发展。教学主体与教学目的、教学内容、教学方法、教学管理、教学评价等要素共同构成了教学理论体系的基本要素。在传统教学论研究中，诸多研究者倾向于探究教学目的、教学内容、教学方法、教学评价等要素的系统知识，而对教学主体的研究多集中于探讨师生关系问题，如“中心说”“主导主体说”“双主体说”“复合主体说”“否定主体说”等教学主体观[1]，探讨教学主体中教师的内在精神（态度、信念、价值观）的研究尚不多见。事实上，多数研究表明，教师内在的信念是影响教师的教学思考、教学决策、教学行为的关键因素。因此，深入研究作为教学主体（教师）核心要素的教学信念，在一定程度上拓展了传统研究只关注师生关系问题的视域，进一步而言，它关注了教师个体对自身角色、学生角色、教学功能、课程设置、教学方法、教学管理以及教学评价等教

[1] 李森．现代教学论纲要[M]．北京：人民教育出版社，2005.

学基本问题的思考和主张，从这一视角来看，对教师教学信念及其生成问题的研究可以进一步丰富人们对教学主体（教师）这一基本要素的多维的立体的认识与理解。

对教师教学信念的研究可以进一步丰富教师专业发展的理论体系。教师专业发展主要是指教师个体的、内在的、专业性的提高，从其本质的内容结构上看，主要包含教育信念、知识结构、能力结构、专业态度和动机、自我专业发展需要和意识❶。可见，教学信念作为教育信念的核心内容必然是教师专业发展理论所关注的研究课题，更是教师教育研究的重要内容❷。对教师教学信念生成的影响因素、来源分析及其机理的研究，旨在揭示教师教学信念发展的心路历程，更进一步来说，它揭示了教师在构建自身个性倾向或精神世界时的内在心理活动，这有别于传统的教师教育研究仅以知识和技能的获得为研究对象，是对教师心理的社会学透视，也是教师教育研究内容的一次新拓展，对教师教育研究的不断完善有重要意义❸。

2. 促进教师教育相关者完善教师专业发展计划

随着我国综合实力的大幅提升，教师教育也取得了长足进步。但要落实“把人口资源大国转变为人力资源强国”“中国学生发展核心素养”等政策和理念，需要教师转变传统观念，实施与之相符的教育教学行为，才能满足新时期社会对教育发展之需。事实上，任何教育教学改革都离不开教师的参与，缺少教师参与的教育教学改革是难以成功的❹，这是因为教师是教育教学改革的具体实施者。相关研究表明，如果教师的教学信念与教育改革的理念不相符，改革很难落到实处。因此，教育教学改革实施的第一步应是促使教师反思和改进自身的教学信念❺。

关于教师教学信念的生成机制研究无疑为教师教育改革提供了新的思路。通过对影响教师教学信念生成的宏观因素、中观因素和微观因素的系统分析，对教师学习、教学实践、师资培训等生成路径的案例阐释，以及对教学信念生成的前提条件、发展规律、形成过程、形成方式的深度剖析，一方面有利于促进教师教育者从传统教师教育注重结果的思维范式向“过程—结果”兼顾的关系思维范式转变。换言之，教师教育不仅关注教师的知识和技能的掌握，更要关注教师在继续教育中的情

❶ 叶澜，等. 教师角色与教师发展新探[M]. 北京：教育科学出版社，2001：231-241.

❷ 朱旭东. 教师专业发展理论研究[M]. 北京：北京师范大学出版社，2011：31.

❸ 朱旭东. 教师专业发展理论研究[M]. 北京：北京师范大学出版社，2011：31.

❹ 联合国教科文组织总部，联合国教科文组织总部中文科. 教育——财富蕴藏其中[M]. 北京：教育科学出版社，1996：15.

❺ 朱旭东. 教师专业发展理论研究[M]. 北京：北京师范大学出版社，2011：31.

感体验，关注教师对教学现象、教学事实的看法和主张，概言之，就是要关注教师内在的精神世界。这一理念欲求落实，亟须教师教育者改变传统的知识技能获得的目的观、理论知识呈现的课程观、“我讲你听”的方法观、知识技能复述的评价观，建立教师观念形成的目的观、教师体验的课程观、多元参与的方法观、教师观念分享的评价观；另一方面可以促使教育管理者（尤其是学校领导）构建支持教师教学信念形成的人文性学校文化环境。

3. 唤醒一线教师探索自我教学生活的内心景观

新行为主义者认为，行为的产生除了受外在刺激影响外，还受中介变量影响。中介变量主要包括个体的行为目的性和认知性因素，它是行为产生的决定因素。信念作为个体行为产生的一种中介变量，影响着个体的行为取向。个体对自己的行为信念是否清晰或清晰程度将决定着个体是盲从者还是清晰者，进而影响着其行事成效。进一步而言，教学行为有效性与教师对自身的行为信念的清晰程度关联。

相关研究表明，大多数教师并不能清晰地认识自己拥有何种教学信念。“无教学信念依然能教好书”可能是导致这一现象存在的原因之一。致使这些教师持有“无教学信念依然能教好书”的原因可能是多维的，其中可能与传统课堂教学只注重教学结果密切关联。因为“谋求技能的自动性和知识的数量仍是在所有学校中盛行的教育观念”[1]。以教学结果（学生学习成绩）作为评价教师教学素养质量高低的唯一尺度，引导着教师教育者在目标制定、课程设置、方法选择上多倾向于以知识传递和技能训练为中心，教师个体在自我专业发展中也以获得适合于提升学生成绩的知识和技能为旨趣。这种以追求绩效至上的教育场域中，教师个体在某种程度上充分发挥了教师应有的工具价值，但与此同时，缘于教师个体只重视自身的教育教学知识和技能的掌握与提升，以至于多数教师忽视了对自我内在景观的探索，他们可能是学科知识和教学技能方面的能手、专家，但他们亦可能是一个对自身为何选择这些教学内容、教学方法、教学管理、教学评价等教学行为背后的思想、观念缺乏清晰的、精准地认知与把握的教师，从而成为内在精神匮乏的“匠人”。

对教师教学信念生成机制的探究，尤其对教师教学信念生成的优化机制的探究，可以在一定程度上唤起教师个体反观自身所喜好的教学内容、教学方法、教学环境、教学评价，以及自身的教学角色、学生角色及其学习所信奉的观点和主张。这种通过对自身或他者的教学行为来认识自己或他者的教学行为观念的过程，是

[1] 约翰·杜威. 我们怎样思维·经验与教育[M]. 姜文闵，译. 北京：人民教育出版社，2005：61.

“过程—结果”范式的本真体现,能在一定程度上激励教师不断探索自我或他者的内心景观。在这一探索过程中,教师不断建构自我的信念系统,丰富自身的教学精神,形成具有特定教学精神的“匠人”。

三、文献综述与研究启示

根据本书的研究问题,关于教学信念的研究,主要围绕“三主题—启示”思路展开文献回溯与思考(如图0-1所示)。

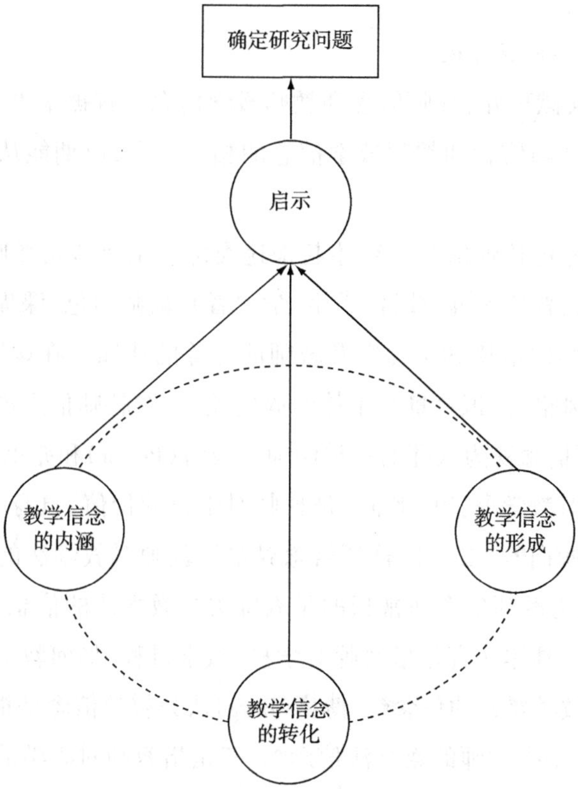

图0-1　文献综述的逻辑思路

“三主题”即教学信念内涵的研究、教学信念形成的研究和教学信念转化的研究。三者间的逻辑关系在于,教学信念的内涵揭示了教学信念的本体问题,教学信念的形成表明了教学信念的生成问题,教学信念的转化则说明了教学信念的实践问题(从某种意义来看,它也是一个生成问题。);明确教学信念是什么,才知道生成何种教学信念,只有形成自己确信的教学信念才可能进行信念转化;教学信念的转化进一步深化个体对教学信念的本体问题和生成问题的理解,三者之间是相互关联、互相促进、相辅相成的统一体。“一启示”即是在对“三主题”的文献进行回顾的基础上,以期能发现教学信念这一研究主题可能进一步拓展的空间。鉴于学界常把“教师信念”与“教学信念”等同,故这里从这两个研究问题域入手,以期能把握教学信念的全息。

(一)教学信念内涵的研究

基于已有研究文献呈现出的研究内容,这里主要从定义、内容和结构等维度来综述教学信念的内涵。

1. 教学信念的内涵评述

从已有研究文献可知,教师信念和教师教学信念一直被学界交错使用。因此,这里将回溯有关教师信念和教师教学信念的相关定义,以期能从整体上把握教师教学信念的内涵。

从教学层面界定教师信念。综述起来这类定义主要涉及教师对教学目标、教学方法、教学环境、教学评价、教材、学生(学习者)、教师角色、课程、教学假定、教学理论、学科、教与学的情境和历程以及教师能力等的认知。在该层面之下,源于不同研究者的认知风格、知识背景和个体经验的差异,对教师信念内涵的理解各具其特点:一是将教师信念视为教师的一种倾向。波特(Porter)和弗里曼(Freeman)认为教师信念是教师对教学所持的倾向,是教师对学校的价值、自身的角色、学生及其学习过程所持的倾向❶。二是将教师信念界定为教师对教学法的信念。考尔德黑德(Calderhead)认为教师信念通常指的是教师关于教学法的信念,或者是与个体教学有关联的信念。具体而言是指教师对学科、教学过程、如何教学、学生及其学习、教师及其角色等教学要素的信念❷。博格(Borg)认为教师信念是指教师对教学相关因素的信念,通常是指教师的教学法信念❸。三是指教师对教学的一种认识、假设、观点和态度。佩詹斯(Pajares)认为教师信念是教师基于教学情境与教学历程之下,形成的对知识与课程、教学活动、教师角色及学生与学习等一系列问题所秉持的认识和观点,这些观点彼此构成一个相互关联的整体,从而指引着教师的思考与行

❶ PORTER A C, FREEMAN D J. Professional orientations: an essential domain for teacher testing[J]. Journal of Negro Education, 1986, 55(3): 284-292.

❷ TAYLOR P. The influence beliefs on constructivist teaching practices[M]//TOBIN K. The practice of constructivism in science and mathematics education. New Jersey: Lawrence Erlbaum Associates, 1993: 1-31.

❸ BORG M. Key concepts in ELT. Teachers' beliefs[J]. ELT Journal, 2001, 55(2): 186-188.

动。[1]卡根(Kagan)认为教师信念通常被定义为教师默认地、无意识地对学生、教室和教学内容所做的假设[2]。沙辛等人(Sahin, et al.)认为,教师信念是指教师在其工作中所产生的感受、态度、经验以及决定的想法和阐释。[3]吕国光认为教师信念是指"教师在教学情境与教学历程中,对教学工作、教师角色、课程、学生、学习等相关因素所持有且信以为真的观点,其范围涵盖教师的教学实践经验与生活经验,构成一个互相关联的系统,从而指引着教师的思考与行为。"[4]李家黎在其博士学位论文《教师信念的文化研究》中沿用了吕国光博士关于教师信念的定义。张凤娟和刘永兵认为教师信念是"教师对课程、教学、评价、师生关系等教学相关问题的看法。"[5]丁仁仑博士认为教师信念就是教师对教学环境等各要素所信奉,并且在其教学过程中所坚持和运用的观念、想法或主张。[6]四是认为教师信念是一种符号文化系统。李睿认为教师信念是"教师在共享的文化意义中,建构出来的有关教学行为实践和教学活动中的互动交往对象的基本的一种符号文化系统,是一种包含如何看待学生、如何看待教学与课程,以及如何看待教师的庶民心理。"[7]

从教育层面界定教师信念。该类定义认为教师信念是教师对自身的角色和责任、学生的行为及能力、学科及知识本质的态度或者教师对教育的价值观、态度和观念。谢翌和马云鹏认为教师的教育信念是指从学生时期开始积存和发展,教师个体信以为真的、以个人逻辑和心理重要性("中心—边缘")为原则组织起来的"信息库",它们是教师教育实践活动的参考框架。[8]

从教育和教学层面界定教师信念。此类定义主要指明了教师对教育价值、教育目的(目标)、学科知识、教师角色、教师能力、教师责任、学生的行为及能力、教学理论、教学目标、教学方法、教学环境、教学评价、课程、教材以及学科等内容的态度。如林一钢认为教师信念是教师对教育、教学的假定[9]。

---

❶ PAJARES M F. Teachers' beliefs and educational research: cleaning up a messy construct[J]. Review of Educational Research, 1992(3): 307-322.

❷ KAGAN D M. Implication of research on teacher belief[J]. Educational Psychologist, 1992, 27(1): 65-90.

❸ SAHIN C, BULLOCK K, STABLES A. Teacher's beliefs and practices in relation to their beliefs about questioning at key stage[J]. Educational Studies, 2002, 28(4): 371-384.

❹ 吕国光. 教师信念及其影响因素研究[D]. 兰州:西北师范大学,2004:8.

❺ 张凤娟,刘永兵. 影响中学英语教师信念的多因素分析[J]. 外语教学与研究,2011(3):400-480.

❻ 丁仁仑. 大学英语教师信念系统研究[D]. 上海:上海外国语大学,2014:3.

❼ 李睿. 民族中学教师信念研究——以两所藏族中学为个案[D]. 北京:中央民族大学,2012:42-43.

❽ 谢翌,马云鹏. 教师信念的形成与变革[J]. 比较教育研究,2007(6):31-85.

❾ 林一钢. 教师信念研究述评[J]. 浙江师范大学学报(社会科学版),2008(3):79-84.

上述相关定义为后续的教师信念研究提供了重要的理论框架,但对教师信念的理解依然存在分歧,这种分歧容易导致人们的理解困惑。若将教师的信念仅限于教育教学场域,难免有忽视教师生活的社会场域。事实上,教师个体既是教育场域存在者又是社会场域存在者,更为重要的是,教师首先是社会场域存在者,具有一定的社会属性,其次才是教育场域存在者,具有特定的教育属性。作为社会场域的存在者会与其所处场域发生不同程度的互动,个体在此互动过程中通过"同化"和"顺应"的心路历程塑造自己,同时也改造社会场域的形态。个体在改造社会场域和塑造自我的同时,或多或少会形成对社会场域的不同认知,个体所信奉的社会场域认知继而作用于当下或未来的社会实践。那么,作为社会个体存在与教育个体存在的教师,必然对社会存在和教育存在有其特定的认知。即便教师所处的教育场域也存在教育与课堂教学的差异。因此,在界定教师信念时,仅将视野囿于教育场域而忽略其社会场域显然具有其局限性。为此,我们认为,可以从宏观、中观、微观的视角来界定教师信念的含义,宏观层面上的教师信念是指教师对自己、对教育、对社会、对世界等因素的看法和主张;中观层面上的教师信念是指教师对教育活动的看法和主张;微观层面上的教师信念是指教师对教学活动及其构成要素的理解与主张。

关于教师对自己的认知方面,尽管有个别研究者也做了相关的探究——"教师信念是根植于教师自身教学认知基础上的个人教学哲学思想,是教师个体对生命意义的理解和体验,是教师改变的重要内在动力之一"[1],但仍然未能整体认识教师个体对自身信念的认知。因为教师对自我效能感、自我价值感、教学效能、自我归因及知识本质观等皆会持有不同的信念,而这些信念的形成会对教师的心理和行为产生深远的影响,将会决定教师个体发展的方向、速度和效果,对教师的生活、工作和发展意义重大,是教师教育和教师自我发展不能忽视的关键因素。

因此,关于教师信念的界定,不能偏于一隅。为了能较为全面地把握教师信念的内涵,从教师对人生、对教育事业、对课堂教学和对自己的信念四个层次对其进行深入分析就显得尤为必要。赵昌木教授认为教师信念"是教师自己确认并信奉的有关人、自然、社会和教育科学等方面的思想、观点和假设,是教师内在精神状态、深刻的存在维度和开展教学活动的内心向导"[2]。马莹博士认为教师信念是教师个体所确信的、对其教育教学行为起到间接和直接支配作用的一系列观念。其

---

[1] 李家黎,刘义兵. 教师信念的现实反思与建构发展[J]. 中国教育学刊,2010(8):60-63.

[2] 赵昌木. 论教师信念[J]. 当代教育科学,2004(9):11-14.

中包括:教师对自我生命价值的认识,对自己所从事职业之社会价值的认识和理想追求,对达成自己人生及职业理想之途径的选择和判断,以及在此认识基础上建构的对自己所教学科课程与教学的意义、教育教学方式与策略的认识和选择。[1]以上关于教师信念的界定显然已经"跳出"教育和教学的场域审视教师信念,从整体的视角观照了教师与自身、教学、教育、社会之间的关系,弥补了以往研究中仅从教育教学层面研究教师信念的局限性。尽管教师的主要任务在于教书育人,但教师关于教育教学的信念与其对人生、对社会的信念紧密关联。所以以往研究中仅用教师信念代替不同层次和性质的研究,难免有概念不清之嫌。为避免这种现象再现,从教师对自身、对生命、对社会、对自然、对教育、对教学等维度探究教师信念不失为客观的选择。

综上所述,教师信念的内涵甚为丰富,仅教育层面而言就涉及教师对教育价值、教育目的、教育制度、教育内容(课程)、教育方法(教学)、教育主体(教师与学生)、教育管理和教育评价等要素的信念。可见,教师教学信念与教师信念之间虽有交集,但还是存在实质性的差异——教师教学信念仅是教师信念大系统中的子系统。教师教学信念本身也是一个具有复杂性和特殊性的系统,其下还存有其他的子系统。正因为很多研究者将教师信念与教师教学信念等同,所以造成对教师信念和教师教学信念的概念认知和研究上的混淆。因此,应客观看待教师信念与教师教学信念之间的差异。

基于教师教学信念和教师信念之间内涵的差异,以及教学是学校教育的中心工作的视域下,如果教师对自身所从事职业之社会价值的认识是教师信念的最为核心部分[2],那么教师教学信念理应成为教师信念的基础内容。这是因为,一方面在教师进行教学计划、教学决策和教学实施的过程中,教师信念的影响力比教师的知识更为显著[3];另一方面教学信念是教师的生命信仰和教育信念得以实现的载体,是理解教师教学行为归因的重要因素。有研究者认为,"正式的课堂教学相对于个体经验整体而言只是很小的一部分。"[4]但课堂教学活动对于教师教学信念的

[1] 马莹.基础教育课程改革中的教师信念研究[D].西安:陕西师范大学,2012:29.

[2] 马莹认为教师信念由生命信仰、教育信念和教学信念三个不同层面的内容构成,其中教师对自身所从事职业之社会价值的认识视为最核心部分。

[3] PAJARES F. Teachers' beliefs and educational research:cleaning up a messy construct[J]. Review of Educational Research,1992,62(3):307-332.

[4] 谢翌.教师信念:学校教育中的"幽灵"——一所普通中学的个案研究[D].长春:东北师范大学,2006:39.

养成而言，并非仅是很小的一部分，因为教师教学信念的养成离开了其赖以生长的场域，就难以获得专业认知与体验，这就是为什么教师作为专业工作者与律师、公务员的工作存在本质差异之处，尽管教师的教学信念会受课堂教学之外的环境影响，但课堂教学是教师教学信念养成的关键场域，离开课堂教学而研究教师教学信念失之偏颇。有鉴于此，着重探讨教师教学信念十分重要。

2. 关于教学信念的内容和结构的研究

关于教学信念内容的研究，不同学者基于不同的认知视角有不同的理解与分类。在国外，有关教师信念内容的研究可以概括为宏观、中观和微观三个层面。就宏观层面而言，教师信念已被概括为概念性信念或符号性信念，以罗基奇(Rokeach)的“五种信念”为代表。罗基奇基于系统论的视角将信念视为一个独立的系统，他认为在整个信念系统中存在五种典型信念：原始的或基本的信念(Primitive beliefs)、一般的或个人的信念(zero consensus)、权威信念(authority beliefs)、派生的信念(derived beliefs)和无关的信念(inconsequential beliefs)[1]。就中观层面而言，教师信念主要涉及教师对教育教学要素的观念，主要代表有博格和罗斯。博格认为，教师信念是教师有意识或无意识地持有的主张，包括教师对教学、学科、学习、学生、自我及教师角色的信念[2]。罗斯(E. Wayne Ross)认为教师信念并不是杂乱无章的存在，而是合理体系的存在。他认为合理的教师信念体系包括教师专业化信念、教师角色信念、教学信念、课堂信念、语言信念、课程设置信念、学习及其角色信念[3]。尽管罗斯从不同维度不同层面探讨了教师信念的内容，但她在细化每个维度时又存在内容重复的弊病。就微观层面而言，教师信念内容是指教师对教学要素或部分教学要素的观念，其代表人物主要有考尔德黑德、威廉姆斯、韦林等学者。考尔德黑德主要以教学法为认知对象，他认为教师信念通常用来指教师的教学法信念，或者那些与个体教学相关的信念。包括学习者和学习的信念、教学活动的信念、学科的信念、怎样教学的信念、自我和教师角色的信念。威廉姆斯(Williams)和

---

❶ 中国大百科全书总编辑委员会. 中国大百科全书(心理学卷)[M]. 北京：中国大百科全书出版社，1991:462.

❷ BORG M. Key concepts in ELT. Teachers' beliefs[J]. ELT Journal, 2001, 55(2): 186-188.

❸ ROSS E W. Teacher personal theorizing and reflective practice in teacher education [M]//ROSS E W, CORNETT J W, MCCUTCHEON G, et al. Teacher personal theorizing: connecting curriculum practice, theory and research. New York: State University of New York Press, 1992: 179.

布登(Burden)倾向于对教学主体的认知,即教师对自身、对学生及其学习的信念[1]。韦林(Wehling)和查特斯(Charters)则主要从课程、思维方式、情感、学生等维度来认识教师信念,他们认为教师信念由课程信念、个人思维方式信念、情感投入信念、学生信念等维度组成。

国内学者对此也做了一些探索,归纳起来主要有两种观点:一种观点是探讨一般教学信念内容,如有学者认为教学信念包括教学目标、教学方法、亲师互动和教学评量四个层面[2],或将教师信念视为一套体系化原则,一般包括教师对教育、教学、学习及学生等相关概念的主观或客观的认知[3];另一种观点则探讨特定领域的教学信念内容或学科教学信念内容,如徐泉博士将高校英语教师信念的结构分为五个维度,即英语语言观、英语教学观、英语学习观、师生角色观和英语教学专业观。[4]丁仁仑博士认为大学英语教师信念系统主要由教师内心信念系统、课堂教学信念系统、学校环境信念系统和社会因素信念系统四个层面组成[5]。

关于教师信念结构的研究,不同研究者关注的视角不同,对其理解则各异。库利等人(Cooney,et al.)[6]将教师的信念分为"中心—外围"的结构。脱中菲博士基于教师教学取向的视角将教师信念的结构分为:传统保守派、模仿跟随派和改革践行派。丁道勇博士在其博士论文中,将教师信念结构分为:"中心—边缘""个人—集体"两个维度[7]。

从内容和结构两个维度探讨教师信念内涵,进一步加深了人们对教师信念本体的认识和理解。但从我国教学理论界关于教学构成要素的划分标准而言,现有对教学信念构成要素的划分仍存在着不完整性。就内容而言,有的仅分析教师的教学信念和学生相关信念,有的则分析了教师的教育、教学和学生等相关信念;有的认为教师关于学科知识的信念也应当成为关注的对象。关于教学信念结构的认

[1] WILLIAMS M, BURDEN R. Psychology for language teachers: a social constructivist approach [M]. Cambridge: Cambridge University Press, 1997: 76.

[2] 李雯佩,高传正. 一位幼稚园教师教学信念之研究[J]. 美和技术学院学报(台湾地区),2007(1):149-172.

[3] 陈冰冰,陈坚林. 大学英语教学改革环境下教师信念研究(之一)——大学英语教师信念与实际课堂教学情况分析[J]. 外语电化教学,2008(2):14-20.

[4] 徐泉. 高校英语教师信念影响因素研究[D]. 武汉:华中师范大学,2011:21.

[5] 丁仁仑. 大学英语教师信念系统研究[D]. 上海:上海外国语大学,2014:113.

[6] COONEY T J, et al. Conceptualizing belief structures of preservice secondary mathematics teachers [J]. Journal for Research in Mathematics Education, 1998(29): 306-333.

[7] 丁道勇. 从"内容"到"结构":教师信念研究的主题转换及其价值[J]. 教育学报,2016(1):70-75.

识，就已查阅的文献看，已有研究倾向于探究教学信念结构的某一方面，从教学信念的多维性特征的视角看，仍然还有探究的空间。厘清教学信念的内容和构成要素有助于认识教学信念的本体问题，也是研究教师教学信念的基础。因而探讨教学信念的内容和结构的维度为何，仍然是教学信念研究不能规避的关键问题之一。

（二）教学信念形成过程与影响因素的研究

教师信念是教师个体经过学习、实践、反思逐渐形成的。关于信念的形成，理性论者认为，信念产生于审慎的推理。其代表人物有柏拉图、阿奎那、笛卡尔、洛克。而经验论者则认为，信念是由经验恒常结合在一起的事物而产生的，由于这种经验，对一事物的生物性与力量性的感觉传达到另一事物。该理论以休谟为主要代表[1]。基于信念形成的理性观和经验观，教育学界对教学信念的来源、形成过程及其影响因素做了具体而深入的研究。

1. 关于教学信念的来源

关于教师信念来源问题可以概括为三种学说：二因素说、三因素说和多因素说。二因素说即认为教学信念主要来源自我建构和文化形塑，佩詹斯、辛涛、申继亮和钟璞是这一观点的倡导者。佩詹斯(Pajares)[2]认为信念是个体基于情感负载的经历和文化传递而得以形成和发展的。辛涛和申继亮认为教师教育观念的形成源自两条路径：一是自我建构，即产生于个人的直接经验，每个人都有不同的“个人建构过程”；二是文化脚本，即教师教育是经由文化适应、教育、学校教育等三种文化传递途径形成的[3]。钟璞认为信念来源于个体的经验和行为模式，是个体根据自己的知识、所处的环境以及所经历的事件，逐渐在自己的内心建立的一种经验体系[4]。三因素说是指教学信念形成于个体的想象、权威和理性思考或形成于个人经历、学习经历和教育经历。杜威认为个体关于某事物的信念主要经由三条路径形成：一是凭空下的断语，二是未经检验而接受他人的观点，三是经由观察、搜集和检验证

[1] 路易斯·波伊曼. 知识论导论——我们能知道什么？[M]. 二版. 洪汉鼎，译. 北京：中国人民大学出版社，2008：297–298.

[2] PAJARES F. Teachers' beliefs and educational research：cleaning up a messy construct[J]. Review of Educational Research，1992(62)：307–332.

[3] 申继亮，辛涛. 论教师教学的监控能力[J]. 北京师范大学学报(社会科学版)，1995(1)：67–75.

[4] 钟璞. 信念教育论[M]. 成都：西南交通大学出版社，2008：31–32.

据等人类思维活动而得出的结论[1]。理查德森(Richardson)认为教师信念起源于个人经历、学习经历和接触正规知识的经历[2]。多因素说即教学信念形成于多维路径,理查兹(Richards)和洛克哈特(Lockhart)是这一学说的提出者,他们认为教师信念主要来源于六个方面:语言学习、教学经历、教育研究理论、个性、已被认可的教学方法和现有的教学方法等[3]。

上述研究表明,教师信念是教师个体通过多路径逐渐发展而来的观念。它可能形成于个体的情感经历、学习经历和个性特征,有可能发端于教师个体的教学实践经历。其中,多数研究者认为教师的学习经历和教学经历对教学信念的形成所起的作用最为显著。但教师信念的形成具体与哪些途径紧密关联,以及这些途径如何为教师信念的形成提供了促进作用,除了上述研究所提到的信念形成路径外,是否还存在其他路径,这些问题有待教师信念的相关研究者深入探讨。

2. 关于教学信念的形成过程

多数研究指出,教学信念的形成主要经历了如下三个阶段:一是无意识阶段;二是信念的具体化和准反思阶段;三是信念的个体哲学化阶段[4]。弗林格第认为,信念就是一种个体的理解和感觉,它们构成了个体建构和参与具体实践的行为方式[5]。弗林格第的信念形成观主要表现为三个阶段:第一阶段,信念主要是无意识的,一般性的和模糊的,取决于情感成分。这一阶段关注的是一般民众。第二阶段,信念变得集中而具体,取决于量的和理性的成分。它们通常是无意识的,但是主体能够通过推断、描述和举例使它们显性化,从而使得它们成为有意识的。教师的观念主要指的是这一阶段。第三阶段,个体的信念具备了哲学结构。理查森等人(Richardson, et al.)认为,个体的信念经历两个阶段而得以形成:一是当学生第一次看到或理解了一种观念,他们会清楚地把它接受为真的;二是在与其他命题或新的情境相冲突时,人们会质疑它并且可能会有意识地改变它。这表明了信念植根于它所起作用的社会背景,它们是由个体所生活和工作的“社会—文化环境”所决

[1] 杜威. 我们怎样思维·经验与教育[M]. 姜文闵,译. 北京:人民教育出版社,2005:14.

[2] RICHARDSON V. The role of attitudes and beliefs in learning to teach[M]//J SIKULA. Handbook research on teacher education. 2nd ed. New York:Macmillan,1996:102-119.

[3] RICHARDS J C, LOCKHART C. Reflective teaching in second language classrooms[M]. Beijing:People's Education Press,2000:229.

[4] 赵昌木. 论教师信念[J]. 当代教育科学,2004(9):12-15.

[5] FULVIA FURINGHETTI. Beliefs, conceptions and knowledge in mathematics teaching[M]//E PEHKONEN, G TÖRNER. The state-of-art in mathematics-related belief research: results of the MAVI activities. Helsinki: University of Helsinki,1996:11-36.

定的[1]。有学者认为信念的形成过程大致经历五个阶段：教师自我意识增强、教学实践、经验反思、陈旧信念的适应性转变、信念系统[2]。

上述研究从信念发展阶段的视角来探讨教学信念的形成过程，这无疑有助于推进教师教学信念的相关研究，为后继的研究提供了理论借鉴。但从教学信念形成来源来看，多维性是教师教学信念生成来源的典型特征。这意味着教学信念的生成过程并不是单维过程，可能在不同情境脉络下教师教学信念的生成过程不同。因此，从信念发展的阶段来认识教学信念的形成过程只能为我们研究教学信念生成过程提供一种普遍意义的立场，它是否也适用于特殊脉络下的教学信念生成过程，或者说在不同脉络下教师教学信念生成过程是否一致，这都需要进一步研究予以证实。

3. 关于教学信念形成的影响因素

影响教师教学信念形成的因素，可归纳为三种观点：

第一种观点是单因素说或内因说。这种观点认为教师内在因素是影响教师教学信念形成的关键因素。康奈利（Connelly）和克兰蒂宁（Clandinin）认为，教师自身的经历形塑着教师的个人价值观和信念[3]。吕国光博士认为教师教学信念的形成与教师的工作投入、反思智力、批判思考倾向、工作满意度及教师效能感密切相关[4]。徐泉博士认为，教师知识、教师能力、教师人格和环境认知等因素是影响高校英语教师信念的因素[5]。

第二种观点是双因素说或内外因说。这种观点认为教师信念的形成是内外因相互作用的结果。李家黎在其博士论文中，将影响教师信念的因素分为“外显因素”和“内隐因素”[6]。外显因素主要包括社会生态系统、学校文化、培养体系和培训机制；内隐因素主要涉及教师的教育认识、教师角色、个人生活经历和教学反思。有研究者通过对700多名英语教师进行问卷调查和个别访谈，发现课程改革、学校文化、学校资源、教师激励制度、同事、学生等外因与教师信念之间存在显著相关，

---

1. FURINGHETTI F. Beliefs, conceptions and Knowledge in Mathematics Teaching [M]//PEHKONEN E, TÖRNER G. The state-of-art in mathematics-related belief research: results of the MAVI activities. Helsinki: University of Helsinki, 1998: 11-36.
2. 赵昌木. 论教师成长[J]. 高等师范教育研究, 2002(3): 11-15.
3. CONNELLY F M, CLANDININ D J. Tellington teaching stories [J]. Teacher Education Quarterly, 1994, 21(1): 145-158.
4. 吕国光. 教师信念及其影响研究[D]. 兰州：西北师范大学, 2004: 117.
5. 徐泉. 高校英语教师信念影响因素研究[D]. 武汉：华中师范大学, 2011: 257.
6. 李家黎. 教师信念的文化研究[D]. 重庆：西南大学, 2009: 70.

考试和学校类型与外语教师信念之间存在显著负相关。而教师专业发展观、学历和性别等内因与外语教师信念之间存在显著正相关，教师年龄、教龄与外语教师信念呈负相关。在所有影响因素中最重要的是教师专业发展观❶。

第三种观点是多因素说。持这种观点的研究者认为影响教学信念形成的因素是多种多样的。马莹博士认为，中国历史文化因素、当代教育因素和社会因素是影响基础教育课程改革中的教师信念发展的根源❷。有研究者认为教师自身的语言学习经验、成功的教学经验、学科教学理论知识、语言学习原理、政治性或行政性的影响、个性因素和文化因素是影响英语教师信念的形成因素❸。

综上可知，学界关于影响教师教学信念形成的因素存在不同的认识与理解。持有单因素说的研究者更坚信教师内在因素是影响教师教学信念形成的关键所在，持双因素说的研究者信奉教师内在因素和社会环境因素在教师教学信念形成中的合力作用，持多因素说的研究者则认为教师教学信念是多种因素共同作用下的结果，而非受限于个别因素。事实上，教师教学信念的形成受制于教师个体自身、所处学校环境和生活的社会环境等因素影响，但在这些因素中，教师内在的主观能动性扮演关键性角色。尽管已有研究从不同视角探讨了影响教师教学信念形成的因素，为后续的研究提供良好的理论框架。但这些研究中，有的研究仅采用思辨的方式探讨其影响因素，有的则运用问卷调查的方法来探讨影响教师教学信念形成的因素，而运用质性研究来探讨影响教师教学信念形成因素的研究仅为少数，如日本学者黑羽采用人类学的方法，基于个人生活史的视角探究了某小学的校长、教务主任、研修主任等教师的教学信念的形成原因❹。思辨类的研究仅表明影响教师教学信念形成的可能因素，是一种理论性假设的阐释，真实与否有待实证调查加以佐证。以问卷调查的方式虽然能获得大量的支撑数据，不足之处在于问卷中的问题多属前设性的（除基于质性研究而编制的问卷），其主要反映了研究者欲知的内容，这些内容不一定是一线教师的真实经历与体验。相较而言，一线教师的口述资料或叙事资料和教学行为更能反映教师的真实经历、体验和内心世界。因此，运用质性研究方法深入探究影响一线教师教学信念形成的因素显得尤为重要。

---

❶ 张凤娟，刘永兵．影响中学英语教师信念的多因素分析[J]．外语教学与研究，2011(3)：400-408.

❷ 马莹．基础教育课程改革中的教师信念研究[D]．西安：陕西师范大学，2012：65.

❸ 吴广义．英语教师信念的发展困境与对策[J]．中国成人教育，2008(23)：87-88.

❹ 陈静静．教师实践性知识论：中日比较研究[M]．上海：华东师范大学出版社，2011：23.

(三)教师信念转变的研究

基于对已有研究文献的回溯与梳理,这部分的研究主要分析教师信念改变的条件、过程、影响因素,以及教师信念转变的策略。

业已形成的信念具有一定的稳定性,但在一定条件下信念会发生改变。一种观点认为,教师信念改变是源于教师在教学情境中的真实困惑。迈耶森(Meyerson)对初中数学教师进行个案研究,并设计了七个主题的课程:对数学的误解、惊奇、怀疑、感觉、个体差异、问题解决和对教育学基础原理的再测试。迈耶森认为怀疑是影响信念变化的主要因素,而怀疑产生于所创设的问题情境。在这些课程中,理解教师为什么要这么做而不是那么做是引发教师信念变化的中心,而不是试图使教师的现有信念结构重组。徐月运用叙事研究的方法,探究了一位中学地理教师的教学实践性知识的生成过程。其研究发现,教师信念的获得与发展源于教师在教学情境中的真实困惑[1]。另一种观点认为,信念改变是多维因素共同作用的结果。王慧霞认为要使信念改变顺利发生,需要具备许多条件[2]:(1)已有信念使个体不满,这种不满要达到一定程度。(2)取代原初信念的新信念很有吸引力;新的信念还要能够与原有信念体系相协调;当新信念取代旧信念时,新信念还要被证明是有效的,才可能真正站住脚,否则还会被放弃。(3)对有关事物的认识以及这种认识的深度和发展水平都影响信念的形成和变化。(4)情感体验在信念形成和改变中起重大作用,没有包含情感的内心体验,认知是不会转化为信念的,而且消极的情感还会阻碍个体形成正确认知。

信念改变是一个持续的、系统的过程。信念改变并不是偶发的、突然的涌现,它通常是在多维事件和教师思维参与下发生的一个持续的渐进的过程。"和每个老师本身都有关的最关键信念,则认为改变和改良是一个持续的旅程,而不是一连串没有关联的事件。"[3]基于此,理查德森提出了两种信念改变的方法:第一种方法是把命题性的知识与实践性知识结合起来,如借助一些带有实践性的要素(田野经验)融合课堂,如运用个案,特别是将课堂录像带到大学课堂,建构大中小学所有课堂计划的一致性概念。没有这些相同或相似的课堂计划要素,信念变革的发生将

[1] 徐月.由信念发展追溯教师实践性知识的形成——"中学地理活动课教学"教师个案研究[J].教育学术月刊,2010(8):61-65.

[2] 王慧霞.国外关于教师信念问题的研究综述[J].宁波大学学报(教育科学版),2008(5):61-65.

[3] 吉舍莉·马丁·尼普.成为更好的老师:8个教学创新构想的实践[M].陈佩正,译.台北:远流出版事业股份有限公司,2002.

令人怀疑。第二种方法是在教师资格候选人关于教与学的信念中制造不和谐情景以帮助改变他们的信念。他们可以通过在同一场域中成功地完成“计划—教学—评估—反思”这一周期的过程来实现❶。事实上，信念改变的原理在于：这些信念如果需要再次重塑(Reshape)，就会与其他信念进行重组(Recombination)，并逐渐固化(Consolidate)；如果不需要，这些信念将会被删除❷。

信念改变受到诸多因素影响。勒曼(Lerman)基于教师教学实践的特殊性，总结了影响教师信念变革的实践活动因素：(1)与同事共同投入；(2)个人目标与可见性情境的冲突；(3)大学导师在塑造与所倡导的理念相一致的有效实践中的作用；(4)教师采用革新性的课程材料；(5)课堂支持；(6)教师参与在职培训，提高学位或参与研究项目❸。谢翌和马云鹏教授认为，教师信念的改变主要受到教师先前的信念与认知冲突、教师情感的性质和强度、信念强度的影响、学校文化及学校同事❹等因素的影响。

借助一定策略可以实现信念改变。舍克等人(Shirk, et al.)的研究表明，改变教师的信念并不容易，单一的训练课程根本不可能达到目的。他们认为通过同类的、可持续性的干预能使教师信念变化的可能性增加❺。李家黎博士认为可以通过四种策略来实现我国教师信念的转化❻：(1)培养教师反思意识，书写教师个人生活史；(2)建立教师工作坊，增进对话与合作；(3)鼓励教师融入学校文化，参与校本培训；(4)注重与大学的伙伴协作，共同支持和引领教师信念的完善。而谢翌和马云鹏教授则认为，“重组教师工作的条件和结构、反思和揭示个人隐性的教学知识与信念、参与结构性的实践情境、运用深层的信息加工模式、检视个体的隐性知识与

---

❶ RICHARDSON V, PLACIER P. Teacher change[M]//RICHARDSON V. Handbook of Research in Teaching. Michigan: Teacher Change Publisher, 2001: 905-947.

❷ CABAROGLU, NESE. Development of student teachers' beliefs about learning and teaching in the context of a oneyear post-graduate certificate of education programme in modern languages[J]. Yakugaku zasshi the Journal of the Pharmaceutical Society of Japan, 1999, 82(1): 80-87.

❸ LERMAN S. Situating research on mathematics teachers' beliefs and on change[M]//GILAH C L, PEHKONEN E, TORNER G. Beliefs: a hidden variable in mathematics education? Dordrecht: Kluwer Academic Publishers Springer Netherlands, 2002: 233-234.

❹ 谢翌，马云鹏．教师信念的形成与变革[J]．比较教育研究，2007(6): 31-36.

❺ SHIRK S R, et al. Alliance and outcome in cognitive-behavioral therapy for adolescent depression[J]. Journal of Clinical Child & Adolescent Psychology, 2008, 37(3): 631-639.

❻ 李家黎．教师信念的文化研究[D]．重庆：西南大学，2009: 105-112.

信念、重建大中小学关系以及加强理论与实践互动"[1]是实现教师信念转变的基本策略。随着教师信念专题研究的逐步深入,有关教师信念转变的策略研究呈现多元化样态。其中,叙事研究被后现代学者推崇为一种有效的教师培养模式[2]。即将叙事研究运用于教师培养过程中,从而促进教师将自己对教育、教学的有关认识表述出来,这既能帮助教师理清自己的教学思路,又能帮助教师认识自己在教学过程中所持有的信念。

纵观上述研究可知,在一定条件下教师信念会发生转变,教师信念的转变是一个连续的动态的过程。信念转变实质上是信念从一种形式或性质变为另一种形式或性质。具体而言,信念转变一方面蕴含着信念从隐性存在外化为显性存在,另一方面信念的性质发生了改变,变为其他性质的信念。从此意义来看,信念转变也可理解为信念生成。有关教师信念转变的研究,多数研究倾向于探讨信念转变的条件、影响因素和策略,对信念转变的过程则关注不够。事实上,信念转变如何发生这一问题是信念转变研究中的关键问题,只有厘清信念转变的发生过程,才能在课程设计、教学方法选择方面做出具体的针对性的应对策略。

(四)发现与启示

基于上述相关文献的回溯与梳理,关于教师信念研究主题的变化大概分为四个阶段。

20世纪50—60年代的萌芽阶段。该阶段有关教师信念的研究特点表现为,教师信念未成为专题研究,有关教师信念的研究观点散见于教育教学研究的相关文献中,教育研究者仅将其视为无足轻重的内容。

20世纪70年代的初步发展阶段。其主要发展特点表现为,教师信念作为专门的主题进入教育研究者的视域,并产生了相应的研究成果,主要代表有罗基奇和阿贝尔森。

20世纪80—90年代的全面发展阶段。这一阶段的主要特点表现为,关注教师信念的研究者逐渐增多,研究内容逐渐拓展,研究成果逐渐丰富,对"信念"和"信念系统"的研究全面复兴,对"教师信念"的研究也全面兴起,来自不同学科的学者如心理学、政治科学、人类学和教育学都参与到教师学科信念、学与教的信念等方面的研究。主要代表有沙维尔森(Shavelson)、尼斯贝特(Nisbett)、斯特恩(Stern)、蒙比

[1] 谢翌,马云鹏.教师信念的形成与变革[J].比较教育研究,2007(6):31-36.

[2] 朱旭东,周钧.教师专业发展研究述评[J].中国教育学刊,2007(1):68-73.

(Munby)、波特(Porter)、弗里曼(Freeman)、克拉克(Claek)、彼得森(Peterson)、帕杰斯(Pajases)、伍兹(Woods)、理查德森(Rachards)等。

21世纪以来,教师信念的研究进入了深化发展阶段。这一阶段的显著特点在于,关注教师将某一教学理念、教学思想、教学方法的信念运用于教学实践中,检视其对教师教学行为和学生学习行为的影响。主要代表有:舒尔曼(Shulman)、博格(Borg)、古斯基(Guskey)、墨菲(Murphy)、施佩尔(Speer)、梅杰(Meijer)、唐娜(Donna)、比尔(Buehl)、莱文(Levin)、费弗斯(Fives)、吉尔(Gill)、埃特默(Ertmer),等等。

我国有关教师信念的研究与国外相较则起步较晚,已有研究文献观之,主要起始于21世纪初期,经过20多年的发展,其研究呈现如下特点:研究群体逐渐增加,有大学教师、在校研究生和部分中小学教师及极少数幼儿教师等研究者,其中以林一钢、吕国光、吴薇、谢翌、马云鹏、马莹、喻平、丁道勇、朱旭东等学者为代表;研究对象逐渐扩大,从学段看,其对象主要有大学教师、普通中小学教师、学前教师。从学科看,涵盖了英语、语文、数学、思想教育等学科;研究内容逐渐丰富,包括了教师信念的本质、内容、结构、体系、形成、影响因素和培养等;研究方法逐渐多元,运用了问卷调查法、访谈法、观察法、个案法、叙事研究等研究方法。尽管我国有关教师信念的研究取得了显著进展,但与其他成熟的研究领域相比,我国对教师信念的研究还处于引介和探索阶段,需要研究的问题和领域还很多[1]。

21世纪前,教师教学信念仅作为教师信念的主要内容,被置于教师信念的框架内探讨。21世纪后,教师教学信念逐渐成为教育学界专门的研究主题,且经过20多年的不断探索,该领域业已取得了丰硕的研究成果,这无疑有助于夯实教师教学信念研究基础。但随着新的研究视角介入和研究主题深化,催生了教师教学信念研究的新空间。

一是在理论视角方面。以往对教师教学信念的研究,主要以行为主义理论、建构主义理论、特质理论、文化生态理论等为理论基础,而这些研究多囿于单一理论视角。实际上,教学信念作为教师的一种心理倾向或精神世界,是一个复杂的存在,需要运用多种理论对其进行综合的深层次的多视角的探究。

二是在研究主题方面。以往研究倾向于关注教学信念的现况、问题及其对策,以教学信念的生成机制作为专题研究还不多见。尽管李家黎博士在其博士论文中对教师信念的生成机制作了专章论述,但他主要观照了教师信念生成的引领机制、

[1] 朱旭东. 教师专业发展理论研究[M]. 北京:北京师范大学出版社,2011:5.

保障机制和支持机制[1]。虽然这些机制在教师信念生成过程中扮演着重要的角色，但我们未能精准把握和深刻理解教师信念是基于何种动力、经历何种过程、运用何种加工策略及遵循何种规律而生成的，这些皆是研究教师信念生成不能规避的重要问题。

三是在研究方法方面。以往研究倾向于思辨探究、量化研究，只有少数研究尝试了质性研究，而在已有的质性研究中，多倾向于单维的研究方法。事实上，多种定性研究方法的综合运用才是揭示教师教学信念的有效方式[2]。教学信念是教师个体在特定环境下自行建构的结果，因而每个教师的教学信念的形成过程具有个体差异性，若仅以预设性问卷对其进行调查研究，所得结果难以反映教师信念建构的真实性，有鉴于此，运用质性研究方法探究教师教学信念的生成过程及其机制意义重大且迫切。

综上所述，当前学界更多关注教师教学信念的现状，即教师有什么样的教学信念，这些教学信念的结构如何，有哪些因素会影响教学信念，教学信念与教学行为的一致性问题，如何转化和发展教学信念。尽管学界对教学信念的生成问题有所涉及，但多倾向于理论上的探讨，且多为片段式论述，将其作为专题研究尚不多见。多数研究者或学界专家皆认为，教学信念作为教师的核心素养，是教师进行教学思考、做出教学决策、采取教学行为的依据。因此，我们认为对教学信念的研究不仅要调查当前教师的教学信念现状、存在的问题及其应对策略，而且还须探究教师教学信念是如何生成的，以及教师应该生成什么样的教学信念。

鉴于此，本书将从心理学的视角，以多种理论为研究基础，采用个案研究法、半结构访谈法、课堂观察法等研究方法，深入一线调查9名小学优秀教师的教学信念的生成现状，基于对调查资料进行编码分析，进一步探讨小学教师教学信念的生成途径、影响因素和生成机制。

四、核心概念界定

对研究中的基本概念进行清晰的理论界定是所有问题研究的原点与起点[3]。费弗斯（Fives）和比尔（Buehl）则明确指出："缺乏凝聚力和清晰性的定义限制了教师

---

❶ 李家黎．教师信念的文化研究[D]．重庆：西南大学，2009：75.

❷ ERKMEN B. Ways to uncover teachers' beliefs [J]. Procedia-Social and Behavioral Sciences, 2012 (47): 141-146.

❸ 易凌云，庞丽娟．教师教育观念：内涵、结构与特征的思考[J]．教师教育研究，2004(3)：6-11.

信念的解释和预测的潜力”❶。因此，界定概念是任何研究得以顺利开展的首要条件，只有概念清晰，才能明确研究的边界。在本书中，涉及的核心概念有“信念”“教学”“教学信念”“教师”“生成”“机制”，这些概念构成了本书的基本线索。下面将围绕这些核心概念进行相应的溯源、梳理与界定。

（一）教师与教学

1. 教师

在教育发展史上，关于教师的界定一直存在着广义和狭义之分。广义的教师是指向他人传递经验的人，教师、家长、长者、有经验的人都可以视为广义上的教师。狭义的教师则主要指学校教育中的教职人员，《中华人民共和国教师法》对此已作了明确规定：“教师是在学校及其他教育机构中履行教育、教学职责的专业人员。”履行教育教学职责，即是履行“教书”和“育人”这两项基本职责。由于学校存在层次和类别的差异，所以教师又可分为幼儿教师、小学教师、中学教师、高校教师，或特教教师、普教教师等类型。本书所指的教师主要是公办小学教师。

2. 教学

（1）教学的词源考察。

在汉语中，“教”与“学”等字最早出现在甲骨文中。而“教”与“学”连用最早见于《尚书·兑命》一文中的“斅学半”（斅 xiao，同教）。宋朝蔡沈对此是这样注解的：“斅，教也……始之自学，学也；终之教人，亦学也。”其大意为：教源自自学，即是学；学成之后去教人，这亦是学。其实质是“教”离不开“学”，两者是相互依存、相互促进、共生共在的关系。其后，《学记》将其引申为“教学相长”。《学记》中提及的“建国君民，教学为先”中的“教学”几乎与“教育”一词同义，并非今天所指的“教学”。据考，与今天所指的“教学”之义最为接近的表述见于宋代欧阳修所作《胡瑗先生墓表》中——“先生之徒最盛，其在湖州学，弟子来去常数百人，各以其经传相传授，其教学之法最备，行之数年……”❷。

在英文中，表征“教学”一词的概念是多样态的。常见的英文词有“teaching”“instruction”“learning”等。一般认为，“teaching”和“instruction”表征“教”，其中“teaching”蕴含着“教学、教导”之义，多指教师的行为，常被视为一种活动；“instruction”则

---

❶ FIVES H, BUEHI M M. Spring cleaning for the “messy” construct of teachers’ beliefs: what are they? which have been examined? what can they us? [M]//HARRIS K R, GRAHAM S, URDAN T. APA education psychology handbook: individual differences and contextual factors. Boston: Allyn and Bacon, 2012: 471.

❷ 王策三. 教学论稿[M]. 北京：人民教育出版社，1985：86-87.

意指“教、教导”，常与教学的情境关联，强调教这一活动的过程。“learning”多表征学，蕴含学习之义。

(2)教学的定义。

当前，我国学者关于“教学”的定义有不同的认识和理解。王策三先生认为，“所谓教学，乃是教师教、学生学的统一活动；在这个活动中，学生掌握一定的知识和技能，同时，身心获得一定的发展，形成一定的思想品德。”[1]顾明远教授认为，“教学是以课程内容为中介的师生双方教和学的共同活动。”[2]李秉德教授认为，“教学就是教的人指导学的人进行学习的活动。进一步说，指的是教和学相结合或相统一的活动。”[3]钟启泉教授认为，“教学是为实现教育目的，以课程内容为中介而进行的教和学相统一的共同活动。在教学活动中，师生双方按照一定的目的及要求，通过各种方法进行交往、交流，以使学生掌握一定的知识技能，形成完善的个性品质和思想品德，以实现人类社会发展对个体身心发展要求的统一。”[4]张华教授认为，“教学是教师与学生以课堂为主渠道的交往过程，是教师的教与学生的学的统一活动。通过这个交往过程和活动，学生掌握一定的知识技能，形成一定的能力态度，人格获得一定的发展。”[5]李森教授认为，“现代教学本质上是师生之间以对话、交流、合作为基础进行文化知识传承和创新的特殊交往活动。”[6]

在国外，关于教学的定义也种类繁多。美国教育学家史密斯将其归纳为描述式、意向式、规范式、成功式和科学式等几种类型[7]，这里主要介绍前三种定义类型。教学的描述式定义是指传统意义上的教学，认为教学就是传授知识或技能；教学的意向式定义指明教学就是一种意向性活动；教学的规范定义指出，教学是一种符合一定道德规范的一系列活动。

综上可见，不同学者在不同层面上揭示了教学的性质、目的、中介、方式等基本问题。从性质来看，教学是一种师生的统一活动；从目的来看，教学旨在发展学生的个性品质和思想品德；从中介来看，教学是以课程内容为媒介的活动；从方式来

---

[1] 王策三. 教学论稿[M]. 北京：人民教育出版社，1985：88-89.

[2] 顾明远. 教育大辞典[M]. 上海：上海教育出版社，1990：178.

[3] 李秉德. 教学论[M]. 北京：人民教育出版社，1991：2.

[4] 钟启泉. 课程与教学概论[M]. 上海：华东师范大学出版社，2004：7-8.

[5] 张华. 课程与教学论[M]. 上海：上海教育出版社，2000：73.

[6] 李森. 现代教学论纲要[M]. 北京：人民教育出版社，2005：6.

[7] 施良方，崔允漷. 教学理论——课堂教学的原理、策略与研究[M]. 上海：华东师范大学出版社，1999：8-10.

看,教学是以对话、交流、合作的方式实现学生核心素养的养成。

基于此,结合我国学生发展核心素养的要求,我们可以把教学理解为:教学是以学生核心素养的养成为目的,以课程内容为中介而进行的教和学相统一的交往活动。这一活动包括教师教的活动和学生学的活动,它是两种活动的统一体。就教师教的活动而言,它既是一种实践活动,同时也是一种认识活动,但主要是实践活动。作为一种实践活动,教学活动一般由六个要素构成:(1)教学活动是为谁组织和由谁组织?即教学的主体(学生和教师);(2)为什么要组织教学活动?即教学目的;(3)凭借什么来实现教学目的?即教学内容;(4)教师怎样实施教学内容以实现教学目的?即教学方法;(5)如何确保教学活动顺利开展?即教学管理;(6)教学的效果如何?即教学评价。就学生学习的活动而言,它是一种认识活动,也是一种实践活动,是认识活动和实践活动高度联结的统一体。应然样态下学生的学习活动一般包括为什么学(学习目标)、学什么(学习内容)、怎么学(学习方法)、学的效果怎样(学习效果)、如何学才更有效(学习反思)五个要素。

(二)信念与教学信念

关于信念的研究源远流长,柏拉图是最早探究信念(belief)的学者。"信念"概念极为复杂,人们对信念的理解存在诸多歧义。我们若想厘清信念的含义,首先要对信念有一个清晰的认识与定位。

1. 信念

(1)信念的词源分析。

在古汉语中,对信念一词的解释是分开的。《说文解字》将"信"解释为:"诚。从人从言",本为"言语真实""诚信"之义[1];"念"解释为:"常思也。从心,今声",是指念念不忘之思[2]。也就是说,信与念合并为信念可理解为个体在内心里对自己反复说的话。在《现代汉语词典》中,"信念"被解释为自己认为可以确信的看法[3]。

在英文中,《牛津高阶词典》将"belief"解释为"相信;信任"。作为不可数名词使用时,信念通常是指自己持有的观点,如我相信明天会更好;作为可数名词使用时,则是指相信某人、某事、某物是真的,如学习能使人更聪明。《美国韦氏词典》则将信念界定为三个层面的意思:(1)相信某人或某物的一种心理状态或习惯,如她相信社会是公平的;(2)被接受,被认为是真实的,或被认为是意见的东西,如某群体持

[1] 苏宝荣.说文解字今注[M].西安:陕西人民出版社,2000:92.

[2] 苏宝荣.说文解字今注[M].西安:陕西人民出版社,2000:364.

[3] 中国社会科学院语言研究所词典编辑室.现代汉语词典(第五版)[M].北京:商务印书馆,2007:1519.

有的共同信条或信仰；(3)确信某些陈述的真实性或者某些存在或现象是真的，特别是基于对科学陈述的有效性的证据考察时而做出判断的信念，如数学能培育人的逻辑思维能力。

日常生活中，人们倾向于使用信念的不可数形式，或者是《韦氏词典》中的前两种用法，而忽视了它的可数形式，以至于人们往往将信念视为难以捉摸的、虚无缥缈的存在。事实上，在西方文献中，信念的可数形式和不可数形式皆被使用，尤其在教育研究领域多倾向于使用信念的可数形式或《韦氏词典》的第三类含义，这可能是文化差异使然。在本书中，主要探讨信念的可数形式，或指那种基于证据确信的信念。

(2)信念的多重阐释。

自柏拉图在《理想国》一书中将信念理解为“一种低于知识的认识状态”，即仅仅作为意见而与知识相区别[1]以来，学界对其探究日渐兴盛，对信念概念的理解也各不相同(如表0-1所示)。

表0-1　国内外有关信念的定义

研究者/年份	信念定义
罗基奇(Rocheach)(1968)	信念就是所有简单的，有意识或无意识的主张
黄希庭(1982)	信念是在独立思考和深思熟虑的情况下，对自己的生活准则和追求的目的确定无疑，内心真正接受并自愿为之奋斗
克鲁捷茨基(B.A.Крутецкий)(1984)	信念是关于自然界和社会的某些原理、见解、意见、知识，人不怀疑它们的真理性，认为它们有无可争辩的确凿性，力图在生活中以它们为指针
西格尔(Sigel)(1985)	信念主要是个体受到所处社会文化环境影响下所形成的一种持久性态度、价值观及意识形态表现
张焕庭(1989)	信念是激励人按照自己所确信的观点、原则和理论去行动的个性倾向
佩詹斯(Pajares)(1992)	信念是一个人关于一个命题的真或假的判断……只能从个人说了什么、有何打算和做了什么的综合理解中推断
高强华(1992)	信念是一种对事物或命题确信不疑或完全接纳的心理倾向或状态，是对某种事物、对象或命题表示接纳、赞成或肯定的态度

[1] 刘易斯·波伊曼．知识论导论——我们能知道什么？[M]．二版．洪汉鼎，译．北京：中国人民大学出版社，2008：295.

续表

研究者/年份	信念定义
叶奕乾、孔克勤（1993）	信念是坚信某种观点的正确性，并支配自己行动的个性倾向
理查德森（Richardson）（1996）	信念是个人接受为真的命题，它是一个心理观念
阿瑟·S. 雷伯（Arthur S. raber）（1996）	信念是个体对某一命题、陈述或学说在情绪上的接纳
喻国华，徐俊贤（1995）	信念是坚信某种观点的正确性，并支配自己行动的个性倾向
喻佑斌（1999）	信念是对事物、现象、命题的确定体验和肯定态度
林崇德，申继亮，辛涛（1999）	信念是个体确信并愿意以之作为自己行为指南的认识
王恭志（2000）	个人在生活经历、学习经验及社会化过程中，对某种事物、对象或命题所产生之信以为真的观点或想法
车文博（2001）	信念是个体在社会实践中，在主体意识的支配下，反复提炼而形成的高度集约化认识
黄儒杰（2002）	信念是个人信以为真、确信或一致的心理倾向、看法或观点
俞国良，辛自强（2002）	信念是个体对于有关自然和社会的某种理论观点、思想见解坚信不疑的看法，会给人们的心理和行为以深远的影响，是从事一切活动的激励力量
赵昌木（2004）	信念是个体对于人、自然和社会的基本认识、理解、假设的确信
汤才伟，郑美义（2006）	信念是指某些主体所相信的命题
陈嘉明（2007）	信念是人们对某种观点、思想等所持有的在内心深处的真挚信仰和坚决执行的态度
钟璞（2008）	信念是指人们在一定的认识基础上，对某种思想理论、学说和理想所抱的深信不疑的并愿意身体力行的态度
林一钢（2008）	信念是人们对自然界和社会秉持的一些基本观点所形成的一个相对稳定的、带有一定意动成分的认知结构，信念与客观、普适、价值中立的公共知识体系不同，它是具有强烈个体意义的、带有情感性的个体知识
李家黎（2009）	信念是人们对自然界和社会秉持的一些基本观点所形成的一个相对稳定的、带有一定情感和意识及行为成分的完整认知结构

续表

研究者/年份	信念定义
陈正善,熊川武(2009)	信念即是在一定认识的基础上对某种事物所持有的坚定的观念以及坚决的态度。
张如莉,陈淑美(2011)	信念是指心中坚信的想法、原则、理想与理念
梁凤珠(2012)	信念是个人在生活经历、学习经验及社会化过程中,对某种事物、对象或命题所产生之信以为真的观点或想法
王平(2012)	信念是在认识和实践活动中,个体基于已有的知识、经验而形成的对人、事物、现象、命题等信以为真的思想、观念、看法和积极认同、信任的精神状态,是决定个体行动方向、程度、速度等的内心向导和精神动力
丁仁仑(2014)	信念是个体相信并且在行为活动中奉行的观点或主张
肖川(2015)	信念是人们在一定认识基础上确立的对某种理论主张或思想见解及理想坚信无疑,并要努力身体力行的精神状态

资料来源:笔者整理。

基于对有关信念概念研究的回溯,以及对相关文献的梳理,我们发现有关信念一词的定义主要涉及哲学、心理学、社会文化学、诠释学等学科,这里主要从这些学科视角分别阐释信念的含义,以期能对信念概念有一个整体的把握。

从哲学视角来看,信念被界定为个体持有的对现象、事物及其价值的一种看法、主张、判断或个体知识。柏拉图、杜威、休谟、佩詹斯等是这一观点的典型代表。柏拉图认为信念就是人的一种意见,是一种不同于知识的认知状态。杜威认为,“信念是超越某事物之外而对该事物的价值作出测定;它对事物、原则或定律的性质作出一些断定。”[1]休谟(David Hume)则认为:“信念是个体对一个观念的观念。”[2]佩詹斯则将信念界定为“个体关于一个命题的真或假的判断”[3]。从哲学的视角而言,信念就是人们对客观事物及其价值的真假、正误、美丑所坚持的判断、主张。

从心理学视角来看,信念是指个体对人、事、物感知、体验后所持有的态度或个性倾向。如黄希庭、张焕庭、高强华等皆将信念视为个体的一种态度或个性倾向。

[1] 约翰·杜威.我们怎样思维·经验与教育[M].姜文闵,译.北京:人民教育出版社,2005:14.

[2] 休谟.人性论[M].关文运,译.北京:商务印书馆,1980:122.

[3] PAJARES M F. Teachers' beliefs and educational research: cleaning up a messy construct[J]. Review of Educational Research,1992(3):307-322.

黄希庭认为,“需要、欲望、兴趣、信念决定着人对现实的态度和积极活动的方向,属于个性倾向性的内容”[1]。美国心理学家阿瑟·S. 雷伯(Authur S. Reber)在《心理学词典》中将信念解释为个体对某一命题、陈述或学说在情绪上的接纳[2]。叶奕乾和孔克勤在其《个性心理学》一书中将信念界定为“坚信某种观点的正确性,并支配自己行动的个性倾向”[3]。由此可知,在心理学领域,诸多学者认为信念就是个体对相关对象持有的一种态度,或一种情绪上的认可与接纳,或一种认知结构,概而言之,信念属于个性倾向的范畴。

从社会文化学视角来看,信念就是个体受到所处社会文化环境影响下所形成的一种持久的观点和看法。西格尔(Sigel)、王恭志、梁凤珠等学者是这一观点的持有者,他们认为,信念是个体在社会化过程中形成的对某种事物、对象或命题所产生之信以为真的观点或想法[4]。

从现代诠释学视角来看,信念被理解为一种“成见”。现代诠释学主张,个体对任何事物(包括自我)理解产生的前提都是基于个体的成见。海德格尔将其称为“前有、前见、前把握”[5]。他认为人的理解活动不可能起始于虚无,每个人都生活在特定场域中,深受特定场域的影响,不可避免地持有与之相应的成见。理解之所以发生,盖因“人已在传统中存在,拥有负载着文化传统的语言,并怀着对过去的疑问,对现实的困惑,和对未来的期望。”[6]伽达默尔认为:“个人的成见比起个人的判断来说,更是个人存在的历史实在。”[7]

基于上述分析,我们发现对信念共同的看法主要表现为四点:第一,信念是一种个性倾向或心理倾向。第二,对于持有者而言,信念是经个体思考后形成的信以为真的观念。第三,信念包含抽象与具体两种存在,在诸多学科领域,信念主要以具体的概念存在,是针对特定对象而言的。第四,信念是践行于实践之中,用于过滤外界信息、做出决策和指导行为活动的观念。

综上所述,“信念”可以被理解为:个体基于一定的认知和体验而形成的关于

[1] 黄希庭. 普通心理学[M]. 兰州:甘肃人民出版社,1982:3.

[2] 阿瑟·S. 雷伯. 心理学词典[Z]. 李伯黍,等译. 上海:上海译文出版社,1996:101.

[3] 叶奕乾,孔克勤. 个性心理学[M]. 上海:华东师范大学出版社,1993:99.

[4] 梁凤珠. 教师教学信念之影响因素分析[J]. 教育研究论坛,2012(1):157-172.

[5] 海德格尔. 存在与时间[M]. 陈嘉映,王庆节,译. 北京:生活·读书·新知三联书店,1999:176.

[6] 殷鼎. 理解的命运[M]. 北京:生活·读书·新知三联书店,1988:2.

[7] 伽达默尔. 真理与方法:哲学诠释学的基本特征(上)[M]. 洪汉鼎,译. 上海:上海译文出版社,1999:355.

人、事、物等确信无疑并努力践行的稳定性心理倾向。这一定义的独特性表现为，一方面，它蕴含信念的四个基本组成要素，即认知、情感、意志和行为倾向；另一方面，它耦合了以往定义将信念的身体和心理因素相分离的状态，是罗素的信念观[1]（信念是身体上或心理上或者两方面兼有的某一种状态，即信念在个体的内心世界与外在行为上具有一致性）的直接体现。此外，这一概念还蕴含着信念的形成过程，信念始于认知，贵在体验，终于实践，是认知、体验、实践之间的螺旋上升过程。

（3）信念的基本构成要素。

基于文献研究发现，信念的基本构成要素包括认知、情感、意志和行为四个构成成分。

认知成分（cognitive component）。信念是个体对人、事、物等客观存在的认知结果，无论是真善美还是假丑恶的信念，均反映了个体对人、事、物的不同程度地相信或确信，是个体在与客观存在的交互作用过程中产生的看法、主张和判断。

情感成分（affective component）。个体在认知客观存在的过程中总会产生一定情绪和情感色彩，无论是喜欢还是厌恶，是喜悦还是忧伤，均是个体的认知及情绪和情感体验的表现，这些情绪和情感体验会促进或抑制个体认知或行为的强度和持久性，换句话说，情绪和情感是信念产生和发展的动力，是个体相信或确信某一观念的指标，情绪和情感是信念形成的助推器。正如阿贝尔森（Abelson）所言，信念系统比知识系统蕴含更多的情感与评价的成分，有时人们是基于自己的喜恶而对事物产生感觉、情绪或主观评价[2]。

意志成分（volitional component）。意志成分是个体对待信念对象的一种反应倾向，即是说意志对认知的对象具有选择、调节的功能，换言之，并非所有的事物都能成为个体的信念对象，只有那些符合个体选择需求的对象，才会成为个体的认知对象；作为个体的信念是否被实施，除了受个体对其认知的程度和情感体验深度的影响外，还与个体的意志成分关联。意志将影响个体对信念的坚持性和执行力，也就是说，信念具有完成某一种行为的趋向。由此可见，一个人的信念对其行为具有驱动性影响。

行为倾向成分（behavioral intentions component）。信念是个体对客观存在的相信或确信，是个体对客观存在信以为真的看法、主张或判断，信念不仅是个体内在的精神状态，而且还是个体的行为倾向，在适当的情境中，信念会转化为具体的行

---

[1] 罗素. 人类的知识[M]. 张金言，译. 北京：商务印书馆，1983：180.

[2] ABELSON R. Differences between belief systems and knowledge systems[J]. Cognitive Science，1979(3)：355-366.

为,所以行为是个体信念的“一面镜子”,人们往往是通过行为来了解个体的信念。

信念是态度的重要构件,信念系统则是个体对于自然界、社会文化环境与自我等因素的信念所构成的一体化组织。信念系统中数以千计的信念之中,较为核心、较为重要的部分形成价值与态度❶。

(4)信念的结构。

王恭志在罗基奇(Rokeach)的信念系统观的基础上,以信念与信念系统间的关联程度为依据,将信念的结构分为核心信念、中间信念和边缘信念❷三种结构。核心信念居于信念系统的中心,是信念系统中最重要也最不容易改变的部分,倘若核心信念发生了改变,那么这个信念系统将会发生重构;中间信念通常居于核心信念和边缘信念之间,会因个体的认知和环境因素的影响而趋近或远离核心信念,中间信念的变化都会对信念系统的整体结构造成影响;边缘信念处于信念系统的边缘,对整个信念系统的作用甚微,随时会因外界因素的干扰而改变。

个体的信念系统基本上是由许多小的信念单位构成,各信念间所呈现的是一种同心圆式的排列层次,越接近信念结构中间的信念,稳定性越高,反之越靠近外层的信念其稳定度越低,亦即越容易受到外界影响而有所改变。核心信念越坚定则其抵抗外界变迁与冲击的能力就越强,但若核心信念一旦发生改变,将引起个体的信念系统发生新的重组与再构。

(5)信念的种类。

根据不同的分类标准,信念具有不同类型。根据已有研究文献,我们可以将信念的种类概括为如下几类。

第一,外源性信念与内源性信念。

根据信念的形成是否经由个体的建构,可将信念分为外源性信念和内源性信念。外源性信念是指个体基于某种权威,或自身利益,或强烈情感而形成某种观念。譬如某些教师因当前流行“翻转课堂”“探究教学”而“相信翻转课堂能更好地促进学生的成长”“相信探究教学能发展学生的分析问题、解决问题的能力”。这些教师接受这种观念只是因为这种观念是流行的说法,其本人并未调查事实,并未亲身参与建立这种信念❸。外源性信念遵循由外到内的形成进路,这一形成过程可能是无意识的、偶然的、情绪性的,它不是经由个体的考察、鉴定和探究等思维活动而形成的观念。内源性信念是指个体经由观察、搜集和验证等心智活动而得出的观

❶ 高强华.教师信念研究及其在学校教育革新上的意义[J].台湾大学教育研究集刊,1992(34):85-114.

❷ 王恭志.教师教学信念与教学实务之探析[J].教育研究资讯,2000(2):84-98.

❸ 约翰·杜威.我们怎样思维·经验与教育[M].姜文闵,译.北京:人民教育出版社,2005:14.

念。譬如某些教师基于践行“翻转课堂”“探究教学”而收集相应数据验证其对学生核心素养养成的作用，进而“相信翻转课堂能更好地促进学生的成长”“相信探究教学能发展学生的分析问题、解决问题的能力”。内源性信念遵循内外融合的生成路径，具有意识性、目的性、实践性的特性，它是个体经由考察、鉴定和探究等心智活动而习得的观念。

第二，事实性信念、断言性信念和评价性信念。

英国社会科学院、美国艺术与科学研究院、圣彼得堡国际人文科学院和中欧科学与艺术研究院成员雷蒙·布东（Raymond Boudon）在《价值观溯源：信念的哲学与社会追问》一书中，从理性与非理性的视角将信念划分为三种类型：事实性信念或知识性信念、断言性信念或解释性信念、评价性信念或价值性信念（规范性信念）。[1]事实性信念或知识性信念是指那种有效性可以得到证明的信念，即将真实世界和那种得到了实际证实的世界相比较就证明这种信念。例如，“我相信1加1等于2。”断言性信念或解释性信念是指那种有效性尚未得到证明但可以得到证明的信念，即将真实世界和那种尚未得到实际证实的世界相比较就证明这种信念。例如，“我相信1加1等于1。”要解释这一信念，既可以诉诸非理性的原因，又可以诉诸理性的原因。从非理性的角度看，它可以解释为小学生上课时注意力不集中或小学生的认知能力不足；从理性的角度看，它可以解释为同时劳动的两个人，其中一人出工不出力，另一人勤勤恳恳，结果两个人最终只完成了一个人的任务。评价性信念或价值信念（规范性信念）是指那种与真实世界相比较而难以证明其有效性的信念。可以通过这种信念来解释这种类型：“我相信做……是好的。”

关于事实性信念、断言性信念和评价性信念的解释原因各有差异。事实性信念或知识性信念可以通过理性的原因来解释，断言性信念（或解释性信念）和评价性信念（或价值性信念）常常通过非理性的原因来阐释。例如，关于集体信念，不同的学者基于不同的研究视角而有不同解释。马克思和涂尔干将集体信念解释为通过社会化过程而内化的结果；帕累托和弗洛伊德将其解释为情感因素导致的结果。在教师的精神世界中，这三种信念均同时存在，共同组构了教师的教学信念系统。从已有相关研究文献观之，学界更倾向于关注断言性信念和评价性信念两种类型。

第三，罗基奇的“五种信念”观。

罗基奇（Rokeach）在《信仰、态度和价值观：组织与变革理论》一文中依照“中

[1] 雷蒙·布东．价值观溯源：信念的哲学与社会学追问[M]．邵志军，译．南京：江苏凤凰教育出版社，2014：101-102.

心—边缘”向度的顺序[1],将信念分为五种类型:原始信念或基本信念(primitive beliefs)、一般信念或个人信念(personal beliefs)、权威信念(authority beliefs)、派生信念(derived beliefs)、碎片式信念(inconsequential beliefs)。原始信念或基本信念是指个体对自己、自然界和现实社会所持有的自认为真的主张和看法,处于信念系统中最重要的层面;一般信念或个人信念是指个体所独有的,不因他者的怀疑、反对而改变的信以为真的信念。譬如:“我相信我永远不会成功”,“我相信我是最丑的”等;权威信念是指个体通过模仿、学习权威人士的思想而产生的信念。父母、同学、老师、同侪、专家、行政管理者等都会影响个体形成此类信念;派生信念是指从权威信念推演而来的信念。权威信念本质上也是个人信念,但与个人信念存在本质上的区别——相对个人信念更成熟更合理,不管怎样它也是个体的认识、观点,从不同的视角也是可以对其争议辩论。概言之,任何信念都是可争议辩论的。相信孔子、陶行知、夸美纽斯、杜威等教育家的权威性,自然可以推论而形成许多不同的信念;碎片式的信念是指个体即兴的信念,这种信念是个体的嗜好、兴趣或品位的反映,偶然性、零散性、琐碎性是其典型的特点,与信念系统关联不大。

此外,罗素在《人类的知识:其范围与限度》一书中也对信念的种类做了分类,他认为信念是有机体(生理上和心理上或两者兼有)的一种状态,一般包括感觉类信念、记忆类信念、预料类信念、臆想类信念和推理类信念[2]。

综上可知,个体的信念系统中蕴涵着不同程度、不同层次或不同类别的信念。各种信念都是在个体与社会文化环境交互作用的过程中不断生成发展而来的,是一个从无到有、从少到多、从弱到强、从不完善到逐渐完善的过程。有的信念是以个体独有的形式存在,有的信念是以群体共有的形式存在;有的信念是以知识的形式存在,有的信念是以评价或断言的方式存在;有的信念是个体未经深思熟虑的,有的信念则是个体经过信息加工的;有的信念居于核心地位,发挥着统领作用;有的信念则处于边缘地位,对个体的思考、决策、行为影响不显著。信念及信念系统与个体的知识、价值观密切关联,对个体的思考、决策、行为会产生稳定而持久的影响,皆反映了个体对人、事、物的信以为真的看法和主张,从而表现为独具特色的个人风格。

---

[1] ROKEACH M. Beliefs, attitudes and values: a theory of organization and change[J]. Revue Française De Sociologie, 1968, 11(3): 202-205.

[2] 罗素. 人类的知识[M]. 张金言, 译. 北京: 商务印书馆, 1983: 182.

(6)澄清与信念相关的几个概念。

从已有文献来看,学界容易把认识、猜测、知识、观念、理念与信念混淆,这不利于信念研究的良性发展,故有必要澄清信念与这些概念之间的关系。

①认识与信念的关系。

认识作为个体的一种特殊活动,是个体对客观事物及其规律的能动反映,是一种有选择的反映。这一定义包含两个内容:一是认识必定是一种活动(认识活动),二是认识必定产生一定的结果(认识结果);认识活动与认识结果之间的关联在于:认识活动是形成认识结果的过程,认识结果是认识活动的状态。

认识与信念之间关系实质上是一种认识与结果的关系,两者相互作用、共生发展。

一方面,认识是信念及信念构建的前提与基础。从哲学的角度来看,认识是个体对客观事物的态度、看法。换言之,认识一般由两部分构成:一是客观事物,这里的客观事物主要表征为一种模拟或一种陈述;二是认识的态度,通常情况下,人们对客观事物的认识态度存在着肯定和否定两种类型。当个体对客观事物持有肯定或否定的态度时,意味着我们对这种客观事物有了认识,也就是有了关于该事物的客观存在的信念[1]。基于此,信念可以表示为:信念 = 主体 + 态度 + 事件。主体是指对信念内容持有认识、情感、意志倾向的个体或群体;态度是指主体对信念内容所抱持的心理倾向,通常以相信/不相信、赞成/不赞成、应该、必须、一定、必然等态度词来表达;事件是指关于人、事、物的一个陈述语句,也可以把事件称为信念内容。由此可见,任何信念都是主体对某些事物的信念,都是有内容的,都有一个信什么、不信什么的问题,它表征着个体的一种特殊的心理事态[2]。或者说,信念及建构信念是以人的认识为基础的。进一步而言,认识就其本质而言实则是个体对特定事物存在与否的信念及形成、构建、建立该信念的活动的统一[3]。

另一方面,已构建的信念又反作用于个体的认识。具体而言,已形成的信念会影响个体对认识内容的选择、认识方式的采用、认识策略的运用以及认识成果的评价。如语文课堂教学活动中,有的教师关注学生对文本的生字词的掌握与运用,有

---

❶ 张帆.论信念与认识、信仰、价值观等的关系[C]//陕西省价值哲学学会.理想·信念·信仰与价值观——全国理想信念与价值观学术讨论会论文集.西安:陕西省价值哲学学会,2000:247.

❷ 张帆.论信念与认识、信仰、价值观等的关系[C]//陕西省价值哲学学会.理想·信念·信仰与价值观——全国理想信念与价值观学术讨论会论文集.西安:陕西省价值哲学学会,2000:247.

❸ 张帆.论信念与认识、信仰、价值观等的关系[C]//陕西省价值哲学学会.理想·信念·信仰与价值观——全国理想信念与价值观学术讨论会论文集.西安:陕西省价值哲学学会,2000:247.

的则关注学生对文本意义与现实生活的联系；在教学评价上，有的教师着重于学生获得多少知识作为评价标准，有的则以学生情感的发展和能力的养成为评价重心。教师的这些行为在很大程度上都是与其所持的信念关联。可见，认识与信念之间是交互作用的关系。

②猜测与信念的关系。

猜测是个体对可能出现的事物持有不确定性的心理状态。猜测具有不确定性，但没有消除这种不确定性；而信念则是不确定性的消除❶。

猜测和信念一样都存在一个"真"的问题，但是猜测并不等于信念。猜测是一种貌似信念的东西，其表达方式与信念往往相同，但态度却是不同的❷。与猜测直接相关的是怀疑的态度，更确切地说，是肯定（或否定）中有怀疑，信心不足❸。

猜测与信念之间的关系可以用信念度（degree of belief）来表征，信念度表示人们对于不同的命题所具有的不同确信（confidence）程度。猜测对某事物的确信度要远远低于信念，即不确信度较高；而信念对事物的不确信度较低，即信念对某事物的确信度要高于猜测。换言之，猜测是主客观感到证据不足的判断，而信念是主观上有充足证据，客观上证据不一定充足的判断。

③知识与信念的关系。

理查德森（Richardson）认为，信念与知识之间的关系是当今教学和教师教育研究中最复杂的事❹。纵观已有相关文献，源于研究者的认知结构、认知偏好和研究领域的不同，对知识与信念之间关系的认识也各有差异。但关于信念与知识之关系的探讨主要聚焦于三个主题：一是知识不同于信念，费曼-奈姆瑟（Feiman-Nemser）和弗洛登（Floden）认为，知识不等同于信念。他们认为，并非教师相信的和他们愿意将其付诸实践的想法都可以被称作"知识"❺。二是信念是一种知识，具体而言是一种个体知识，卡根（Kagan）认为，教师信念即是教师关于教学、课堂、学生

---

❶ 张帆．论信念与认识、信仰、价值观等的关系［C］//陕西省价值哲学学会．理想·信念·信仰与价值观——全国理想信念与价值观学术讨论会论文集．西安：陕西省价值哲学学会，2000：248.

❷ 张帆．论信念与认识、信仰、价值观等的关系［C］//陕西省价值哲学学会．理想·信念·信仰与价值观——全国理想信念与价值观学术讨论会论文集．西安：陕西省价值哲学学会，2000：249.

❸ 张帆．信念论［M］．西安：陕西人民出版社，2001：41.

❹ RICHARDSON V. The role of attitudes and beliefs in learning to teach［M］//SIKULA J. Handbook of research on teacher education. New York：Macmillan，1996：102-119.

❺ FEIMAN-NEMSER S，FLODEN R. The cultures of teaching［M］//M WITTROCK. Hand-book of research on teaching. New York：Macmillan，1986：515.

及其学习的一种个体知识[1]。教师的知识是主观形成的,故教师知识等同于信念,尤其是教师的实践知识(行动中的知识)[2]。亚历山大(Alexander)、沙勒(Schaller)和黑尔(Hare)也持类似的观点,他们认为知识包括个人知道的和相信的一切,不管这些是否经过某种所谓客观的证明,都可以一律称为知识。布瑞·格特勒在《自我知识》一书中明确提出了个体自己当下的经验、思想、信念或愿望即为自我知识[3]。三是知识与信念之间是交互影响的关系,费妮玛(Fennema)和弗兰克(Franke)认为,在数学教师的数学教学知识模型中,教师的数学知识、教学知识、学习者数学认知的知识三者间会与数学教师的信念相互影响[4]。墨菲(Murphy)和梅森(Mason)也认为知识与信念之间是交叉的或叠加的构念(overlapping constructs)[5]。

由此可见,知识与信念的关系问题是学界探讨较为热门的课题。事实上,知识与信念之间不是简单的等同与不等同的关系,它们之间的关系正像墨菲和梅森所言的"叠加构念",以及费妮玛和弗兰克所说的"交互影响"关系,亦即是说,知识与信念既是不同的存在,又是关联性存在。

知识和信念是不同的存在。尽管佩詹斯(Pajares)认为要鉴定信念的显著特征和把信念从知识中分离出来是困难的事[6],但是基于促进人们对信念的深度认识和理解的视角而言,对两者进行一定程度的区分显然具有极其重要的意义。鉴于此,根据理查德森、内斯普尔及其他研究者的研究结论,可以从确认程度、构成要素、逻辑建构、影响效果等维度对知识和信念加以比对分析,以期能找出两者之间的些许差异。

从确认程度来看,知识是经过证明的、真实的客观事实,并且可以由他人反复交互确认的事实。信念更多是个体的主观判断,是个体信以为真的观念,有的信念

[1] KAGAN D M. Implications of research on teacher belief[J]. Educational Psychologist, 1992, 27(1):65-90.

[2] KAGAN D M. Ways of evaluating teacher cognition: inferences concerning the goldilocks principle[J]. Review of Educational Research, 1990(3):419-469.

[3] 布瑞·格特勒. 自我知识[M]. 徐竹,译. 北京:华夏出版社,2013:2.

[4] FENNEMA E, FRANKE M U. Teachers' knowledge and its impact[M]//GROUWS D A, Handbook of research on mathematics teaching and learning. NY: MacMillan, 1992: 147-164.

[5] MURPHY P K, MASON L. Changing knowledge and beliefs[M]//ALEXANDER P A, WINNE P H. Handbook of educational psychology. 2nd ed. New Jersey: Lawrence Erlbaum Associates, 2006: 305-324.

[6] PAJARES M F. Teachers' beliefs and educational research: cleaning up a messy construct[J]. Review of Educational Research, 1992(62):307-332.

是个体验证过的,有的还未验证,甚至有的无法验证。理查德森(Richardson)❶认为,知识和信念最普遍的差别在于知识是真实的和经证明的,而信念倾向于主观的和不需要验证的。墨菲(Murphy)和梅森(Mason)❷也持相似的观点,他们认为所有的“知识”都被视为真的,可以被外部验证,并且可以由其他人反复交互确认的事物。而“信念”是指所有人视为或想要成为真的,信念不一定需要验证,甚至有的通常无法验证(如宗教信仰)。

从构成要素来看,知识更多涉及认知成分,而信念不仅涉及认知成分,还含有情感、意志和评价成分。阿贝尔森指出,信念系统比知识系统蕴含更多的情感与评价的成分,有时人们是基于自己的喜恶而对事物产生感觉、情绪或主观评价。

从逻辑构建来看,知识常常是按照严密的逻辑原则组构而成,信念更多倾向于个体的经验、情境或偶然事件、权威影响推理而成。阿贝尔森在《知识系统与信念系统之差异》一文中指出,知识系统是由各种知识、专门术语依据一定的逻辑组构而成的;信念系统则主要是个体依据一定的经验,文化或制度上知识传递的过程中,偶然的、意外的、非逻辑地形成的。概言之,知识必定是一种逻辑建构,信念则可能是一种逻辑建构,也可能是非逻辑建构。

从影响效果来看,信念比知识更能影响个体的行为判断、行为决策和行为执行,对行为有良好的预测功能。内斯普尔(Nespor)指出,在辨别个人如何构建和组织任务和问题上,信念系统比知识更具影响力,是行为的更强预测器❸。

综上可知,知识是经过普遍证明的真实存在,极少涉及个体的情感和评价因素,主要是以逻辑原则构建而成。信念则更多是个体的主观判断,易受个体的情感和价值观左右,往往因经验或偶然事件随机建构而成。

知识与信念虽然存在本质的不同,但两者又是交互作用的存在。知识和信念的交互作用主要表现在两个方面:一方面,对知识的深刻理解将会影响着个体的信念建构。苏霍姆林斯基在《给教师的建议》一书中曾论述过知识与信念的关联性,他认为“如果对知识有深刻的理解并且反复地思考过,如果知识变成了学生主观世

❶ RICHARDSON V. The role and attitudes and beliefs in learning to teach[M]//SIKULA J, Handbook of research on teacher education. New York: Macmillan, 1996: 102-118.

❷ MURPHY P K, MASON L. Changing knowledge and beliefs[M]//ALEXANDER P A, WINNE P H. Handbook of education psychology. 2nd ed. New Jersey: Lawrence Erlbaum Associates, 2006: 3307.

❸ NESPOR J. The role of beliefs in the practice of teaching[J]. Journal of Curriculum Studies, 1987, 19(4): 317-328.

界的一部分,变成了他自己的观点,那就意味着知识已经成为信念。”[1]何种条件下知识才能触动学生个人的精神世界?以及才能成为其所珍视的财富呢?就是在知识的活的身体里要有情感的血液在畅流。在心灵没有参与到精神生活里去的地方,也就没有信念[2]。另一方面,信念影响着个体对知识的选择与解释。佩詹斯指出,信念在解释知识和认知的方面发挥着关键作用[3]。

概而言之,知识的多寡及对知识理解的深刻性将会影响个体的信念构建,反之,个体持有的信念性质也会影响其对知识的选择、理解和加工,两者相互作用、共生共荣。知识是在个体对其认知并将其内化为个体的知识和外化为个体的行为后才使个体发生变化;虽然信念是通过改变人们对知识的观念来改变人的,但这一改变的发生机制具有极大的相似性,因为人们对知识所持的信念是在其对知识的认知过程中生成的,两者联系紧密,即个体在认知知识的过程中形成了对某些知识的信念,已形成的有关知识的信念既是个体的实践知识又是个体的信念[4]。于是,“知识就是力量”是个体通过将知识内化并转化行为作用于社会实践而得以实现的。而个体将知识内化与转化的过程中存在着个体的实践知识,即个体对知识的确认、信奉,即是说存在着个体对知识的信念。据此可知,个体的信念在其对知识的认知过程中起着内化和转化的媒介功能。信念影响着知识的汲取,而知识同样也会影响着信念的形成[5]。信念与知识的关系或许是佩詹斯所言的“紧密交织在一起的”关系,抑或是墨菲和梅森所言的“交叉的或重叠的”关系。

④信念与观念、理念之间的关系。

观念是指一种看法、主张,其典型的表达方式是“我认为我们的校园是最漂亮的”。观念有稳定的和易变的两种类型,那些已成为稳定样态的观念即为个体的信念。亦即是说,从广义的视角看,信念是一种特殊的观念。从狭义的视角看,稳定性的观念才能称之为信念。故观念与信念的本质区别在于稳定性程度。信念是个体内心深处稳定的观念,是个体对观念的追求、认可。稳定性、持久性是信念最显著的本质特征之一。当个体的信念成为学术共同体的一种理想追求时,它便成了

---

[1] 苏霍姆林斯基. 给教师的建议(修订版)[M]. 杜殿坤,译. 北京:教育科学出版社,1984:414.

[2] 苏霍姆林斯基. 给教师的建议(修订版)[M]. 杜殿坤,译. 北京:教育科学出版社,1984:414.

[3] PAJARES M F. Teachers' beliefs and educational research: cleaning up a messy construct[J]. Review of Educational Research, 1992(3): 307-322.

[4] 弗林格第和佩科龙提出把知识划分为“主观知识”和“客观知识”。他们指出,客观知识是社会认同的,是百分之一百有效的;主观知识却是个人建构的,不受外界评价影响的。信念就是属于这种主观的知识。

[5] 丁仁仑. 大学英语教师信念系统研究[D]. 上海:上海外国语大学,2014:25.

一种理念。基于此,信念与理念的区别在于信念是个体性的,理念是公共性的、群体性的。概言之,观念是指一种看法、主张;信念是指对观念的追求、认可;理念是一种理想的信念[1]。

塔巴克尼克(Tabachnick)和蔡克纳(Zeichner)对教师信念和教师观点(观念)做了区分,他们认为教师信念是一种反映,一种经验的解释,是后续行为的基础;教师观念是具体情境和行为导向。塔巴克尼克和蔡克纳进一步指出,对于适当的研究来说,抽象而缺乏行为传承的思想太过于模糊,情景性和行为导向性的观点更受欢迎。为此,塔巴克尼克和蔡克纳选择用教师观点而不是教师信念。古德曼也使用教师观点这一术语,他认为教师的观点指导教师的行为。尽管塔巴克尼克、蔡克纳、古德曼等人采用了“教师观点”这一术语,但他们都把教师观点理解为教师对教育目的、学生、课程等的看法,对教师的课堂教学行为具有导向性。而他们关于教师观念的这些认识与早期罗基奇关于教师信念含义的界定是一致的,他们之间的关系正如佩詹斯所言“新的术语,旧的意思”。亦即是说,塔巴克尼克、蔡克纳、古德曼等人所谓的教师观念与教师信念是同义不同词。

2. *教学信念*

(1)教学信念的界定。

有关教师教学信念的定义,往往与研究者的个人偏好及其所研究的领域、采取的研究视角和运用的研究方法不同而迥异。但无论研究何种领域、采用何种研究视角及使用定性或定量的研究方法,其研究重点主要聚焦于教师的教学信念及其对教学行为所造成的影响。表0-2即是国内外关于教学信念的定义的整理。

表0-2　国内外学者关于教学信念的定义

研究者/年份	教学信念的定义
Peterson,Clark (1978)	教学信念是指与教师的教学计划与教学决定等有关的思考
Tabachnick,Zeichner (1985)	教学信念事实上就是“教师观点”,亦即教师对教学的目标、目的、课程与教学,以及儿童等所持的信念与观点
Clark (1988)	将教学信念界定为先前概念和隐含理论
O'Loughlin (1989)	教学信念是指教师对知识的本质、受教者、相关的课程与教学的知识与知觉

[1] 该区分受到朱德全教授在博士生课堂上的教学观点的启发。

续表

研究者/年份	教学信念的定义
Pearson (1989)	教学是一种有意图的活动，当教师从事教学时，必定抱持着使学生获得某些事物的目标或意图，而教师对教学所具有的意图是来自他们的经验和所知道或所相信的一些事情
Pajares (1992)	教学信念是指教师在教学过程中，对于学生及学习过程、课程和教学等方面的信念
欧阳教 1994)	信念是指个人信以为真的心理倾向，而教学信念就是教师所持有有关教师本身、学生、教学互动及教材等信以为真的心理倾向
Richardson (1996)	教学信念就是教师对于教学法的价值观点
颜铭志 (1997)	教学信念系指教师在教学历程中，因教师个人特质、专业背景、教导对象、教学能力和教学环境不同的影响，而对教学历程中相关的一些因素，相信其为真的一种个人独特之内在想法
林进材 (1997)	教学信念乃指教师对教职的看法，或是教师的计划与决定等思考与实际教学行为的关系、教师可接受的行为规范、对学习者所使用的教学策略，以及如何教导特殊学科与对象的观点等
甄晓兰，周立勋 (1999)	教学信念乃教学行动的意向，其涉及理性的思维判断与情感的选择认定，且常与学科知识交互运作而影响到教师的教学行为
廖居治 (2000)	教学信念是指教师对于教学历程中相关变项的思考、对教学相关问题的基本看法。例如教师对教育目标、课程、教师角色、学生角色、知识、学习等等的信念，都可以包括在其中
王恭志 (2000)	教学信念是教师在教学过程中对教学课程、教学内容、教师自身、学生、各种角色、学校背景，以及评量等等因素所持的一种内在的思想
Borg (2001)	教师的教学信念深存于个人有意识或无意识中，引导教师的教学行为
冯雯 (2001)	教学信念是教师因其个人经验、专业背景形成对于学教学历程与学生学习过程中相关之教学目的、教学方法、课程教材、教学质量、个别差异、师生角色与责任等相关因素的看法
Lavonen (2004)	教学信念是教师对于科学知识如何被获得或辩证的信念，是影响教学计划、教师决策、教学内容或教学模式的主要因素
吴珮珑 (2003)	教师对于教学情境与教学历程中，所秉持的信以为真、赞同与接纳的内心想法，其想法将引导教师在教学情境的决定或行为
汤仁燕 (2004)	教学信念是对教学历程中的相关因素所持有且信以为真的观点

续表

研究者/年份	教学信念的定义
蔡凤芝（2004）	教学信念为教师对于有效教学是如何进行的看法，主要包括课程和规划、教学、社会与情境因素、教室管理、专门技术
张广义（2005）	教学信念为教师对于教学历程的认知表征，其能有效引导教师的教学思考以及教学行为表现
陈国泰，曾佳珍（2005）	教学信念乃教师（或准教师）对于各种教学相关事务所持有且信以为真的观点，包括其对于教育目标、教学方法、课程发展、师生关系、班级经营、学生学习活动等方面的信念
杨鲤榕（2006）	教学信念是教师因其个人经验、专业背景形成，对教学与学习历程中相关因素的看法，及接纳赞同的心理倾向与态度，并能依据其信念，评估、计划、决定其教学行为及过程
吴明隆，陈火城（2007）	教学信念是教师在教学历程中，对于历程中所有的相关因素及变项所持有且信以为真的观点
沈连魁，刘从国（2007）	教学信念可以概括地解释为教师对于其教学历程中的相关因素所抱持之信以为真的心理倾向，也就是教师的教学观点或教学取向等的概念
林荣俊（2009）	教师在教学历程中，根据自己的经验与专业背景，对于教学相关因素所持有且信以为真的观念，透过教学行为以达成教学目标的一种心理倾向
郭晓娜（2009）	教学信念是教师对教学过程中相关因素所持的信以为真的观点、态度和心理倾向
李锦雯（2010）	教学信念是教师个人特质、成长经验与现今所处环境交互作用后对某种事物或命题产生一种完全接纳与认同的态度，而这种态度有时是可察觉，有时是隐藏在潜意识中
杨豫晖（2010）	教学信念是教师关于应对如何去从事教学的相对稳固的观点和看法
梁凤珠（2012）	教师在教学历程中，根据自己的经验与专业背景，对于教学相关因素所持的一种内心思想，表示接纳或肯定的态度，导引其教学活动，并透过教学行为以达成教学目标的一种心理倾向
林莲池，林孟逸，何志达（2013）	1.教学信念是经由教师受到“教”“学”环境影响，经由长年累月下来的价值观，并在教学历程中逐渐成长； 2.教学信念是带有情感，秉着肯定、接纳具有信以为真的心理倾向； 3.教学信念牵引着教学行为
丁仁仑（2014）	信念是个体相信并且在行为活动中奉行的观点或主张；教师信念就是一个教师相信并在其教学行为活动中所奉行的观点或主张

续表

研究者/年份	教学信念的定义
韩爽 (2015)	教学信念是教师对教学过程相关因素所一贯秉持并坚信不疑的基本观点和心理倾向
程明喜,马云鹏 (2018)	教学信念是教师对教学过程中相关因素所持的信以为真的观点、态度和心理倾向
吴金航,朱德全 (2018)	教学信念是教学主体在一定认识的基础上确立的对教学理论主张或思想观念坚信无疑并努力践行的观念

资料来源:笔者整理。

尽管上述研究皆以教师教学信念为主题,但对教师教学信念的定义却意见不一。这种分歧揭示了教学信念的研究随着教学信念的内涵所指的对象或范围而改变,教师教学信念的研究因此需要清晰界定何为教学信念。

教学信念(teaching beliefs)为何?纵观已有研究文献,关于教学信念的界定主要有三种理解[1]:一是将教学信念视为一种看法。彼德森等人(Peterson,et al.)认为,教学信念是教师对教学目的、学科内容及呈现方式、学生及学习方式、师生关系等的看法[2]。有研究指出,教学信念是"教师关于应当如何去从事教学的相对稳固的观点和看法。"[3]二是将教学信念视为一种价值观点。理查德森(Richardson)认为教学信念就是教师对于教学法的价值观点[4]。三是将教学信念视为一种心理倾向。教学信念是"教师对教学过程中相关因素所持的信以为真的观点、态度和心理倾向。"[5][6]教学信念是"教师对教学过程相关因素所一贯秉持、并坚信不疑的基本观点和心理倾向。"[7]

❶ 吴金航,朱德全.教学信念与教学行为相关:理想样态与实现路径[J].中小学教师培训,2018(6):11-15.

❷ PETERSON P L,FENNEMA E,CARPENTER T P,et al. Teachers' pedagogical content beliefs in mathematics[J]. Cognition and Instruction,1989(1):1-40.

❸ 杨豫晖.教师教学信念的检视与反思——以小学数学教师为例[J].课程·教材·教法,2010(12):100-106.

❹ RICHARDSON V. The role of attitudes and belief s in learning to teach[M]//SIKULA J. Handbook of research on science teaching and learning. New York:Macmillan,1996:102-119.

❺ 郭晓娜.教师教学信念研究的现状、意义及趋势[J].外国教育研究,2008(10):92-96.

❻ 程明喜,马云鹏.澳门小学数学教师教学信念的质化研究[J].数学教育学报,2018(2):41-45.

❼ 韩爽,张聪.当前我国高中教师教学信念的结构性困境与破解[J].教育理论与实践,2015(14):29-31.

纵观上述定义可知，学界至今对教学信念的定义未达成共识[1]，认识视角差异可能是导致这一现象存在的原因之一。

界定教学信念，关键在于厘清"教学"与"信念"的关系。通常情况下，学界对此有三种认识：一是以"信念"为主体，"教学"为修饰。"教学"只是用来修饰"信念"的形容词，它所强调的是信念的教学性。二是以"教学"作为"信念"的主体，主要强调信念主体的层次性。三是以"教学（未来）"为对象的信念，它所强调的是教师对教学的信念。相较之下，第三种理解更符合本书的研究旨趣，即本书主要探讨教师对教学的信念。

纵观已有研究，源于人们的研究兴趣和研究视角不同，对教学信念的认识和理解亦不尽相同。归纳起来不外乎有三种理解。

一是将教学信念视为教学主体通过一定的方法而达成对教学相关要素的一种认识与看法，属于认识论范畴。这种理解多倾向于观照教学信念的知识性层面，对教学信念所蕴含的人文性因素关注不够。

二是将教学信念视为教学主体对教学活动的一种价值追寻，属于价值论范畴。由于不同主体对价值的理解不同，因而追求旨趣各异，存在着不同的价值取向或维度。如考尔德黑德提出"以学生为中心"和"以教师为中心"的教师信念结构观；贝内特（Bennett）将教师教学信念分为"传统取向"和"进步取向"；有学者认为，还有一种介于二者之间的取向不明的"中立取向"，可以理解为"传统取向"和"进步取向"的混合。

三是将教学信念视为教学主体的一种态度、情感或个性心理倾向，属于心灵论范畴。这种观点倾向于将教学信念视为教师个体基于认知而产生情绪情感体验所致，注重教师个体对认知对象的信息加工、吸收与内化。

上述各种观点都具有其合理性，它们从不同的侧面揭示了教学信念的丰富内涵，但都不够完善。笔者认为，教学信念作为一种观念，它不仅是认识结果，一种价值构建，更是一个实践论的范畴。教学信念作为教学主体的一种内在的精神世界，它的建构不仅不会排斥认知的、价值的、情感的意蕴，反而会以整合的形式将它们有机地吸纳和内化于其中，并在一定条件下外化为情境中。因此，结合前文有关信念的定义，我们可以把教学信念定义为：教学主体在一定认知和体验的基础上对教学过程中相关的人、事、物等因素确信不疑并努力践行的稳定性心理倾向。它是教学主体的认知、情感、意志和行为倾向的综合体。它以对教学理论和教学实践的认

---

[1] 吴金航，朱德全. 教学信念与教学行为相关：理想样态与实现路径[J]. 中小学教师培训，2018(6)：11-15.

识为前提，蕴含着教学主体对教学理论和教学实践的体认与判断，从给定性与选择性、感性认识与理性认识的结合上，形成以解释教学理论和教学实践，并范导教学主体实际教学实践活动的教学信念。

在外延上，教学信念包括理论上和现实中实际存在的各种各样的教学信念。对此，可以依据不同的尺度将其划分不同类型。如依据雷蒙·布东基于理性与非理性的分类视角，可将教学信念划分为三种类型[1]：事实性教学信念或知识性教学信念、断言性教学信念或解释性教学信念、评价性教学信念或价值性教学信念（规范性信念）。依据教学的基本构成要素可将教学信念分为教学目标、教学内容、教学方法、教学主体、教学环境、教学评价等类型。以罗素的信念类型观为基准，可以将其分为感觉性、记忆性、预测性、非推理性和推理性[2]的教学信念。威廉·威伦等人也指出，教师的信念系统本身由直觉和理性两部分组成[3]。直觉的信念主要包括以经验为基础的印象、传统性教学实践、个人需要等要素，理性要素包括教学论原则，建构主义方法，教师的有效教学、研究、学术贡献、验证过的实践等。关于教学信念的类型，将在后续的内容中做专题探讨。

这里需要补充说明的是，教学作为一种育人活动，是目的性、意向性极强的活动，而不是一种随意性或经验性的行为，这就要求教师应具有理性的教学行为。由计划行为理论可知，行为是个体意向的彰显。因此，理性的教学信念才会产生理性的教学行为。经过推理或证实（至少是实践检验）的信念才是理性的教学信念，这样的教学信念至少与学生身心发展规律相符，换言之，构建正向的、积极的教学信念[4]应成为教师遵循的一项准则。

（2）教师信念、教育信念、教学信念的关系。

有关教师教学（教育）信念的研究尽管已不是近来才有的议题，但学界仍然存在着将教育信念或教师信念等同于教学信念。事实上，这三者之间确实具有诸多共性，但也存在细微的差异。

---

❶ 雷蒙·布东．价值观溯源：信念的哲学与社会追问［M］．邵志军，译．南京：江苏凤凰教育出版社，2014：101-102.

❷ 罗素．人类的知识［M］．张金言，译．北京：商务印书馆，1983：180.

❸ 威廉·威伦，贾尼丝·哈奇森，玛格丽特·伊什勒·博斯．有效教学决策［M］．六版．李森，王纬虹，译．北京：教育科学出版社，2009：9.

❹ 吴金航，朱德全．教学信念与教学行为相关：理想样态与实现路径［J］．中小学教师培训，2018（6）：11-15.

目前在教育领域，有关信念的相关研究主要涉及三个领域：教育信念（education beliefs）、教师信念（teacher beliefs）及教学信念（teachting beliefs）。这三种信念的相关性极高，其定义亦因研究目的与方法不同而有所差异。一般而言，教师信念、教育信念、教学信念三者之间既有关联性又有差异性。佩詹斯（Pajares）认为，“教育信念”是指教师对课程、教学及教育社会学观点等相关信念的探讨，其探讨的领域较为广泛，包含了教育、教学、学习、学生等因素，以及教师、学校与社会之间关系[1]。他进一步指出，教师的教育信念包括教师效能（teacher efficacy）、教师的知识信念（epistemological beliefs）、教师的自我概念（self-concept）、教师完成工作的自我效能（self-efficacy）以及教师关于科目的信念（subjects beliefs）等。“教学信念”是指教师在教学历程中，对学生学习过程的教学、课程、教法等方面所持的信念。而“教师信念”则是指教师自己确认并信奉的有关人、自然、社会和有关教育教学等方面的思想、观点和假设[2]。尽管这三个概念之间联系紧密，但并非完全一致或重合，它们之间既相互关联，又是实质性的单个存在物。

从已有研究文献不难发现，就范畴而言，教育信念是教育相关者对培养什么人、为何培养人及如何培养人等相关因素所持有的信以为真的观点和看法，表征为教育观、学生观、课程观、学校角色观[3]；教学信念倾向于关注教师对教学历程中的人、事、物等因素的看法与观念，其关注的范畴要比教育信念的小；教师信念既包括教师对教育、教学历程等相关因素的判断，又包括对自身的经历、能力、态度等因素的看法，甚至还会涉及教师对政治、经济、科技、战争、文化等因素的认知。范弗斯（Fives）和比尔（Buehl）认为教师信念包括自我、环境、内容与知识、教学实践、教学方法、学生等内容[4]。吕国光则从宏观视角和微观视角分析了教师信念的内涵，从宏观视角看，教师信念包括教育观、学生观和教育活动观；从微观视角看，教师信念主要包括了关于学习者和学习的信念、关于教学的信念、关于学科的信念、关于学会教学的信念、关于自我和教学作用的信念等[5]。有学者将教师信念分为四个层次

---

[1] PAJARES M F. Teachers' beliefs and educational research：cleaning up a messy construct[J]. Review of Educational Research，1992(62)：307-332.

[2] 赵昌木．教师成长论[M]．兰州：甘肃教育出版社，2004：26.

[3] 叶澜．教师角色与教师发展新探[M]．北京：教育科学出版社，2001：232.

[4] FIVES H，BUEHL M M. Spring cleaning for the “messy” construct of teachers' beliefs：what are they? which have been examined? what can they us?[M]//HARRIS K R，GRAHAM S，URDAN T. APA Education psychology handbook：individual differences and contextual factors. Bsston：Allyn and Bacon，2012：472.

[5] 吕国光．教师信念研究[M]．武汉：湖北长江出版集团，2008：2.

的内容:关于青少年发展及其文化背景的信念,关于教育政策、标准和问责制的信念,关于学生、课堂互动和教学内容的信念,关于教师的身份认同和教学效能感的信念❶。由此可见,教育信念、教学信念和教师信念之间既有交集又存在着本质的差异。教师信念不仅仅指教师关于教学方面的信念,更主要是指教师关于教育整体活动的信念❷。亦即是说,在三者的关系中,教师信念所指更为广泛,包含了教育信念和教学信念。教育信念介于教师信念与教学信念之间,教学信念则处于较为微观的层级。三者之间的关系(如图0-2所示)。

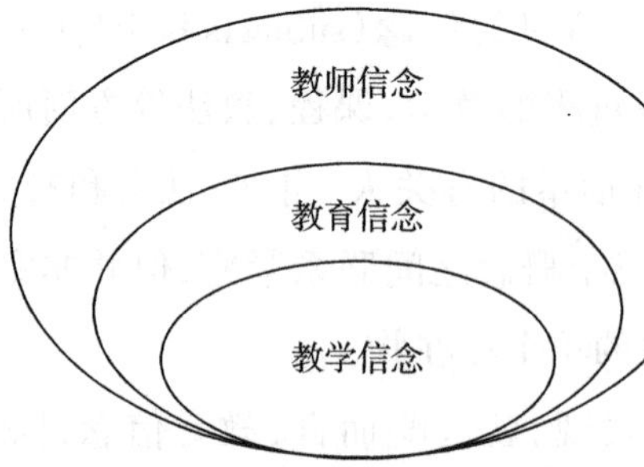

图0-2 教学信念、教育信念、教师信念的关系

然而在实际的研究中,多数研究者倾向于将教师信念等同于教师的教学信念,从而忽视了两者之间固有的客观差异。事实上,信念的探讨随着信念之内涵、类型或信念所指的对象或范围而改变,因此,教师信念的研究需要清晰界定教师对什么的信念❸。基于上述分析,本书着重关注教师个体在教学过程中的教学目标、教学内容、教学方法、教学管理、学生及教学评价等因素所持有的信以为真的观点,以及这些观点是如何形成和发展的,因此本研究采用"教师教学信念"(teacher's teaching beliefs)一词。

(三)生成与机制

1. 生成

不同学科视域下,对"生成"(generative)一词有不同的认识和理解。这里将从哲学、教育学和心理学的视角审视"生成"一词的相关理解,以期整体把握其内涵。

❶ 朱旭东.教师专业发展理论研究[M].北京:北京师范大学出版社,2011:8.

❷ 谢翌,马云鹏.教师信念的形成与变革[J].比较教育研究,2007(6):31-35,85.

❸ 高强华.教师信念研究及其在学校教育革新上的意义[J].台湾大学教育研究集刊,1992(34):85-114.

从哲学的角度看,“生成”意指发展和变化。在《马克思主义哲学大辞典》中将“生成”解释为处于由非存在到存在,或由某种质到另一种质的过程中的事物或现象❶。黑格尔基于逻辑学视角把“生成”理解为“有”和“无”的统一。在黑格尔看来,事物从“无”向“有”或从“有”向“无”的转化过程,就是事物的“生成”过程。亚里士多德把生成看作是一种运动,意指由一事物变为另一事物。怀特海(Whitehead)认为:“现实世界是一个过程,这个过程就是各种实际存在物的生成。”❷由此可见,生成不是间断的变化,更不是形式的简单改变。生成是从“无”向“有”、从“有”向“无”、从“此”到“彼”的一个连续性过程,在此过程中新的事物也随之形成。诚如金吾伦教授所言:“生”突显过程,“成”突显结果,将两者的含义结合起来即是生成过程❸。

从教育学的角度看,怀特海认为,“教育与教学,是一种内在的‘生成’,它是一个从自然人成为社会人,促成了从空间到时间的转化。因此,教育教学,就是对人生成、变化和发展的把握。”❹雅斯贝尔斯(Karl Jaspers)在《什么是教育》一书中提出“教育即生成”的教育思想,他认为,“生成来源于历史的积聚和自身不断重复努力。人的生成似乎是于不知不觉的无意识之中达到的,但这无意识曾在困境中以清醒意识从事某事的结果。”“生成的静态形式即习惯,动态形式即超越。生成就是习惯的不断形成和不断更新。”❺在此基础上形成了生成的目的观、内容观、主体观、方法观、过程观、管理观和评价观。

从心理学的角度看,维特罗克(Wittrock)的生成学习理论(theory of generative learning)强调,学习过程即是意义生成过程,它是学习者原有认知结构与所处环境信息之间的相互作用而达成主动建构信息意义的过程❻。

在本书中,主要以心理学视域中的生成观为基础。本书所主张的生成是教师个体在教学实践活动中借助原有认知结构对教学现象和教学理论进行建构而实现教学信念的获得过程。具体而言,它表现为两个方面,一方面是从无到有地涌现,另一方面是从此到彼的改变。从皮亚杰的认知发展论的视角来看,前一方面是个体利用已有认知结构或经验同化新知识的过程,后一方面是个体调整已有认知结

❶ 金炳华.马克思主义哲学大辞典[M].上海:上海辞书出版社,2003:241.

❷ 怀特海.过程与实在[M].杨富斌,译.北京:中国城市出版社,2003:38.

❸ 金吾伦.生成哲学[M].保定:河北大学出版社,2000:168.

❹ 裴娣娜.现代教学论生成发展之思——怀特海过程哲学的方法论启示[J].教育学报,2005(3):4.

❺ 雅斯贝尔斯.什么是教育[M].邹进,译.北京:生活·读书·新知三联书店,1991:14-16.

❻ 李新成,陈琦.维特罗克生成学习理论评介[J].山西大学学报(哲学社会科学版),1998(4):81-87.

构或经验顺应新知识的过程。个体正是通过同化和顺应从而适应外在环境的，亦即形成了平衡状态。基于此，生成是人们认识客观事物的一种思维方式，是个体获得意义的过程。

2. 机制

在英语中，“机制”(mechanism)一词最早源于希腊文“mechane”，是指机器的构造和动作原理。具体而言，机制包含两方面的含义：一是机器由哪些部分组成，二是机器如何工作。

在汉语中，机制是一个多义词。《现代汉语词典》(修订本)中对机制的解释有：“(1)是机器的构造和工作原理，如计算机的机制。(2)有机体的构造、功能和相互关系，如心理机制。(3)某些自然现象的物理、化学规律，如优选法中优化对象的机制。(4)一个工作系统的组织部分或者部分之间相互作用的过程和方式，如市场机制。”[1]

由此可见，机制在不同语境中就存在不同机制，但在社会科学领域，机制表征着事物或系统的内在机理、内在联系和运动规律。因此，生成机制即客观事物的各构成要素间的相互作用关系。分析教师教学信念的生成机制旨在揭示教学信念发生变化的各构成要素间的相互作用关系。

五、理论基点

从理论与实践的辩证关系的观点来看，任何系统的研究都离不开一定的理论支撑。基于对国内外教学信念的相关文献的回溯与梳理，本书选择了计划行为理论、生成学习理论、自我知觉理论、元认知理论作为本书的理论基础和切入点。通过对这些理论的回溯，以期从中找到本书的理论支撑点。

(一)计划行为理论：教师个体的突显信念是影响教师实际教学行为的核心因素

计划行为理论(Theory of Planned Behavior，TPB)是埃塞克·阿齐兹(Icek Ajzen)在多属性态度理论(Theory of Multiattribute Attitude)和理性行为理论(Theory of Reasoned Action)的基础上进一步完善的成果。多属性态度理论的提出者菲什本(Fishbein)认为，个体的行为意图受制于其行为态度。后来，菲什本和阿齐兹在多属性态度理论的基础上提出了理性行为理论，其理论主张是：个体的行为意图决定

[1] 中国社会科学院语言研究所词典编辑室编．现代汉语词典(修订本)[Z]．北京：商务印书馆，1996：582.

其行为活动,受个体的行为态度和主观规范左右。此后,阿齐兹认识到理性行为理论的假定——个体行为受意图控制——限制了其理论的适用范围,因此他在理性行为理论的基础上增加了知觉行为控制这一新的变量,并于1991年发表《计划行为理论》[1]一文,至此,计划行为理论已趋于成熟。

计划行为理论的基本观点在于:行为意图决定个体行为活动,个体的行为态度、主观规范和知觉行为控制决定其行为意图,而行为信念、规范信念和控制信念决定个体的行为态度、主观规范和知觉行为控制(如图0-3所示)。进一步而言,计划行为理论假定行为发生是从信念到信念评估然后产生行为意向并最终发动行为的理性过程。

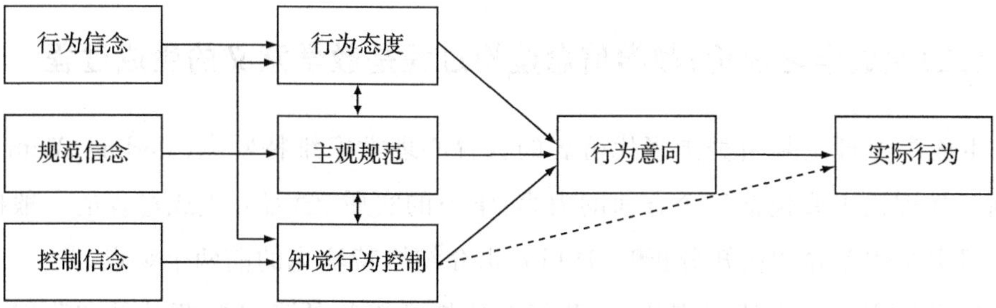

图0-3 计划行为理论结构模型(引自段文婷,江光荣[2])

下面将从四个方面解释计划行为理论的含义,旨在进一步理解计划行为理论的基本内涵。

一是行为意向是个体采取实际行为的直接决定因素。个体的行为态度、主观规范、知觉行为控制是决定行为意向的主要因素。一般而言,个体的行为态度和主观规范越强烈,知觉行为控制越多,则其行为意向越强,越易产生某一行为。

二是非个人意志完全控制的行为不仅受到行为意愿的影响,还受到个体对实施行为的能力、机会、资源等知觉行为控制的影响。在这些条件下个体可以直接决定行为。

三是个体持有很多信念,但在特定的时间和情境下,只有其中很少的一部分信念发挥作用,这部分信念被称为突显信念(Salient Beliefs)。突显信念被认为是影响一个人的行为与目的的主要因素,或者说突显信念是个体的行为态度、主观规范和

---

[1] AJZEN I. The theory of planned behavior[J]. Organizational Behavior and Human Decision Processes, 1991 (50): 179-211.

[2] 段文婷,江光荣. 计划行为理论述评[J]. 心理科学进展, 2008(2): 315-320.

知觉行为控制的基础[1]。从行为态度、主观规范和知觉行为控制的维度来看,突显信念可分为行为信念、规范信念和控制信念三类。

四是个体及社会文化因素(如人格、智力、经验、文化等)通过影响信念而间接影响行为。个体的行为态度、主观规范和知觉行为控制在概念上可以完全区分开来,但有时候它们的信念基础可能是共同的。因此,这三个变量既彼此独立,又两两相关。

基于计划行为理论可知,人的行为差异是人的突显信念不同所致。认识教师就是要通过教师的教学行为了解其所坚持的突显信念为何,这是因为教师个体的突显信念是左右教师教学行为的关键因素。因此,研究教师教学信念主要是探究教师个体的突显信念是什么?这些突显信念是如何生成的?

(二)生成学习理论:教学信念建构过程是教学意义的生成过程

生成学习理论是由美国当代著名的教育心理学家维特罗克(Merlin C.Wittrock)首创。其理论主要包括三个方面的内容:学习的实质、学习的生成过程的一般模式和学习中个体差异的认知分析[2]。这里着重介绍维特罗克的前两个观点。

学习的实质。维特罗克认为,我们对所知觉事物的意义判断总是和我们已有的知识经验联系在一起的。即学习源于个体内部的主动建构而不是外界信息的单纯输入;学习活动是通过一系列主动的建构过程完成的,而这一建构又是在已有知识经验的基础上进行的;概而言之,学习是一个生成的过程,人类的所有学习活动都可以用生成过程来解释[3]。

学习的生成过程的一般模式。学习过程主要经历三个阶段:第一阶段是注意和选择性知觉阶段。和其他认知信息加工心理学主张不同的是,维特罗克认为学习过程不是从感觉经验本身开始的,而是从其对感觉经验的选择性注意开始的。在学习过程中,人们往往不会注意到当前的所有信息,而总是主动选择一些信息同时忽略另一些信息。对外部信息的选择性注意与知觉既与当前信息的特性有关,又与长时记忆中相关经验以及个体对信息的加工倾向有关。在这一过程中,学习者要作出随意控制的努力。第二阶段是主动建构意义阶段。经过前一阶段的选择性知觉以后,学习者获得了初步的感觉信息。为了建构感觉信息的意义,学习者开始尝试将感觉信息与长时记忆中的有关信息联系起来并获得初步的意义,如果建

[1] 段文婷,江光荣.计划行为理论述评[J].心理科学进展,2008(2):315-320.

[2] 李新成,陈琦.维特罗克生成学习理论评介[J].山西大学学报(哲学社会科学版),1998(4):81-87.

[3] 李新成,陈琦.维特罗克生成学习理论评介[J].山西大学学报(哲学社会科学版),1998(4):81-87.

构成功则进入下一阶段,如果建构不成功则需要进行新的建构尝试。在这一阶段,为了检验自己所建构的感觉信息的意义,学习者一般需要进行两种检核,一是将其和感觉经验对照,二是将其和长时记忆中的相关信息对照。第三阶段是建构完成和意义生成阶段。经过上一阶段的建构和检核,如果检核中没有出现新的问题则说明意义建构成功,学习者就会把这一新的意义从短时记忆归属到长时记忆之中,并使自己已有的模式得以完善和重组。

生成学习理论主张,学习过程是学习者原有认知结构与从环境中接受的感觉信息相互作用,主动建构信息意义的生成过程[1]。基于此,教学信念作为教师个体的一种核心素养,其形成过程也是在教师个体原有认知结构与其所接触的信息的互动作用而发生意义生成的过程。这里的信息包含了教师个体通过学习所获得的间接经验、基于实践所获得的直接经验,以及教师个体基于元认知(教学反思)所获得的内在感知。

(三)自我知觉理论:教学信念生成过程是教师个体自我觉知的过程

自我知觉理论(Self Perception Theory)是由美国著名的社会心理学家达瑞尔·贝姆(Daryl Bem)于1972年提出的,其核心思想是人们所有的态度、信念、情感都是建立在对自己行为的知觉基础上的。贝姆认为,个体的内部状态,例如态度、信念或情绪不是被直接体验的,而是通过与推测他人的内部状态相似的归因过程来达到的。他认为个体在内部线索微弱、模糊或无法解释的情况下,个体基于局外观察者的立场,依靠外部线索来推测自己的内部状态,这一过程即是自我知觉[2]。在美国著名心理学家斯滕伯格(Robert J. Sternberg)看来,贝姆的自我知觉理论旨在阐明"人们并不确信他们相信什么,他们从自己的行为中推断他们的信念。他们以一个局外人的身份来认识自己的行为,他们在自己行为的基础上总结自己的看法"[3]。事实上,贝姆的自我知觉是基于这样一种假定:"在一定程度上,个人是通过对公开的行为和(或)行为发生的环境所做的观察进行推断,来认识他自己的态度、情绪和内心状态的"[4]。

---

❶ 马向真.论威特罗克的生成学习模式[J].华东师范大学学报(教育科学版),1995(2):73-81.

❷ 胡森,波斯尔思韦特.国际教育百科全书(第一卷A-B)[M].李维,译.贵阳:贵州教育出版社,1990:377.

❸ 斯滕伯格.心理学:探索人类的心灵[M].三版.李锐,等译.南京:江苏教育出版社,2005:560.

❹ BEM D J. Self perception theory [M]//BERKOWITZ L. Advances in experimental social psychology. New York:Academic Press,1972:2.

自我知觉理论在个体认知自我或他人行为的态度、信念、情绪方面具有重要的指导价值。具体原因有三点❶:第一,贝姆虽然只提出了一个有关自我知觉的非常简单的模型,但它确实是理解人们如何知觉以及推论态度的一个重要机制;第二,贝姆模型的简捷性,为以后研究社会知觉者的思维过程作了有益的启迪;第三,贝姆的自我知觉理论符合当代认知心理学的研究结果。基于此,教师个体可以通过对自我行为或他人行为的知觉来推论自我或他者的教学信念。

诚然,在运用自我知觉理论推论教师个体的教学信念时,需注意贝姆提出的三个前提条件:第一,教师个体所呈现的教学行为是非外在控制(诱导)下发生的,或者说教学行为是教师个体自己选择发生的。例如,教师实施探究教学方法的行为不是教师自己的选择,而是学校领导的意图,这样便不可能从行为推断教师对探究教学的信念;第二,只有在教师个体对自己内在的教学信念缺乏清晰认知时,才利用教师个体的外在教学行为来推论自己的教学信念。例如,教师坚信翻转课堂不能促进学生发展,这种情况便不可能从教师个体的教学行为去推论其教学信念;第三,当缺乏有关教师个体教学信念的外在反馈源的时候,可以利用外在行为来推论自己的教学信念。例如,像窦桂梅、魏书生、吴正宪等基础教育领域的特级教师,他们已将自己多年的教学经验总结、概括为一定的教学思想,并著书立说,类似这样的教师就没必要从其教学行为来推论他们的教学信念。盖因他们的著书立说就是其教学信念的表征,即外在线索,这些一般能切实地说明他们的教学信念。

自我知觉理论强调个体通过观察自己的行为而达成对自身内在状态的觉知,即是说个体可以通过外显行为而认识自己的内隐的观念、信念、思想、态度等。因此,自我知觉理论可以用来解释教师通过观察自我的教学行为来建构自己的教学信念。事实上,在以往有关教学信念、教师信念、教育信念的研究中,大多数研究都是通过课堂观察来推知教师行为背后的信念,从这个角度看,自我知觉理论为教师教学信念的研究提供了理论支持和研究思路。从内外因辩证关系的视角看,构建教学信念的关键在于教师主观能动性的发挥,通过教师个体对其相关的教学行为的知觉,从而获得教学行为发生的深层缘由,即教学信念、价值观。诚然,运用自我知觉理论探究教学信念时,需要注意这一前提——当教师个体不清楚自己持有何种教学信念时,可以通过对自己的教学行为或同侪的教学行为推论自己或他者的教学信念,从而厘清自我或他者所持有的教学信念。此外,研究者、教师教育者也可以通过观察研究对象或教育对象的教学行为来了解其信奉的教学信念,以此来

❶ 郑全全. 社会心理学[M]. 杭州:浙江大学出版社,1998:165.

验证研究对象或教育对象的自述教学信念的一致性。

(四)元认知理论:教学信念生成过程是教师个体自我监督与调控的过程

元认知(Meta Cognition)概念最早由弗拉维尔(Flavell)提出,意指个体以自身的认知过程和认知结果为对象,以对自身认知活动的监控和调节为外在表现的认知活动过程❶。它包括三个基本成分:元认知知识、元认知体验和元认知监控。元认知知识是指有关认知过程的知识与观念;元认知体验是指伴随认知活动所产生的认知感受和情感体验;元认知监控是指对认知行为的监督与调节,是个体在认知活动过程中,将自己开展的认知活动作为认知对象,随时对其进行自觉的监督和调节。

信念作为一种坚持不懈的稳定性心理倾向,是个体的认知、情感、意志和行为倾向的综合体,它自身就蕴含着一种知识与观念、感受与体验、监督与控制的成分,或者说它自然就形成了一种监控、双向的回馈系统,它一旦遭遇困难就能够自我调节,这就是元认知在其中所起的作用。

元认知理论耦合了传统观点把人的认知活动结果与其心理活动过程相割裂的状况,它强调了人的认知结果与认知过程之间的关联性,有助于将个体作为一个完整的人来加以探讨与研究❷。基于此,元认知理论为本书深入探讨教师教学信念及其生成机制提供了可资借鉴的信息,具体表现为:一是在一定程度上削弱传统研究只注重教师教学信念现状,这种只注重考察教师持有何种教学信念的研究多属于结果式研究,而探讨信念生成机制问题则将作为结果式的教学信念与作为过程式的教学信念建立了联结。盖因教师教学信念的生成过程离不开教师的元认知参与,事实上,也不能没有教师个体的元认知参与。二是教师习得的直接经验和间接经验需要教师进一步地认知加工,而任何认知加工过程都是元认知作用下的产物。进一步而言,所形成教学信念是否正确,仍然离不开元认知的参与。三是所形成的教学信念是否正确需要经过教学实践的检验,"付诸实践—实践结果—验证原初信念"这一进展过程及其结果是否有效都离不开教师个体的监督、控制和调节。可以说,教学信念生成过程是教师个体原有知识、信念、体验、监控的过程。实际上,教

❶ 梁宁建. 当代认知心理学[M]. 上海:上海教育出版社,2014:313.

❷ 梁宁建. 当代认知心理学[M]. 上海:上海教育出版社,2014:313.

师对自己业已形成的教学信念进行自我检查的过程实质上就是一种监督过程，通过自我检查，教师可以知道自己的教学信念的生成来源的种类、生成过程是否合理、生成结果是否正确；而教师个体对自己的教学信念的生成来源、生成过程及其外化策略的调整或矫正，则是一种控制过程，它能够使教师自己及时发现错误并改变错误，沿着正确的信念方向发展。

六、研究问题与研究内容

（一）研究问题

本书认为，教师教学信念发展的关键在于教师教学信念的生成，而现有研究对教师教学信念的生成过程关注不够，因此本书提出了教师教学信念生成机制问题，如果这个问题得以解决，那么能够促进教师对教学信念生成的认知，教师教学信念方能得以发展。因此，本书的主要问题在于研究小学教师教学信念是如何生成的。具体而言，本书主要解决六个方面的问题。

第一，什么是教师教学信念？为什么要关注教师教学信念？教师教学信念在教师教学实践中具有何种功能？

第二，当前教师教学信念的现状是怎样的？呈现出哪些特性？在教学信念生成方面又呈现出什么样的特点？是哪些原因导致了这些问题的存在？

第三，教师教学信念生成的来源（路径）有哪些？教师教学信念是教师在后天环境中不断建构的，具体的研究问题为：教师通过什么样的学习行为来建构教学信念？教师基于什么样的教学实践来建构教学信念？教师教育是否能引导教师构建教学信念？教学反思能否促进教师教学信念生成？

第四，哪些因素影响着教师教学信念的生成？教师教学信念生成过程是多维因素影响下的产物，具体的研究问题为：教师个体自身的哪些因素会影响教学信念生成？教师所处的学校环境中哪些因素会干扰教师教学信念生成？社会环境中哪些因素对教师教学信念生成起着导引或阻碍作用？

第五，教师教学信念生成机制是什么？教学信念生成过程是教师主动建构的结果，具体的研究问题为：教师是在何种动力作用下构建教学信念的？教师构建教学信念的过程中哪些因素提供了保障作用？不同脉络下教师构建教学信念经历了哪些过程？教学信念构建中教师运用了哪些加工策略？教学信念构建中教师遵循了哪些应用原则？

第六，如何优化教师教学信念的生成？当前小学教师教学信念生成过程中存在的问题有哪些？理想的教师教学信念生成样态为何？如何优化教师教学信念生成中的问题？

（二）研究内容及其逻辑关系

本书以解决“教师教学信念的生成应遵循何种机制”为核心主旨，根据本书的研究目的和研究问题，其研究内容分为九部分。

第一部分：导论。首先，提出问题。基于新课程改革的深化、新的教师教育政策、教学研究的新趋势等视角提出研究问题。其次，核心概念界定。厘清信念、教学、教学信念、生成、机制等概念的内涵和外延。再次，文献综述。主要从教学信念的内涵、形成、转变三个方面对国内外学者的既有研究成果进行总结与评述。最后，理论基础。主要从生成学习理论、计划行为理论、自我知觉理论、元认知理论分析教学信念生成的相关理论问题。主要从研究问题、研究思路、研究方法、研究意义等方面提出了本书的研究思路。

第二部分：教师教学信念的生成价值。首先，阐述教学信念的类型、结构和特征。其次，从范导、适应、过滤、预测、发展的角度分析教学信念的功能。最后，从内在价值、外在价值以及内外价值统一的视角探讨教学信念的价值。

第三部分：教师教学信念的质性研究。首先，厘清本书的研究目的和确定本书的研究对象。其次，编制收集资料的研究工具，确定收集资料的方法，并“测定”研究工具的信效度。

第四部分：教师教学信念的生成样态。首先，从教学目标、教学内容、教学主体、教学方法、教学管理和教学评价等维度分析当前小学教师教学信念现况。其次，从差异性与统一性、传统型和进步型、教学信念与教学行为相关性等视角评析对当前小学教师教学信念现况。

第五部分:教师教学信念的生成途径。首先,从自主学习、观察学习、合作学习等多元学习的视角探讨教师教学信念生成的理论前提。其次,教学实践是教学信念生成的现实基础。从师本教研和校本教研两个维度探讨教师教学信念生成的现实基础。再次,从学历培训和非学历培训两个方面探讨教师教学信念生成的外推路径。最后,从自我反思和协同反思两个维度分析教学信念生成的内生路径。

第六部分:教师教学信念的生成场域。首先,从微观系统即个体场域的视角,分析教师的认知、情感、意志以及成长经验如何影响教学信念的形成。其次,从中观系统即学校场域的视角,分析学生因素、重要他人、学校文化是如何影响教师教学信念的形成。最后,从宏观系统即社会场域的视角,分析考试制度、教师培训、课程政策如何影响教学信念的形成。

第七部分:教师教学信念生成机制的系统建构。首先,从拓展教学知识面、促进教学有效性、发展自身教学信念系统等角度分析了教学信念生成的动力机制。其次,从反省思维、已有经验、学校环境等视角分析了教学信念生成的条件机制。再次,从学习、实践、反思三个维度分析了教学信念生成的过程机制。从次,从理论演绎式、实践归纳式、替代经验式、问题反思式四个方面分析了教学信念生成的加工机制。最后,从给定性与选择性、稳定性与发展性、层次性与系统性、感性认识与理性认识四个方面阐述了教学信念生成的应用机制。

第八部分:教师教学信念生成的优化机制。首先,从自发性、浅层性和无序性三个方面归纳了当前小学教师教学信念生成的问题表征。其次,从自觉性、深层性和序化性提出了教师教学信念生成的理想样态。最后,从自觉机制、深化机制和序化机制等维度分析教学信念生成的优化机制。

第九部分:本书的发现、贡献与不足。首先,回顾本书的研究过程,总结本书的一些研究发现,明确本书的几点贡献。其次,从研究样本、研究方法和研究结果等维度反思本书的不足之处,进而从拓展样本和采用纵贯研究的层面提出未来研究的取向。

本书的研究内容的逻辑关系。

在研究逻辑上，本书以“生成机制”为中心，遵循“提出问题—分析问题—解决问题”的思路，依次回答了教师教学信念“是何？”“何用？”“何样？”“何来？”“何因？”“如何？”等问题，这些问题也就构成了本书的研究内容，即教师教学信念的意涵、生成价值、生成样态、生成途径、生成场域、生成机制与优化(见图0-4所示)。

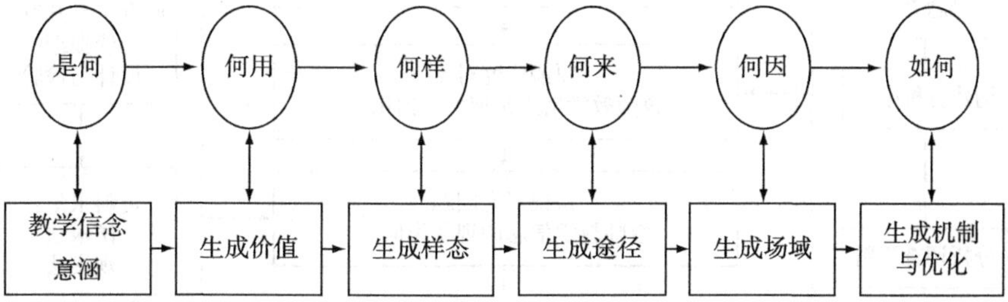

图0-4　研究内容的逻辑

七、研究思路与研究方法

(一)研究思路

本书主要从心理学的理论视角出发，在广泛占有文献资料的基础上，纵向方面遵循“确定问题—界定问题—检视问题—分析问题—解决问题”的研究思路，横向方面综合运用理论研究和实证研究相结合的研究方法，从而达成问题与方法紧密结合。具体而言，依据如下环节展开：

第一，基于文献回溯与梳理，发现已有研究对教师教学信念的生成机制的研究不够深入，通过对当前部分一线教师的非正式访谈中了解他们对教学信念持可有可无之态，从而确定研究问题；第二，基于文献分析再次廓清教师教学信念的边界，达成限定研究对象、理论基础和分析架构的目的；第三，运用半结构访谈法、课堂观察法、实物收集等研究方法，搜集当前小学优秀教师的教学信念及其生成的相关资料，以发现其现况，为后续研究奠基；第四，基于实证研究所搜集的资料，分析并归纳教师教学信念生成的影响因素和来源路径；第五，结合调查资料及生成路径进一步挖掘教学信念生成的过程与规律；第六，基于当前教师教学信念生成中存在的问题，提出教师教学信念生成的优化机制。具体的研究思路(如图0-5所示)。

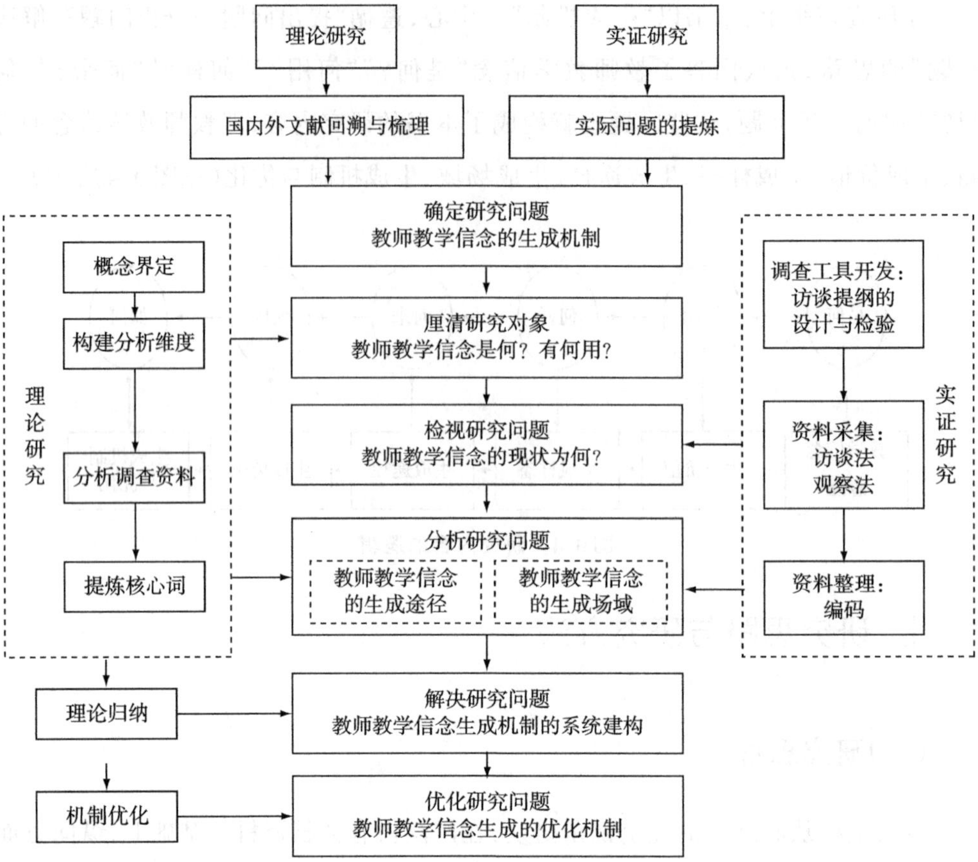

图0-5　研究的分析框架

(二)研究方法及其所解决的问题

高质量研究成果的获得，离不开研究方法的正确选择和科学运用，而多种方法的综合运用则是保证研究方法科学化、合理化的重要路径，这是世界教育研究方法发展的重要趋势。本书在遵循理论研究与实践研究相结合的基础上，综合运用几种研究方法探究教师教学信念的生成机制。具体而言，本书主要采用了文献研究法、个案研究法、深度访谈法和课堂观察法等方法。

1. 文献述评：确定和厘清本书的研究问题、核心概念及其理论架构

在教育科学研究领域，任何研究都是以前人研究作为研究的基础和起点的。文献研究法则是实现这一目标的有效方法。本书运用文献研究法拟解决以下几个问题：一是全面搜集国内外有关教师信念、教育信念、教学信念等相关文献资料，对其进行研读、分析、归纳的基础上，进一步对其做出研究述评，从而发现并确定本书的研究问题。二是基于文献研究厘清“信念”“教学”“教学信念”“生成”“机制”等核

心概念的含义，梳理“教师信念”“教育信念”“教学信念”之间的逻辑关系，澄清本书的研究对象。三是基于文献研究建立教师教学信念生成机制的研究视角及理论基础。四是基于文献研究梳理教学信念的类型、结构、功能和价值，为本书提供分析框架和理论引导。五是搜集一线特级教师或优秀教师的日记、书籍及相关教学成果等一手文献资料，通过研读、分析、概括一线特级教师或优秀教师的教学信念及其影响因素、生成来源等信息，为解决本书的核心问题提供翔实可信的一手资料。

2. 个案考究：认识和把握教师个体教学信念生成的现况及其发展过程

个案研究法（Case Study Method）是对特定的个体或案例进行调查分析，弄清研究对象的特点、状态及其形成变化过程的研究方法[1]。在教育科学中，通过对典型个案的调查和分析来认识个案的现状和发展变化的进程。本书采用个案研究方法对所选特定的小学教师的教学信念及其形成来源、影响因素进行调查分析和研究，从而揭示在不同生成路径下教师教学信念的生成机理，以达成对我国小学教师教学信念的现况、生成来源、影响因素、生成机理的特性及规律的认识与把握。

3. 深度访谈：了解被访教师关于教学要素及其发展的真实想法和主张

本书采用深度访谈的形式，调查所筛选的小学教师关于教学目的、教学内容、教学方法、教学主体、教学管理、教学评价等教学要素的看法和主张，并进一步了解这些看法和主张是怎样形成的，其形成过程受到哪些因素影响，为揭示教师教学信念的生成机制奠定基础。

4. 课堂观察：收集被访教师在课堂教学环境中的真实言行资料

通过观察行为，研究者可以收集大量的信息，尤其是在更加“自然的”环境中：家里、学校操场、幼儿园[2]。本书使用观察法旨在搜集一线教师实际的课堂教学行为，并以其教学行为折射出的教学信念与教师在访谈调查中所宣称的信念进行比对，从而发现其教学信念与教学行为是否一致，以此达到检验教师访谈中宣称的教学信念的真实性和可靠性。

---

[1] 叶澜．中国教师新百科（中学教育卷）[M]．北京：中国大百科全书出版社，2002：212.

[2] 奈杰尔·C．班森．心理学[M]．徐苗，译．上海：生活·读书·新知三联书店，2016：10.

第一章　教师教学信念的生成价值与功能

教育是事关国家发展、民族振兴和人民福祉的百年大计。教师是教育教学活动的组织者、实施者、引导者和创新者，是教育教学发展的第一资源和最根本的依靠力量。教师素养是教师充分发挥教育教学职能的关键因素，作为对教师的教学认知、专业发展、教学实践具有重要过滤和支配作用的教学信念则是教师素养的核心构件。然而，在实践中，教学信念通常不是以纯粹或抽离的方式表现出来，而是被人们模糊地、半意识地、折中地或交叉地应用着，所以有人认为“无教学信念或不清楚教学信念同样能完成教学工作”。在学界，“教师教学信念与观点在许多研究中似乎被交互使用”[1]。事实上，任何存在都有其自身的独特性和存在价值。人们对教学信念认识度不高、重视度不够的原因固然是多种多样的，但对教学信念概念及其存在价值等本体性问题尚未厘清则是关键所在。因此，在对教学信念的生成机制开展研究前，深入梳理和探讨教学信念的内涵、价值和功能等本体性问题显得尤为重要，这不仅有助于更好地认识教学信念，更有利于澄清本书的原点与起点。

一、教师教学信念的意涵

前文虽已对教学信念的概念做了相应的界定，但要对教学信念有更加全面的认知与把握，还需对教学信念的类型、结构、特征等核心构件进行深入的阐释。

(一)教学信念的类型

教学信念是教师个体对教学活动中的人、事、物所持有的坚信不疑的主张、看法。不同教师因自身的认知结构、认知风格、教育经历、价值观等因素的不同对教学活动中的人、事、物的认知亦各异，即形成了不同的教学信念类型。教学信念类型是指具有某些共同性质和特点的事物所形成的种类。分类就是将被研究对象按照其特征联合为一个同类总体(组)。按照不同标准可以把教学信念分成不同类型。

1. 领域一般的教学信念和领域特殊的教学信念

根据领域的不同，可将教学信念划分为领域一般的教学信念和领域特殊的教

[1] 陈淑琴．幼儿教师主题教学信念与教学行为之研究[J]．台中教育大学学报(教育类)，2007(2)：27-52.

学信念。20世纪90年代，苏默尔(Schommer)和苏隆等人(Schraw, et al.)研究了学生的一般知识信念。21世纪初期，比尔(Buehl)和亚历山大(Alexander)在历史和数学的认识论信念研究中提出了信念的双重性质模型——领域一般和领域特殊，并探讨了个人的信念系统是如何在整个发展过程中相互作用的。费弗斯(Fives)和比尔(Buehl)的研究指出，在每个领域内，都有个体对整体知识的信念及其对特殊领域的知识的相关信念。他们认为，在一个复杂的信念网络中存在领域一般的信念(domain general beliefs)和领域特殊的信念(domain especial beliefs)。利蒙(Limon)进一步指出了领域一般的信念与领域特殊的信念的意涵，他认为个人拥有指导他们活动的一般知识信念(领域一般)，以及在某些任务或条件中被激活或变得突出的更具体的知识信念(领域特殊)。基于此，教学作为一个相对独立的体系或领域，亦存在领域一般与领域特殊的教学信念。领域一般的教学信念是指教师对教学的构成要素的整体认识或宏观看法。教师对智力、认知、情感、成就等的信念属于领域一般的信念。就教学领域而言，如，“教学评价为教师提供有用的信息，以便作出明智的教学决策”也可以视为领域一般的教学信念。领域特殊的教学信念是指教师对特定教学实践的看法，比如，探究学习、合作学习、师生关系等的信念。领域一般的教学信念与领域特殊的教学信念的划分具有一定的相对性，亦即根据所探讨的对象在教学领域中所处位置而定。

2. 事实性教学信念、规律性教学信念和评价性教学信念

洛采(Lotz)基于哲学的视角，将外部世界划分为可观察研究的三大领域：事实领域、规律领域和价值领域。事实领域是指现实的事物、物体和形象世界；规律领域是指有意义的、真正的王国；价值领域是指对真、善、美的判断。法国社会学家雷蒙·布东(Raymond Boudon)则将信念划分为事实性信念或知识性信念、断言性信念或解释性信念、评价性信念或价值信念(规范性信念)三种类型[1]。事实性教学信念或知识性教学信念是指那种有效性可以得到证明的信念，即将真实世界和那种得到了实际证实的世界相比较就证明这种信念。例如，“教师是教学实施的主体，学生是学习活动的主体。”断言性教学信念或解释性教学信念是指那种有效性尚未得到证明但可以得到证明的信念，即将真实世界和那种尚未得到实际证实的世界相比较就证明这种信念。例如：“运用探究教学更有利于激发学生的学习兴趣和研究能力。”评价性教学信念或价值性教学信念(规范性信念)是指那种与真实世界相比较而难以证明其有效性的信念。可以通过这种信念来解释这种类型，即教学活动

[1] 雷蒙·布东. 价值观溯源：信念的哲学与社会学追问[M]. 邵志军，译. 南京：江苏凤凰教育出版社，2014：101-102.

就是培养个性全面和谐发展的个体。尽管洛采主张研究价值问题，但他对外部世界的划分类型为我们研究教学领域的类别提供了一个很好的理论视角。而雷蒙·布东关于信念类型的划分则直接为我们研究教学信念的类型提供了一个可资借鉴的理论架构。

3. 建构的教学信念和非建构的教学信念

根据主体参与建构的程度，可将教学信念划分为两种类型：一种是非建构的教学信念，另一种是建构的教学信念。非建构的教学信念是教师未经思考、推理、实践检验而相信某种观念、看法、主张。这类信念属于康德所谓的主观“置信”。如有的教师相信“翻转课堂教学是最好的教学模式”，当这些教师被追问缘由时，他们不能说出自己相信的理由，只是因为这种观念当前比较流行，故而相信之。杜威认为，人们之所以会无意识地形成这样的信念，原因有三点[1]：一是相信权威；二是基于自身利益的考量；三是符合一种强烈的情绪。此外，从众心理也是这种信念形成的原因之一——这些教师往往会因为其他同事都相信这些流行的教学理念，倘若他们不相信，就会觉得自己落伍了。由于这种信念多属于无意识的产物，常常不被信者所知，故具有隐蔽性，但却成了个体信念库中的一部分。

建构的教学信念是教师经由观察、搜集和检验证据等人类思维活动而得出的观念。这类信念即拥有康德所指的客观证据的“确信”。如杜威的问题教学法，布鲁姆的掌握学习法，洛扎诺夫的暗示教学法，斯金纳的程序教学法，布鲁纳的发现法，陶行知的“教学做合一”教学法，陈鹤琴的“活教育”方法，导学案，等等。经由教师进行实践检验的教学信念因符合教学实际，使教学行为更具有效性，能促进学生朝着良性方向发展，从此意义上来看，构建的教学信念具有一定的科学性，是一种正向的积极的教学信念。这样的教学信念符合教学活动的规律，因此基于教学实践而建构教学信念不失为教师努力追求的方向。

4. 朴素的教学信念和科学的教学信念

根据教学信念的形成、性质、表述的不同，可将教学信念划分为朴素的或习俗的教学信念和科学的或理论的教学信念两种类型。朴素的或习俗的教学信念是教师个体在日常生活中经由经验积淀自然形成关于如何教学的看法，每个教师都或多或少具有这样的信念。在表述上，朴素的教学信念多采用日常生活语汇，且与所处社会文化关联。如“不打不成器”“活到老学到老”等。在科学的教学信念还没有形成和普及的时代和地区，这种朴素的教学信念起着规范与促进教师教学行为的

[1] 约翰·杜威．我们怎样思维·经验与教育[M]．姜文闵，译．北京：人民教育出版社，2005：14.

作用,有些教学信念在某种程度上具有一定历史合理性,但有些则不尽合理。

科学的或理论的教学信念是基于深刻的教育教学实施和经验而构建的,是基于一定的理论推理和一定的实践证实后才形成的,或者说科学的信念在人们认识世界和改造世界的过程中产生,是以对客观规律的真理性认识为基础的科学信仰[1]。如布鲁纳的发现学习、瓦·根舍因的范例教学、魏书生的六步教学法、窦桂梅的主题教学,等等。在表述上,科学的教学信念以使用专业术语见长,非专业学习不能深刻地理解。如"知识的获得在于求知的志愿,这是不能够强迫的"[2];"方法就是使教材达到各种目的的有指导的运动"[3]。与朴素的教学信念相较,科学的教学信念更能形塑教师正确的教学价值观和教学行为,更有利于培育健康人格的教师和学生。

5. 理性的教学信念与非理性的教学信念

依据理性的参与程度,可将教学信念划分为理性的教学信念和非理性的教学信念两类"理性教学信念"是指个体对突发性事件持有符合逻辑的,现实的,有效的认知、解释与评价,并形成正确的、合理的观念与主张。"非理性教学信念"是个体基于非逻辑的、情感的体验而产生的信念,这些信念有可能是正确的,也可能是错误的、歪曲的。譬如,"学生学习成绩不好都是教师的错","我是彻底的教学失败者","最差的教学效果总是出现在我的班上"。"非理性信念"是理性信念的极端化,其基本特征可以被归纳为"信念在静态上不一致,以及拒绝动态上的修正",循环定义、自我打击、无意识或潜意识、教条、言语误导以及错误概括等性质都是非理性信念基于基本特征之上的多种派生性质。含有必须、绝对、应该的信念通常被理解为非理性信念;而偏好性信念则被理解为理性信念。自我对话或内在言语的改变对个体而言只是一种表面形式的改变,它并不能有效地解决困扰问题,真正起作用的是改变个体信念系统中的非理性信念[4]。

非理性信念的产生与个体所接受的外界信息和个体对其采取的态度或信念关联。当个体从外界(社会或他人)接受的信念为偏好性信念时,他们不大可能产生情绪及行为困扰;当个体被父母或他人灌输必需的、绝对的信念时,灌输者的行为在很大程度上具有内在的不一致。个体对外界提供的信念内容(无论是偏好性的信念还是必须的、绝对的信念)都会根据自己所持有的信念,对其进行再构,再构后

---

[1] 金炳华.马克思主义哲学大辞典[M].上海:上海辞书出版社,2003:217-218.

[2] 夸美纽斯.大教学论[M].傅任敢,译.北京:教育科学出版社,1999:248.

[3] 杜威.民主主义与教育[M].王承绪,译.北京:人民教育出版社,2001:181.

[4] 龚艳.理性情绪行为疗法理论研究:基于科学方法论的视角[M].南京:东南大学出版社,2015:16.

的信念可能属于一种偏好性的信念或理性信念，也可能属于必需的、绝对的信念或非理性信念。正如艾里斯所言，个体持有的多数糟糕的非理性信念并非从外界环境习得的，而是个体自身自主构建的结果。基于此，教师在建构教学信念时，需要运用元认知策略参与建构，确保所建构的教学信念去非理性。

6. 正确的教学信念和错误的教学信念

依据信念的性质不同，可将教学信念划分为正确的教学信念和错误的教学信念两种类型。信念正确与否的评价尺度为何？《中国中学教学百科全书（政治卷）》已提供了可资借鉴的信息。《中国中学教学百科全书（政治卷）》中明确指出："信念正确与否，最终取决于是否与客观规律相符合。正确而坚定的信念，必须建立在科学地认识客观规律的基础上，通过反复实践才能逐步形成。"[1]基于此，正确的教学信念是教师个体基于教学实践构建的符合学生身心发展、教育发展和社会发展的规律的信念，反之则为错误的信念。错误的信念会导致个体采取错误的选择与决定，从而产生错误的行为，最终得到错误的结论或产生负面的影响。如果教师持有错误的信念，他/她也会采取错误的教学行为，这不仅不能提升教学质量和促进学生的发展，反而会阻碍学生的发展。因此只有正确的信念才符合人的发展需求和社会的发展需要。构建正确的信念首先应了解错误信念是如何产生的。有关错误信念形成的原因，已有学者做了探讨，如洛克（John Locke）在《人类理解论》一书中就阐释了错误信念的几种类型，即盲目模仿他人、仅凭情感做出判断、仅以单一标准作为判断依据或缺乏多元标准意识、迷恋权威[2]。杜威（John Dewey）则从内因和外因的视角将错误信念形成的原因归为四大类，即从内因的角度看，有人类共同的错误方法和个体的特殊偏好与习惯引起的错误方法；从外因的角度看，来自交际与语言的错误方法和一个时期内普遍流行的错误方法[3]。人类共同的错误方法表征为：与相反的信念相比，人类倾向于接受与他们认可的信念。如持有"教学就是传递知识"的信念的教师更容易认可知识本位的观点，或者说他们难以接受能力本位的观点。个体的特殊偏好和习惯表现为个体易于认可与自己喜好相一致的观点，如喜好以貌取人的个体，不管该人内在品德如何，都将其视为好人。基于交际和语言错误方法表现为认为凡是有某个词出现，便会产生相应的事实，反之，则不会出现这个事实。一个时期内普遍流行的错误方法表现为在某个时期的某个区域内的个体因未认清某个观念的正确与否而盲目跟风相信该观念。因此，建构正确的信念就

[1] 王德胜．中国中学教学百科全书（政治卷）[M]．沈阳：沈阳出版社，1990：426.

[2] 洛克．人类理解论[M]．关云文，译．北京：商务印书馆，1959：712-719.

[3] 约翰·杜威．我们怎样思维·经验与教育[M]．姜文闵，译．北京：人民教育出版社，2005：30.

是要避免采用错误信念形成的路径或方法。

教学作为一种培育人的活动，旨在培养身心健康、人格健全、适应社会发展的富有学识的个体。从此意义来看，错误的教学信念显然有悖于教学活动的育人宗旨。因此，构建正确的教学信念才是教师的信念追求。

7. 传统型（教师中心）教学信念和进步型（学生中心）教学信念

依据取向的不同，教学信念可划分为传统型教学信念和进步型教学信念，或教师中心型教学信念和学生中心型教学信念两种类型。韦林（Wehling）和查特斯（Charter）在《教师教育历程知觉量表》（*Teacher Education Process Perception Scale*）一文中，从"教师中心"与"学生中心"两种取向探讨了教材、个人适应、学生自主相较于教师控制、情绪放松、考虑学生观点、教室秩序、对学生激励、统整学习的教学信念。教师中心型教学信念主要表现为：强调教材熟练、情绪放松、教室秩序维持、教师教导；学生中心型教学信念表现为：注重学生的个人适应、接纳学生观点、激励学生、统整学习、强调学生自主[1]。塔巴克尼（Tabchnick）和蔡克纳（Zeichner）等人在《教师信念量表》（Teacher Belief Inventory）中以教师中心和学生中心为取向来探讨了教师信念的六个维度，即教师角色、师生关系、知识与课程、学生差异、社区在学校的角色、学校在社会的角色[2]。史密斯（Smith）从宏观的视角将教师信念分为发展取向和传统取向两类，他认为发展取向的教师秉承自由、开放、儿童本位、发展导向的观点；传统取向的教师秉承限制、保守、教师本位、规范取向的观点[3]。皮博迪（Peabody）运用质性研究探讨了不同学业成就的学校中教师信念的样态，其研究结果表明，在高学业成就的学校，教师强调"学生中心"的教学取向，让差异的学生自由阅读与他们感兴趣的课外读物。而在低学业成就的学校，教师强调"教师中心"的教学信念取向与行为，教师重视标准化的考试与训练[4]。

基于上述研究结果，可从教学目标、教学内容、教学过程、教学主体、教学方法和教学评价等维度将传统型（教师中心）教学信念和进步型（学生中心）教学信念的

---

[1] WEHLING L J, CHARTERS J W. Dimensions of teacher beliefs about the teaching process[J]. American Educational Research Journal, 1969, 6(1): 7-29.

[2] TABACHNICK B R, ZEICHNER K M, DENSMORE K, et al. The impact of the student teaching experience on the development of teacher perspectives[J]. Journal of Teacher Education, 1984, 35(6): 28-36.

[3] SMITH K E. Development of the primary teacher questionnaire[J]. The Journal of Educational Research, 1993, 86(5): 23-29.

[4] PEABODY D. Beliefs and instructional practices among secondary teachers within selected high-and low-performing high schools[J]. Florida Journal of Educational Administration & Policy, 2011, 4(2): 181-192.

特征概括如下(如表1-1所示)。

表1-1　传统型教学信念和进步型教学信念的特征

维度	传统型(教师中心)教学信念	进步型(学生中心)教学信念
教学目标	强调知识的记忆,解题能力的养成	倾向于学生的学习兴趣、自信心的培育
教学内容	主张知识是客观的,多以升学考试科目的教材及其相关的教辅资料为主	主张知识的个体主动建构的,倾向于整合教材、创新教材、增加新的知识
教学过程	教师演示教材内容与讲解、学生听讲、模仿与练习、解题与作业、按照标准评价的教学流程	教师设置问题情境、学生参与思考讨论、鼓励学生阐释观点并相互批判、尝试不同的解题方法、针对性评价的教学流程
教学主体	认为教师为知识的代理人,尽量可能维持知识权威,使学生认真听讲	认为教师为学习的促进者,师生尽量维护平等地位,一起思考数学
教学方法	倾向于讲授、问答的单一的教学方法	倾向于讨论、小组合作、个性化教学的多元化的教学方法
教学评价	评价目的:关心学生成绩进步;评价方式:小考、月考等纸笔测验(终结性评价);评价标准:是否依照进度达成既定的教学目标	评价目的:关心学生如何理解学科概念;评价方式:透过学生的作业及上课的表现(过程性评价);评价标准:能否引导学生充分地进行思考

资料来源:研究者整理。

由表1-1可见,基于取向的视角将教学信念分为传统型和进步型,更有利于人们清晰地认识和把握教学信念的性质,因此学界通常以此作为教师信念研究时的分析框架。

除了上述分类标准外,还可以按要素、主体和程度来划分。依据教学构成要素,可将教学信念分为教学目标信念、教学内容信念、教学主体信念、教学方法信念、教学管理信念和教学评价信念等。根据主体的多寡,可以将教学信念分为教师个体的教学信念和教师群体的教学信念。依据程度不同,可以将教学信念分为深度教学信念和浅层教学信念,以及介于它们之间的中度教学信念。深度信念是信念主体经历一个比较深刻的认识过程而形成的,它经过个人乃至集体的实际经验,受到一定理论的观照和升华,认识深刻,内在信度大,基础比较牢固,不易变更。浅层信念是信念主体虽有一定认识和检验,并且相信它的真实性、正确性,但认识还不深刻,实践基础还不牢固,也没有一定理论基础的信念。中度信念介于深度信念与浅层信念之间。

需要指出的是,上述类别只是相对的一般层面的划分,在特定领域可能会有所变化,需要相关研究者根据具体情况具体分析。概言之,在教师个体的教学信念中,各种类型的信念是相互联系、交叉存在的。例如,非理性的教学信念与理性的教学信念中,它们可能包括正确的信念与错误的信念、传统的信念与进步的信念,只不过所占比重不同而已。相应地,传统的信念和进步的信念中亦可能含有理性和非理性的信念。诚然,尽管教师个体的教学信念存在多种样态,但教学作为培养学生的核心素养的实践活动,教学实践活动能否达成这一目标,作为教学实践活动的引导者——教师,唯有持有清晰的、积极的、正向的信念才能确保此目标的实现。所谓清晰的信念是指教师明白自己坚信什么观念;所谓积极的、正向的信念是指符合学生身心发展规律和社会发展要求相一致的看法、主张、观念。因此,为了更好地开展教学实践活动,引导学生发展,提升教师自我的专业素质和精神,将消极的信念转化为积极的信念、将传统的信念转化为进步的信念、将非理性的信念转向理性的信念是教师在发展自身的信念时理应坚守的信念。

(二)教学信念的结构

从系统论的视角来看,任何事物都是由一定的要素构成的。不同教学信念之间的相互联系、相互作用共同构成教学信念系统。这种相互联系、相互作用的相对稳定的方式或结合形式构成教学信念(系统)的结构。任何事物、系统都具有自己的结构。教学信念结构体现在教学信念的数量、相互关系、排列次序和比例等方面。教学信念结构是教学信念本身所呈现的实际样态,属于教学信念的本体性问题。结构有多种多样,但基本上可以分为横向结构和纵向结构两类。

1. 教学信念的横向结构

教学信念的横向结构是指处于同一层次的教学信念,或教学信念由内部处于同一层次的要素之间的相对稳定的联系。它表现为各要素之间具有一定数量比例关系,性质上相互协调适应。在同一层次中,由于不同信念在信念系统中的重要程度不同,故有核心信念与边缘信念之分。罗基奇(Rokeach)是最早将核心信念与边缘信念区分开来的研究者。他认为,一个信念与其他信念联系越多而且紧密,这个信念就对其他信念施加越多的影响,产生越多的后果。因此,这个信念也就越有核心作用[1]。在计划行为理论中,这种信念称为突显信念。

如何判断信念的重要程度?罗基奇主张以信念的关联性(connectedness)作为其评价标准。信念的关联性系指信念系统中某一信念在功能上与其他信念相关的程度,与其他信念影响或沟通越多的信念,越居于核心地位,反之则处于边缘地位。具体而言主要有四个判断指标。

一是与个体的存在和认同直接相关的信念。越是和个人的存在与认同直接有关的信念,对其他信念的作用以及对个人行为的有效性便越大,越明显,因此也越为重要。

二是能与他者分享的信念。个体持有的信念,有的是能与他者分享的,有的则很难。那些能够与他者分享或共同持有的信念,越是居于核心的重要地位。

三是直接感知的信念。个体的信念来源有多种途径,从是否采用推理的角度来看,可分为经推理形成的信念与直接感知形成的信念(经验型信念)。一般而言,基于直接经验推论或衍生而获得的信念更具有关联性,更为重要。

四是无关的信念。除个体直接经验形成的信念外,还存在与个体的喜好有关的信念,与个体的兴趣、嗜好或品位有关的信念,或多或少带有某种程度的武断性或随意性,这类信念和其他信念的关联较少,因此常居于边缘地位。

信念对每个人的重要性因人而异,对某些人而言倾向于关注符合他们信念的信念,而与其信念不符合的则处于关注的边缘。在信念系统中,越是与其他信念联系多或受到人们关注的信念,越容易成为核心信念,而与其他信念联系不多或不受人们关注的信念则稍稍偏离中心,居于信念系统的边缘。核心信念越具有稳定性、持久性和坚定性,越能影响个体的思考、计划、决策和执行,越能抵御各种变化的冲击;越是居于核心的信念,如果有了改变,整个信念系统的反应或受到影响的程度便亦越为广泛或深远。反之,越是在系统中居于边缘的信念,越脆弱、易变和不稳定,对个体的思考、计划、决策和执行影响甚微,易受外界的干扰而发生改变。

王恭志在罗基奇(Rokeach)的"核心—边缘"信念结构观的基础上,以信念与信念系统间的关联程度为依据,将信念的结构分为核心信念、中间信念和边缘信念[2]。他认为在信念结构中除了具有核心信念和边缘信念外,还存在着另一种信念即中间信念。他进一步指出,中间信念通常居于核心信念和边缘信念之间,会因个体的认知和环境因素的影响而趋近或远离核心信念,中间信念的变化都会对信念系统

---

[1] ROKEACH M. Beliefs, attitudes and values: a theory of organization and change[J]. Revue Française De Sociologie, 1968, 11(3): 202-205.

[2] 王恭志. 教师教学信念与教学实务之探析[J]. 教育研究资讯, 2000(2): 84-98.

的整体结构造成影响。

从罗基奇的“核心—边缘”信念结构观和王恭志的“核心—中间—边缘”的信念结构观可知，其共同点在于表征着信念的横向逻辑结构。基于此，教学信念的横向结构可表征为核心信念、中间信念与边缘信念三类（见图1-1）。

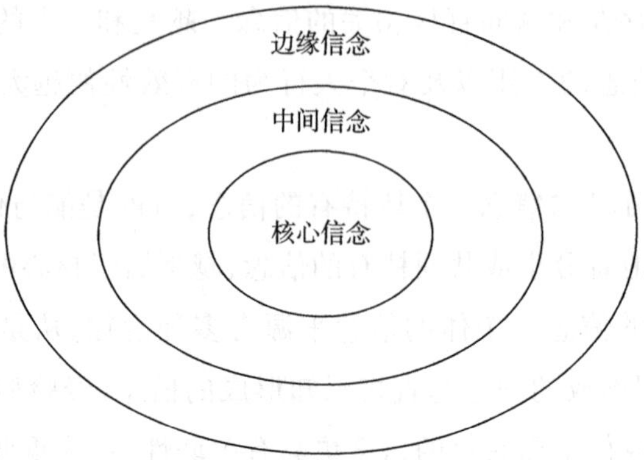

图1-1　教学信念的横向结构

“核心”“中间”与“边缘”之间的这种结构性差异并不表征它们是彼此孤立的存在体系，恰恰相反，它们之间是作为相互联系和互为条件的两级存在，并构成了一个统一的、动态的信念结构体系。整体性、差异性和不平等性是其信念体系较为显著的三个特征。所谓“整体性”是指“核心—中间—边缘”信念体系是一个统一的、动态的系统，无论是“核心”“中间”还是“边缘”信念，它们都是整个信念系统的一部分，而不是独立不同的信念体系。所谓“差异性”指的是“核心”“中间”和“边缘”信念的位置、功能在信念体系上存在很大的差异。一般而言，在实践中首先发挥动力作用的是“核心”信念。所谓“不平等性”则是指“核心—中间—边缘”信念体系在形成、运作和发展上均表现出两者之间的不对称性。“核心—中间—边缘”信念体系在一定程度上具有稳定性，但随着个体认识的不断深化和外在条件的变化，业已形成的信念也会发生变化。诚如马克思所言：“人们的观念、观点和概念，一句话，人们的意识，随着人们的生活条件，人们的社会关系，人们的社会存在的不同而不同。”[1]具体而言，在内部认知与外在条件的“催化”下，边缘信念也会逐渐演变为个体的信念系统中的重要组成部分。在重大事件的影响下，核心信念也可能会逐渐居于信念系统中的边缘位置，成为边缘信念。正因为信念具有稳定性与可变性的特性，信念的发展与转化才成为可能，尤其在消极信念的转变方

[1] 马克思恩格斯选集（第一卷）[M]. 北京：人民出版社，1995：107.

面更具有重要的意义。

2. 教学信念的纵向结构

教学信念的纵向结构是指处于不同层次的教学信念或教学信念内部处于不同层次的要素之间的相对稳定的联系。任何存在都处于一定的系统之中,任何存在也是由一定的次级存在构成。在实践中,主体对所认识的任一存在都会持有与之相应的信念。同样,主体关于任一存在的信念既是整个存在的信念之一,其又具有自身存在的特殊性。从主体对任一存在的内部信念系统观之,可以把信念划分为不同层级,而不同的信念层级之下各有其自身信念构件,于是从主级信念到次级信念再到子次级信念便构成了某一存在的信念层级结构,即信念的纵向结构。教学信念的纵向结构主要从竖向维度考察,教师的任何教学信念通常由宏观、中观和微观的不同层次组成的。基于此,可将教学信念的纵向结构表征为一种层级结构(这里仅以教学目标信念、教学内容信念、教学主体信念、教学方法信念、教学评价信念作为举样),如图1-2所示。

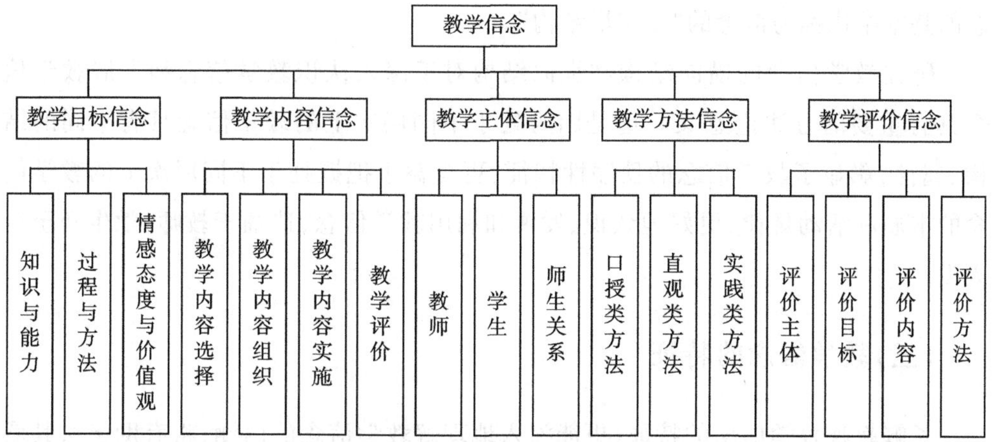

图1-2 教学信念的纵向结构

由图1-2可知,主体对教学都具有一个总的信念,一般将其称为主级信念。由于教学是由不同要素构成的,与之相应的信念则称为次级信念或二级信念。如教学通常由教学目标、教学内容、教学主体、教学方法和教学评价等次级要素组构而成,与之相应的信念就包括教学目标信念、教学内容信念、教学主体信念、教学方法信念和教学评价信念等维度;同理,二级教学要素又分别由三级要素构成,因而每个要素又具有相应的信念,如教学目标之下又有知识与能力的信念、过程与方法的信念、情感态度与价值观的信念;教学评价之下又可分为关于评价主体、评价目标、评价内容和评价方法等[1]方面的信念。有的三级要素又由次级要素构成，基于这些要素又可形成相应的信念，如评价内容可分为评任课教师的教育理念(信念)、知识结构和能力等维度，相应地也存在与之有关的教育理念的信念、知识结构的信念和能力信念；而关于教学能力又可分为教学设计能力、语言表达能力、理解能力、沟通能力、课件制作能力、多媒体运用能力等构件[2]，因而又存在相应的信念。概言之，如果某一存在的构成要素为n级，则其信念也为n级。由此可知，教学信念的纵向结构是以教学活动的构成要素来决定其层级结构的。

鉴于信念的纵向结构是根据某一存在的内部体系组成而划分的，因此他们之间具有相互依存、紧密联系的关联性。从主级(一级)到n级间具有宏观到微观的特点，即下一层级的信念是上一层级信念的具体化，是上一层级信念得以落实的保障；而下层级信念的不断完善又可进一步丰富上一层级信念的内涵与外延。可见任何存在间的信念都具有相互依赖、相互促进、相互统一、和谐共生的特点。

教学信念是横向结构和纵向结构的有序统一体，它共同构成了教学信念的基本结构，这样的基本结构彰显了教学信念的系统性特征。源于此，又可以把教学信念的基本结构称为信念的“金字塔结构”。

研究教学信念的横向结构和纵向结构对于深入认识教学信念和发展教学信念具有重要的方法论意义。这是因为处于不同层次上的教学信念具有不同的结构、属性，彰显了教学信念的秩序性特征，更有益于把握处于不同层次上的教学信念的本质和活动规律，更好地认识、发展和利用教学信念，造福于教师、学生乃至全人类。

(三)教学信念的特征

了解教师教学信念的特征，更能深入地理解教学信念的内涵，将有助于对其展开切实的研究。综合诸多研究者[3]的观点，现将教师教学信念的特征归纳为六个方面。

---

❶ 吴金航，朱德全. 应用型地方高校课堂教学元评价研究——以贵州省某应用型高校课堂教学评价为例[J]. 国家教育行政学院学报，2016(5)：60-66.

❷ 吴金航，朱德全. 应用型地方高校课堂教学元评价研究——以贵州省某应用型高校课堂教学评价为例[J]. 国家教育行政学院学报，2016(5)：60-66.

❸ ROKEACH，1968；ABELSON，1979；TABACHNICK and ZEICHER，1984；PAJARES，1992；FIVES and BUEHL，2012等。

1. 隐性与显性

关于信念的隐性和显性特征，罗基奇在《信念、态度和价值：组织和变革的理论》一书中明确地将信念界定为“任何简单的命题，不管是有意识的或无意识的……”[1]。他认为人们常常无法或不能清楚地表达他们的信念，也不能直接观察到信念的存在，但可以从个体说的话、作出的计划和采取的行动中推理出。罗基奇尽管未对隐性信念和显性信念做深入的阐释，但他关于信念是“有意识和无意识”存在的思考为人们探讨信念的隐性存在和显性存在提供了一个基本视角，也为后续的信念研究提供了基础。

信念是隐性存在还是显性存在的问题，一直是学界探讨的重点问题之一。隐性存在观认为，信念以无形的方式潜藏于个体的内心世界或精神世界，个体很难意识到它的存在，也不能清晰地表达信念为何，或许正如谢翌所言的“幽灵”式存在。信念的隐性观认为，隐性信念具有过滤个体对自己的经验、解释外界事物，以及指导个体行为的作用，个体不能控制，也不需要个体的意识参与。卡根(Kagan)和克拉克(Clark)是这一观点的代表，卡根认为隐性信念是教师关于学生、学习、班级和教学科目的隐性假设，克拉克将其视为教师的内隐理论。显性存在观认为，信念以明确的方式存在于个体的心理结构中，个体能够意识到它的存在，能清晰地表达自己持有何种信念，也知道信奉这些信念的因由。譬如，尼斯贝特(Nisbett)和罗斯(Ross)认为，信念是关于客体和客观事物的特征的合理的明确的命题。杜威认为，信念需要知识和实践的承诺。信念的显性观认为，个体能够选择相信什么或不相信什么，能够在实践中不断反思并修正已有的信念。

信念的隐性存在观和显性存在观之争主要在于信念能否被个体意识到。诚然，信念确实内隐于个体的内心世界，但并不意味着个体不能意识到信念的存在。如果将信念视为无意识地存在，那么我们如何评估它呢？如果从个体的行动及其物件中可以推断出隐含的信念，那么如何才能知道个体的信念被准确地表达出来呢？事实上，诸多研究表明，教师能够明确地表述自己的信念。涂若尔等人(Tzur, et al.)对数学教师的实践及其教学观念的研究表明，教师能清楚地表达他们对数学教学的看法，以及这些看法如何影响他们与学生的课堂互动[2]。因此，我们认为个

[1] ROKEACH M. Beliefs, attitudes and values: a theory of organization and change[J]. Revue Française De Sociologie, 1968, 11(3): 202-205.

[2] TZUR R, SIMON M A, HEINZ K, KINZEL M. An account of a teacher's perspective on learning and teaching mathematics: implications for teacher development[J]. Journal of Mathematics Teacher Education, 2001(4): 227-254.

体的信念既有隐性的部分又有显性的部分[1]，个体正是通过显性信念才能深入地认识其隐性信念。教学信念作为信念的一个子集，同样具有隐性和显性的特征。

2. 主观性与客观性

教学信念是教师对教学因素中的人、事、物等所持的信以为真并努力践行的看法、主张、观念，是教师对教学对象所持的一种心理倾向。从心理倾向的视角来看，教学信念是教师对教学现象所秉持的一种态度倾向，这种态度倾向是教师根据自我的价值观、个性偏好等所做的选择与决定，是主观见之于教学对象的东西，也可以说是教师对教学现象的一种假定。诚如阿贝尔森所言，信念或信念系统常常包含实体存在与否的假定或假设，这种假定或假设是非常个人化的，具有独特性而非普遍性，很难被他者说服而改变[2]。理查德森（Richardson）认为信念是个人接受为真的命题，它是一个心理观念。据此可知，与其他信念的形成一样，教师的教学信念不是自然形成的，而是教师自主选择的结果，带有主观性烙印，反映了教师的教学观点、教学追求和行动原则。因此教学信念具有主观性。

从信念对象的视角来看，教学信念是教师个体对教学中的人、事、物等客观因素的一种反映。认识主体对信念对象这一客体的反应程度不同，会产生正确信念与错误信念。如关于学生学习能力的信念，有的教师认为学习能力是天赋的、与生俱来的；有的教师认为学习能力是后天养成的，可以经过训练获得提升；而有的教师则认为学习能力是先天与后天的混合体，即有一部分是伴随遗传因素而来的，有一部分是经过教育和自己的努力而获得发展。由此可知，不管是正确的信念还是错误的信念，其信念对象都具有客观性，区别仅在于程度上的差异。此外，从信念本身的角度来看，信念一经形成就是一种有形和无形的客观存在。因此，教学信念的对象或内容是客观存在的事物。

基于上述分析，可从形式和内容两个维度来理解教学信念的主观性与客观性的特点。亦即是，从形式上看，教学信念是主观的；从内容上看，教学信念是客观的。

3. 复合性与经验性

复合性意指教学信念是一个由不同要素构成的统一体，相较于外围生态系统，

[1] FIVES H, BUEHL M M. Spring cleaning for the "messy" construct of teachers' beliefs: what are they? which have been examined? what can they us? [M]//HARRIS K R, GRAHAM S, URDAN T. APA Education psychology handbook: individual differences and contextual factors. Boston: Allyn and Bacon, 2012: 474.

[2] ABELSON R. Differences between belief systems and knowledge systems [J]. Cognitive Science, 1979(3): 355-366.

教学信念也具有自身的内在系统，从某种意义上也可将其称为独立性。教学信念是教师个体的认知、情感、意志和行为倾向的“合金”。从心理学的角度看，心理现象是个体在一定的刺激下引起的一种心理状态。任何心理活动都离不开个体的认知、情感和意识的参与。教学信念作为教师个体的一种心理倾向，其产生过程依然离不开认知、情感和意志的参与。从信念本身的构成形式看，一般而言，信念是由主体、信及信的对象组构而成，即信念=主体+相信+对象。不管是从心理学的视角，还是从信念的表达式的视角来看，都涉及个体对教学信念对象的感知、思考、记忆、想象等心理活动，换言之，这一心理活动过程包括了认知、情感和意志等心理因素。没有认知的参与，也就不能认识信念对象，更不会形成心理现象或观念；在个体的认知过程中，除了感知、理解信念对象外，还会伴随着强烈的情绪情感体验，认识活动的深入往往与情绪情感这一动力因素关联着；认识活动不仅受个体的情感影响，还受其意志左右。许多认识活动往往是在意志的参与下不断得以持续、深入的。在认知、情感体验的推动下总会伴随相应的行为。所以，教师所信奉的教学观点、看法、理念，除教师的认知因素之外，还包含着他们接受、认同的情感和行动的意向，它是一个结合和交融了知、情、意的统一体[1]。罗基奇认为，所有的信念都有一种认知成分表示知识，一种能够引起情绪的情感成分，以及一种需要采取行动时的行为成分[2]。可见，信念中包括了个体的认知成分、情感成分、意志成分及信念外化时的行为成分，信念是个体的认知、情感、意志及行为等多种成分的统一体，具有复合性的特点。

相关研究表明，教学信念并不是教师与生俱来的观念，它是教师与后天的环境，尤其是与教育情境在不断互动中建构的结果。从此意义上来看，教学信念又具有情境性或情境依赖性，教师与教育教学情境互动的结果实质是教学经验生成的过程。多数研究指出，教学信念的形成与教师的成长经验紧密关联。内斯普尔(Nespor)认为教师在教学过程中的思考与决定，很多皆是源自学生时代的经验与记忆。[3]佩詹斯(Pajares)指出，个体在学生时期所遭遇的特殊事件，会影响其日后对类

[1] 段作章．教学理念的内涵与特点探析[J]．教育导刊，2011(11)：15-18.

[2] ROKEACH M. Beliefs, attitudes and values: a theory of organization and change[J]. Revue Française De Sociologie, 1968, 11(3): 202-205.

[3] NESPOR J K. The role of beliefs in the practice of teaching: final report of the teacher beliefs study[R]. Washington: National Inst. of Education, 1985: 11.

似事件的理解,进而影响其教学信念的发展[1]。国内的相关研究也指出,教师的先前经验与个人倾向,对其教学知识运作的影响,远大于他们所接受的师资养成教育。这里提到的先前经验与个人倾向主要指教师信念。有关实习教师教学信念的研究发现,实习教师所秉持的教育理念,并不是源自师资培育机构所传授,而是源自本身对过往求学经验的反思。因受早年经验的影响,师范生初入师资培育机构时,即已从早年的家庭生活及学校生活经验中省思出教学信念[2]。由此可见,教师的教学信念很多皆来自教师以往教育教学情景中所经历的体验,因此教师教学信念具有经验性的特性。

4. 稳定性与可变性

教学信念是教师在长期的生活经验、教育经历、教学实践及其反思中逐步形成的个性倾向,积淀了教师多年的生活经验和教学实践经验,蕴含着社会环境、家庭环境和教育环境的长期影响。一定的教育教学事实、观念、思想成为教师个体的信念,除了经过理智上的深思熟虑和高度认同外,还有强烈的情感支持和意志上的坚守。故教学信念一旦形成就相对稳定,不易改变。许多研究也证实了信念具有稳定性这一特点,班杜拉认为,信念系统有助于为人生提供结构、方向和目的,而人的身份和安全已被深深地卷入到信念系统中,所以一旦获得便不易放弃[3]。卡根认为教师信念似乎相对稳定,难以变化。麦卡尔平等人(McAlpine, et al.)的研究也指出,大多数信仰系统形成于早期,成年期间信仰系统的变化是困难的,也是罕见的[4]。可见,稳定性是教学信念及其系统的典型特点之一。

教学信念一经形成就具有稳定性,这是教学信念的典型特征,但并不意味着教学信念不可变化。事实上,教学信念的稳定性不是绝对的,它会随着教学存在及教师的教学体验的变化而变化。教学信念作为教师特有的一种精神现象,是教师对教学存在及其体验的反映,它必然随着外在给定信息的引导、个体实践经验的增加和客观教学存在的改变而有所变化。诚如布迪厄和华康德所言:"行动者的观点会

---

❶ PAJARES M F. Teachers' beliefs and educational research: cleaning up a messy construct[J]. Review of Educational Research, 1992(62): 307-332.

❷ 陈国泰,曾佳珍. 准幼儿教师教学信念的发展之个案研究[J]. 幼儿保育学刊,2005(3):1-30.

❸ 班杜拉. 思想和行动的社会基础——社会认知论(上)[M]. 林颖,等译. 上海:华东师范大学出版社,2001:49.

❹ MCALPINE L, ERIKS-BROPHY A, CRAGO M. Teaching beliefs in mohawk classrooms: issues of language and culture[J]. Anthropology & Education Quarterly, 1996(27): 390-413.

随其在客观的社会空间中所占据的位置的不同而发生根本的变化。”[1]已有相关研究证实了教学信念的这一特性，汤普森(Thompson)认为信念系统是动态的、渗透性的心智结构，容易因经验而发生变化[2]。阿尔杰(Alger)调查了高中教师过去、现在和未来的教学观念，她发现有63%的受访教师认为，从他们进入教学场域前到进入教学场域后，他们当前所持有的原初教学信念发生了变化[3]。曼苏尔(Mansour)认为，信念在个体内是流动的和动态的，而不是固定不变地存在[4]。据此可知，随着个体所处社会文化环境的不同和个体的经验不断变化，信念也随之发生变化，可变性也是信念的特征之一。

强调教学信念的可变性，并不意味着教学信念一直处于动态流变的状态，如果信念处于不断的动态流变状态，那么教学信念很难发挥过滤、框架和指南的作用，教学信念也就没有存在的价值，调查教师的教学信念就没什么意义了。了解教学信念即时流变状态虽然很有意思，但实施较为困难，需要借助特别的工具。因此，这里的可变仅相对稳定性而言。教学信念的可变性意味着教学信念具有可塑性，教学信念正是通过变化，才能实现不断地调整、修正和完善，也正是基于此，教学信念才会变得更加坚定、更加系统、更加完善。僵化不变、脱离实际教学存在的教学信念通常是最脆弱的，难以经受住教学存在变化的冲击。教学信念的稳定性与可变性的关系正如费弗斯和比尔所言：“具体的信念可能要在一个连续的统一体上考量，在最稳定的一端具有长期的、深度整合的信念，在最不稳定的一端有新的、更孤立的信念。”[5]

基于教学信念的特征，可以针对相应的研究主题选择适宜的研究方法或研究

[1] 皮埃尔·布迪厄，华康德．实践与反思：反思社会学导引[M]．李猛，李康，译．北京：中央编译出版社，1998：9.

[2] THOMPSON A. Teachers' beliefs and conceptions[M]//GROUWS D. Handbook of research on mathematics teaching and learning. New York：Macmillan，1992：140.

[3] ALGER C. Secondary teachers' conceptual metaphors of teaching and learning：changes over the career span[J]. Teaching and Teacher Education，2009(25)：743-751.

[4] MANSOUR N. Science teachers' cultural beliefs and diversities：a sociocultural perspective to science education[M]//MANSOUR NASSER，WEGERIF RUPERT. Science education for diversity：theory and practice. Netherlands：Springer Netherlands，2013：206.

[5] FIVES H，BUEHL M M. Spring cleaning for the “messy” construct of teachers' beliefs：what are they? which have been examined? what can they us?[M]//HARRIS K R，GRAHAM S，URDAN T，APA Education psychology handbook：individual differences and contextual factors. Boston：Allyn and Bacon，2012：475.

取向❶。例如,教学信念具有“内隐性”,则资料收集时亦应由准教师描绘其对教学因素的相应心理架构;教学信念具有“外显性”,则可以通过观察教师的课堂教学行为的一致性来获取教师信奉的信念,亦可通过收集教师撰写的教案、日志、教育故事、文章等文本分析其教学信念;教学信念具有“主观性”,则可以采用开放性访谈由教师叙说其对教学过程中相关的人、事、物的观点和看法的方式,或对教师教学信念的现状进行考量时,可以采用问卷法或量化的方法以了解教师教学信念的强度;教学信念具有“复合性”,则可以通过访谈或观察教师的认知、情感、意志在教学信念建构中的作用;教学信念具有“经验性”,研究者在研究教学信念时,其研究方法可根据这一特性采用让研究对象充分叙说其过去经验的取向,抑或生活史研究;教学信念具有“稳定性”,则研究方法亦可以通过观察不同时段下教师的行为表现是否与教学信念一致;教学信念具有“可变性”,则可对不同时期的教师教学信念的发展情况进行个案研究或纵贯研究。

二、教师教学信念的双重价值

任何存在都有其存在的价值,教学信念作为一种客观存在也不例外。但是,教学信念怎么重要,教学信念为什么重要,我们通常的理解是含糊不清的。因此,确切地阐释教学信念的价值是有益的。关于“价值”(values)的界定,可谓见仁见智,最常见的定义即为“作为主体的人的需要与作为需要对象的客体的属性之间的一种特定的关系”❷。基于此,可将教学信念的价值理解为作为客体的教学信念的属性与作为教学实践主体的人的需要之间的一种特定的关系。教学实践中的主体一般包含教师和学生,基于本书的对象所限,这里只探讨教师这一教学实践主体的教学信念价值问题。从同一教学信念的两种不同功用(或效果)出发进行分类,可将教学信念的价值分为两大类,即教学信念的内在价值和教学信念的外在价值,或者可以称为教学信念的自有价值和教学信念的工具价值。

(一)教学信念的内在价值

所谓教学信念的内在价值,是指教学信念成为教学信念的内在规定性,是教学信念内在具有某种价值的属性、性能、功能或能量。正是教学信念这种内在的属性、功能和能量,教学信念才成为教学信念,教学信念因此也才具有作用于主体、客

❶ 陈国泰,曾佳珍.准幼儿教师教学信念的发展之个案研究[J].幼儿保育学刊,2005(3):1-30.

❷ 王坤庆.教育哲学:一种哲学价值论视角的研究[M].武汉:华中师范大学出版社,2006:171.

体及其所在环境系统并产生某种价值的现实可能性。教学信念的内在价值对于教学信念本身来说，就是其目的性价值，就是教学信念成为教学信念的内在承诺，是教学信念系统自我运动、自我完善的内在需要、内在追求和自我实现。例如，美国学者布鲁巴克(John S. Brubacher)认为“内在价值就是不是因为它们对于另外某些事物有用处，而是因为它们本身就具有好的价值。它们的价值并不是它们对于另外一些在它们本身之外并且超过它们的价值有什么好处，而是它们本身所固有的。”[1]再如裴斯泰洛齐认为“小学教学的主要目标不是掌握知识或技能而是发展和增强心灵的能力”[2]，美国人本主义心理学家、教育改革家罗杰斯认为教学目标就是培养“功能充分发挥者”[3]，这些无不彰显了教学实践的内在价值。基于这些认识，教师教学信念的内在价值主要体现为以下两个方面。

1. 满足理性发展的需要

通常情况下，大多数教师都会受到教学生活中实际需要的压力。他们的主要事务就是要适当地处理他们的日常教学工作。故他们对怎样改进自身的教学技能技巧陷入了极度的迷思，更对自身的教学思想产生轻蔑的心理。他们深信，有效的教学技能才是提升教学质量的关键。所以，他们在有无教学信念方面并不关心，甚至含有蔑视之意。事实上，大多数教学信念是教师基于教学反思而不断建构的结果，其反思过程是教师对自身或他人的教学观念和教学实践的认知和深思熟虑下的产物，是教师的教学思想或教学观念的集中体现。诚如罗素所言，有的信念源自个体的有意识的推理而形成[4]。教学信念的形成与发展离不开教师有意识、有目的的推理活动，进一步而言，教学信念蕴含着教师的理性认知，是在一定理性、高度自觉层面上实现精神自我满足、自我提升、自我实现的方式，在某种程度上它满足了教师的理性发展需要。发展教学信念无疑在某种程度上摆脱了只以教学技能为重的强制性的存在需要，因而体现了教师个体追求“技进于道”的理性发展需要，因而具有了内在价值。

2. 满足精神自由的需要

从教学信念的内部构成要素来看，教学信念包含了个体的认知、情感和意志等因素。从教学信念的形成过程而言，教学信念是多维途径共同作用下的结果，它可能源于教师个体的主动认知，也可能源于教师个体的情感体验，甚至源于教师个体

---

[1] 王坤庆. 现代教育价值论探寻[M]. 长沙：湖南教育出版社，1990：72.

[2] 瞿葆奎，施良方. “形式教育”与“实质教育”(上)[J]. 华东师范大学学报，1988(1)：9-24.

[3] 李定仁. 教学思想发展史略[M]. 兰州：甘肃教育出版社，2004：23.

[4] 罗素. 人类的知识[M]. 张金言，译. 北京：商务印书馆，1983：182.

的自由意志。至于选择什么样的认知对象,有什么样的情感体验,以及如何克服认知、情感和行动中的困难,这些都是教师个体自由抉择的结果,是他者无法介入,也介入无效的,从这种意义上来说,教师信什么或不信什么全凭自身的知识、信念、价值观作用下的自由选择。正因如此,著名教育学家乌申斯基才坚信:“任何教学大纲、教科书、教学原则和方法,无论它怎样好,如果没有变成教师的信念,那么就只能停留在文字上,而没有丝毫实际效力。不论在什么时候教育者都不可能是一个盲目执行指示的人,指示未经教育者个人信念的加温是不会有任何力量的。”[1]可见,形成什么样的教学信念不是外在强加的结果,而是教师自由选择决定的。因此,任何教学信念都蕴含着教师的一定精神追求,是教师为了满足自我提升、自我实现的自由自觉的需要。

(二)教学信念的外在价值

教学信念的外在价值(extrinsic value)(亦称为工具价值)在价值论中是一个“关系”概念,它是客体对主体存在的益处(意义)。即是说,外在价值的存在是不能独立于其他价值的存在而存在的。布鲁巴克指出:“工具的价值就是我们因为这些价值对于某种事物有用处而判断它们是好的那种价值。它们的价值依赖于它们去达到另一种价值时所产生的后果。”[2]杜威认为,当某一教育内容或要素成为实现别的目的的手段、方法或途径时,它就具有外在价值的属性[3]。如教师学习教育教学理论思想、特级教师的教学观念是为了将来的教学行为做准备,这些教学思想或教学观念就具有教学信念的工具价值。赫尔巴特认为,教育教学的目的不在于训练官能,而在于提供适当的观念来“充实心智”。斯宾塞认为教育教学的目的是“为完满的生活做准备”。这些都是教学目的信念的外在价值观的典型表现。教学信念的外在价值是指教学信念对于教学主体发展的有用性(益处)。教学信念作为教师的一种内在素养,在一定的教学情境下会有意识或无意识地转化为教师的教学决策和教学行为,成为影响教师教学活动的重要影响因素,影响着教师的教学有效性,进而影响着学生的学习质量,这时教学信念就具有了外在价值或工具价值。对教师而言,教学信念的外在价值主要表征为两个方面。

1. 为教学实践提供理论思维框架

教学信念作为教师个体思想意识中最深层次的东西,它支配着教师个体的思

---

❶ 戴本博.外国教育史(中)[M].北京:人民教育出版社,1990:368.

❷ 王坤庆.现代教育价值论探寻[M].长沙:湖南教育出版社,1990:73.

❸ 王坤庆.教育哲学新编[M].武汉:华中师范大学出版社,2010:172.

想、行动,规范着教师个体的行为指向。换言之,教学信念为教师个体的教学实践提供了理论思维框架。已形成教学信念会成为教师进行教学认知、教学决策和教学行为的重要指导思想之一,通常情况下教师会依据所持有的教学信念开展一系列教学认识活动和实践活动。如库恩提出的"范式"——学术共同体共同遵守的信念一理论一样,教学信念就是教师开展教学活动时所遵循的范式之一。譬如,在教学目标的选择与实施方面,有的教师坚信教学活动就是培养学生的"双基"——基础知识和基本能力,有的教师认为教学活动应实现"三维目标"——知识与能力、过程与方法、情感态度与价值观,有的教师则以学生核心素养的养成为教学任务;在教学内容(课程)的设置取向方面,有的坚持泰勒的"目标模式",有的信奉斯腾豪斯的"过程模式",有的则认同施瓦布的"实践模式"。在教学过程实施方面,有的偏爱于知识传递型的教学过程,如赫尔巴特的"四阶段说"——明了、联想、系统和方法;有的着眼于探究创造性的教学过程,如萨奇曼的"探究训练模式"——遭遇问题、搜集资料与验证、搜集资料与实验、形成解释和分析探究过程;有的崇尚信息加工型的教学过程,如加涅的"九阶段模式"——引起注意、告知目标、刺激回忆、呈现刺激、提供学习指导、引发业绩、提供反馈、评估业绩、增强保持和迁移;有的喜好情境交往型的教学过程,如乔伊斯和威尔的"非指导性教学"——确定情境、探索问题、发展洞察、计划与决策、统整。上述有关教学目标、教学内容和教学过程的理论皆从一定程度上折射出教学活动的理论框架,教师正是基于对不同的教学理论思想的认知、理解,将其内化为教师自身教学信念,借此作为其教学实践活动的行为逻辑和行为准则,进而确保教学实践的有效性,学生的良性发展才成为可能。

2. 为教学实践提供动力源泉

作为培育人的教学活动具有复杂性、艰巨性、长期性的特性,这就决定了教学活动永远不会一帆风顺,教学遇阻仍是常有之事,职业倦怠更为常见现象。要逆水行舟,破除阻碍,需要有足够的动力才能不断持续前行,而教学信念就是教师教学实践的动力源泉,激励着教师向着既定目标奋力进取。正如吕国光所言:"信念不仅影响行为,而且驱动着行为。"[1]教学信念作为教师个体坚信不疑的看法、观念和主张,是教师个体的知识、情感、态度和价值观等因素的综合体现,蕴含着强烈的意志力量。教师个体拥有自觉的教学信念,就拥有希望和信心,就会立场坚定、方向明确、意志坚强、热情高涨、精力旺盛,在复杂的、艰巨的、长期的教学活动实施过程中,具有顽强的斗志,坚强的毅力,并能最大限度地去发掘自己的潜能、凝聚自身的

[1] 吕国光.教师信念研究[M].武汉:湖北人民出版社,2008:11.

全部智慧与力量，使教学信念转化为现实的教学行为。从中外教育发展史观之，但凡有作为、有成就的教育者，都是具有坚定教育教学信念的人。就教师个体而言，正确的教育教学信念是发展自身潜能的驱动力，是实现内心和谐之根本，也是拥有充实和幸福人生的前提条件。

（三）教学信念的内在价值和外在价值的统一性

教学信念的内在价值在于形塑教师自身的专业素养，发展教师自由精神，其外在价值在于范导教师的教学实践，达成预期的教学目标。教学信念的内在价值和外在价值是统一的、非隔离的、相辅相成的关联性存在，亦即是说教学信念的内在价值是通过其外在价值的实现才得以彰显，其外在价值的实现又可以进一步修正和丰富内在价值。若将教学信念的外在价值和内在价值剥离开来探讨其存在的价值易走向主观主义的泥沼，这是因为，教学信念不只具有形塑教师专业素养之价值，它还具有范导教师教学实践的价值。因此，内在价值是外在价值的基础。没有内在价值也不可能产生外在价值，外在价值只是内在价值的表现和实现。内在价值和外在价值的这种辩证统一关系，决定了教师在教育教学实践中，必须把实现内在价值和外在价值的统一作为达到发展教学信念目标的重要课题，一方面，积极地努力使自己具备更多更高的内在价值；另一方面，充分发挥自己的内在价值，使内在价值转化为外在价值。

教学信念的内在价值与外在价值的统一，实质上是目的与手段的统一。有关目的与手段的关系，康德曾做了系统的分析。他认为，"一切目的的主体是人"。"不论是谁在任何时候都不应把自己和他人仅仅当作工具，而应该永远看作自身就是目的。"[1]马克斯·韦伯在分析理性的过程中对工具理性与价值理性做了区分，或者说马克斯·韦伯通过工具理性与价值理性赋予了目的与手段以现代性的内涵。他认为，"通过对外界事物的情况和其他人的举止的期待，并利用这种期待作为'条件'或者作为'手段'，以期实现自己合乎理性所争取和考虑的作为成果的目的"[2]即为工具理性。"通过有意识地对一个特定的行为——伦理的、美学的、宗教的或作任何其他阐释的——无条件的固有价值的纯粹信仰，不管是否取得成就"[3]则为价值理性。

---

❶ 康德．道德形而上学原理[M]．苗力田，译．上海：上海人民出版社，1986：86.

❷ 马克斯·韦伯．经济与社会（上卷）[M]．林荣远，译．北京：商务印书馆，1997：56.

❸ 马克斯·韦伯．经济与社会（上卷）[M]．林荣远，译．北京：商务印书馆，1997：56.

简言之，持外在价值的人，不是看重教师内在精神世界的价值，而是看重教师实施的教学行为能否作为达成目的的有效手段。持内在价值的人，仅看重教师内在精神世界的价值，而忽视教师的精神世界与学生和社会的关联，或者说教师作为促成学生成长和社会进步的手段。实际上持有任何一种价值取向都属于一种非此即彼的观点。事实上，它是一种即此即彼的关系——教师在教学过程中既作为实现外在目的的一种手段，又作为教师内在专业成长的目的。教师在教学过程中不仅是一种手段性的存在者，他也是目的性的存在者，是目的与手段的统一体。故构建教师的教学信念是发展学生和社会的需求，更是教师本身素养提升的需要。在现实教育语境中，教师往往被视为实现有效教学的工具或手段，是一种“燃烧自己，成就他人”的手段性存在者，而不是“提升自己，成就他人”的目的与手段并存的存在者。事实上，理想的教师应该是后一种存在样态。因此，教师在构建自身的教学信念时，应综合考量个体内在需要和他者或社会发展需要，方能实现“双赢”。

三、教学信念的功能

教学信念的功能是教学信念研究中的基本问题，它起始于人们对教学信念本质的理解。从实质上来看，教学信念的功能是考察教学信念能起到什么作用的问题。随着学界对教师信念的探究不断深入，对教学信念的功能的认知愈加全面化和系统化。根据已有教学信念的研究成果，这里将教学信念的功能主要概括为范导功能、适应功能、过滤功能、预测功能和发展功能五个维度。

（一）教学信念的范导功能

教学信念的范导功能表现为教学任务的界定、教学内容的设置、教学策略的选择、教学主体的感知、教学环境的管理和教学评价的运用等。克拉克（Clark）和彼德森（Peterson）[1]在探究教师思维与行为关系时，提出了“教师思考与行动模式”，其中教师的理论与信念是教师思考中的一个关键要素，他们认为教师思考与行动之间是相互影响的，即教师思考影响着教师的行动，而教师的行动结果又影响着教师的思考，这有助于教师信念的构建。沙维尔森（Shavelson）和斯特恩（Stern）在探究教

[1] CLARK C M, PETERSON P L. Teachers' thought processes[M]//WITTROCK M C. Handbook of research on teaching. 3rd ed. New York: Macmillan, 1986: 255-296.

师的决定、信念与行为的关系时,提出了"教学判断与决定模式"[1]。他们认为,影响教师教学判断及决定的因素是多元的,其中教师的信念、对教材的信念是主要的因素,这些因素会直接影响教师对学生行为的归因及教师教学策略的选择。这两个模式的提出者皆赞同一个共同的观点,即信念是影响教师进行教学判断、教学决定的因素。事实上,教师的教学行为和表现、在课室内的决策与行动,皆源自教师的信念[2]。因此,信念系统有助于为教师提供结构、方向和目的[3]。正因为教师具有教学信念,教师在教学过程中所采用的内容、手段更具有目的性和针对性,教师从而规避教学行为的随意性和盲目性。正如有研究指出,持有"文本取向"信念的语文教师,在教学过程中更倾向于详细讲解文本的生字词的拼音及词义、课文的段落大意及中心思想;而持有"学生取向"信念的教师,在教学过程中则倾向于利用文本引导学生表达个人的看法和意见,注重学生对文本的理解和体验。此外,倘若一个教师相信教育微内容能"提升"优质教育资源"的使用效率、满足学习者的个性化学习需求、促成学习者有效学习"[4],那么他会主动学习教育微内容的相关资料或主动创设和传播教育微内容。据此观之,教师的教学信念对其选择、决定教学行为具有导引作用。

(二)教学信念的适应功能

教学过程是一个复杂的、多变的活动。教学信念则是教师适应并处理好这一复杂、多变的教学活动的关键因素。佩詹斯认为信念系统具有帮助个体定义与理解世界和自己的适应功能(adaptive function)[5]。费弗斯和比尔认为,信念系统为帮助个人界定和理解世界及其自身提供了一个适应性的功能[6]。林莲池等人的研究也表明,教学信念将有助于教师适应外界瞬息万变的事务,协助教师在不确定与多

---

❶ SHAVELSON R J, STERN P. Research on teachers' pedagogical thoughts, judgements, decisions and behavior [J]. Review of Educational Research, 1981, 51(4): 455-498.

❷ 陈淑琴. 幼儿教师主体教学信念与教学行为之研究[J]. 台中教育大学学报, 2007(2): 27-52.

❸ 班杜拉. 思想和行动的社会基础——社会认知论(上)[M]. 林颖, 等译. 上海:华东师范大学出版社, 2001: 49.

❹ 吴金航, 朱德全. 教育微内容的内蕴表征与设计逻辑[J]. 湖南师范大学教育科学学报, 2018(3): 35-39, 85.

❺ PAJARES M F. Teachers' beliefs and educational research: cleaning up a messy construct[J]. Review of Educational Research, 1992(62): 307-332.

❻ FIVES H. BUEHL M M. Exploring differences in practicing teachers' valuing of pedagogical knowledge based on teaching ability beliefs[J]. Journal of Teacher Education, 2014, 65(5): 435-448.

变的教学中，主动将外在事件予以意义化，形成判断的因素，并作出正确且立即的决定[1]。甚至当信念面临与现实情况不相符时，新的信念将取代旧的信念，以适应现实情境[2]。教学信念可于无形中牵引着教师的教学行为、态度、价值判断和决定，并影响教师对教学任务的界定、教学策略的选择、教师实务知识的运用及教学问题之处理，亦即教师会以自己所拥有的信念去诠释情境及解决教学上的问题，通过教学信念选择教学策略作为课程活动的依据，赋予教学意义，达成教学目标。

（三）教学信念的过滤功能

教学信念在教师认识和理解教学现象的过程中起着过滤作用，教师正是通过教学信念选择、决定注意的教学现象，并对其加以解释的。考尔德黑德认为信念具有强有力的情感、评价和情景的性质，这使得信念具有过滤器的作用，教师往往通过信念过滤新的现象而对其进行解释[3]。卡根指出，师范生先前所形成的教学信念犹如一个“滤镜”，这个“滤镜”会让师范生以自己既存的想法、自我教学观来解释或吸收师范生教育课程所提供的信息，使得师范生教育课程未必能有效地促进师范生生成新的教学观点[4]。约兰（Joram）和加布里埃莱（Ganriele）则认为师范生原初的教学信念扮演了“守门员”的角色，他们认为师范生会把一些与自己的原初信念不同的信息“拒之门外”[5]。莱文（Levin）在教师信念的发展中也指出，职前教师候选人把他们的先在信念（prior beliefs）带入教师教育课程中充当解释新知识和新经验的过滤器[6]。概言之，信念的作用犹如个体的心理过滤器，透过它的运作协助个体在其所处的环境中做各种选择、决定注意的焦点及可接受的部分与程度等。

[1] 林莲池，林孟逸，何志达．国民中学体育教师教学信念之研究——以台南市国民中学教师为例[J]．台南大学体育学报，2013(8)：85-98.

[2] 梁凤珠．教师教学信念之影响因素分析[J]．教育研究论坛，2012(3)：157-172.

[3] CALDERHEAD J. Images of teaching：student teachers' early conceptions of classroom practice[J]. Teaching & Teacher Education，1991，7(1)：1-8.

[4] KAGAN D M. Implications of research on teacher belief[J]. Educational Psychologist，1992(26)：65-90.

[5] JORAM E，GANRIELE A J. Preservice teachers' prior beliefs：transforming obstacles into opportunities[J]. Teaching and Teacher Education，1998，14(2)：175-191.

[6] LEBIN B B. The development of teachers' beliefs[M]//FIVES H，GILL M G，International handbook of research on teachers' beliefs. New York：Routledge，2015：50.

(四)教学信念的预测功能

教学信念是教师个体对教学活动中的人、事、物等所持有的信以为真并努力践行的看法和观点,是教师个体特有的一种心理倾向。教学信念一经形成,相对稳定。因此,在大多数情况下,教师会依照自己的教学信念来开展教学活动。正因如此,可以通过了解教师的教学信念来预测教师的教学行为。内斯波尔(Nespor)对信念在教学实践中的角色的研究指出,信念在个体明确如何组织、界定任务及问题中比知识更具影响力,是行为强有力的预测器[1]。欧内斯特(Ernest)认为信念的强大影响在理解和预测教师如何做出决策中更加有用[2]。胡尔等人(Hur, et al.)[3]的研究指出,教师的信念系统或他们的观点是他们的教学改变的重要预测因素,因此,教师信念应该被认为是专业发展计划中的一个重要组成部分。费弗斯和比尔认为,信念可以作为解释教师实践差异、学生成绩和经验的解释变量与预测机制[4]。班杜拉认为,个体所持的有关自身能力和努力结果的信念在很大程度上影响着个体将来行为的方式,而知识和技能一般没有预测功能。总之,社会认知论蕴含着这样一种信息:个体自身的信念是其行为和动机的关键因素[5]。心理学研究表明,个体通过自己的"心理理论"(theory of mind)能够推断周围其他人的信念和愿望,并借助于此了解或预测他人的行为。如果知道他人的信念和愿望,我们就能更好地预测他人的行为,这有助于我们解决很多适应性问题[6]。因此,可以通过一个教师的教学信念预知其教学行为。譬如,一个教师持有"教师中心"的信念,可以推知他的课堂教学主要以讲授为主,较少使用教科书以外的教学资源,倾向于书本知识的获取,较少关注差异学生;而以"学生为中心"信念的教师,在他的课堂上将会看到更多的

---

[1] NOSPOR J. The role of beliefs in the practice[J]. Journal of Curriculum Studies, 1987(19): 317-328.

[2] ERNEST P. The knowledge, beliefs and attitudes of the mathematics teacher: a model[J]. Journal of Education for teaching, 1989(15): 13-34.

[3] HUR E, BUETTTNER C K, JEONL. The association between teachers' child-centered beliefs and children's academic achievement: the indirect effect of children's behavioral self-regulation[EB/OL]. [2017-10-25] https://link.springer.com/article/10.1007/s10566-014-9283-9.

[4] FIVES H, BUEHL M M. Spring cleaning for the "messy" construct of teachers' beliefs: what are they? which have been examined? what can they us?[M]//HARRIS K R, GRAHAM S, URDAN T. APA Education psychology handbook: individual differences and contextual factors. Boston: Allyn and Bacon, 2012: 471.

[5] 班杜拉. 思想和行动的社会基础——社会认知论(上)[M]. 林颖,等译. 上海:华东师范大学出版社, 2001: 13.

[6] 戴维·巴斯. 进化心理学:心理的新科学[M]. 四版. 张勇,等译. 北京:商务印书馆, 2015: 435.

对话或讨论的教学方法，提供丰富的教学内容，更重视学生的表达与体验，关注不同学生的学习需求。

（五）教学信念的发展功能

教学信念的发展功能表现在教师每形成一种教学信念，意味着教师的教学信念系统愈加丰富和完善，而教学信念作为教师素养的一项指标，教师信念系统的不断丰富和完善意味着教师素养的提高，进而预示着教师整体的精神状态越好（除负向信念外），此时教师体会到了教书育人的真谛，体会到作为教师职业的获得感、满足感和幸福感，这样的教师更能给学生带来学习的获得感、成就感。正如有研究所言，教师如果更能善用自我的教学信念，将可以在教学中得到自我肯定与乐趣，更可以让学生在快乐的情境中学习，达到师生双赢的教与学目标[1]。此外，正确的教学信念不仅是教师素养提高的标志，它还有助于学生端正学习态度，树立正确的学习信念。盖因教师信念不仅直接影响教师在教学过程中的思考、判断和决定，也影响教师对教学理念与经验的诠释及其教学行为，而通过教学行为对于学生的学习也会产生相当程度的影响[2]。

不同类型的教学信念在不同的语境下可能发挥着不同的功能。例如，一些信念（如，关于知识本质的信念）可以作为人的认知系统中价值判断信息，影响教师注意什么，他们如何解读信息，以及如何或为何将这些信息纳入教师的明确信念、知识或实践中[3]。

[1]吴玉明．谈有效的教学：由教师“教学信念”的角度探讨[J]．教师之友，2002(1)：39-42.

[2]林莲池，林孟逸，何志达．国民中学体育教师教学信念之研究：以台南市国民中学教师为例[J]．台南大学体育学报，2013(8)：85-98.

[3] FIVES H，BUEHL M M. Spring cleaning for the “messy” construct of teachers’ beliefs：what are they? which have been examined? what can they us?[M]//HARRIS K R，GRAHAM S，URDAN T. APA Education psychology handbook：individual differences and contextual factors. Boston：Allyn and Bacon，2012：480.

第二章　教师教学信念的质性研究设计

研究设计在研究工作中扮演着十分关键的角色,它决定着整个研究的进展程度和科学水平。确立研究问题后,就要对研究的目标、对象、方法、实施等内容进行周密的规划和设计。

一、考察目的与对象

任何一项质性研究,都有明确的考察目的和具体的考察对象。明确考察目的是考察顺利开展的关键,是进行研究设计的第一步。明确考察对象则是确保所收集的资料具有典型性和可靠性的前提。

(一)考察目的

依据计划行为理论的观点可知,教学有效性取决于教师的教学决策和教学行为,教师的教学决策和教学行为又取决于其教学意向,教师的教学意向又受其教学信念支配,而教师的教学信念存在着正负两种类型,故有必要探讨教师的教学信念现况。诚然,研究教师的教学信念不仅在于探讨它的存在样态,更在于探讨它是如何生成的,以及教师是如何把他们所信奉的观念践行于教学实践中。然纵观已有研究,大多数研究倾向于关注教师教学信念的现实样态,教学信念与教学行为的关系,以及培养教师教学信念的策略等问题,尽管对这些问题的研究有助于进一步厘清教学信念的内涵,但教师是如何形成教学信念的问题依然值得重视,毕竟教学信念决定着教师的教学决策和教学行为。基于此,本书的主要目的如下。

(1)了解教师的教学信念的现实样态为何。

(2)教师的教学信念与教学行为是否具有一致性。

(3)教师是通过哪些途径来发展自己的教学信念。

(4)哪些因素会影响教师教学信念的形成。

(5)教师教学信念的生成过程遵循何种机制。

(二)考察对象

由于精力与时间的限制,再加之本书主题的特殊性,研究者无法针对全国的小学教师作量化研究(quantitative research),仅挑选几位小学优秀教师❶进行深度访谈(indepth interview),记录他们关于教学目标、教学内容、教学方法、教学主体、课堂教学管理和教学评价的教学观念,属于质性研究(qualitative research)的范畴。访谈对象的选取,由访谈对象所在学校的校长或同事推荐,最初拟选11位小学优秀教师进行访谈和课堂观察,但临近访谈时,其中有两位老师因外出学习而取消访谈,最终锁定9位拥有10年以上教学经验、获得学生尊敬爱戴、学校和同事认可且获得当地教育行政部门认定的优秀教师或骨干教师。选择这些教师作为研究对象,主要基于两点原因:一是从理论向度来看,伯登(Burden)在教师阶段发展论中将教师划分为求生、调整和成熟3个阶段。他认为,一般情况下,教师在第5年或5年以上基本达到了成熟阶段。处于该阶段的教师感到能更好地控制教学活动和教学环境,以学生为中心,充满自信和安全感,乐于尝试新的教学方法,已经有了自己的专业见解,能够处理可能出现的新问题。❷二是从实践向度来看,这类教师的教学工作成效已得到他者认可,他们对小学教学有较为全面的体认、理解与思考,有利于研究资料的收集。通过访谈和实物收集发现,本书研究对象的基本资料如表2-1所示。

表2-1 研究对象的基本资料

教师	性别	年龄	学历	职称	教龄	任教学科	荣誉称号	担任职务
余老师	男	66岁	专科	正高级教师	40年	数学	省级优秀教师	曾任校长
彭老师	女	61岁	本科	高级教师	39年	语文	市级优秀教师	
谭老师	女	55岁	本科	高级教师	34年	数学	省级骨干教师	
陈老师	男	51岁	本科	高级教师	17年	数学	校级骨干教师	
孙老师	女	49岁	本科	高级教师	29年	语文	校级优秀教师	
何老师	女	46岁	本科	高级教师	27年	语文	市级优秀教师	教务主任

❶ 研究对象的挑选主要由当地教育行政部门认定,也被所在学校的领导或教师认可的优秀教师或骨干教师。

❷ 叶澜,等.教师角色与教师发展新探[M].北京:教育科学出版社,2001:341.

续表

教师	性别	年龄	学历	职称	教龄	任教学科	荣誉称号	担任职务
魏老师	女	46岁	本科	高级教师	24年	语文	市级优秀教师	
谌老师	女	44岁	专科	高级教师	20年	英语	校级骨干教师	
汪老师	女	42岁	专科	高级教师	17年	英语/数学	县级优秀教师	

余老师，男，彝族，专科学历，正高级教师，省级优秀教师，曾任某农村完中的校长，1977年入职，已有40年的教龄。曾承担小学的数学、思想品德等课程的教学工作和初中的数学课程的教学工作，担任过班主任、校长等职务，任校长职务期间仍坚持承担数学课程的教学工作；任职期间，曾3次获得“地区优秀教师”的荣誉称号、5次获得“县级优秀教师”的荣誉称号，6次获得“县优秀党员”的荣誉称号，10次获得“县优秀党务工作者”的荣誉称号。余老师乐观开朗、乐于助人、关心学生、勤于思考、责任心强、做事严谨。

彭老师，女，本科学历，高级教师，市级优秀教师和校级教学名师，1984年入职，已有39年的教龄，主要承担小学数学的教学工作，曾获“市级优质课比赛二等奖”。彭老师为人和善、耐心细致、关爱学生。

谭老师，女，本科学历，高级教师，省级骨干教师，市级首届教学名师，市级优秀教师；1989年入职，已有34年的教龄，主要承担小学数学课程的教学工作。谭老师乐观开朗、幽默风趣、平易近人、善于学习、兢兢业业。

陈老师，男，本科学历，高级教师，校级骨干教师，校级优秀教师，2006年入职，教龄为17年。陈老师是这些研究对象中较为特殊的一个老师，在进入学校工作以前，他曾在企业工作过多年，后因高考对入学年龄放宽，为陈老师这样的高龄考生提供了进入大学学习的机遇，并于2002年顺利考入师范院校学习。工作期间主要承担数学课程的教学工作，此外还担任过小学的品德与社会、科学实践等课程的教学工作，所带学生曾获得省级科学实验操作大赛一等奖。陈老师为人和蔼、谦虚谨慎、严谨认真、任劳任怨。

孙老师，女，白族，本科学历，高级教师，校级优秀教师，1994年入职，至今已有29年的教龄，主要承担小学语文课程的教学工作。孙老师乐观开朗、为人友善、善于沟通。

何老师,女,本科学历,高级教师,市级优秀教师,县级骨干教师。何老师中师毕业后,19岁时任教于一所乡镇小学,由于教学工作优秀,于2010年考调到县城第五小学任教,一直承担小学语文教学工作,近几年还承担着学校的教务管理工作,已有27年的教龄。何老师热爱生活、对人热心、做事认真、善于观察、喜欢写作。

魏老师,女,本科学历,高级教师,市级优秀教师;魏老师中师毕业后,在一所农村小学任教了20年,于2008年考调到所在市的第五小学工作,已有25年的教龄。魏老师喜欢独处、喜欢阅读、善于思考、关爱学生、工作刻苦。

谌老师,女,专科学历,高级教师,校级骨干教师,2003年入职后,任教于一所乡镇小学,2013年考调到市实验小学,主要承担小学英语课程的教学工作,已有20年的教龄。谌老师活泼、开朗、责任心强。

汪老师,女,专科学历,高级教师,县级优秀教师,校级骨干教师。汪老师大学毕业后,任教于一所乡镇小学,2010年考调到县城小学,已有17年的教龄,在此期间主要承担小学数学和小学英语的教学工作,曾获得县优质课比赛二等奖,省教育科学研究所举办的小学教师论文征文一等奖。汪老师热情、乐观、开朗、直爽、责任心强。

二、调查工具与信效度

调查工具是收集资料的手段。有效的、可信的调查工具则是获得真实可靠资料的关键。

(一)调查工具与方法

鉴于本书的主题在于探索教师内在的教学精神世界,但凡精神世界都是复杂的现象,这是源于每个个体的观点都是一个独特的视角,这个视角不易被他者理解和把握,只有让个体充分表达才能被理解。我们作为听众的任务就是尽我们所能去理解,理解我们遇到的个体所明确表达的观点、价值观和信念[1]。所以这样的研究实际上就是查尔斯·赖特·米尔斯(Charles Wright Mills)所说的"人对人的理解",因此对其"投入理解"是研究的关键。由于个体持有的信念具有缄默的不易言说的特性,当多数教师被问及持有什么样的信念时,他们往往无法直接地回答其持有的

[1] 肯特·科普曼,哥德哈特.理解人类差异:美国的多元文化教育[M].滕星,等译.北京:中央民族大学出版社,2011:2.

信念[1]。事实上，若想研究教师个体的教学信念，既可以直接观察教师的行为(多次对比)，也可以阅读教师本人撰写的教学日志和专业论文。但是，真正有效的路径是：倾听教师叙述自己的"个人生活史"。让教师"说"出自己的"个人生活史"，这是"口述史"的路径；让教师"写"出自己的个人生活史，这是"教育自传"的路径[2]。正如舒克(Schuck)所言，质性研究典型的研究目的并不在于搜寻证据以检验或证明理论，而是对研究的现象进行深刻的理解或探讨。

在质性研究中，研究者要深入理解所调查对象必须使用多元方法探索和收集数据[3]。为了进一步探索小学教师信奉何种教学信念，以及解释这些信念是如何形成的，本书主要运用质性研究中的半结构式访谈法(semi-structured interview)、课堂观察法(classroom observation)和实物分析法(Physical collection method)(教师的教案、反思日志和学生的作业、课堂环境布置照片)等多种定性研究方法来搜集相关的研究资料，以期能搜集到反映小学教师教学信念的现况及其生成特征的资料。

1. 半结构式访谈法

访谈提纲的编制过程，首先，以文献探讨所得有关教师教学信念的结构因素作为设题之基础，并制定初步的访谈提纲；其次，对3位资深一线教师进行初步访谈，以了解其对教学要素的认识是否与最初设置的教学信念的结构因素的一致性；再次，结合第一步与第二步的研究结果进行综合整理，得出相对完整的访谈提纲；最后，再请3位学科专家对其可靠性和有效性进行评价，综合分析后，完成访谈提纲的初稿。访谈提纲的主要内容见附录1。

在实地访谈中，应尽量确保访谈的问题遵循开放性、具体性和清晰性的原则[4]，尤其注重问题的开放性。采取开放性问题旨在规避问题的内容会产生导引或暗示的效应，最为重要的是开放性问题对受访者的设限较少，这样受访者可以较为自由地回答相关问题，可以更肯定在他们心中被认为最重要的教学信念。在教学单元开始前，研究者分别与研究对象访谈，从单元的教学计划的半结构访谈中了解他们的信念，随后观察实际课堂情景。在教学单元完成后，研究者再次与研究对象访

[1] KAGAN D M. Implications of research on teacher belief[J]. Educational Psychologist, 1992, 27(1): 65-90.

[2] 陈向明. 质性研究——反思与评论[M]. 重庆：重庆大学出版社，2008：146.

[3] 詹姆斯·H·麦克米伦，萨利·舒马赫. 教育研究——基于实证的探究(第7版)[M]. 曾天山，译. 北京：教育科学出版社，2013：485.

[4] 陈向明. 教师如何作质的研究[M]. 北京：教育科学出版社，2001：72.

谈，以了解教师已有想法和行动的关系。研究者造访研究对象各3次[1]((对于访谈中有模糊的内容，有的则进行3次访谈。)，每次为60~90分钟(当然，若受访者自己兴趣盎然，访谈时间也会稍作调整)[2]，访谈全程录音，其后将访谈录音的资料转成文字内容，以作为资料分析及事实根据。

2. 课堂观察法

鉴于观察能比较明确地回答“谁在什么时间、什么地方与谁一起做了什么”，但很难准确地回答“他们为什么这么做”，亦即是说，观察很难对研究对象的内在观念深入探讨，故本书使用课堂观察法主要不是为了探究教师在课堂教学观察中是如何生成教学信念，而是为了验证访谈中教师所提及的教学观念，同时了解教师在教学实践中是否会生成新的信念。课堂观察的重点在于教师如何实施教学计划、处理课堂的突发事件和教师相应的行为表现。课堂观察的内容和时间都是根据被访对象的教学进度和课时安排而展开，以完整的教学内容作为观察内容，每次观察的课堂教学内容为一个完整的课程，为3~4节，每节课为40分钟。征得研究对象同意的情况下全程录像及记录，作为课后访谈和资料对比分析的内容，以了解教师宣称的信念是否与教学行为一致。

3. 实物分析法

运用实物分析法对小学教师的作品进行分析，透过这些作品反映不同教师对教学因素的不同认识。小学教师的文本主要包括教学活动设计(教案)、教学随笔、教学反思等，通过对这些实物的分析，进一步印证教师的教学信念是什么，以及他们的信念是如何生成的。当然，本书除了收集直接研究对象的教学日志和教学资料外，还将其范围扩大到我国知名的特级教师的教育教学文集，这些文集在一定程度上弥补了研究样本量偏少的不足。

---

[1] 如果对有关问题进行比较深入的探讨，起码应该进行三次访谈。即第一次访谈主要粗略地了解一下受访者的个人经历，访谈的形式应该尽量开放，让对方用讲故事的方式进行。第二次访谈主要就研究的问题询问受访者有关的情况，着重了解事情的有关细节。第三次访谈主要请受访者对自己的行为进行解释，在受访者的行为、思想和情感反应之间建立起联系。参见陈向明.教师如何作质的研究[M].北京：教育科学出版社，2001：73-74.

[2] 陈向明认为，一般而言，每次访谈的时间应该在一个小时以上，但最好不要超过两个小时。与研究者交谈两个小时以上往往会使受访者感到十分疲劳，如果不及时打住可能会使受访者对讨论的话题产生厌倦情绪，甚至可能认为研究者“不近人情”。如果受访者产生了不满情绪，其思维活动有可能趋于缓慢乃至停滞——这显然不利于研究者今后进一步与受访者合作。故本研究所采用的访谈时间也尽可能控制在一个小时以上至两个小时以内。参见陈向明.质的研究方法与社会科学研究[M].北京：教育科学出版社，2015：174.

(二)研究的信效度

研究的信效度以约翰·W. 克雷斯威尔(Creswell有关质性研究的信效度的策略来处理。[1])提出的有关质性研究的信效度的策略来处理。本书主要采取下列策略。

1. 受访者的检视

从访谈提纲的拟订到访谈资料的转录以及对访谈资料的观点提炼,都邀请受访者检视,以便受访者确认资料的正确性、分析资料架构的合理性,内容及研究结果的切实性,以确定结论的可靠性。

2. 利用机器记录资料

在访谈、观察和文件搜集观察中,除了运用传统的纸笔记录工具外,还充分利用录音笔、摄像机、照相机等现代记录工具进行全程的录音录像照相,避免遗漏重要信息,以确保资料的完整性和准确性。

3. 三角验证(triangulation)

本书主要采用“方法的三角验证”“资料的三角验证”和“人物的三角验证”来检索所搜集的资料,增加研究的真实性。在“方法的三角验证”方面,主要运用访谈、课堂观察和实物搜集的方法,进行资料的搜集、分析与诠释,以检验研究主题的一致性。在“资料的三角验证”方面,将研究对象的自由谈话的内容与其课堂观察记录资料和文本资料进行三角交叉比对,以验证研究对象所叙述的观念的一致性。在“人物的三角验证”方面,将归纳整理的资料呈现给研究对象和指导教授核对,以检查研究者整理的资料是否符合研究对象的当初想法,从而避免植入研究者的价值判断。

4. 低推论的描述

研究的结果与结论多数直接引用访谈、观察所得的逐字稿作为分析的佐证材料,并辅以文件分析,以避免带有过多主观性的推论、描述。

三、资料收集与资料编码

明确了研究目的、研究对象以及制定研究工具后,接着就要运用研究工具实地收集研究资料,并对所收集到的资料进行整理与编码。

---

[1] CRESWELL J W. Qualitative inquiry & research design: choosing among five approaches[M]. California: Sage Publications, Inc, 2007: 474.

(一)资料收集与步骤

本书主要收集三种资料类型:第一,访谈资料;第二,课堂观察资料;第三,实物资料。资料收集过程主要分为五个步骤:一是初次非正式访谈;二是半结构性的正式访谈;三是第一次课堂观察与课后非正式访谈;四是第二次课堂观察与课后非正式访谈;五是实物收集。观察与访谈皆在征得被访者的同意下录音、录像,以便于资料整理与分析之用。

第一阶段,初次非正式访谈。访谈时间为20分钟左右,主要目的在于让访谈者与访谈对象彼此熟悉,建立一定的信任感,向被访者说明访谈的目的、内容、次数及时间长短,并达成保密协议。此外,初步了解访谈对象的年龄、性别、学科背景、职称、学历、工作年限等基本信息,并与访谈对象商定正式访谈、课堂观察的时间和地点,同时获得访谈对象的手机、QQ、微信等沟通工具的联系方式,为后续的访谈、课堂观察、实物收集以及资料核查等活动的顺利开展提供便利。与每个访谈对象初次访谈的详细日期、时间及地点(如表2-2所示)。

表2-2 初次访谈实施的日期、时间及地点

被访者	访谈日期	访谈时间	访谈地点
余老师	2016年04月15日	20:00-20:20	受访者家中
汪老师	2017年03月28日	20:15-20:30	受访者家中
何老师	2017年03月29日	9:30-9:50	公园
彭老师	2017年04月08日	11:00-11:20	咖啡屋
谭老师	2017年04月08日	14:10-14:40	茶楼
陈老师	2017年04月09日	16:00-16:25	休闲吧
谌老师	2017年04月09日	16:00-16:25	休闲吧
魏老师	2017年04月17日	9:50-10:15	受访者学校
孙老师	2017年04月17日	10:45-11:10	受访者学校

资料来源:由笔者整理而来。

第二阶段,半结构式访谈。由被访谈者选择访谈的时间和地点,进行60~90分钟的访谈,访谈的内容围绕教学目标、教学内容、教学主体、教学方法、教学管理和课堂教学评价等维度展开,访谈重点在于了解被访谈者对于上述六个维度的观点。访谈的方式以被访者自我述说为主,旨在让被访者能清晰地连贯地回忆自己的教学信念及其发展的影响因素,以期达到格莱斯(Glesne)所言的:“质性研究者乃透过他者(others)的观点,试图了解并诠释研究参与者如何建构他们的存在。”[1]所有的参与者都能针对内容,侃侃而谈,谈话气氛融洽。半结构式访谈的日期、时间及地点(如表2-3所示)。

表2-3　正式访谈实施的日期、时间及地点

被访者	访谈日期	访谈时间	访谈地点
余老师	2016年11月26日	14:30-17:30	受访者家中
汪老师	2017年04月05日	17:20-19:30	受访者家中
何老师	2017年04月06日	12:30-13:40	受访者的办公室
彭老师	2017年04月10日	10:00-11:25	受访者的工作室
谭老师	2017年04月10日	15:10-16:30	受访者的工作室
陈老师	2017年04月11日	14:50-16:25	学校操场
谌老师	2017年04月11日	10:00-11:17	会议室
魏老师	2017年04月18日	8:50-10:10	受访者的工作室
孙老师	2017年04月18日	10:20-11:30	受访者的工作室

资料来源:由笔者整理而来。

第三阶段,课堂教学观察与课后的非正式访谈。课前实施访谈后,为了验证被访者宣称的教学观念与教学行为的一致性,接着进入被访者的课堂教学活动场域,即实施课堂教学观察,其相关安排如表2-4所示。在研究者与被访谈者彼此熟悉的基础上,被访谈者开始习惯有他人在其教学场域从事观察的行为,研究者观察的重点在于教学的整体流程与教学主要的特色,被访谈者在课堂教学过程中的教学行为是否反映了其访谈中的教学观点,在课后利用5~10分钟的时间,针对研究者所观察到的流程与特色再次与被访谈者交流。

表2-4　课堂教学观察实施的日期、时间、地点及主要内容

教师	日期	时间	地点	主要内容
余老师	2016年11月17日	10:00-11:40	六一班教室	用百分数解决问题
何老师	2017年04月07日	8:00-9:30	六二班教室	童谣(动物类)的写作方法 学生作文中标点符号的误用
汪老师	2017年04月05日	14:40-15:20	六一班教室	反比例

[1] GLESNE C. Becoming qualitative researchers: an introduction[M]. 3th ed. Boston: Pearson Education, 2005:312.

续表

教师	日期	时间	地点	主要内容
谭老师	2017年04月11日	8:00-8:40	四一班教室	练习课
陈老师	2016年11月21日 2017年04月12日	10:00-10:40 8:50-9:30	四二班教室	整数四则混合运算 整数四则混合运算练习
彭老师	2017年04月12日	8:00-8:40	四一班教室	小小新闻发布会
谌老师	2017年04月12日	14:00-14:40	四二班教室	My city
魏老师	2017年04月17日	8:00-8:40	多媒体教室	整句的概念及其特点
孙老师	2017年04月17日	10:00-10:40	六二班教室	作文开头常用的几种方法

资料来源:由笔者整理而来。

第四阶段,研究者再回到被访谈者的教学场域再进行教学观察,由于前三个阶段的资料分析,研究者对于再次观察的聚焦点会更明确,可以试图更细腻地找到参与者的教学行为背后有什么支持的信念。教学观察的场域除了魏老师因为参加每个月的集团公开课在多媒体教室上外,其他的大部分是在被访谈者任教的教室(与第三阶段同)观察。

被访谈对象的选取,数量与次数的多寡,完全以资料的饱和度为准则[1],配合老师们上课被观察的方便性,所以每一位老师被访谈和观察的次数不尽相同,但最少被访谈了三次的老师有五位(谭老师、彭老师、谌老师、魏老师、孙老师),最多被访谈了四次的老师有四位(余老师、汪老师、何老师、陈老师)。研究者对被访谈者都进行了至少三次的常态课的课堂教学观察,除魏老师参与一次"集团课"的公开课外,由于被观察的课多属于常态课,故研究者观察到的教师教学行为更贴近真实的教学状况。通过多次访谈,研究者发现被访谈者对教学目标、教学内容、教学主体、教学管理和教学评价所持有的看法与其教学行为基本一致时,就意味着本研究所收集到的资料呈现饱和状态。

第五阶段,实物收集。为了能更全面地了解被访谈者的教学信念,特收集了被访谈者日常的教学设计、反思日记以及部分学生作品。

基于上述五个阶段的资料收集,初步收集到下列资料(如表2-5所示)。

[1] 如果在后续访谈中得到的资料只是对以前收集到的资料的重复,那就说明访谈的次数已经够了。参见陈向明. 教师如何作质的研究[M]. 北京:教育科学出版社,2001:72.

表2-5　实地调查中收集到的资料的类别与数量

类别	数量
音频	约1500分钟的访谈音频
视频	约1000分钟的课堂教学视频
实物	教案29篇，随笔31篇，学生作品14篇

资料来源：由笔者整理而来。

据表2-5所示，从时间量的角度看，访谈音频资料约为1500分钟，是此次调查中占用时间最多的调查行为，然后是课堂教学视频资料，这与本研究收集资料的思想——受访者结合半结构访谈提纲自由发表自己的教学观念是一致的。收集到的实物资料多数为受访者的教案和随笔（包括教学日记、教学反思等），受访者提供的教学随笔资料有限，主要原因在于部分受访者没有养成写教学反思和日记相关。但从收集到的所有资料观之，受访者提供的资料基本上满足本书之需。

（二）资料整理与编码

整理和分析资料是质的研究中相当重要的一环，通过被研究者的述说和生命经历，从中建构出对于研究者和被研究者双方都具有意义的社会现实及其理论。

资料整理主要采用分类策略，首先，将访谈音频、课堂观察的视频和照片等资料转化成Word格式的文本资料。研究者通过播放访谈的音频资料，将访谈内容转化成逐字稿，为了如实地记录被访谈者对教学因素的看法与主张，对于被访谈者表述不太清晰的部分进行了反复播听；将课堂观察的视频资料转化成文本资料，研究者对每位被访者的课堂教学活动视频进行反复观看，以确保充分理解视频资料的内容，并将其内容转化成一个Word格式的文本资料。将课堂观察中获得的照片转化成Word格式的文本资料，从某种意义上来看，教室环境的布置反映了教师对教学管理的看法与观点，尤其是担任着班主任工作的小学教师，故将访谈时的照片在与被访者交谈后，以验证被访者的课堂管理看法与主张后，将其内容逐一转化为文字稿。其次，依据研究目的，将分析类别初定为信念内涵和生成归因；根据参考文献所得，在教学信念结构维度下，再分为教学目标、教学内容、教学方法、教学主体（教师和学生）、教学管理和教学评价等六个维度，作为编码分类的基本框架；编码过程中，再依逐字稿实际意义增加类别，形成许多小类目；然后依据其同质性，汇聚成大类别，萃取核心意义。研究结果以叙事性描述为主，综合整理时，则使用表格或网络图形来表达其梗概及关系；并请领域内的专家和研究对象加以审核、澄清及修正。

在编码过程中，资料分析代码包含四个部分，其一是访谈资料的代码，以执行访谈的日期、事项、对象作为编码的逻辑路径，排列次序为年、月、日，并在日期编码之后，加上此资料的事项和研究对象的姓氏（必须征得被访者的同意下使用，否则只能用化名或符号），如2016年10月10日访谈（interview）王老师，其码号表示为：20161010-in-王。其二是课堂观察资料的代码，仍以相同的编码方式呈现，时间之后以“课堂观察”（class observation）和研究对象的姓氏加注，如：20161017-co-张。其三是文本资料代码，仍以相同的编码方式呈现，时间之后以“文本”（text）和研究对象的姓氏加注，表示为：20161105-t-李。其四是工作札记代码，仍以相同的编码方式呈现，时间之后以“札记”（note）加注，如：20161107-note（如表2-7所示）。其四是针对已代码的资料进行内容分析，将资料中有相同概念的放置一起，形成如：“教学就是传递知识”“教学在于培养学生的能力”，将这两种观念再抽取出其更为抽象的因素，即是“教学目标/任务”。以此方式分类并归纳，即可得出本书的小学教师教学信念的生成样态、生成途径、产生场域的编码表，详见本书附录2。

表2-7　资料分析的代码及意义说明

事项	码号	意义说明
访谈	20161010-in-王	2016年10月10日进行访谈，访谈对象为王老师
观察	20161017-co-张	2016年10月17日进行课堂观察，观察对象为张老师
文本	20161105-t-李	2016年11月05日进行文本整理，实物来源为李老师
札记	20161107-note	2016年11月07日研究者的省思札记

（三）问题的预设与生成

如同定量研究，定性研究会从一个一般性的研究议题开始。预测问题作为一种定性研究议题或核心问题，会给出最初数据采集过程的框架[1]。基于此，为了能够有目的地、精准地、顺利地采集数据，本书在准备采集教师教学信念生成的相关数据前就粗略预设了一些研究问题，如教师关于教学构成要素持有什么样的信念？教师在学习、实践、培训和反思中如何构建教学信念？主体场域、实践场域和制度场域是如何影响教师教学信念生成的？在不同脉络下教师教学信念生成过程表现为哪些阶段？等等。但在采集数据和分析数据的过程中，出乎意料地发现了一些

[1] 詹姆斯·H.麦克米伦，萨利·舒马赫.教育研究——基于实证的探究[M].七版.曾天山，译.北京：教育科学出版社，2013：84.

超出研究者原初预设的一些问题，如教师教学信念生成过程遵循何种认识规律？教学信念生成过程中教师运用了哪些加工策略？教师怎样优化自身的教学信念？等等。这些新生成的问题不仅没有给本书带来困惑，反而促使了研究者再次审视和修正了预设问题，并拓展了一些研究问题，从而使本书更能真实地反映教师教学信念生成的实情。诚如詹姆斯·H. 麦克米伦和萨利·舒马赫所言："通常是在数据采集期间重新阐述研究议题，这样数据就能够贴切地代表个体以及/或共享社会经验的现实情况。"[1]从资料分析方式的视角来看，从预设问题到新问题的生成，这一现象体现了"定性研究中理想的分析方式是连续统一体，从预设的理论到自然浮现的方法。"[2]

四、研究伦理与研究限制

陈向明教授认为："质的研究不是一门'软科学'，只需研究者随机应变；它也有自己'坚硬的'道德原则和伦理规范，而且要求研究者自觉地遵守这些原则和规范。遵守道德规范不仅可以使研究者本人'良心安稳'，而且可以提高研究本身的质量。"[3]

（一）研究伦理

劳伦斯·纽曼认为，"在研究执行之前，研究执行的过程之中，以及研究完成之后，研究者有机会、也应该去反省研究行为，考量自己的良知。"[4]因此本书在研究伦理的处理上，分别从研究前、研究中和研究后加以说明。

研究实施前，首先，向研究对象说明自己的身份和目的；其次，征求研究对象及其单位领导的同意，并承诺将严格保密研究对象的相关信息，若需要公开的信息必须征求被访者同意；再次，由研究对象确定访谈和观察的时间和地点；最后，征求研究对象能否对访谈进行录音和对课堂观察进行录像。

---

[1] 詹姆斯·H. 麦克米伦，萨利·舒马赫. 教育研究——基于实证的探究[M]. 七版. 曾天山，译. 北京：教育科学出版社，2013：84.

[2] 詹姆斯·H. 麦克米伦，萨利·舒马赫. 教育研究——基于实证的探究[M]. 七版. 曾天山，译. 北京：教育科学出版社，2013：483.

[3] 陈向明. 质的研究方法与社会科学研究[M]. 北京：教育科学出版社，2000：425.

[4] 劳伦·纽曼. 社会研究方法——定性和定量的取向[M]. 五版. 郝大海，译. 北京：中国人民大学出版社，2007：153.

研究实施中，明确告知被访者所有问题没有标准答案，被访者只需将自己在日常的教学实践中的所思所想和所行所为进行回应即可；此外，若被访者无意提到个人隐私的内容时，会征求被访者是否同意将其作为研究使用；倘若在资料收集过程中，被访者对某些内容不同意录音或录像，则立即关闭录音或录像的设备，停止该段资料的收集与呈现。

研究实施后，会以直接和间接的方式向参与访谈者表示谢意，并在调查资料整理完后，主动邀请被访者对整理的内容进行再次审核，确保整理出来的资料完全符合被访者的意向。

一言以蔽之，无论是访谈还是观察皆以不影响被研究者的正常工作和生活为基本前提[1]。

（二）研究限制

样本的限制性。本书在选择样本时虽然尽可能观照城市以及城乡接合部的小学教师，但未直接访谈和观察东中部地区的教师，只能以东中部地区的个别教师的叙事文本作为分析资料。

资料的限制性。源于教师教学信念具有个体性、情感性、价值负载等特性，同时本书主要采取半结构性访谈和课堂观察，当被访者在叙述自己的教学经历和教学观念，甚至在展现教学行为时，不可避免地规避了一些他们自认为不适宜叙述或呈现的观念或行为，以至于本书所收集到的资料可能只是被访者的部分信息，而不是全息。

阐释的限制性。本书的主旨在于尽可能全面地充分地描述和解释研究对象的教学信念的现况及其生成途径、生成场域和生成机制。因此，对研究对象的叙述和教学行为的描述与解释是否充分、合理都受制于研究者本人的能力。

[1] 陈向明．教师如何作质的研究[M]．北京：教育科学出版社，2001：63.

第三章 教师教学信念的生成样态考察

教学信念与一般教学的主要不同，就在于它是一种价值引导。一般教学主要侧重于教什么、怎么教、为什么教，而教学信念不仅涉及教什么、为什么教、怎么教，更重要的是还追寻了为什么如此教。即教学信念在一般教学思维基础上进一步明确了怎么教的根据或缘由，是对怎么教的深度价值追问，同时也是要求教师在教上要辩证地做到将知其然和知其所以然相结合。研究表明，教学信念作为教师的一种心理倾向，影响着教师的教学思考和教学决策，范导着教师的教学实践，进而影响着学生的身心发展。因此，考察教师教学信念的现状既为教师再次检视和厘清自身持有何种教学信念提供契机，又是研究教师教学信念生成机制的必要前提。依据本书的分析框架和调查资料所呈现的编码信息，如图3-1所示（详细编码表见本书附录2中的附表2-1）关于小学教师的教学信念主要从教学目标、教学内容、教学方法、教学主体、教学评价等维度进行分析。

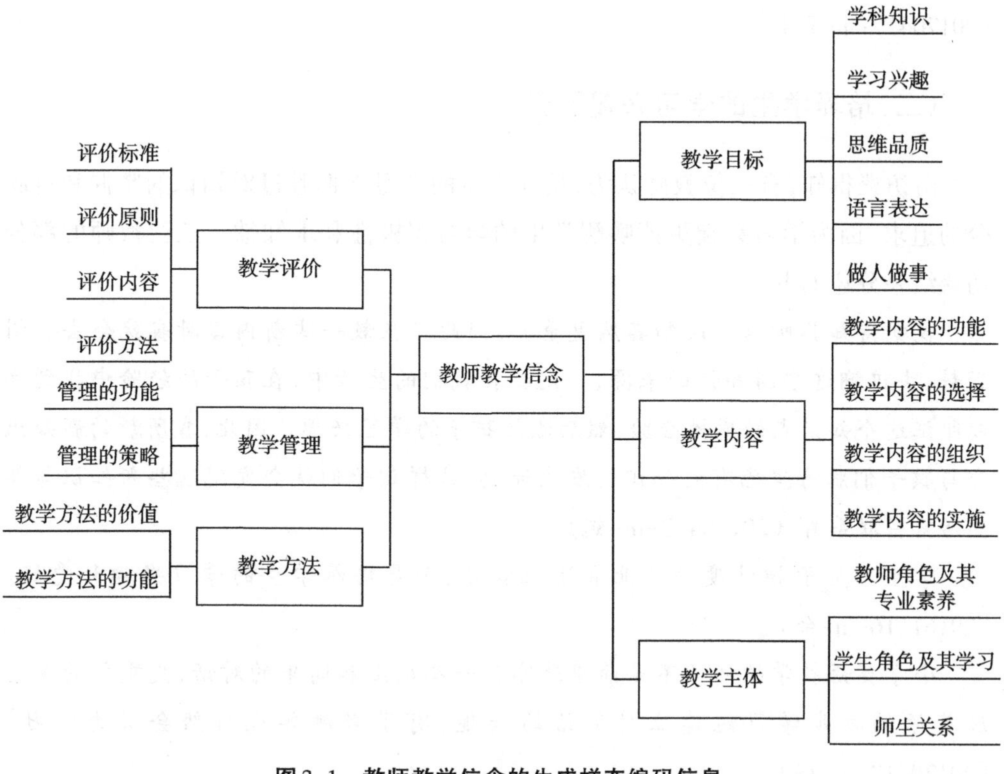

图3-1 教师教学信念的生成样态编码信息

一、教学目标信念

据调查资料分析发现，小学教师关于教学目标的信念主要表征为学科知识素养、学习兴趣素养、思维品质、语言表达、学会做人做事等维度。

(一)培养学生的学科知识素养

调查资料显示，有的教师认为教学的任务就是引导学生掌握学科知识。只有掌握学科知识，学生才能奠定好学科知识基础，才能运用知识或通过考试。英语单词必须严格听写，强迫学生去记去背，为的是让学生能有个好基础。(20170406-in-汪)小学的课堂教学就在于为学生奠定好学科基础知识与运用知识的能力，同时培养好“两端学生”——基础较差的学生与基础较好的学生，以此带动全部学生都能得到相应的发展。打好学生的学科基础知识，尤其是联系实际运用知识的能力，培养差生与尖子生。(20161116-in-余)教学的目标就是教给学生“有用的知识”，即是能通过考试的知识。我上课一般都只讲一两点，多年的教学经验，我基本上知道哪些知识经常考，所以只要把这些知识点教给学生就行了，他们能考试就行，或者对学生有用的，没必要全部教给学生，因为内容多了也不知道哪些是重要的。(20170417-in-孙)

(二)培养学生的学习兴趣素养

由访谈得知，有三位教师认为，培养学生的学习兴趣胜过对知识的掌握和对满分的追求，因为学习兴趣更能唤醒学生的学习积极性和求知欲。三位教师的部分访谈结果分述如下。

我觉得知其所以然比知其然更重要，因此我在教一些新内容时我就会去查阅资料，去追溯这个新知识的来源，一定要在我们的生活中，在孩子的经验中找到可以印证这个知识点的感性经验，然后激活孩子的学习兴趣。因此，我所教的新知识会与孩子们脑海里已有的知识会发生连接，这样孩子们就会发现这些新知识与其生活紧密联系着。(20170417-in-魏)

学生不应承担过度的作业和追求满分，而是培养学生的学习兴趣和爱好。(20161116-in-余)

小学英语教学的任务不是简单地掌握一些词汇和简单的对话，更重要的是通过英语的初步学习能建立对英语的兴趣，有了兴趣学生自然会努力学习。(20170412-in-谌)。

（三）培养学生的思维品质素养

以培养学生的思维品质素养为教学活动的出发点，一是可以促进学生养成探寻最优解题方案的习惯，二是可以提高学生的分析问题和解决问题的能力。此外，还可以促进师生间的对话与交流，吸引学生的学习注意力。我认为数学的学习应该是培养学生发散性的思维。(20170411-in-谭)练习课上，我带着学生们一起分析了一道数学应用题的解题方法后，有两名学生表示这道题还可以有其他的解题方法，老师示意这两位学生分别说出自己的解题思路，并与大家一起分析这种解题思路的可行性，最后一致认可这两位学生的解题思路都是正确的。我只想到了一种解法，没想到同学们不仅有与我相同的解法，而且还想到比老师还多的解法，同学们比老师厉害！(20170413-co-谭)我觉得语文也是一个思维训练的过程，课堂教学中应该是老师与学生的思维交流对话，只有老师与学生做到思维的交流，学生才不会走神。(20170417-in-魏)数学教学就是让学生学会一题多解，并从中发现最优的解题方案，以此来培养学生养成探寻最优解题策略的习惯，从而提升学生的分析问题和解决问题的能力。解题可能有多种方法，但其中有一种方法是最简便的，换句话说，就是培养学生习惯于探寻最优的解题策略，以此来训练学生的数学问题的思考能力与解决能力。(20170412-in-陈)

（四）培养学生的语言表达素养

培养学生语言表达的准确和精练也是教学过程应完成的任务。教学过程应该注意细节。比如课程教学过程中，学生在回答问题时所用语言不够准确，我会引导他们注意使用准确的用语，虽然我的课不是语文课，但我觉得准确用语也是数学学习必须关注的环节，尤其是数学中的单位，若单位不准确，一是它不能表达准确的含义，二是学生容易产生混淆。所以准确使用语言是数学学习中必须关注的细节。(20170411-in-谭)学会快速表达也是学生必备的素养，教学过程同时也要培养学生学会快速地表达，因为快速表达不仅表征着一个人的思维敏捷性，也表征着一个学生拥有丰富的词语或词汇。(20170406-in-汪)我觉得英语最重要的是训练学生的听觉、语感和语速。(20170411-in-谌)语文教学就是要完成“听说读写思，字词句段篇”的任务，在不同的学龄段，达成目标的侧重点不同，应把学会写、思作为小学高年级的培养目标之一，但学会倾听、学会表达应贯穿于整个小学阶段。语文教学就是要完成“听说读写思，字词句段篇”的任务。低年级侧重于培养学生的字词，中年级重在句段，高年级重在篇。在低年级的时候让学生学会倾听，学会表达，这些应该贯穿整个小学阶段，我觉得写、思应该在小学中高年级专门训练，这有助于培养学生的发散思维和逻辑思维。(20170406-in-何)

(五)培养学生的做人做事素养

语文教学不外乎主要完成语文的工具性和人文性任务，具体而言就是熟练地运用语文的字词句标点和合理地理解文本的思想性，学生能够在语言文字的训练中学会做人做事。就从我开始学习语文的经验来说吧，我就觉得学好语文不外乎学好两样东西，或者说，学语文不外乎要解决两个问题，首先是把语文的工具学好，语文的工具就是语文的字词句标点，如果我能熟练地使用这些工具，那么我还愁语文不好吗？然后是文以载道，我按语文所蕴含的思想，不管是古今中外的，还是我自己的或是别人的东西，我们能够从中受到启发，我就觉得这就是好语文，我觉得语文真的没有什么特别的。语文无论怎么改革，我想这两个方面都是改不了的东西，因为这么多年的语文教改，其实我没有追随过她的脚步，因为这些教改并没有改变过我对语文的信念(语文的工具性和人文性或思想性)，我用这个信念去进行教学，培养我的孩子，不管是在以前的乡村学校的教学，还是现在城市的教学，我用这一信念去教我的孩子，他们还是比较突出的比较优秀的——他们能够写出精彩作文，能够流利地表达自己的观点，从孩子们的思想来看吧，他们也是健康的阳光的，我想做到这些也就够了。所以，我的语文教学主要是完成这两方面的工作，一是语言文字的工作，另一个就是我们的孩子们能够在语言文字的训练中学会做人、处事。(20170417-in-魏)

概言之，教学目标具有综合性特征。诚如被访者彭老师所言：无论哪一门学科都应该让学生掌握学科知识、习得学习技能、提高综合素养。(20170410-in-彭)此外，在设计教学目标时应依据学生的需求弹性地调整教学目标，亦即是说，教学活动必须事先做好教学目标设计，但不能把事先预设的教学目标视为一成不变的东西，它只是教师的一种计划，有时需要教师根据学生及教学情况作出相应的变动。(20170410-in-彭)

二、教学内容信念

调查资料表明，教师关于教学内容的信念主要表现在教学内容的功能、教学内容的选择、教学内容的组织以及教学内容的实施四个方面。

(一)教学内容的功能:丰富知识与发展品质

教学内容(教材)能丰富学生的知识视野。通过数学课或其他教材可以增加学生的知识面。(20170411-in-谭)教学内容能培育人的道德品质。语文不管是在发达地区还是欠发达地区,我觉得应该都没有什么区分的,因为语文作为我国的母语,它都是文以载道。(20170417-in-魏)概言之,教学内容是实现教育目标的蓝本与依据,教材就是蓝本、依据。无论选择哪个版本的教材,只要能完成国家教学大纲的要求就行了。(20170406-in-何)

(二)教学内容的选择:针对性与生活性

选择适合学生现有水平的教学内容,使教学更有的放矢,也有利于减轻学生的学业负担。教师应对教学内容具有选择的能力,而不是盲的照本宣科。不管是教学内容还是练习内容均应有所取舍,不能不加筛选就执行,因为有的内容是学生已经掌握的,无须再做无用功,尤其是练习的内容,更须如此,否则很难减轻学生的学业负担。(20161126-in-余)诚然,所选教学内容并非仅以考试所需内容为主,更需增强学科联系的内容,以此培养具有全视域的完整意义上的学生。学生的课程学习应是全方位的,而不仅限于考试科目。学科之间是相互联系,具有纽带性、联系性。(20161126-in-余)除此之外,教学内容要贴近学生的生活实际,事实上学习即生活,生活即学习。教学内容应紧密联系学生的实际生活。(20161126-in-余)概言之,教学内容的选择应做到“两性”:一是选择适宜学生学习的教学内容,使教学内容具有针对性;二是增强教学内容与实际生活的联系,使教学内容具有生活性。

(三)教学内容的组织:集群性与全域性

将复杂的英语知识统整为系统的知识点,更有助于学生有效学习以及教师有效教学。英语知识很复杂,需要采用归纳的方法把相关的知识点整合,也应列举生活中学生熟悉的内容,这样他们更容易理解新知识点,唯有如此学生学习起来才轻松,教师也教得轻松。(20170406-in-汪)对汉字的教学,认识生字的读音、笔顺和含义固然是重要的教学内容之一,但从汉字演变的角度加强学生对新字词的理解也是汉字教学中不可或缺的内容,毕竟汉字是象形文字,这有助于学生不仅知其然也知其所以然,所以依据逻辑结构组织汉字的内容能促进学生习得系统的知识。要用汉字,首先得学好汉字的书写,而汉字是象形文字,象形文字经过多年的发展,汉字的很多象形已经不存在了，但作为语文教师，你还得了解这汉字的象形字，这就要老师花时间去查阅了，可以这么说，我上了这么多年的课，每一课的生字我都会查《说文解字》，因此我会告诉学生每个字的来源、结构及其所代表的意义，这样学生不仅认识了这个汉字的笔画，而且还能了解这个字的渊源，我一直都是这样做的，从来没有放弃过。(20170417-in-魏)

一言以蔽之，教学内容并不是孤立的、碎片的存在，它是一种关系性、系统性的存在。因此，教学内容的组织应以集群性和全域性为宗旨，即一方面整合联系紧密的教学内容，使教学内容具有集群性；另一方面构建不同学科内容间的联结，使教学内容具有全域性。

(四)教学内容的实施：相互调适

从调查资料来看，教师关于教学内容实施的信念可归纳为三种取向：忠实取向、相互调适取向和创生取向。

第一类是忠实取向的教学内容实施信念。这类信念坚信教学过程应该是落实课程标准的要求。对语文知识的学习应该围绕课程标准教学，太强调主观理解，会缺乏统一性，学生都不知道哪个知识才是最好的。(20170406-in-何)

第二类是相互调适取向的教学内容实施信念。此类信念认为课程标准仅作为一种教学参考，应根据学生的现有水平和所用教材的特点做弹性调整。我会考虑课标，不一定按照课本教学，可能会对课文内容作概念重组，只要能按照一个主线展开，有利于学生理解，内容是可以稍作变动的。(20161126-in-余)有的课文先是对话，然后才是单词，但有时我是把它的顺序打乱了，如果完全按照课文的安排执行的话，即先学对话再学单词，那么很多学生会感觉很吃力，因为他们不了解对话中的新单词；通常先让学生学习单词，再学习句子，最后才学习对话，这样的安排可以减轻学生学习的负担。(20170411-in-谌)

此外，教材内容更多是针对大部分学生获得基本的知识而设，极少顾及不同学生的需求，为了能刺激学生在原有基础上获得更高水平或更深程度的发展，教师需要熟悉教材内容和学情的基础上，有意识地整合教材和拓展教材内容，以此促进不同学生都能在现有发展水平上获得最大化的发展，因而教师只能用教材，而不是教教材。我上课随意性很大，我可能不完全局限于教材的编排，我通常是先阅读教材内容，然后找出每个教学内容中的重点与难点，根据班上学生的学情，先教基础内容，再找一些比较适宜帮助学生理解和掌握知识点的其他资料，一般的教学用书主要针对大部分的学生而言的，并没有照顾到基础比较好的学生的需求，因此对于这部分学生我会适当增加一些拔高类的数学题。我的课堂教学内容不一定完全按照教材上的内容展开，而是有所选择，我更多是把教材视作一种载体。总之，只能是用教材，而不是教教材。(20170412-in-陈)用教材，而不是教教材，也就说要灵活运用教材并且挖掘出教材的内容，比如口语交际这一课，有关新闻的知识一般是不介绍的，还有学生编写新闻也是不作要求的，像这种情况，就要求教师能够驾驭教材，挖掘教材的内容，让学生学到一定的知识。(20170410-in-彭)

第三类是创生取向的教学内容实施信念。该类信念认为教师需要主动建构“知识圆圈”，方能满足学生的发展需求。教师应围绕教学内容的知识点，建构知识圆。一是有利于将相关知识进行整合，丰富学生的知识视野；二是有利于教师的知识体系化。(20161126-in-余)

综观被访者的教学内容实施信念可知，多数教师倾向于相互调适的课程实施取向信念。

三、教学主体信念

教学主体对自身及其角色的信念将会影响着教学主体的主体性发挥程度。基于本书主要探讨教师的教学信念，故这里仅探讨教师对自己、对学生及其师生关系的看法和观点。

(一)教师角色：引导者、激励者、榜样者(示范者)和父母者

在教学活动中，教师基于自身的生活经验、学习经验和教育教学经验，不仅会对教学目标、教学内容、教学方法、教学管理及教学评价等因素持有独特的理解与认识，而且还会对自身的教学角色和专业素养持有特定的认知与体验。教师对自己在教学过程中所持的角色信念将会影响其教学态度和教学行为。

调查资料表明，多数教师坚信自己在教学过程中扮演着引导者、激励者、榜样者、示范者、父母的角色。

引导者。多数教师相信引导学生学习比纯粹的灌输更能激励学生产生良性的学习效果。老师不应是知识的灌输者，而应该是引路人。老师必须去营造一个适宜的学习环境或情景，以便学生能够借此情景慢慢去获得知识和掌握学习方法。(20160912-in-余)在英语课堂上，老师就应该引导学生，引导学生对英语文化的理解，而不是把英语词汇和语法的学习与其所蕴含的文化背景割裂开来。(20170411-

in-谌)为了让学生明白复述对于学好英语的重要意义,我是这样引导他们的:复述的作用就像在黑板上画一条直线一样,第一次画时这条线很细,倘若在这条线上再画一遍、两遍,甚至三遍之后,这条直线是不是就比第一次更粗了更明显了。同理,如果我们学习英语时不断重复记忆,那么我们就能记住英语知识了。(20170406-in-汪)

激励者。有的教师相信,在教学过程中适当地鼓励学生是激发学生努力学习、自主学习的必要措施。对于底子薄弱的学生,我会找到他们作文里的闪光点,比如好的用词或者句子,我就会鼓励他们,这样每个层次的孩子都不会觉得自己不行,家长也不会对自己的孩子失望。(20170417-in-魏)我发现班上同学画的图不错,每个同学的理解、欣赏不同,画出来的图漂亮得很!这个环节画图做得很好!(20170412-co-陈)不同年龄阶段的学生均应以鼓励为主,不管他们有多大的缺点。(20161116-in-余)事实上,德国著名的教育家第斯多惠也持激励者的教师角色信念,他认为教学就是激励、唤醒和鼓舞学生,而不止于传授本领。

示范者或榜样者。在教学过程中,教师不仅是教学过程的引导者,而且还是学生学习的示范者和榜样者。老师要做好示范,为了不让学生产生总被老师要求的心理,我通常先示范,再要求学生作出相应的要求。比如要求学生必须记忆的内容,我首先就必须达到背诵,不至于让学生感觉老师都做不到,还要求学生做到。如英语中的that和this指那个和这个,首先让学生能够区别它们之间的不同,this是指离我们较近的,that是指离我们较远的地点。若老师要求学生做到的,自己首先做到,学生一般都会认真地对待。(20170406-in-汪)

父母者。部分教师坚信,把学生当成自己的孩子,给予父母般的关爱更能拉近师生的心理距离。在魏老师的访谈资料中,据不完全统计发现,在谈及有关学生的话题时,魏老师使用"孩子"一词达到了43次,使用"学生"一词则仅有7次。可见,魏老师更倾向于将学生视为自己的孩子,像爱自己的孩子一样对待自己的学生。如:不管是在以前的乡村学校,还是现在的城市学校,我一直坚持用语文的工具性和人文性或思想性这一信念开展教学工作,培养我的孩子,我觉得他们还是比较突出的比较优秀的。我的语文不需要花招,我的孩子也不需要,我觉得我真的很土,但我的孩子并不土。我一般都不会骂孩子,更不会打孩子。(20170417-in-魏)已从教40余年的余老师也把学生视为自己的孩子,如教师应把学生当作自己的孩子一样地关爱。只有教师把学生当作自己的孩子一样的关爱,教师才会在教学和管理上真心付出。(20161116-in-余)可见,在上述老师的心中,学生已不是与己无关的他者,学生就像自己的孩子一样,并把自己当成学生的父母,如此博爱的教师才是一名合格教师,诚如高尔基所言:“只有热爱孩子的人,才能配作一名合格的教师。”这也是“关怀教育”思想的一种现实注解。

多数教师除了持有上述教学角色信念外,个别教师认为自己是教学过程的组织和旁观者。低年级阶段教师的主要任务在于组织教学活动。从学生这一主体的角度讲,教师应该是一位旁观者。(20170417-in-何)此外,有的教师认为自己是教学活动中的合作者。教师在教学过程中应起主导作用,他是学生学习的组织者、引导者和合作者。(20170410-in-彭)

(二)教师专业素养:教师立足之本

有的被访者坚信,教师只有具备扎实的专业知识、精练的语言、勤于沟通、善于反思及自我提升等素养,方能提供有效的教学行为,获得学生的喜爱和尊重。

扎实的专业知识是教师立足之本,是赢得学生尊重的关键因素。老师的专业知识一定要扎实,即要用实力去感动学生,实力是老师赢得学生尊重的关键因素。(20170405-in-汪)

善于与学生沟通是教师真正了解学生的知识基础和学习需求的关键,是选择教学方法的必要前提。老师除了精熟所教学科的专业知识外,还要了解学生的生理和心理方面的知识,尤其多与学生交流,及时了解他们的思想动态,这样才能设计出真正符合学生身心特点的教学内容,采取适宜的教学方法,学生才会喜欢数学课。(20160913-in-陈)

语言精练是教师准确表述教学思想或教学问题的基础,是师生良性互动的关键。老师所设计的问题一定要考虑学生的年龄特征,是学生能够回答的,问题不能提得过大,问题过大后,学生答不了,整个教室可能就冷场了,所以老师的语言必须精练,语言精练不仅表现在课堂上,也表现在备课的时候,即老师在设计问题时必须符合学生的年龄特征,学生才能回答老师的提问,如果老师的语言不精练,学生很难清楚老师的问题为何,因而学生也就不知道从哪个方面给予回答,所以对老师而言,应做到备课、课堂教学都要语言精练。(20170411-in-谭)。

勤于反思是教师实施有效教学的关键,是教师提升教学能力的重要环节。一堂课结束后,学生能够达到何种层次,这就需要老师在批改作业的时候进行反思,即在学习过程中他们还存在哪些问题,那么在下一次课的时候就要先提示,先把存在的问题解决了,然后再上新课。在备课的过程中也需要经常反思,当然备课时老师也要预设很多问题，在教学过程中教学要达到何种目标，学生能不能进入事先预设的环节中，如果学生或部分学生不能进入预设的教学，那么老师该如何提示他们以至于他们能达到预期的目的。(20170411-in-谭)教师只有具备较强的教学能力，才能胜任教学工作，这些能力需要教师不断地学习、反省逐渐获得。(20160912-in-余)

概言之，教师只有不断提升自己的业务能力，才能引导学生成长。(20161116-in-余)

(三)学生角色：两种观念的冲突

考尔德黑德认为，教师关于学习者和学习的信念会影响其为学生学习提供相应的条件或活动。例如，相信学生在开放式活动(open-ended activities)中学得最好的教师会提供不同于那些相信学生通过结构化、直接指导学得最好的教师的活动和结构。亦即是说，教师对学生及其学习持有的信念不同，其对学生的态度和行为也各有差异。

被调查者基于自身的经验、认知风格、价值取向的不同，对学生的认识也不同。有的教师认为学生是懒惰的、缺乏主动性的个体。有的教师相信学生是聪明的、好动的个体，只要为学生提供适当的空间，学生会获得相应的发展。有的教师则认为学生是有差异的学习主体。

学生是懒惰的、羞于表达的、缺乏学习主动性的个体。学生唯一的特点就是懒。现在去培养他们的这些习惯吧，真的有点难。真的太懒了，他们不愿收集资料，朗读懒懒散散，有气无力，我觉得我班上的学生的读书声是最难听的，是最慢的。(20170417-in-孙)今天学生表现还是比较好的，要是平时他们基本不回答问题，老师提的问题越多学生越烦。一方面是学生答不了老师的问题，另一方面是学生的表达不好，他们羞于表达。出现这一问题的关键在于学生的基础太差，再加上自己学得太少，老师讲得记不牢。(20170417-in-孙)

学生是聪明的、好动的个体，需要教师因材施教，并给予学生适当的表现空间，才能调动学生的学习积极性，他们才会对所学科目产生兴趣。学生们都很聪明，但需要老师去发现。(20170406-in-何)学生本身就好动，这就需要老师给予一定的空间，使他们的好动成为他们学习的动力。教学过程中应多鼓励学生，让他们觉得学习数学是一个快乐的过程。(20170411-in-谭)如果没适当的空间，学生就很难达到这样的高度。如果不给学生表达的机会，那么就可能扼杀学生发言、思考和参与课堂教学的积极性。譬如，今天的课堂上，我对问题讲了两种方法，有个学生举了几次手，我就问他，举手做什么？他说还有一种方法。不管他的方法是难还是简单，让学生把他的解题思考写在黑板上，并说出每一步骤的理由。我发现他的这种解题思考和策略也是对的，而这种解法是很多学生没有考虑到的，因而对其他学生而言也是有所帮助的，不仅给学生展示了自己与众不同的解题思路，更重要的是有助于鼓励其他学生养成“一题多解”的习惯。如果我不及时给予机会，他关于这道题的解题思路我们就无从知晓，也可能会压抑学生的表达欲望，也就得不到思维上的发展。因此老师在课堂教学中应给予学生适当的空间，让他们有机会展示自己的聪明才智。(20170411-in-谭)

学生是学习的主体，是有差异的存在者。教师要多与学生交流，发现其优点，因势利导，在适当的教学引导下，相信每位学生都能有所发展。学生在学习过程中是学习的主体，教师在教育教学活动中应充分调动学生学习的积极性，同时要激活学生学习的内因，内因是起决定作用的。(20170410-in-彭)老师要相信学生，多与学生接触，发现每个学生的特长，进行因材施教，才能促进学生的发展。(20161116-in-余)

(四)学生学习：学习态度与学习方法

就调查资料而言，教师关于学生学习的信念主要集中于学生的学习态度和学习方法两个维度。

在学习态度上，有的教师坚信养成主动学习的习惯对学生自身的成长至关重要。要经常与学生谈心，把学生的思想“打通”，让他们主动学习，并养成主动学习的习惯。在英语学习方面的习惯就是养成每天早上读一篇英语短文，不需要特意去背诵，然后吃早餐，准备上学；晚上在入睡前，坐在床上再读一遍当天老师讲的主要内容，然后把书放在旁边，就睡觉了，若养成这个习惯后，一个人很难不爱上英语。(20170405-in-汪)

在学习方法上，研究对象主要持有机械学习和意义学习两种学习方法观。持机械学习观的教师认为，学会运用“滚动式记忆法”是学生学好知识的必备学习方法。英语学习就要经常巩固，否则就像猴子掰玉米一样，掰一个，丢一个。所以要学好英语就要早上读一篇，晚上再读一篇，这样持续坚持几天，就不易忘记了。这个方法为什么有用呢？我给学生是这样打比方的，复述的作用就像我们在黑板上画一条直线一样，刚画的时候这条线是不是很细？倘若我们在这条线上再画一遍、两遍，甚至是三遍之后，这条线是不是就比第一次更粗了更明显了，这样学生就明白了复述对于学会英语或其他学科的重要性了。因此学习英语就要不断地重复，这即是滚动式记忆法。(20170405-in-汪)学生最重要的是要掌握学习的方法。一般而言，学生的学习方法是：先复习、完成作业、预习新知识。完成作业与复习当天所学知识之间是反复进行的。(20161116-in-余)

持意义学习观的教师认为，有效的学习不是死记硬背，而是将新知识以适合学生熟悉的生活图式的方式与学生已有知识结构发生联结的过程。我绝对不会让孩子们去背诵词语解释，我觉得词语应该以孩子熟悉的生活图像、形象进入他们的脑海，和他们已知的经验发生联系，最后他们能厚积薄发，并将其运用于学习和生活之中，唯有如此，我才认为自己的词语教学达成了目标。(20170417-in-魏)同时，学习应做到"举三反一。如果有几篇文章的表达形式有共同的规律，那么老师必须把这些文章作为课例，把它的表达形式和规律找出来，然后让孩子们做到举三反一，因为学习语文的表达一定是一个举三反一的过程。(20170417-in-魏)学习的关键是让学生感受。我很喜欢美国教育家苏娜丹戴克的一句名言："告诉我，我会忘记；做给我看，我会记住；让我参加，我就会完全理解。"我觉得很多东西都要让学生有自己的感受！你说了很多东西他不一定能听得懂，或许学生感受不深刻。(20170406-in-何)

(五)师生关系：朋友型、民主型和关爱型

师生关系是教学活动中最根本的关系。良性的师生关系是顺利开展教学活动的前提与保障，不良的师生关系将会阻碍教学活动的顺利实施，从而抑制学生的身心发展和教师开展教学活动的动力。教师持什么样的师生关系观将决定着其采取什么样的教学态度以及对待学生学习的态度。调查资料表明，教师信奉的师生关系信念主要有三种类型：朋友型、民主型和关爱型。

师生之间应该是朋友关系。师生之间应该以朋友相待，不能说老师就是至高无上的，学生就是受命约束的对象，毕竟只有做到亲其师才能信其道嘛！所以我的班上的学生都比较活跃。(20170411-in-谭)

师生之间应该是民主关系。老师不能体罚学生，允许学生提反对意见。切勿"有理三扁担，无理扁担三。"要培养相互尊重的师生关系。(20161116-in-余)

师生之间应该是关爱关系，关爱学生是教师教学任务达成的关键。我觉得对学生要有爱，要用爱去感染学生，常言说："亲其师才能信其道"。要让学生觉得老

师平易近人，学生才会觉得老师是可以交心的，只有和学生打成一片，达到情感的交融，学生才会听从老师的话，才会自觉地学习你提出的教学要求，否则，老师的教学任务是很难达成的。（20170410-in-彭）

可见，这三种师生关系观折射了多数教师尊重学生、关爱学生，以学生为教学中心，进步教育思想已在多数教师的内心世界驻扎。

四、教学方法信念

基于调查发现，被调查者对教学方法的信念主要表现在两个面向：一是关于教学方法的价值的信念，二是关于运用多元方法实施教学的信念。

（一）教学方法：有效教学和有效学习的关键

运用恰当的教学方法是教师有效教学和学生有效学习的关键。我觉得教学过程中方法是最重要。比如，教学过程中，学生对米、分米、厘米和毫米等单位的换算易于出错，就像我读小学时也没有弄清楚一样，因为当时的数学老师只按书上的内容告诉我们，1米等于10分米，1米等于100厘米……，他并没有直观的、具体的或有效的方法帮助学生更好地理解几者间的关系，只让我们死记硬背，虽然能背诵，但在运用中总是出错。因此我教这部分知识时，首先就思考着如何帮助学生更好地掌握这个知识点——从大单位与小单位的角度来帮助学生进行理解这个知识点，首先是让学生知道这几者间的进率是多少，然后告诉学生：米和分米比，米就是大单位，分米就是小单位；分米和厘米比，分米就是大单位，厘米就是小单位，其余的以此类推。亦即是说，大单位与小单位是相对的。那么它们之间的换算就可以按这个规律展开了，如果大单位在前，小单位在后，就是大单位换成小单位，此时就应乘以进率；反之小单位在前，大单位在后，就是小单位换成大单位，此时就应除以进率。当然这种教学方法在数学教材中是没有的，甚至不可能写在书本上，但这个方法适合学生掌握，他们在练习或考试中就不会感觉困难了，所以后来在这个知识点的教学上我都沿用了这个方法。甚至在后来的教学中，当遇到学生难以理解的知识点时，我都喜欢寻找学生能够容易理解和易于掌握的方法，我觉得有了恰当的方法，我的教学轻松了，学生的学习也轻松了。所以我觉得良好的教学方法比天花乱坠的讲解更重要。（20170405-in-汪）

（二）有效教学的保障：多元教学方法的综合运用

调查发现，发现法、学法指导法、任务驱动法、小组合作法、板块教学法、多媒体教学法。

1. 发现教学法

发现教学法是多数教师坚持采用的教学方法，他们坚信这种教学方法更能激励学生的学习积极性和求知欲，更能调动学生的思维。谭老师为了培养学生养成一题多解的习惯，特预设了具有一题多解特性的数学题，谭老师事先并未告知学生解答数学题时应注意一题多解，也未告知学生何为一题多解。故在谭老师邀请一位学生与大家分享他自己的解题思路后，她的数学课堂上呈现了如下教学情景。

T：对这个题还有不同的解题方法吗？

S：老师，我有不同的解题方法（此时有两位学生不约而同地举手示意）。

T：非常好！那我们就先请S1同学与我们分享他的解题方法！

S1：首先用495−45=450（km），再用3×2=6（s），最后用450÷6=75（km/s）。

T：同学们，你们听清楚S1同学的解题思路了吗？

S：听清楚了！

T：S1同学的解题方法正确吗？

S：正确！

T：S1的解题方法也是可以的，谢谢他与我们分享他的智慧！我们再来听听S2关于这道题又有何种不同的解法？

S2：首先用495+45=540（km），然后用540÷2=270（km），接着用270−45=225（km），最后用225÷3=75（km/s）。

T：同学们，S2的分析是否合理？

S：咦！这种解法也是可以的！

T：这两位同学的解题思路不同，但都得到了同一结果，这反映了应用题可以……

S：一题多解。

T：对了！因此我们在解应用题时，要学会一题多解。（20170411-co-谭）

（注：对话中的T表示老师，是teacher的缩写；S表示学生，是student的缩写；S1与S2分别表示起来回答问题的学生。）

基于上述所展示的课堂教学情境，不难发现其教学过程主要运用了讨论法和发现法的教学方法，这充分反映了谭老师的师生关系的信念——师生之间应该以朋友相待，不能说老师就是至高无上的，学生就是受命约束的对象，所以我的班上的学生都比较活跃(20170411-in-谭)。除此之外,谭老师对启发式教学法也较为精熟,可以说,启发式教学法是她比较钟爱的一种教学方法。今天我的课堂上讲的“和差问题”,在前一节课上就有学生没有把呈现的事例提升为“和差问题”。尽管上一次课堂教学中,我讲了有关“和差问题”的内容,但我并没有点明这一概念,所以学生就不能理解事例反映了“和差问题”,这也反映了学生不能马上达到总结概念的高度。所以若老师问学生这个事例属于哪种题型,他们就难以回答,但把问题变换一下,或把问题具体化,学生还是知道的。如今天的练习课上,关于95元的问题,当时学生把它当作单价看待,于是我与学生之间就展开了如下对话:

师:95是什么?

生:是单价!

师:95是单价吗?上衣和裤子总共是95元,这里是表示单价吗?

生:哦!总和。

师:对了,95表示的是上衣和裤子的总和。(20170411-in-谭)

学生是思考的存在者,只要给予恰当的引导,学生能生成很多新思想。教师设置一定的情境以引导学生自主发现情境中所蕴含的观点,比直接告知的方式更能促进学生的成长。我会找那些开头设置悬念比较好的文章,给孩子读了之后,孩子们当时的眼睛都睁大大的,充满着好奇,特别是我只读开头部分内容,就停止了,然后孩子们就迫不及待地问,老师干吗还不快读啊!我说为什么呢?他们说想听呗!然后我就往后边读了,读了四五篇后,我就问孩子们,你们有什么收获,他们说:“老师,以后我写作的时候,在文章的开头应该设置悬念。”像文章开头设置悬念的方法,不用我直接告诉学生应该怎么做,而是学生通过听读了这些好的文章的开头后,他们就能发现了。(20170417-in-魏)教学不是灌输,而是引导,通过引导让学生主动对知识形成深刻的体认。我曾接过一个对字的笔画掌握不清的班级,孩子们总是对字的笔画记不准,比如“㇌”,很多老师就直接告诉学生这就是横折折折沟。我就不这样教,我会问孩子们,这个笔画中横在哪儿?折在哪儿?沟在哪儿?孩子们通过分别认识,不仅认识了什么是横折折折沟的名称,而且还学会它的笔画,这样孩子们就比较容易掌握,不需要死记硬背。而其他老师就直接告诉学生这就是横折折折沟,同学们要记住。因此我不仅会教这个东西是什么,而且还会告诉孩子们为什么是这个样子。(20170417-in-魏)教学不是灌输,而是引导学生对知识的理解,知识的学习不应该是由外向内的填鸭,而应是学生由内向外的探索,因此课堂教学不是学生被动式地接受,而是教师引导下的主动学习。正如魏老师所宣称的一样，在她《整句》课堂教学中，何为整句？整句的结构具有何种特点？并不是由魏老师事先地直接告知，这些知识点均是在多个整句范例的展示下，由学生自主发现的。其相关资料如下：

师：我们曾经学过《桂林山水》和《记金华的双龙洞》这两篇课文，现在同学们来诵读一遍这两篇课文中的部分自然段。（老师已将《桂林山水》的第二、三自然段和《记金华的双龙洞》的第四自然段复印给学生。）

生：诵读……

师：这两个片段的字数差不多，《桂林山水》的两个自然段274个字，《记金华的双龙洞》一个自然段是279个字，如果要背诵，你们觉得哪个片段容易记住？

生：《桂林山水》的片段要容易些。

师：同是写景的文章，为什么《桂林山水》的片段要容易记住呢？

生：因为文章的句子朗朗上口。

师：嗯，朗朗上口（板书）。其他同学还有别的观点吗？

生：因为句子的结构很相似。

师：结构相似（板书），非常好！还有其他观点吗？

生：句子排列整齐。

师：排列整齐（板书），不错！同学们都观察得很仔细！还有其他看法吗？

生：这些句子应该有两句或两句以上吧？

师：看来同学们还持怀疑态度，那我们来看看这个句子——“燕子去了，有再来的时候；杨柳枯了，有再青的时候；桃花谢了，有再开的时候。”同学们，看看这个句子与刚才所诵读的句子结构相同吗？

生：对！这样的句子应该有两句以上。

师：像以上结构相似，整齐地排列在一起的一组句子，我们称之为“整句”（板书）。（20170417-co-魏）

2. 小组合作

小组合作不仅可以让每个学生都能展现自我，而且还有利于学生之间的思想交流与碰撞，甚至还可能产生新的解题灵感，同时还可以促进学生间的相互协作，培养他们的合作共事的意识和能力。在适当的时候给予学生小组合作的学习环境，以达到集众家之长为我所用的目的。对同一道题，不同的学生可能会有不同的解题思路和策略。在小组合作中，学生可能会有不同的解题方法，这样就有可能实现一题多解的现象，所以小组合作不仅可以让每个学生都能展现自我，而且还有利于学生之间的思想交流与碰撞，甚至还可能产生新的解题灵感，催生更多的解题方法，进而实现“一题多解”，因此老师要相信小组合作在学生发展中的重要意义。(20170411-in-谭)今天的课堂教学方法是分组合作，因为在大班额的课堂教学中，不可能让每个学生都一一发言，所以只能采用小组合作的方法，才能让学生得到展现的机会，才能照顾到大部分学生。(20170410-in-彭)魏老师在《通往广场的路不止一条》的课堂教学中，安排学生合作讨论了两个重要的问题：一是寻找文中的点题词语；二是分析作者要达到什么目的，又是如何达成的。(20170417-t-魏)尽管魏老师在访谈中没有提到合作学习的教学方法，但在教学活动中践行了这一信念，且在其教学设计中也是如此。如请同学们以小组为单位，在课文中去寻找这些点题的词语；请同学们继续组内合作学习，找出作者要达到的目的是什么？她是怎样达到的？(20170416-t-魏)

3. 任务驱动法

任务驱动法有利于学生在执行与完成“任务”的过程中，拓展自己的思维，养成分析问题和解决问题的能力，养成独立探索的精神。我上学期接了新的班级，这个班级(成绩)也是全校比较靠后的。接过来后，经过上学期的磨合，现在班上成立了两个兴趣小组：一个小组是“微写作”，也就是语文的字词句的写作；另一个是“听读课”，即是在每次课的前十分钟由孩子们进行听读，这些听读材料都是由孩子们自己找的美文，听读之后，孩子们要做好听读笔记，比如说今天我们要听读的是哪一篇美文，受到的启发是什么，他们都会把每次听读的笔记做好，每周结束前，我都会让他们把自己听读过的美文找一篇来进行复述，看自己对已学习过的知识是否记得，我觉得这能拓展学生的思维。(20170417-in-魏)

4. 学法指导法

魏老师除了运用小组讨论的教学方法外，还充分运用了学法指导的教学方法。作文时，我们得根据中心去选择材料，材料准备好以后，按照他们能为中心服务的作用大小安排主次，详略。作文中，采用第一人称的写法，容易给人真实感。今后在作文中如果碰见写事一类的作文，尽量运用第一人称的写法。每一篇课文，在写作手法上，或多或少都有值得我们学习的地方。平时学习时，要注意去发现，去提炼，然后去运用。(20170417-t-魏)

5. 板块教学法

板块教学法能使教学过程清晰有序，能使教学内容逐层深入，能使教学重点有的放矢，既有利于教师有效教学，又便于学生有效学习。所以我对“词”的教学是以

“条”的方式来开展的，我不会按照其他老师上课那样，一会儿是词语，一会儿又是段，这个课文是字就是字，是词就是词，是句就是句，是内容分析就是内容分析，是人物形象的体会就体会人物形象，这样就可以了，一般每一节课是只选择2~3个知识点教学，不会眉毛胡子一把抓的。(20170417-in-魏)

6. 多媒体教学法

教学课件只是一种教学辅助工具，目的在于借助教学课件这一现代化工具传递信息，引起学生思考，实现师生间的思想交流与对话，从而达成教学相长。故教学课件应简洁，过于绚丽的课件不一定能引发学生对课件承载的内在信息展开深入的思考，可能只会引起学生过多关注课件的外在信息，唯有引起学生关注内在信息的课件，方能实现师生之间的思想交流与对话。我觉得幻灯片应该简洁，用那么多幻灯片干吗，课堂又不是来欣赏幻灯片的，也不是教幻灯片制作的。但有些老师的公开课不停地切换幻灯片，我在想，孩子们满足了视觉的刺激以后，他们的思维会受到影响，我觉得语文也是一个思维的过程，老师在上课的时候应该是老师与学生的思维交流对话，只有老师与学生做到思维的交流，学生才不会走神，如果幻灯片做得太绚丽了，学生把注意力都放在幻灯片上，他们可能就疏于对内容的思考。我倾向于简单的幻灯片，这样孩子们就能集中于我讲的内容，这样他们就能思考，有消化，有吸收，然后才能把他们思考的内容反馈给我。(20170417-in-魏)由于学生初次接触英语，对英语还很陌生，所以每节课我都用多媒体让学生先听标准的读音，然后获得一些感受，所以对学生的要求就是培养他们的语感，让他们能够感知英语学习的乐趣。(20170411-in-谌)

概言之，教师选择何种教学方法，应做到心中有法，但教无定法，要根据教学内容、学情、教师自身情况以及课堂教学情境而作具体分析。教学方法很多，比如我们常用的有讲授法、讨论法、演示法、实验法等，但并不是每一堂课都要探讨，要根据内容灵活运用探讨、讲授。(20170410-in-彭)教学方法不可能一成不变，教学方法更多是体现在让学生得到全面发展，有时可能运用讲授，有时运用练习，有时可能是运用小组合作。(20170412-in-陈)对于练习课，我觉得一支粉笔和一块黑板的方式虽然老套，但比较实用。当然，在其他教学模块或教学内容时，运用多媒体教学更能提高教学质量。因为在解决问题(练习题)时，需要学生动手的情况很多，如果用多媒体显示，学生的动手机会就会减少，因而学生获得的思考与体验也会减少。(20170411-in-谭)我更喜欢根据教学情境采用不同的教学方法，这样的话更能调动学生的学习积极性。如果教学方法过于单一，很难激发学生学习的兴趣。老师应该努力在教学实践中不断探索新的教学方法，如果只采用单一的教学模式或方法，学生习惯后，他们会产生疲劳感，这样的话，学生的学习积极很难调动。（20170411-in-谌）教无定法，选用哪种方法主要根据内容、学生情况和当时的情境而定。（20170417-in-孙）

五、课堂教学管理信念

调查发现，教师们坚信课堂教学管理是教学目标实现的保障，有效的课堂管理是多元管理方法协助的结果，理想的课程管理是以教促管。

（一）课堂教学管理：促进教学质量提升

课堂教学管理的质量直接影响着课堂教学的质量，可以说，教学管理是教学质量提高的保障。要想得到好的教学效果，我认为课堂管理还是非常重要的。如果老师不善于管理课堂教学，很难达到预期的教学效果，有的老师的课堂教学表面很热闹，但实际上效果并不理想。（20170412-in-陈）如果教学没有管理，没有形成良好的班级秩序，那么老师的教学过程则很难顺利实施，从而教学目标也就难以达成。（20170405-in-何）

（二）理想的课堂教学管理策略：以教促管

明确的规章制度是良好的课堂秩序得以形成的关键。我觉得课堂管理应该严格要求。课堂教学过程中，我不希望学生做与教学内容无关的事，那样会影响整个教学秩序。记得有一次练习课，学生们都很安静地思考和解题，有学生发问“老师这个题读不懂”，我当时的回应是“究竟是什么样的问题，竟然还有读不懂的！”可能当时觉得不至于题目都不能理解，于是说这句话时，声音有点大，语气有些生硬，导致学生都没敢接话。不过事后想想，当时的回答方式还是欠妥。总的来说，我的课堂秩序还是很好，因为与学生事先约法三章——课前不能迟到（迟到就别进教室，只能在教室门边听）、课中不能上卫生间（要求课前做好这些准备）、不能大声喧哗。（20170405-in-汪）每天的早读课，在老师未进教室前，学生必须读单词，所以每天我进教室时，我的学生都整整齐齐的，要么写作业要么读单词。（20170405-in-汪）

整洁舒适的课堂环境有助于师生形成良好的心境。我觉得教室环境要干净卫生，每天都安排学生值日，同时还在教室里种植物，值日后再把桌椅布置整齐，这样

我的班级环境既干净又整洁，学生喜欢，其他任课老师也喜欢，到我的班级上课大家都感觉很舒适。(20170405-in-汪)

适宜的管理方法是学生愿意遵守规章制度的保障。如将不同性格或不同基础的学生安排坐在一起或在一起学习，这样可以实现他们性格上的互补或学习上的互助。我喜欢把性格外向的和性格内向的学生安排坐在一起，或把成绩差的和成绩好的安排坐在一起，这样可以实现外向带内向，或是成绩好的学生带动成绩差的学生。(20170412-in-陈)教学活动中，有时用无声的语言代替有声语言也能达到管理的效果。在教学过程中，当有学生讲话时，我就有意停下来，眼睛盯着讲话的学生，有学生马上就会“嘘”的一声，一下子大家的注意力又集中起来了，有时我也采用讲笑话的方式，把学生的注意力集中到教学过程中。(20170405-in-汪)

诚然，针对不同学段应区别管理，但任何教学管理都应充分发挥学生自主管理与参与管理的意识，旨在培养学生养成良好的习惯。不同班级因学生人数、班风的不同，所运用的管理方式方法也不同。对低年级的管理肯定不同于高年级的。低年级要长期监督，及时发现学生的不足之处，并让学生修正，使学生养成良好的习惯。高年级要让学生自我管理，让学生作为班级管理的主人，由学生制定班规、班约，甚至是班风和班歌之类的内容。良好的班风如何建立起来？我觉得还是把学生参与班级管理的主人翁意识激发出来。(20170406-in-何)

事实上，教学与管理是相辅相成的关系，良好的教学秩序需要有效的管理理念和策略作为保障，但有效的教学行为可以促进良好的教学秩序的形成。故不能脱离管理讨论教学秩序，也不能脱离有效教学来讨论课堂管理，理想的课堂教学管理应该是以教促学。对于教学管理我一般不作过多要求，但我经常会选用比较活跃的英语短文给学生阅读，然后实行情景对话，学生也乐于参与，因此学生在课堂上就比较活跃，他们也喜欢对话的学习方式，所以不需要过多关注学生的课堂纪律。(20170411-in-谌)可见，有效的课堂管理除了需要明确的规章制度外，以有效的课堂教学带动学生的学习积极性与参与度，也是构建良性课堂管理秩序不可或缺的因素。我不太喜欢太死的课堂，反而喜欢活跃的课堂，因为我本身就是一个活跃的人，尽管学习知识是重要的，但我觉得快乐最重要。我不想学生在教室里就像坐牢一样，所以我的课堂从来都不是那么严肃。(20170417-in-孙)老师对课堂管理的方法应该是民主的、和谐的，应该是调动学生的积极性，让学生自主管理，不能用镇压式的方式。如果用镇压式的方式，会使学生感觉很压抑，课堂气氛也不活跃。(20170410-in-彭)

六、教学评价的信念

调查表明,当前小学教师的教学评价信念主要呈现在教学评价的标准、原则、内容和方法等维度。

(一)教学评价标准:学生思维和能力的充分发展

教学就是学生对教学知识点的掌握和思维的锻炼,因而学生对知识点的掌握情况及思维是否得到锻炼是教学评价的出发点。作为一线的老师,我们只能切实地看一堂课的教学目标完成情况。所谓一堂课的教学目标即是学生是否掌握本节课的知识点,是否得到思维的锻炼。(20170411-in-谭)

教学评价的重点不在于分数,而是学生的能力。过去的教学评价更多看重分数,我认为对学生的评价更应该关注他们的能力。如果学生学习数学而不能联系实际,解决实际中的问题,那么这样的教学并不是成功的教学,充其量也只是应试的教学。(20170412-in-陈)有的老师则以学生是否得到发展作为评教的关键,而非成绩。我觉得只要孩子努力了,成绩不重要,因为人成才的道路不只有考试这一条,只要找到适合自己发展的道路就行。总之,教学的目的不在于获得多少分数,而在育人。(20170417-in-魏)

(二)教学评价原则:分层评价

分层评价,激励发展。每个学生的知识结构各有差异,"一刀切"的评价方式会忽视学生的差异,基于差异的分层评价才是较为客观的评价,这有助于鼓励不同发展水平的学生。对学生学习应实行分层评价。我的班上的孩子基础参差不齐,一般对于基础差的学生,每一次听写能够对5个就可以了;对较差的能对10个就可以了,如果基础一般的对20个就可以了;对基础较好的学生,每天至少要掌握30个词语,且要全对。(20170417-in-魏)对教师的教学效果的评价也需要实行分层评价的方法,平均分属于"一刀切"的方法有失公允,难以激励教师的教学积极性,也可能导致教师有意或无意地放弃学困生。具体而言,对教师的教学实施分层评价就是:对学生的成绩进行分段评价,如90分以上有多少人,80~90分有几人,70~80分有几人,60~70分有几人,60分以下有几人。这样能鼓励教师的教学积极性,而不是以均分作为评价的唯一标准。(20161116-in-余)

(三)教学评价内容:多维性

评价内容的多维化。对教师的教学评价应秉持多元化的观念,除了传统的考试成绩外,还应考查教师指导学生开展课外活动的情况、特殊学生(天赋学生、学困生、边缘学生、留守儿童)的培养情况及学生的活跃程度等因素。即便是传统的考试,也应避免均分就是衡量一切的标准,还可以通过优秀率、巩固率、提高率和及格率等指标的评价使评价内容具体化。(20161116-in-余)

(四)教学评价方法:以形成性评价为主

有的教师坚持小学教学的评价应以诊断性评价为主。期中、期末评价,一般小学以综合的评价为主。我觉得教学评价应该是诊断性评价,一个阶段的教学工作结束后,就应该进行诊断性评价,以至于老师能及时了解学生对前一阶段的学习情况,为调整后继的教学工作提供借鉴。只有诊断才能理解学生的进展情况,以此来调整自己的教学方向。(20170406-in-何)而有的教师则认为,对学生的评价不应以偏概全,应从全局评价学生的发展,换言之,就是形成性评价与终结性评价并行,更多采用形成性评价。我不会因学生考试失败而否定学生的发展潜力。我对学生的评价一般是全方位的,如关注学生在课堂上的表现、课后作业完成情况以及学生进步。关于差生的进步,只要他们表现出一点儿进步,都是进步,所以不应只以分数来评价学生,应该从各个方面来评价他们。(20170412-in-陈)

七、教师教学信念的生成样态评析

基于上述有关小学教师教学信念现状的阐述,可知当前中小学教师教学信念存在个体差异,但从信念内容来看,又存在一定共性。就教学信念的性质而言,同一教师分别持有传统型信念和进步型信念;就教学信念与教学行为一致性视角来看,多数教师的教学信念与教学行为基本趋于一致。

(一)不同教师持有不同的教学信念,但又存在共性

上述研究表明,有关教学构成要素的信念会因教师主体不同而有差异,但在个别教学要素上又具有相似性和共性。

在教学目标方面,汪老师、余老师、孙老师更倾向于坚信教学活动的任务主要在于培养学生的学科知识素养;魏老师和谌老师认为培养学生的学习兴趣胜过对

知识的掌握和满分的追求；谭老师、陈老师和何老师认为培养学生的思维能力应成为教学活动的出发点与归属点；谭老师、汪老师、谌老师和何老师都坚信培养学生语言表达的准确性和精练性也是教学过程应完成的任务；魏老师则跳出学科视域的场域，坚信教学活动的根本目标在于培养学生学会做人、学会做事。

在教学内容方面，就教学内容的选择维度来看，余老师坚信好的教学内容是教师有的放矢选择的结果，只有选择适合学生的发展需要、适合现实生活需求的教学内容，才能减轻学生的学习负担，促进学生的发展；就教学内容的组织维度来看，汪老师、魏老师和余老师认为，良性的教学内容需要教师对其进行有效组织。汪老师在教学中一贯坚持的“英语知识点”教学，魏老师推崇的“汉字源流识字”教学，余老师坚守的“知识圆”教学，这些都是他们对教学内容组织的思想结晶；就教学内容实施维度来看，何老师始终是教学内容忠实取向的拥护者，余老师、陈老师、彭老师和谌老师是教学内容的相互调适取向的践行者，谭老师和余老师是教学内容的创生取向的支持者。

在教师角色方面，余老师、谌老师和汪老师认为教师是学生学习活动的引导者，魏老师和余老师认为教师应扮演父母的角色，谭老师和陈老师认为教师是学生学习的激励者，何老师则认为教师是教学过程的旁观者；就教师的专业素养来看，汪老师认为扎实的专业知识是教师应具备的首要素养，语言精练和勤于反思是谭老师的教师专业素养观，陈老师认为善于与学生沟通是教师顺利完成教学任务的关键。

在学生角色方面，孙老师认为学生是懒惰的、羞于表达的、缺乏学习主动性的个体。谭老师和何老师认为学生是聪明的、喜欢好动的个体。彭老师和余老师认为学生是学习的主体，是有差异的存在者。

在教学方法方面，谭老师、魏老师和陈老师坚信发现法或启发式教学法更能激励学生的学习积极性和求知欲，更能调动学生的积极思考。彭老师喜欢小组合作学习，谌老师坚信多媒体教学法更能激励学生的学习积极性，彭老师、陈老师等认为教学有法，但教无定法。

在教学管理方面，汪老师认为明确的管理规章是有效管理的先决条件，陈老师认为适宜的管理方法是教学管理的关键，何老师认为学生自主管理是教学管理的根本，彭老师、谌老师和孙老师认为教师的有效教学行为是良性教学秩序产生的基础，应以教学行为的有效性促进教学管理。

在教学评价方面，魏老师、陈老师和谭老师坚信学生的思维和能力的发展是教学评价的主要指标,余老师和魏老师认为教学评价应坚持分层评价的原则,何老师相信诊断评价是教师采取教学策略的前提,而陈老师则相信形成性评价与终结性评价并行,尤其要采用形成性评价,更激励学生的发展。

据此可知,教师对于教学构成要素的看法、主张因个体的成长经历、教学经验的差异而各不相同。这一结论也与米尔斯(Mills)和史密斯(Smith)[1]的研究相一致,他们认为信念会因教学对象不同而有差异。这些由教师言说和践行的教学信念都在不同程度上左右着教师的教学实践,影响着学生的身心发展。但从个别教学要素观之,不同教师对同一教学要素又持有相似性的观念、看法,亦即群体信念。

(二)同一教师持有传统和进步的教学信念,但倾向进步型

基于教师个体的教学信念的现状分析可知,多数教师同时持有传统取向(教师中心)和进步取向(学生中心)的教学信念,但倾向于进步取向的教学信念。

余老师的教学目标和教学环节的信念。关于教学目标,余老师认为掌握扎实的学科知识是教学活动不能忽视的基本任务,但不应以追求分数为目的,而是培养学生的学习兴趣和爱好。(20161116-in-余)在课堂教学环节上,他对介绍—拓展—练习—总结—作业的教学活动程序较为偏爱。就教学目标而言,余老师以学生的学习兴趣和爱好为课堂教学活动旨趣,彰显了"以生为本"的教学理念,是进步教学思想的体现。但在教学环节方面,却折射了余老师对教学活动进程的控制与主宰,在此程序中,教师是主导者、讲授者、"储户",学生只是被动的参与者、接收器、"户头",这种教学活动无疑就是一种"讲授式教学"和"储蓄教育观"[2]的现实表征。

陈老师的教学管理信念。在教学管理上,陈老师认为,要想得到好的教学效果,就必须进行课堂管理。(20170412-in-陈)陈老师的课堂管理观的逻辑假设是:学生自律性较低,只有教师实施管理,才能有良好的课堂秩序;只有良好的课堂秩序,才能有良好的教学效果,所以教师控制是关键。这种控制观倡导教师在课堂管理中的权威性和主体性,是教师中心思想的集中体现。但是,陈老师在课堂管理方法上也具有积极的一面,如把不同性格或不同基础的学生安排在一起,这样可以实现他们性格上的互补或学习上的互助。(20170412-in-陈)这种观念在某种程度上彰显了生生互补与互助的发展观,应以互助或互补的方式实现差异学生的共同发展为出发点,故是一种进步取向的教学信念。

---

[1] MILLS J, SMITH J. Teachers' beliefs about effective instrumental teaching in schools and higher education [J]. British Journal of Music Education, 2003, 20(1): 5-27.

[2] 黄志成. 被压迫者的教育学——弗莱雷解放教育理论与实践[M]. 北京:人民教育出版社,2003:91.

汪老师的学习方法信念。汪老师始终坚信复述是学习英语最为有效的方法。她为了让学生理解复述在英语学习中的重要性，将复述的作用隐喻为在一条线上不断加粗后，就可以形成一条明晰的粗实的线。尽管汪老师运用了启发式的方法引导学生理解复述在英语学习中的重要性，具有进步倾向，但她过于坚信复述在英语学习中的价值，只重视学生对英语知识的机械记忆，而忽视学生对英语知识的理解而达成意义记忆，其行为逻辑实质是只有复述才能记住知识，记住知识就意味着获得好的成绩，这显然是一种知识中心的思想。

孙老师的学生角色及其学习的信念。关于学生的看法，孙老师坚信知识的习得主要靠学生主动地积累与巩固，她认为，学生的听讲应该占三分之一，自己去积累去巩固占三分之二。(20170417-in-孙)这无不反映孙老师信奉学生是学习主体的信念，是进步教学信念的表征。但孙老师又认为学生是懒惰的、不善表达的个体，如学生唯一特点就是懒，我的学生是最懒的，读书也是最难听的。(20170417-in-孙)孙老师的这一观点在访谈中至少重复了四次，可见孙老师对现教的学生持有学习不主动、毫无进取心的学生观。学习是学生的主要任务，理应由学生完成。但每个学龄段的学生存在生理和心理发展的差异，具体而言，小学阶段的学生在生理与心理都未成熟，还处于发展的初期，小学生的学习主动性或主观能动性的发挥程度，需要教师恰当的引导，若没有教师正向的引导与激励，单向地强调学生的学习主动性与积极性的发挥，显然与小学生的心智年龄不相符，易于走向极端的学生学习主体观，从而忽视了课堂教学中教师引导作用。因此，在学生主体的信念上，孙老师也持有学生是学习的主体的进步教学信念，但她更倾向于学生是缺乏学习主动性的个体的传统教学信念。

魏老师的教学组织形式信念。魏老师一直追求一种“素”语文教学观念，她为了能更好地培养学生文字表达能力，在班上建立了两个兴趣小组——“微写作”和“听读课”，她认为通过这样的兴趣小组能够促进学生的文字表达能力的提升。显然，魏老师所构建的兴趣小组是以学生的能力、情感的发展为中心，是一种进步取向的教学信念。但“听读课”的实施过程及其目标主要在于引导学生就读过的美文进行复述，看学生对已经历过的知识是否还记得。(20170417-in-魏)显然，这又陷入了知识记忆，虽然识记一定知识是学生学习不可缺少的学习任务，但仅限于知识识记的迷思中，而不是引导学生思考所读文章的意义，发现所读文章之真善美与假丑恶，就难免会割裂语文的“文”与“道”的关系。从这一点来看，它映射了知识中心的主张，忽略了学生阅读后的思维发展、情感体验和价值认知，是传统教学信念的典型特征的彰显。

何老师的教师角色和学生学习的信念。何老师把教师视为课堂的组织者角色，这种教师角色观的存在逻辑实质上是一种教师中心的思想，认为学生的正常学习都是在教师的组织下展开的，显然在教师角色观上何老师信奉的是传统的教学信念。但她在学生学习观、写作观上则信奉学习的关键是让学生感受，写作不是脱离现实生活的抽象思考，而是建立在学生对现实生活观察的基础上的体验（20170406-in-何）的信念，而这样的信念是以学生为中心，旨在促进学生发展，可见何老师的教学信念中又蕴含进步的成分。

尽管多数老师都不同程度地持有传统型教学信念，但相较而言，进步型教学信念所占比例偏多。譬如，余老师的"知识圆"的课程整合观、举一反三的方法观、自主发展的教师专业发展观、"每个学生都有自身的特长"的学生观、分层评价的评价观等；谌老师的"情景对话"的方法观、"以课堂教学带动课堂管理"管理观等；谭老师的"培养学生思维"的目标观、启发式教学的方法观、"朋友相待"的师生观等；彭老师的"用教材而不是教教材"的教材观、"学生学习的组织者、引导者和合作者"的教师角色观、"学生自主管理"的管理观等；汪老师的"知识与现实生活相联系"的教学原则观、"严慈相济"的教师角色观等；何老师的"因情景选择教法"的方法观、"体验式"写作观等。

基于上述分析可知，每个教师都或多或少地持有传统型教学信念和进步型教学信念，但多数教师持有进步型（学生中心型）的教学信念。此外，在评判教师教学信念取向时，不能简单采取一刀切的评判方式，应立足于对教师的真实教学生活世界的理解基础上，客观考察教师的实际教学信念性质，以具体项目作为解释和评价的依据，避免得出宏观而不切实的判断。教师也可据此反思自己的教学信念，进而找出哪些信念属于传统的，并对其进行修正，这对于教师自身素养的提升和学生身心的形塑方面具有重大而深远的意义。

（三）多数教师的教学信念与教学行为趋于一致

教学信念与教学行为的相关性问题，一直是教学信念研究中的焦点问题。就已有文献观之，教师的教学信念与教学行为的相关性主要呈三种样态——一致型、非一致型和混合型[1]。事实上，从信念是否宣称与践行的角度看，教学信念与教学

[1] 吴金航，朱德全．教学信念与教学行为相关：理想样态与实现路径[J]．中小学教师培训，2018(6)：11-15.

行为相关具有四种理论样态，即且言且行型、言而未行型、未言而行型和未言未行型。从教学信念存在的价值来看，正向一致性（且言且行）是教学信念与教学行为相关的理想样态❶。鉴于此，可以从被访者宣称的信念和其教学行为表现两个维度来检视信念与行为之间的一致性。

魏老师的“素语文”观与其简洁的课件设计相一致。课前访谈中，魏老师宣称自己的语文很‘素’，她喜欢简洁实在的东西，而不喜欢花里胡哨的修饰（20170417-in-魏）。在课堂教学中，她呈现的课件基本与教学主题相契合，无过多图片、动画修饰。此外，魏老师相信“一词多用”可以促进学生对新词产生精熟的理解与运用，也能发展学生的发散思维。这一观念也存在于其叙事文本中——在指导学生运用“星罗棋布”造句时，由于学生只会运用它作定语，我想让学生再懂该词的谓语、状语用法。（20170426-t-魏）可见，魏老师坚持的信念与其宣称的信念是一致的。

汪老师的“快速清晰地表达有助于培养学生的思维敏捷性”的信念与其教学行为相一致。访谈中，汪老师多次提及快速清晰地表达有助于培养学生的思维敏捷性（20170406-in-汪）的观点，并详细地描述了这一观念实施后的效果，从汪老师描述时所产生的喜悦之情不难发现，她对这一观点比较满意。事实上，在其课堂教学实施过程中，学生回答问题或小组间讨论问题时都映射了快速表达的观点。（20170406-co-汪）至于快速表达与思维水平提升之间是否呈正相关，需要专题研究加以考证。但从汪老师的教学行为来看，她坚信两者之间的相关性。

何老师的“学习关键是让学生感受”的信念与其教学行为的一致性。访谈中，何老师认为学习关键是让学生感受，而感受就是要走进生活，观察生活，只有如此才能获得真实世界的体验，好作文亦如此。（20170406-in-何）正是基于这样的信念，何老师经常带学生进行实地参观，学生对所观察的事物了解更加深入，所写的句子也愈加形象生动，如二年级学生参观校园后这样写道：一阵春风吹来，报春蕾慢慢地飘落在花朵上、树枝上、地上，还有的轻轻地落在我的脸上……玉兰花像扇子，像小碗，也像小喇叭……（20170512-t-何）缘于学生在表达上与以往相较有显著的改善，所以何老师愈加相信原初信念的可靠性与可行性。

谭老师的“鼓励学生”的信念及其相一致的教学行为。谭老师认为每个学生都是有差异的个体，教师在教学过程中应多鼓励学生，让他们觉得学习数学是一个快乐的过程。（20170413-in-谭）在数学练习课上，有个别学生觉得自己还有不同的解题方法，谭老师让其把解题思路说出来与大家分享，虽然该生的方法存在误差，老

❶ 吴金航，朱德全．教学信念与教学行为相关：理想样态与实现路径［J］．中小学教师培训，2018（6）：11-15.

师和其他学生一起分析了这个方法的不足之处，最后还表扬了该生勤于思考和敢于表达的勇气。

余老师的“筑牢知识基础”的目标信念与其所采用的教学程序相一致。余老师认为学生只有掌握扎实的学科知识才能为今后的发展奠定基础，在他的课堂教学开展环节上，侧重于运用“介绍—拓展—练习—总结—作业”的教学活动环节，这种教学程序中的每一个环节无不是以知识习得为目标的。

陈老师宣称的“在一题多解中寻求最优方案”的数学教学信念与其实际的教学行为相一致。譬如在他的课堂教学上，为了解决问题：“四年级的学生举行列队表演，共组成6个方队，每个方队有5行，每行有5人。最外圈的同学穿黄色运动服，其余的同学穿红色运动服，一共要准备两种颜色的运动服各多少套？”师生之间的探究过程如：

T：我们先找一个同学把他对问题的理解以示意图的形式表达出来，再进行计算。没被叫到的同学，也要先画示意图再计算。

S：（全神贯注地思考、画图和计算。）

T：一会儿，我们将比较谁的方法更好！（巡视班上其他同学的作业情况，并及时鼓励画得好的同学）我发现同学们画出来的图都很漂亮！同学们要注意所列的算式一定要合理，不能随意列算式。

……

T：其他同学做好了没？

S：做好了！

T：两位同学的结果是相同，但是示意图和过程都不相同哦！那我们分别来看一下，他们是怎样做出来的？我们先来看S1的解题思路。

S1：我的算式是在数自己画的图的基础上数出来的。

T：我们讲计算式能在图上数吗？必须要有来源，是吧！题意指的是排成方阵，S2的示意图画成了方阵图，他把每排有五人，共有五行都以方阵的形式表示出来了，在画示意图环节，S1你觉得你们两个谁做得要好一点？

S1：S2做得好。（S1有点不好意思）

T：S1的16是数出来，你们同意吗？

S：不同意！

T：我们还是要通过算式来说明理由，是不是？虽然S1和S2的结果都是一样的，但S2的过程比较详细，我们来听听S2的解题思路。

S2:把自己的解题思路一一表述出来。

S:同学们由衷地爆发雷鸣般的掌声!

T:S1的方法之所以不对,主要在于S1提到的16在已知条件中是没有的,所以我们不太敢用16这个数字。我们具体看一看S2同学的思路。……(老师与学生一起理清S2的思路)S2的思路可行吗?

S:可行!

T:好!给S2一点掌声啦!其他同学的算式有没有比S2的更简便呢?

S:有!

T:好!S3把你的思路给大家说一下。

S3:穿黄色衣服的人数是4×5-4×1.

T:其他同学能不能懂S3的算式?

S:懂!不懂!(大部分同学不懂)

T:我估计能看懂这个算式的同学不是很多哦!能理解的同学请举手!

S:几个学生举手。

T:看来我们还须请S3再详细地阐述一下他的思路。

S3:算式中的4是指一个方阵的外圈数,5是方阵的每一边都有5人,4×1表示这个方阵的每一个角度的人都被多算了一次。

T:同学们听懂没?

S:听懂了!

T:为了让同学们更清楚,S3要不以S2的图形为基础,表述你的解题思路。

S3:……(S3依据图把自己的思路表达出来)

S:自觉地为S3鼓掌。

T:……(再次重复S3的思路,尤其是4×1的来源)(20170412-co-陈)

(注:对话中的T表示老师,是teacher的缩写;S表示学生,是student的缩写;S1、S2、S3分别表示起来回答的学生。)

"一题多解"旨在培养学生的发散思维,"解中寻优"重在培养学生的聚合思维,这样的教学方式一方面可以提升学生的思维水平,另一方面也促进学生养成良性的思维习惯。

基于上述分析可知,教师的教学信念与教学行为基本一致。诚然,也存在少数教师的教学信念未明显地践行于教学活动中。在访谈中,所有教师都强调在课堂教学中应激励学生的学习兴趣,然而,部分教师未将这一信念落实于课堂教学中,甚至在课堂教学起始阶段也未有相应的兴趣激励策略。这可能是源于教师个体的教学信念存在强度差异，也就是说，教师个体内部有的教学要素的信念强度较强，有的则较弱。愈强烈的教学信念愈容易在教学行为表现出来，反之则较少表现。王平的研究也证实这一观点，他基于个案教师的课程改革信念的质性研究发现，该教师在课程改革性质方面具有较高的信念水平，但在课程改革目的达成、自我课程改革效能预期等方面却具有较低的信念水平[1]。但就本书的调查资料所呈现的结果而言，多数教师的教学信念与教学行为整体趋于一致。

[1] 王平．基于教师改革信念视角的课程改革困境反思[J]．中国教育学刊，2014(8)：86-90，108.

第四章　教师教学信念的生成路径试探

教师个体或教师信念的研究者对教师信念的形成路径存在不同归因。理查德森(Richardson)认为,教师的信念来自三种形式的经验,始于个人的教育生涯的不同阶段,即个人经历、教育教学的经验和正式知识的经验❶。比尔(Buehl)和费弗斯(Fives)将教师的教学知识的认识论信念归纳为六种来源:正规教育、正式的知识体系、观察学习、与其他人合作、个人的教学经验和自我反思❷。沈连魁和刘从国基于文献分析,提出了教学信念建构于教师的个人特质、专业训练、生活经验及教学历程之反馈的生成观❸。莱文等人(Levin,et al.)对1~6年级22名教师的教育信念的实证研究发现,这些教师的教育信念来源于❹:(1)在职培训(28%);(2)早期的家庭和义务教育阶段的经历(27%);(3)自己的教学经验(25%);(4)最近的专业发展、阅读和影视资料(12%);(5)观察其他教师(8%)。据此可知,不同研究者依据其研究对象、研究主题和研究场域差异,对教师信念的形成路径的归因结果不同。有的将其归因于内在路径,如教师的个人特质;有的则认为与教师个体所处的社会文化环境相关,如专业训练、教学历程等。这些研究结果皆反映了一些共同点,即教师信念的构建主要与教师个体的成长经历、教育教学经历相关,是教师与其所处的社会环境(特别是教育环境)动态互动的结果。但是这些研究也存在不足之处,他们倾向于探讨教师信念的来源问题,对教师信念来源与教师信念发展之间的联系关注不够。正因如此,莱文(Levin)认为,需要更多地研究探讨教师信念来源与教师信念发展的关系❺。为此,本章基于一线教师教学信念形成的自述信息进一步探讨教师教学信念的来源。

从实地调查资料来看,一线教师(practicing teachers)将教学信念的形成路径主

❶ RICHARDSON V. The role and attitudes and beliefs in learning to teach[M]//J SIKULA, Handbook of research on teacher education. New York: Macmillan, 1996: 102-118.

❷ BUEHL M M, FIVES H. Exploring teachers' beliefs about teaching knowledge: where does it come from? does it change?[J]. Journal of Experimental Education, 2009(77): 367-407.

❸ 沈连魁,刘从国.教师教学信念意涵之探讨[J].中正体育学刊,2007(1):1-11.

❹ LEVIN B B, HE Y, ALLEN M H. Teacher beliefs in action: a cross-sectional, longitudinal followup study of teachers' personal practical theories[J]. Teacher Educator, 2013, 48(3): 1-17.

❺ LEVIN B B. The development of teachers' beliefs[M]//FIVES H, GILL M G. International handbook of research on teachers' beliefs. NewYork: Routledge, 2015: 48-65.

要归因为学习、师资培训、教学实践、反思等面向，图4-1所示，详细编码表见附录2中附表2-2。

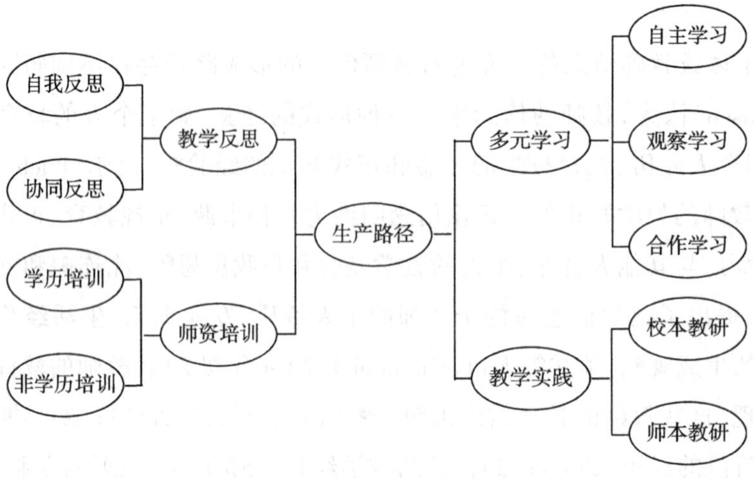

图4-1　教师教学信念的生成途径

一、在多元学习中建构：教师教学信念生成的理论前提

苏霍姆林斯基认为，教师要引导教学，首先要不断地自我充实和自我更新，使自己在精神上今天比昨天更丰富[1]。而学习则是教师不断地自我充实、自我更新以及丰富自我精神的重要路径。这是因为学习是发生于生命有机体中的任何导向持久性能力改变的过程，而且，这一过程的发生不是单纯由于生理性成熟或衰老机制的原因[2]。从个体发展的视角来看，学习可以促进人性的变化。所谓人性的变化是指人的一种倾向或能力的变化[3]，具体包括了个体的认知、情感、信念、价值观、能力、性格等心理因素的改变。不同维度下人性的变化各有其特点——从程度来看，有暂时的和相对稳定的变化；从方向来看，有积极的正向的变化和消极的负向的变化；从测量的角度来看，有内隐的（难以测量）和外显的（可以测量）变化。

信念作为个体的一种心理倾向或精神世界，它不是伴随遗传而传递，而是个体与其所处的社会环境不断互动的产物。这一过程可以理解为克努兹·伊列雷斯所谓的学习过程，亦即是说，信念是个体学习的结果。尽管学习并不意味着信念形成，但通过学习个体获得直接和间接的经验或知识，为教师教学信念的形成提供了

❶ 苏霍姆林斯基．和青年校长的谈话[M]．赵玮，等译，上海：上海教育出版社，1983：4.

❷ 克努兹·伊列雷斯．我们如何学习：全视角学习理论[M]．孙玫璐，译．北京：教育科学出版社，2014：3.

❸ 加涅．学习的条件和教学论[M]．皮连生，等译．上海：华东师范大学出版社，1999：2.

重要的参考信息或决定因素。诚如土耳其学者阿克恰(Akcay)所言,教师的知识是信念形成的一个重要内在决定因素[1]。有关学习的类型存在多种划分标准,如依据学习目标,布鲁姆将学习分为三大领域,即认知领域、情感领域和动作技能领域;依据学习内容,冯忠良将学习分为知识学习、技能学习和社会规范学习三类;依据学习水平,加涅将其分为由低到高的八个层次,即信号学习、刺激—反应学习、连锁学习、言语联想学习、辨别学习、概念学习、规则学习和解决问题的学习。伊列雷斯认为这一学习分类方式反映了学习的层次水平,即信号学习到问题解决学习是一个从低到高的学习层次,通常情况下,高层次的学习类型包含和建立在那些层次较低的学习类型之上[2];依据学习策略,奥苏贝尔将学习分为接受学习、机械学习、发现学习、意义学习四种类型。

上述有关学习类型的分类从不同的视角揭示了学习的性质和特点,为后续研究学习的相关问题提供了不同的理论视角和指导框架。此外,根据内外因辩证原理,自主性在教师学习中扮演着关键性作用,这是因为任何真正的学习都不能缺失教师的主动性,只有在教师的主动参与下衍生的学习行为才是有效学习。调查资料表明,多数被访教师呈现的学习是一种主动学习,无论教师的个人自学,还是与同事的讨论,这些学习行为的产生无不是教师主动学习的彰显。换言之,良性的教师学习应该是“我要学”—“向谁学”—“共同学”的多维共振。据此可将教师学习划分为三种形式——个人学习文本知识的体验(自主学习)、观察他人行为的体验(观察学习)、与他人探讨问题的体验(合作学习/协作学习)。因此,教学信念形成的过程是教师多元学习的产物。

(一)自主学习:教师教学信念生成的内驱力

自主学习(autonomous learning)通常是指学生(接受教育中的学生)的一种主动、自觉地学习行为。钟启泉教授等人将自主学习界定为“个体自觉确定学习目标、自主选择学习方法和制订学习计划,并对学习过程进行自我调节和控制的过程”[3]。帕纳德罗等人(Panadero, et al.)认为,自主学习是学生在实现学习目标的过程中,通过运用学习策略对其动机、认知、情感和行为等因素的一种有效调控或管

❶ AKCAY B. Effectiveness of professional development program on a teacher's learning to teach science as inquiry[J]. Asia-Pacific Forum on Science Learning and Teaching, 2007, 8(2): 1-20.

❷ 克努兹·伊列雷斯. 我们如何学习:全视角学习理论[M]. 孙玫璐,译. 北京:教育科学出版社,2014:33.

❸ 钟启泉,崔允漷,吴刚平. 普通高中新课程方案导读[M]. 上海:华东师范大学出版社,2003:125.

理[1]。由此可见,主动性、自觉性、调控性是自主学习的显著特征。

本书所探究的自主学习不是一般意义上的学生学习,而是特指以教书育人为职责的教师学习。教师学习无论从学习动机(目标)、学习内容、学习方式,还是学习时间、学习环境上都有别于学生学习。故这里的自主学习是指教师基于自我提升和培育学生的需要而主动地、自觉地、自发地学习,并调控自己的学习目标、学习内容、学习方式和学习计划,从而获取知识、锻炼能力、建构意义以及丰富精神的一种专业活动。在此活动中,教师确定学习目标、选择适合的学习内容和学习策略、安排学习时间,并对学习过程进行监控与调节。自主学习最本质的特征在于主动性,即是说自主学习是教师个体自我发展需要催生的主动学习行为,而不是学校、学生、同侪、政府部门等外在因素干预下的被动学习。换言之,自主学习是教师的"自律"行为,而不是"他律"行为。在某种意义上,可以将教师的自主学习理解为自学。这里为了彰显"主动性"在教师学习中的重要性,故采用了自主学习这一术语,也意在区别部分教师的"被动"学习或"无动"学习。

自主学习有助于教学信念的形成。自主学习可以实现教师的内在价值与外在价值的统一。内在价值是指教师通过学习获得广博的知识(包括专业知识),提升专业素养,建构教育教学观念,实现自我发展的需要。外在价值是指教师基于内在价值的发展从而促进学生发展,为社会培育所需的人才。从某种意义来看,自主学习首先表现为教师知识的获得,当基本知识了然于胸之后,真理就清晰显现出来,从而成为维系教师精神信仰和安身立命的纽带和本源[2]。据此可知,学习是为了获得知识,获得知识是为了掌握真理,而真理的掌握是形成信仰的本源。换言之,学习可以促进信念的形成。尽管费弗斯和比尔认为"有可能存在持有信念并不意味着就有知识或拥有知识并不意味着有信念的现象"[3]。但笔者认为,拥有丰富的知识有助于拓展教师的认知结构,为教师建构教学信念提供丰富的信念原料,同时也可能为教师建构合理的正向的教学信念提供可资辩护的理论或知识。

不同教师的自主学习的路径不同。调查资料表明,教师进行自主学习既是为了改进教学效果,促进学生的发展,又是自我专业发展之需。譬如,魏老师为了不

---

[1] PANADERO, ERNESTO, ALONSO-TAPIA, JESÚS. How do students self-regulate? review of zimmerman's cyclical model of self-regulated learning[J]. Anales De Psicologa~a, 2014, 30(2): 450-462.

[2] 雅斯贝尔斯. 什么是教育[M]. 邹进, 译. 北京: 生活·读书·新知三联书店, 1991: 11.

[3] FIVES H, BUEHL M M. Spring cleaning for the "messy" construct of teachers' beliefs: what are they? which have been examined? what can they us? [M]//HARRIS K R, GRAHAM S, URDAN T. APA Education psychology handbook: individual differences and contextual factors. Boston: Allyn and Bacon, 2012: 477.

断自我发展，自订了各种各样语文期刊，她通过长期学习这些期刊和杂志，一方面确保她的语文知识犹如“溪流”样的鲜活，另一方面她更坚信语文学习应规范和严格要求。魏老师的访谈资料如下：

外出学习的机会特别少，几乎就没有。为了提升自己，自订了很多书刊，如《咬文嚼字》，从1999年就开始订了这个刊物，而且每一本都仔细阅读，并且是朗读——我不喜欢默读，默读不能激活我的思考，好像只有读出来才能激发或者激活思考一样。之所以选择《咬文嚼字》，是因为它的知识比较规范，语言表达比较严谨。正因如此，在语言表达方面，我对自己、对学生的要求较为严格，如“孩子们”写字的一笔一画、一个标点都必须规范，不能草率；此外还有《青年文摘》《思维与智慧》《读者》等杂志，每年订阅这些书刊都要花费1000元左右。总之，教师要主动学习，如果不学，课堂上就没有鲜活的知识。(20170417-in-魏)

承担数学和英语学科教学工作的汪老师认为，教师具有扎实的专业知识是赢得学生尊重和喜欢的前提，自主学习则是实现知识拓展的有效路径，所以，她充分利用假期的学习时间提升自我。汪老师的访谈资料如下：

我觉得当老师一定要有扎实的专业知识，否则会被学生瞧不起。因此寒暑假的时间基本上都用于学习，不管是学科知识的练习题还是其他参考资料，我都会认认真真地学习，以期能进一步拓展知识面。(20170405-in-汪)

我国部分特级教师也指出了教师教学信念的发展与其自主学习紧密关联。我国特级教师吴正宪在承担语文教学工作之余，利用晚上的时间主动学习了范文澜的《中国通史》，浏览并摘抄了《唐诗三百首》《宋词》等书籍的关键知识点。在吴正宪老师看来，大量阅读，勤奋学习，不仅为她十几年的语文教学工作奠定了一个较好的基础，而且陶冶了情操，开阔了眼界，提高了素养和品位。其后，因工作需要，她增加了数学的教学工作。为了能胜任数学教学工作，她用一个暑假就做完了1~12册全套数学教材的所有例题、思考题，同时还查阅了大量的参考资料，并将这些例题、思考题进行精细加工，整理成知识网络图，形成了一本本“小题库”“难题解析”等学习笔记。吴老师对教材的深度学习和课外资料的拓展学习，为学科素养的提高奠定了坚实基础。她除了学习学科知识外，还加强了教育教学知识的学习，她认为教学工作必须有先进的科学理论作指导。为此，她主动学习了山内光哉的《学习与教育心理学》、林崇德的《智力发展与数学学习》、巴班斯基的《教学过程最优化理论》及苏霍姆林斯基的《给教师的建议》等教育专著，她认为学习这些教育书籍增强了她的教育教学素养。[1]

综上可知，无论是被访教师还是我国知名的特级教师，从这些教师的口述或文本中（本质上而言教师的文本也是教师叙事的体现）不难发现：一方面，教学信念的形成和发展离不开教师的主动学习和探索。调查资料表明，教师表现出了强烈的求知欲，也选择了学习内容，但学习内容仍然比较单一。有的被访教师仅将学习内容局限在学科专业知识领域，如汪老师的学习内容更多关注于习题和参考资料。有的老师则将学习内容拓展到其他学科领域，如吴正宪老师的学习内容涉及教育学科。这充分表明要成为特级教师或者具有良性教学信念的教师，只立足本学科领域的知识是不够的，还须涉猎其他学科领域的知识。换言之，教师学习的内容既要立足本学科又要超越本学科，这样才能为信念的形成提供丰富的信念内容；另一方面，自主学习的发生与维持也不能脱离教师的先在信念。吴正宪老师的学习经验表明，通过主动学习各类教育理论著作而形成了学习教育著作能增强教师的教育教学素养的信念。同样，吴正宪老师之所以选择坚持阅读教育著作是因为她相信教育科学理论能指导教学实践。从一定程度上来说，行为是基于个体的信念所致，新的信念生成又是基于一定的行为，两者相辅相成，相互作用。正是在教师的主动学习过程中，教学信念才得以不断形成和发展。更进一步而言，自主学习造就了自主发展的教师。

（二）观察学习：教师教学信念生成的牵引力

社会认知理论的创立者艾尔伯特·班杜拉认为，大部分的人类行动是通过榜样的观察而习得的，即一个人通过观察他人知道了新的行动应该怎样做，这一被编码的信息在后来起着引导行为的作用[2]。即是说个体通过观察他人行为会形成怎样从事某些新行为的观点，并在以后用这种编码信息（或观点）指导行为。因此，观察者实际上是获得了榜样活动的符号表征，并以此作为今后相应行为的指南。班杜拉认为观察学习所造成的学习过程的缩短，对于人类的发展和生存来说是很重要的。换言之，观察学习（observational learning）可以减少人们因尝试错误学习产生的危险。美国心理学家贝姆·P. 艾伦（Allen）指出，人们通过观察他人行为间接学习到的知识量与通过直接经验习得的知识量差不多[3]。由此可知，观察学习是人们获取

[1] 吴正宪．吴正宪数学教学教例与教法[M]．北京：人民日报出版社，1998：20-21.

[2] 阿伯特·班杜拉．社会学习心理学[M]．郭占基，等译．长春：吉林教育出版社，1989：22.

[3] 贝姆·P. 艾伦．人格理论：发展、成长与多样性[M]．五版．杜秀芳，等译．上海：上海教育出版社，2011：287.

知识的一种重要学习形式。

班杜拉和沃尔特斯认为，观察对学习行为主要有三方面的影响：一是观察者可以学到新策略；二是观察者可以通过观察对某种惯例性的策略降低决策时的顾虑；三是观察其他人可以使得观察者已知的策略不通过参与就得到检验[1]。观察学习表明了人类可以通过对别人行为的观察、阅读甚至只是"道听途说"来学习[2]，且通过观察学到的行为并不需要表现出来。传统行为主义者认为，如果个体没有表现出某一行为，那么个体就没有学会什么。观察学习理论者则认为，个体虽然未表现出某一行为，但并不意味着它没有掌握这一行为。例如，一个只观察他人投篮行为而从未进行投篮的人，当他在球场上时只要愿意投篮，他也会表现出投篮行为。这一行为就是个体观察学习的结果。此外，个体对学习结果的预期会影响其行为选择。换言之，并非所有观察学习的结果都会被表现出来，只有那些能带来奖励的行为才会被表现，反之，则会被个体有意识地放弃。个体对结果的预期也是来自对他人的观察，尤其与观察对象的行为是否得到奖惩有关。例如，一个教师观察老教师怎样开展教学流程活动，他会密切注意老教师在教学过程中怎样开始导入新课，如何呈现新内容，如何结课，等等。如果这个教师的教学行为获得学生的认可并获得良好的教学效果，这个教师就相信如果他按照老教师的方法去做，也会成功。于是，他可能很快就按照所观察的程序开展教学。反之，若这个教师观察到的教学行为不受学生喜欢，且产生了较差的教学效果，他会相信这样的教学程序是无效的，于是，他就会避免类似的教学行为出现。一言以蔽之，个体通过观察学习是否会产生相应的行为，取决于个体对结果预期的认知。

作为学生角色的教师，他们通过对当时的教师的教学行为进行观察，习得相关教师的教学方法或教学观念，并以表象储存于大脑之中，或内化于大脑之中，形成初步的教学观念，在后续的教师实习和正式的教学实践中，他们会将观察所得与回忆相结合进行比较、判断，看看已习得的教学观念是否能指导教学实践。如果已获得的知识或观念能指导当前的教学实践，即具有积极作用，这些观念会成为他们今后教学实践的指导思想。若这些观念不能指导当前的教学实践，即具有消极作用，他们会将这些观念排除掉，这一过程即是教学信念形成过程。李群老师对自己的专业发展的叙事充分诠释了观察学习在教师建构信念中的作用。

大学毕业分配到企业的子弟校。参加工作的第一个学期，为了向老教师学习，

---

[1] BANDURA A, WALTERS R H. Social learning and personality development[M]. New York: Holt, Rinehart & Winston. 1963: 36.

[2] 伯格. 人格心理学[M]. 八版. 陈会昌，译. 北京：中国轻工业出版社，2014: 357.

我常常去听课。有一次,跟一位中年老师听初一的语文课,当时就发现她把生字生词都抄在黑板上,不过我并没有在意,甚至对此有点不屑一顾。但是,段考的时候,发现我班上的学生生字生词做不好,整个考试成绩都不理想,这下给我敲响了警钟,又想起那次听课的情形。于是开始学着他去抓基础知识,结果很快成效就显示出来,我也很快得到学校领导的认可和好评。❶

调查资料表明,汪老师信奉"严格纪律是良好课堂秩序的保障"的经验无不与其同事关于学生自觉管理的信念所导致课堂纪律混乱关联。相关访谈资料如下:

课堂管理之所以要严格要求,其实与我的一位同事的教学经历有关。这位同事对课堂管理持自觉的原则,即作为教师只要认真教学,至于学生的学习和行为就靠他们自己的管理。事实上,他的课堂秩序非常混乱。据说,他在讲台上课,有学生公然在课堂上运篮球,这个课堂就像菜市场,学生的成绩肯定不理想了,后来学生有意见、家长有意见、校领导也有意见……受这位老师的经历影响,我觉得课堂教学需要管理,而且应严格纪律,没纪律不成方圆嘛!(20170411-in-汪)

格雷泽等人(Glazer, et al.)的研究也证实通过观察成功实施以学生为中心的教学技术课堂,可以向新教师提供新的有力的图像,这对于想要成为一名有效的技术使用者的教师而言,意味着以学生为中心的教学技术使用的可行性印在观察教师的意识中❷。埃特默尔等人(Ertmer, et al.)则认为这些图像可以增加教师对变化的需求,以及他们对这些新实践的看法❸。可见,教师个体通过观察其他教师的教学行为及该行为的后果,可以间接地促进教师建构相应的教学信念,即是说观察学习在解释建构教学信念中起到了牵引力的作用。这或许就是观察学习所导致"从众行为"(conformity behaviour)和"信息追随"(information cascade)的效应。尽管这种效应有助于教学观念或思想的传承,也可能有助于形成教学理论流派,但需要"因地制宜",尽可能避免"淮南为橘淮北为枳"的负面效应。

---

❶ 狄娟娟. 教育信念:一位初中女教师的叙事探究[M]//丁钢. 中国教育:研究与评论(第2辑). 北京:教育科学出版社,2002:207-210.

❷ GLAZER E, HANNAFIN M, POLLY D, RICH P. Factors and interaction influencing technology integration during situated professional development in an elementary school[J]. Computers in the Schools, 2009, 26(1), 21-39.

❸ ERTMER P A, OTTENBREIT-LEFTWICH A, TONDEUR J. Teacher beliefs and uses of technology to support 21st century teaching and learning[M]//FIVES H, GILL M G. International handbook of rearsch on teachers' beliefs. New York: Routledge Press, 2015: 403-418.

（三）合作学习：教师教学信念生成的互助力

社会建构心理学家维果斯基认为，知识建构的过程既需要个体与环境的相互作用，更需要凭借学习共同体的合作互动来完成。他认为，学习是个体通过参与某种社会文化而内化相关知识和技能、掌握有关工具的过程，这一过程常常需要在学习共同体中互动来完成。学习共同体是指由学习者及其助学者（包括专家、教师、辅导者）共同构成的团体❶。这样的共同体常常以沟通交流，分享各种学习资源，共同完成一定的学习任务，因而在成员之间形成了相互影响、相互促进的人际关系，形成了一定的规范和文化。正如亚瑟·克里斯托弗·本森所言，“教育工作不是、也不可能成为纯科学性的工作。它是人与人的心灵碰撞，与人们日常交流有着相同的规律性。”❷实质上，共同体成员间的相互影响即是合作学习导致的效果。

1. *教师合作学习的意涵*

合作学习（collaborative learning）自20世纪70年代被提出之后，逐渐成为教学活动中改善学生学业成绩和人际关系的一种重要的教学方法和策略。有关合作学习的定义，不同学者依据研究视角、认知结构的不同而有所差异。基于已有研究文献可将其主要概况为技术说、环境说、活动说、方法说四种类型。霍普金斯大学的斯莱文教授是“技术说”的典型代表，他认为合作学习是指学生依赖小组进行学习活动，并以小组学习成绩作为获得奖励或认可的一种课堂教学技术❸。莱特（Light）和梅瓦里克（Mevarech）基于斯莱文的“技术说”，将合作学习定义为学生为达成共同的学习目标的学习环境❹。王坦教授认为合作学习是以“学习小组为基本组织形式，系统利用教学动态因素之间的互动来促进学习，以团体成绩为评价标准，共同达成教学目标的活动”❺。加拿大教育心理学家文泽（Winzer）是“方法说”的典型代表，他认为合作学习是由教师将学生随机地或有计划地分配到异质团队或小组中，完成所布置的任务的一种教学方法❻。

上述关于合作学习的界定各有其合理性，也为深入研究合作学习提供了有益

---

❶ 乔建中．教师教育心理学[M]．合肥：安徽人民出版社，2015：33.

❷ 亚瑟·克里斯托弗·本森．为师之道：英国伊顿公学校长论教育（修订版）[M]．张宏佳，迟文成，译．哈尔滨：黑龙江教育出版社，2016：61.

❸ SLAVIN R E. Cooperative learning[J]. Review of Educational Research，1980（50）：315-342.

❹ LIGHT P H，MEVARECH Z R. Cooperative learning with computers：an introduction[J]. Learning and Instruction，1992，8（3）：155-199.

❺ 王坦．合作学习：原理与策略[M]．北京：学苑出版社，2001：11.

❻ 王坦．合作学习：原理与策略[M]．北京：学苑出版社，2001：7.

的理论框架。尽管学者们对合作学习提出了异样的表达方式，但将合作学习视为一种以学生为中心的教学方法，旨在更好地满足学生在学习和社交方面的需要❶的理念是契合的。诸多研究业已证实，合作学习已给学生带来许多有益的作用，譬如增强了学生的自尊心，促进学生学会相互关心，获得同伴的接受和支持，与更多学生建立了良好的人际关系，喜欢学校环境，提高合作学习的能力。

值得注意的是，本书所指的合作学习并非传统意义上的教师组织和计划下的学生的合作学习，这里所探讨的合作学习主要是指教师与教师之间基于自发的或有计划地组织起来的学习共同体，目的在于满足教师个体专业成长或教学质量提升的需要的一种学习方式或策略。这种合作学习是教师个体通过与他人以对话、交流教学问题、教学观点为核心，以此实现互助互补，达到共生的旨归。正如王坦和高艳所言："通过教师与教师之间就所教授内容的互动，教师之间可以相互启发、相互补充，实现在思维、科研智慧上碰撞，从而产生新的思想，使原有的观念更加完善和科学，产生'1+1＞2'的效果。"❷

2. 不同合作学习形式下的教师教学信念生成举样

通过合作学习可以促进教师教学信念的形成。合作学习不仅可以用于学生的学习活动，而且也可以用于教师的学习活动。班克斯(Banks)认为，我们每个人都在自己成长的社群文化里学习其中的价值观、信念和刻板印象❸。墨菲(Murphy)和梅森(Mason)的研究也指出，信念可以通过建构主义实践的结合被改变，比如合作学习，与领域经验直接相关的职业培训/修习/课程作业(coursework)❹。由此可见，合作学习也是教师教学信念形成路径之一。

调查资料表明，教师间的合作学习主要有正式和非正式两种形式。所谓正式的合作学习是指由学校或各学科部门有目的有计划地组织的学习共同体，以达到互学共进的目的。如名师工作室(坊)、教研活动，等等。非正式的合作学习则是指教师间在任何时间任何地点的自由交流、对话的一种学习。非正式的合作学习包括线上和线下两种形式。如某某教育或教学叙事群(QQ或微信)、某某写作群(QQ或微信)等都属于线上合作学习形式，而在课间、操场、散步时开展的教学问题或教

❶ 唐纳德·R. 克里克山克，德博拉·贝纳·詹金斯，金·K. 梅特卡夫. 教师指南[M]. 四版. 祝平，译. 南京：江苏教育出版社，2007：268.

❷ 王坦，高艳. 论合作教学的互动观及其启示[J]. 教育评论，1996(3)：26-28.

❸ 张妹. 教师的文化觉醒及其教学实现[M]. 福州：福建教育出版社，2015：9.

❹ MURPHY P K，MASON L. Changing knowledge and beliefs[M]//ALEXANDER P A，WINNE P H. Handbook of educational psychology. 2nd ed. NewJersey：Lawrence Erlbaum Associates，2006：305-324.

学观点的探讨则属于线下合作学习形式。教师通过正式与非正式的对话和交流实现彼此观念的共享，促使教师反思自我或他者的观念，从而实现教师自我教学观念的生成、修正和发展。以下将从正式的合作学习和非正式的合作学习两个视角来考察教师如何建构教学信念。

第一，正式的合作学习可以促进教师建构教学信念。从事十多年语文教学工作的孙老师自从加入"名师工作室"后，基于"名师"的"八步作文教学法"思想的影响，自己构建了"追梦乐园"的写作兴趣小组，并坚信它会促进学生的写作水平。有关孙老师的相关访谈如下：

进了某老师的名师工作室后改变了我已有的作文教学观念。我现在的作文教学就是以该老师的"八步作文教学法"作为理论依据，并在此基础上做了微调。因为加入名师工作室，就莫名其妙地喜欢作文教学，然后自己也尝试开展相应的作文教学工作，如在班上组建了"追梦乐园"的写作兴趣小组，到现在已经有几个月了，虽然进步并不特别显著，但学生的写作能力还是有所提高，我对这种作文教学法还很有信心的。(201704017-in-孙)

第二，非正式的合作学习也可以促进教师教学信念的建构。苏霍姆林斯基在《和青年校长的谈话》一书中，介绍了教师共同体间的讨论是如何促进教师修正不良的教学方法信念，进而建构良性的教学方法信念。详细的对话如下：

教导主任：真是活到老、学到老啊……直到这次学习班上才开了眼界。最好的课，是按"讲授—实际作业法"上的课。就是讲授和做实际作业，然后考查……这样，可以立即看出教学结果。我相信，每个教师，即便是最平常的教师，照这个方法去教，也会教得好。方法本身会迫使你教好……用"讲授—实际作业法"来上课，能使所有的学生学好知识，难道你们不相信吗？其他教师：一个好教师，不论用什么方法上课，只要能调动学生积极地进行脑力劳动，都能使学生学好知识。如果把"讲授—实际作业法"当作包医百病的灵丹妙药，那么它一点也不比设计法和单元教学法好……因为后两种方法也包含着合理的因素。最后，教师们费了很大劲儿，才使教导主任不再相信借助某种万能的灵丹妙药式的手段就能使教学和教育工作来一次变革。[1]

由"教导主任"和同事间的对话可知，通过教师间的相互讨论，促进了"教导主任"放弃已有的教学方法信念——最好的课，是按"讲授—实际作业法"上的课，并形成了"一个好教师用任何方法上课都能把学生教好"的教学方法信念。这一对话

[1] 苏霍姆林斯基．和青年校长的谈话［M］．赵玮，等译．上海：上海教育出版社，1983：35-36.

过程实质上是一种协作学习过程,"教导主任"正是基于与同事的对话中习得一定的知识与体验,并导致自我的心理活动的内容及其结构发生相应的变化或重组,亦即是产生了新的认知结构、心理倾向和观念等。

教师间的合作学习是教师个体通过与局中人(本校或校外教师)的互动博弈而产生的,因此可能导致信念趋同。实际上,尽管本书的调查资料和其他相关研究证实了教师间的合作学习能够促进教师教学信念的建构,但从合作的形式上来看,仅涉及了教师与教师间的合作。教师间互动确实更有助于教学信念的发展,但作为教学活动中主体之一——学生,即教师与学生间的互动也会对教师教学信念的形成与发展起到一定的助推作用,这一点却是多数教师未深入考量的因素。

本书探讨了教师个体建构教学信念的三种学习表征方式,自主学习是教师个体以书刊等理论知识为认识对象的内在构建,观察学习被视为教师个体向他者(教师)学习的单向构建,合作学习则是一种马丁·布伯式的"我与你"的双向构建。三种教学信念建构方式是一种由内在认知到模仿学习再到内外对话相结合的发展过程,虽然合作学习更能彰显教师间的互动性、依赖性、凝聚力,但教学信念的建构也不能脱离教师个体自主学习这一关键环节,而观察学习在自主学习和合作学习中则起到了桥梁作用,甚至是牵引作用。诚如苏霍姆林斯基所言:"你对年长的同事们的经验研究和观察得越多,你就越加需要进行自我观察、自我分析、自我进修和自我教育。在自我观察、自我分析的基础上,你就会逐渐形成自己的教育思想。"[1]由此可见,三种学习方式互有优势,相辅相成,可以说理想的信念建构是自主学习、观察学习和合作学习的多维同频共振。

学习在教师建构教学信念中扮演着重要的角色。可以说,学习与信念建构是相辅相成、相互促进的辩证关系。具体而言,通过学习可以为信念形成和发展提供内容,进一步修正、巩固和丰富个体的信念,达成教学意义的生成;业已形成的信念可以对学习内容、学习方法等的选择起到过滤、指南和框架的作用,甚至可以确保个体的学习行为得以发生与维持。

二、在教学实践中内生:教师教学信念生成的现实基础

教学实践是教师的中心工作。教师通过教学实践,一方面实现育人价值和促进社会发展的价值,另一方面也实现教师自我的专业成长。教师的教学信念正是在教学实践中得以生成、修正、发展和完善的。从这个角度而言,教学实践是教师

[1] 苏霍姆林斯基.给教师的建议(修订版)[M].杜殿坤,译.北京:教育科学出版社,1984:115.

教学信念生成的现实基础。正如日本著名的教育学家佐藤学教授所言,教师“即便拼命地学习、汲取课堂之外的文化,但倘若不在课堂内部把这种文化同具体的实践挂起钩来,也不可能使自己成长。”❶有关教学实践与教学信念的变化关系一直存在着谁先谁后之争,有的研究者认为意识是个体行为的先导,教学实践是在教学信念的指导下生发的行为,如佩詹斯认为教师的信念范导着其教学行为。有的研究者则认为,教学信念是在教学实践之后才得以形成和发展。古斯基(Guskey)是这一观点的持有者,他认为信念的转变实质上是跟随于实践,而不是先于实践❷。在古斯基看来,教师教育者只有通过帮助教师开展新的实践,且获得成功,才会促使教师的相关信念发生改变。这里暂且搁置教学信念与教学实践孰先孰后的讨论,在教学信念生成机理部分再做详细探讨。从这些争论中不难发现,教学信念的发展不能脱离教学实践这一现实场域。可以说教学信念是在教学实践中得以检验、修正和发展的。

在有关教学实践的研究中,钟启泉教授基于教育技术学的视角将课堂中的教学实践划分为“技术性实践”和“反思性实践”的教学。前者是指教师按照教学大纲、提问和指令展开的“看得见的实践”,后者是指针对情境作出考察和策略的判断与选择,设计教学内容和人际关系的“看不见的实践”❸。由于后一种实践是教师针对教学情境或教学问题进行分析、判断而作出相应的策略和设计,渗透了教师对相应问题的分析和探究,故也可以称为研究性教学实践。基于此,可以将教学实践划分为程序性实践或技术性实践和研究性实践。根据调查资料涌现的主题特征,这里仅探讨“研究性实践”的教学,即“师本教研”和“校本教研”❹两类教学实践。

(一)师本教研与教师教学信念生成

师本教研是指教师个体针对自己的教学实践中面临的问题或喜欢的问题所进

❶ 佐藤学.课程与教师[M].钟启泉,译.北京:教育科学出版社,2003:265.

❷ GUSKEY T R. Staff development and the process of teacher change[J]. Educational Researcher,1986,15(5):5-12.

❸ 钟启泉.教学实践与教师专业发展[J].全球教育展望,2007(10):8-14.

❹ 我国学界对教学研究中的“师本”和“校本”概念存在着两种观点,一种认为“校本”包含“师本”,另一种则认为“校本”有别于“师本”。郑金洲和余保华倾向于前一种观点,他们认为教师自发研究是校本教研中的一部分;代蕊华和陈鹏飞则支持第二种观点,他们认为“师本”侧重于教师个体自身的发展需要,“校本”则是学校发展需要。这两种观点都有其自身的合理性,但从主动性是否充分发展的角度来看,这里倾向于选择第二种观点,即“师本教研”更能彰显教师的主动性,“校本教研”则不一定是教师乐于参与的行为。

行的探究活动，属于教师个体行为。师本教研的核心在于问题解决，问题解决(problem solving)是心理学中常用的一个概念，也是心理学中的一个传统课题。所谓问题解决是指学习者将原有的概念和规则加以综合，在新情境中应用并得到新的认知成果的过程[1]。在问题解决过程中，问题解决者不管是用行为主义者的尝试错误法，格式塔心理学家的顿悟，还是“生成—检验法”和“手段—目的法”，都可能会生成新的认知成果。这里的新的认知成果涉及方方面面的内容，可能是一种新的观念，可能是一种新的问题解决策略，也可能是一种新的研究计划或研究成果。教师正是基于教学实践中的问题解决而实现斯腾豪斯所谓的“教师即研究者”的角色，也正是基于此而实现知识的“获取者”向知识的“运用者”的角色转变，实现教学知识的“传播者”向教学知识的“建构者”的角色转变，在这种转变过程中教师的专业成长得以实现。因此，师本研究意味着教师不再是知识传递的工具，而是教师主体性内在价值的彰显。诚然，教师解决教学实践中的问题不仅可以促进自身的专业成长，其最终目的在于促进学生发展。

教师个体通过问题解决或师本研究也可以获得新的信念，或者说通过问题解决个体可以修正和发展已有信念。调查资料表明，陈老师的“因生管理才是有效管理”的信念形成于他对班上的一名轻度多动症的学生实施管理策略的探究经验。陈老师的叙述资料如下：

班上曾经有一名轻度多动症的学生(后来确认的)，经常不能“静”下来参与教学活动和学习活动，甚至还影响其他学生的注意力，碰到多动学生在我的教学生涯中还属于首例，最初我不假思索地运用了传统的对待所有上课精力不集中的学生的管理策略，如加大讲课音量、稍稍停顿、注视等间接提醒方式和直接的话语提示，刚开始还有点用，可管不了多久又失灵了，当时我就想，这个学生可能与其他学生的情况有些不同，于是我有意向家长了解了该生的情况，与家长的谈话证实了我的最初判断。为了能够解决该生注意力不集中的问题，也不影响他的同桌，于是我特地让其单独坐到靠近黑板的位置，并要求其在老师进行教学时，眼睛必须注视老师讲解的内容，这样做的目的在于：一是有利于老师随时关注他的动态，对其注意力不集中时，及时提醒；二是不会对其他同学造成直接的影响。当时用这个方法也只是抱着试一试的想法，经过几个星期的矫正，还是有一定的效果的，这些效果更加坚定了这一方法对于改善学生注意力不集中的现象是有效性，如果以后遇到类似的学生我还会尝试采用这一方法。从这个事件中我更坚信因生管理才是有效地管

[1] 皮连生. 教育心理学[M]. 三版. 上海：上海教育出版社，2008：160.

理。(20170412-in-陈)

根据陈老师的叙述可知,陈老师的“因生管理”信念是源于其在教学实践中所遭遇的问题生成的。其他研究也证实教学实践是促使教师教学信念生成、转变的关键。西蒙斯等人[1](Simmons, et al.)通过深度访谈、课堂环境调查和课堂观察的研究方法,采用纵贯研究(Longitudinal Study)法,分析了中学的科学教师和数学教师在第一年、第二年和第三年时的教学信念的变化情况,他们发现初任教师入职的第一年持有关于教师在课堂上应该做什么的各种各样的信念。到第三年时,他们观察到这些教师的信念发生了显著的变化。具体而言,第一年的教师表现为以教师为中心的信念和行为,但进入教学的第三年,他们处于以教师为中心和以学生为中心的教学实践的“摇摆”信念中。概言之,教学实践是信念改变的强有力的推动因素。

我国数学特级教师吴正宪老师的教学信念生成也是基于将所学的教育教学理论知识探究教学实践中存在的客观问题而得以实现的。吴正宪老师在学习之余,把所学习的教育教学理论知识运用于教学实践中,以指导教学实践。如她学习了《教育心理学》后,就试着做小学生学习心理研究,学习了《教育评价》就尝试着在实验班做学习评价改革。[2]可见,吴正宪老师学习教育教学理论并不止于理论知识的获得,也不是为验证某个教学理论,而是为了教学,为了学生的发展,即在于改进、解决教学中的实际问题,提升教学效率,促进学生身心发展。

教师在面临教学实践问题时,通过分析弄清楚问题的性质,提出解决方案并进行检验,如果能有效(一定程度有效)地解决问题,教师从而笃信这种方案或观念在解决类似问题中的价值,这一问题解决的过程即是信念的形成。从某种意义上而言,信念建构是教师在解决教学实践中的问题而实现的。可以说,师本研究是教师构建教学信念的重要路径,也是教师实现自我专业成长的重要路径。

(二)校本教研与教师教学信念生成

校本教研主要发轫于20世纪60年代的美国,旨在消除学校,尤其是教师在研究中的边缘人问题。如今校本教研已成为世界各国学校教育教学改革的主要潮流,同样也成为我国当前学校教育教学改革的主流。校本教研之所以受到教育界推崇,主要在于它克服了传统的教学实践逻辑和研究逻辑的流弊。传统教学实践逻辑表征为将掌握的理论运用于教学实践,即实现理论指导教学,促进教学合理地

---

❶ SIMMONS P E, et al. Beginning teachers: beliefs and classroom actions[J]. Journal of Research in Science Teaching, 1999, (36): 930-954.

❷ 吴正宪. 吴正宪数学教学教例与教法[M]. 北京:人民日报出版社,1998:21.

发展。传统的研究逻辑认为研究者先进行书斋式研究,然后再将其理论运用于教学实践。然而,这种思维逻辑在学校实施中难以负载其最初的价值使命,往往无疾而终,或者收效甚微。究其原因不外乎这样的逻辑忽视了学校的独特性、具体性、差异性和复杂性,也忽略了教学主体的差异性和独特性。校本教研则是一种融学习、教学和研究于一体的教学性实践活动。它是以学校存在的突出教学问题为起点,以教师为研究主体,以改进教师的教学实践、提高教学质量、促进学生和教师共同发展为宗旨,基于解决教学问题而开展的教学实践活动。从一定程度上来看,校本教研可以消解传统上的理论与实践之间相脱节的现象,可以促使研究者和实践者转向具体的教学实践,并立足于教学实践,解决教学实践中的问题,可以促进教师间或教师与研究者之间的对话与合作,可以进一步促进教师教学观念的发展,构建教师独特的教学风格。校本教研是教师发展的需要,是学校发展的需要,是教育发展的需要。

校本教研可以促进教师的知识和能力的提升,可以促使教师形成或修正教学信念。调查资料表明,通过教研活动可以修正和完善教师的教学信念。有近20载小学语文教学经验的魏老师认为,参与教研活动不仅可以丰富自己的教学知识,还能进一步"净化"自己的教学信念。魏老师的访谈资料如下:

我觉得公开课对我的成长还是很有帮助的,我可以从中发现老师们的一些有益的教学方法、教学技巧、课堂教学管理方法、作业评价方法和教学观念,等等。它有助于进一步丰富或完善我业已形成的教学知识或教学信念,所以我特别喜欢这样的课。诚然,公开课不能形式化,否则适得其反,不仅不能给人启迪,还会占用老师们太多的学习、内化、钻研的时间。(20170417-in-魏)

关于好课,不同教师基于自己的教学经验和认知结构有不同的评价尺度。如有的认为以促进学生成长为目的,有的认为教学内容的合理和有效是关键,有的则认为应以教师和学生都能获得发展为旨趣,等等。可见,有的教师是以目的为尺度,有的则是以内容为尺度。被访者孙老师则是以来源作为好课的评价尺度,她认为"好课是打磨出来的"。这是孙老师经过备课—上课—教学研究活动—再次备课—上课—课堂效果一系列教学活动后得出的观点。孙老师的相关访谈资料如下:

前天上了一节作文公开课,这是我的第一次以作文为专题的课——"引用在作文开头中的作用"。为了能给学生提供较为全面的信息,所以选择的内容有点多。由于教学内容多,所以担心课堂环节不完整,于是就匆匆忙忙地完成了教学环节。

课程结束后，参与听课的老师们就这一节课展开了讨论，有的老师觉得这次课上得很空，过程虽然完成了，但难以让学生清晰地掌握"引用"的写作知识点，对学生的启发性不够。有的老师建议能否换一个话题？他们觉得我的优势在阅读课而不是写作课。有的老师则提出了非常中肯的建议，他们认为虽然向学生提供丰富信息是多数为师者的慈爱之心，但课堂时间是有限的，为师者只能选择相关信息来反映本节课必须掌握的知识点，比如从我呈现的信息中挑选……知识点即可，此外，还可以增加学生当堂练习的时间，这样才能学以致用，实现知识和能力的同步发展。听了老师们的建议后，我再次修改教案，保留较为有特色的能反映关键知识点的信息，再增设两个有关"引用"运用的练习题。今天的教学内容也就是修改后的内容，从学生的表现来看，还是达到了预期的教学效果。所以我觉得好课是打磨出来的。(20170417-in-孙)

上述研究表明，校本教研可以促进教师的教学知识和技能的提升，也可以促进教师教学信念的形成。从魏老师和孙老师的教学信念形成经历可知，教学信念的形成与其教学实践成效密切关联。王恭志的研究也支持这一观点，他认为教师的教学信念与教师的教学成效，有密切的关系❶。

不同的教学实践会给教师带来不同的体验，不同的体验会生成不同的教学信念。江淑真通过对30岁的师培研究生的访谈发现，"教学相关的经历"造成教师抱持不同的教师信念❷。卡根指出，教师往往从实际经验中形成自己独特的教师信念，尤其是来自他们的教学经验或从其同侪老师们相互学习中得到。这凸显了教学经历对于教师信念的形塑具有重要的作用。然教学经验的获得离不开教师的教学实践，可以说教学实践是教师获得教学经验的关键路径。要获得丰富的良性的教学经验，加强教学实践是教师的不二选择，因为"脱离实践的信念是毫无生气的"❸。

此外，教学实践使教师有机会将所生成的信念或观念应用于真实的教学情境，并依据实践回馈再不断地思考、反省，以修正自己的信念与教法，寻找属于自己的教学方式。古斯基指出，教师教学信念与教师教学实践密切关联，当教师把自己的教学假设付诸教学实践并获得了成功体验，这种假设会逐渐成为教师的教学信念。教学信念与教学实践之间的关系正如李秉德教授所言的理论与实践的关系，即用

❶ 王恭志．教师教学信念与教学实务之探析[J]．教育研究信息，2000(2)：84-98.

❷ 江淑真．年纪有差吗？来自30岁左右师培研究生们选择进入教师职涯的省思[J]．高雄师范大学学报，2015(38)：69-91.

❸ 程晓玲，赵潇潇．教师信念培育与教学实践创新[J]．大学教育科学，2012(4)：66-70.

理论来指导实践,以实践来促进理论的学习,这样往复循环不断地把教学实践和理论提到更高的水平[1]。具体而言,教学信念可以指导教师的教学实践,教学实践又促进教学信念的发展,在这样螺旋上升的过程中不断把教学实践和教学信念提到更高的水平。

三、在师资培训中助推:教师教学信念生成的外推路径

法国社会学家涂尔干认为,教育就是使年轻一代系统地社会化[2],即把社会的价值观和信念灌输给新生的一代。尽管涂尔干忽略了社会个体化存在,但他指出了个体社会化存在,或者说他观照了教育的社会价值,这一点毋庸置疑。同时涂尔干的观点也表明教育活动具有形塑个体信念的价值。相关研究表明,教师的信念在师资培养期间更具有可塑性,而不是个体曾经的课堂学习经验[3][4]。因此,师资培训可以实现教师教学信念的发展或改变。在汉语词典里,"培训"一词具有"培养和训练"之意。在教育场域中,根据培训是否涉及学历提升,可把师资培训划分为学历培训和非学历培训两类。学历培训即是通常意义上的成人高等教育或成人继续教育,非学历培训即是各种短期培训、进修等。根据调查资料所涌现的主题,这里只探讨学历培训和非学历培训中教师教学信念的形成样式。

(一)学历培训与教师教学信念生成

对于广大的中专学历和专科学历的教师而言,学历培训(成人高等教育)是他们提升学历的主要渠道。从某种程度上说,我国大部分中专和专科学历的教师都是通过学历培训这一路径而实现学历提升的。但需要注意的是,提升学历不是学历培训的唯一目的或主要目的,它也像普通高等教育一样具有培养人才、文化传承、服务社会和科学研究的职能。至于两者的职能有何区别则不属于本书探讨的主题,兹不赘述。这里只关注在学历培训中教师是如何实现信念发展的。

---

❶ 李秉德. 教学理论与教学实践"两张皮"现象剖析[J]. 教育研究,1997(7):32-33.

❷ 涂尔干. 教育及其性质与作用[M]//张人杰. 国外教育社会基本文选. 上海:华东师范大学出版社,2009:8.

❸ SO W M,WATKINS D A. From beginning teacher education to professional teaching:a study of the thinking of hong kong primary science teachers[J]. Teaching and Teacher Education,2005(21):525-541.

❹ DECKER L E,RIMM-KAUFMAN S E. Personality characteristics and teacher beliefs among pre-service teachers[J]. Teacher Education Quarterly,2008,35(2):45-64.

调查资料表明，教师对其信念形成来源进行归因时，部分教师认为他们的信念养成与其成人继续教育阶段的学习相关。他们认为，参加成人继续教育后习得了很多新知识和新理念，尤其在课程观和教学观上的收获与改变最为明显。譬如，在课程观上，从教材的忠实取向逐渐转向创生取向，用被访教师的话来表达即是“用教材”而不是“教教材”。在教学方法上，从单向度地讲授到多元方法运用。谭老师的部分信念养成是这些教师中最为凸显的事例，她认为在参加成人高等教育前，她主要以讲授法为主，当她了解了探究教学、问题导向教学、小组教学、反思性实践教学以及计算机辅助教学后，她的教学方法变得更加多样化，学生的学习积极性显著提高，课堂教学质量得到改善。谭老师的相关访谈资料如下：

可能我的教学质量得到显著改善与参加成人继续教育（本科教育）有关。本科阶段学习课程较多，授课教师也会增加相应的新知识，比如在教学法课程上，更多是介绍了探究学习、问题导向学习、小组合作学习、反思性学习等教学方法和学习方法，通过这些内容的深度学习，才发现以前的教学方法过于单一，这可能是导致学生学习积极性不高的原因之一吧。本科毕业后，我的课堂教学根据教学内容、学生特点、教学设施适时地运用相应的教学方法，多样化的教学方法给学生以新颖性，调动了学生参与教学的热情，教学效果明显提升了。可以说，本科阶段的学习不仅拓展了我的学科知识面，还促使我掌握了很多教育教学方面的新知识和新的教学方法。今天我运用的小组合作学习也就是来源于本科学时的内容。（20170411-in-谭）

其他研究者也支持这一观点，陈国泰和曾佳珍对准幼儿教师教学信念发展的个案研究表明，准幼儿教师从早年经验中所省思出来的教学信念，复经师资培育课程的影响而显得更加坚定❶。可见，在学历培训中教师的教学信念会发生新的变化。学历培训之所以有助于教师发展信念，其原因在于教育能提供新信息，在教师面对认知冲突时协助其质疑与修正原有信念。诚然，并非所有的教育都能促进信念的发展，只有当学生从学校教育获得协助时，才能使其原有知识信念更加成熟，但若教学不利于知识信念的发展，会使学生停滞在原有不成熟的知识信念系统❷。因此，以发展和修正教师教学信念为目的的教师教育，需要提供有利于教师信念发展所需的知识或内容。

---

❶ 陈国泰，曾佳珍．准幼儿教师教学信念的发展之个案研究[J]．幼儿保育学刊，2005(3)：1-30.

❷ MARCIA B，BAXTER MAGOLDA. Evolution of a constructivist conceptualization of epistemological reflection [J]. Educational Psychology. 2004，39(1)：31-42.

(二)非学历培训与教师教学信念生成

非学历培训已经成为当今世界各国教师专业成长的潮流。通过各种非学历培训教师可以花费较少的时间和精力习得所需的前沿资讯,可以拓展不同区域的教师互动交流与合作,为其教育观念更新、专业素养养成以及教师成长共同体构建起到了有力的助推作用。相关研究表明,作为教师核心素养的教学信念可以在培训中发生变化。彼特曼(Peterman)在其博士学位论文《教师关于学习和教学的信念转变》中,通过运用结构化访谈研究了黛比在师资培训前后的学习和教学的信念变化情况,其研究结果指出,教师的信念可以在整个师资培训过程中发生变化❶。调查资料表明,参加培训可以影响教师的知识观、课程观和教学观。

参加培训能拓宽教师的知识视野,更新陈旧知识。从访谈资料观之,大部分被访教师都认同参加培训有助于拓展知识面,习得新知识,发展新技能。即将退休的余老师认为,不管是外出培训还是校本培训,只要教师积极参与都能或多或少地拓宽教师的知识面和认识视野。余老师的相关访谈资料如下:

本校优秀的老师对其他老师进行培训,可以实现"以老带新",实现教师间的知识、经验的共享,增强本校教师间的凝聚力。参加校外培训和进修,可以帮助老师们学到更多新的教育思想,避免老师们只拥有"死水"般的知识。因此,我常常鼓励和支持老师们参加培训,这对于教师发展的重要性是不言而喻的。(20161116-in-余)

参加培训有助于构建新的课程观。调查资料表明,教师可以通过培训实现课程观的更新和变化。参加"全课程"培训后,何老师深受启发,发现自己以往的课程设置过于单一,给予学生的知识较为片面,全面发展的学生也就难以实现。为此,她不仅认同、接纳"全课程"思想,并且还要在今后的课程设置中落实"全课程"思想。何老师的相关访谈资料如下:

我前天在深圳福田参加"全国首届'全课程'教学的研讨会",此次会议让我震撼。以前参加过北京、上海的学习和培训,但感觉收获不大,而这次会议的"全课程"思想让我感觉到我们的课程太单一,没有全方位去引导学生的发展,我想今后的课应该基于"全课程"的角度去思考,去实践……(20170417-in-何)

参加培训有助于构建新的教学观。参加培训可以修正以往的教学观念,使其不仅联结了学术共同体认同的学术话语或遵守的学科范式,更能促进教师对其原

❶ PETERMAN F P. A teacher's changing beliefs about learning and teaching[D]. Tucson: The University of Arizona, 1991: 144.

有观念生发新的认识与意义建构，从而提升教师的教学素养。何老师正是基于参加培训后习得了“理答”❶与回答的不同意蕴，认同并接纳“理答”的课堂教学评价观念。何老师的相关访谈资料如下：

这次学习收获了一个很有意思的词——理答。对待学生的提问，不能简单回答（以前我常用的方法），而应用理答，理达比回答要高一个层次，更能调动学生的积极主动地参与回答问题，所以老师应关注自己的理答行为的有效性。（20170417-in-何）

综上可知，师资培训有助于信念的形成与修正，在教师教学信念生成的过程中发挥着外推的作用。教师教学信念的形成虽然是教师个体主动构建的结果，但也需要一些外在的催化力量，师资培训就是这种催化力量的集中体现。教师信念能在师资培训中得以形成和改变也从一定程度上印证了理查德森的“在职教师的信念比职前教师更容易改变”的观点

诚然，部分被访教师并不完全认同师资培训能促进教师教学信念的发展。他们认为从培训中获得的理论和方法与他们的校情、学情不相符，难以运用到教学实践中。导致这种现象存在的原因是多样的，与参培教师所处的校情、学情不符也是可能存在的原因之一。此外，还可能与参培教师固有的教学信念相关。如果参培教师对于教学已有某种根深蒂固的教学信念，则师资培育课程想要撼动他们原来的教学信念似乎不是一件易事。进一步言之，如果参培教师在教学实践中所持有的教学信念并不符合教育教学的要求，那么师资培育者即使有再好的教学理念，也不易为他们内化❷。或许美国社会心理学家戴维·迈尔斯关于“给被试灌输一种信念”的实验研究结论更能诠释这一现象，他认为“只有25%的人接受了新结论，大部分人仍然坚持他们已经接受的结论的解释，亦即信念固着现象”❸。针对信念固着（belief perseverance）现象，尤其是抱持消极信念的现象，师资培育者该如何应对？这一问题也是值得学界专题探讨的重要课题。

---

❶ 华东师范大学崔允漷教授把“理答”一词界定为教师对学生回答问题后的反应和处理，是课堂问答的重要组成部分，一般来说，课堂问答包括发问、候答、叫答和理答四个环节。教师的理答是否有效将影响到学生回答问题的积极性、主动性和参与性。亦即是说，有效的理答更能促进学生回答问题的积极性。

❷ 陈国泰，曾佳珍．准幼儿教师教学信念的发展之个案研究[J]．幼儿保育学刊，2005(3)：1-30.

❸ 戴维·迈尔斯．社会心理学[M]．八版．侯玉波，等译．北京：人民邮电出版社，2006：75.

四、在教学反思中修缮:教师教学信念生成的内生路径

反思是一种认知方式,或者说是一种思维方式。杜威将反思(反省思维)视为最好的思维方式。前面提及的学习和培训(培训本质上也是学习,是一种由外在引导的学习)是教师个体信念生成的路径之一,两种信念习得方式的共同点在于以他人的教育教学思想为学习对象。重要他者的教学观尽管是教师构建信念的来源之一,但如果个体没有内化他者的教学观,而只是无认知加工的全盘接受,这样的教师也只是他者的教学观念的“接收器”,在教学实践中可能会产生“水土不服”现象,甚至可能不会将其转化为教师自己的信念。此外,学习和教学实践中所产生的体验或经验往往是零散的、碎片的,甚至是隐性的。教师如何把他人的教学观内化为自己的教学信念,如何把碎片的、隐性的经验转化为系统的显性的观念或信念,教学反思则是实现这一内化和转化的不可或缺的重要方式。在任何教学行为的背后都存在由特定的世界观所赋予的价值、信念和假定,反思无疑是厘清这些价值、信念和假定的理想方式。被访者彭老师的观点更直接地表达了反思在教师信念发展中作用,她认为:只有学习和实践,而没有总结反思,我们可能会在教学工作上是“一把好手”,然而我们也可能不清楚自己的教学实践究竟在坚持什么,所以对教学工作不断地进行总结反思,才能不断形成自己的一些想法和看法。(20170410-in-彭)

依据不同的尺度可以把教学反思划分为不同的类型,从对象维度来看,有对自我教学行为的反思和对他人教学行为的反思;从内容维度来看,有对教学目标、教学内容、教学主体、教学方法、教学程序、教学管理、教学评价等维度的思想和实践的反思;从层次维度来看,有技术性反思、沟通理解反思和批判反思(范梅南);从主体维度来看,有个体反思(自我反思或独立反思)和协同反思[1];从时间维度来看,有教学前、教学中、教学后的反思,或舍恩的“对行动反思”和“在行动中反思”;从方法来看,可以采用叙事法、日记法、录像法、对话法等进行反思。诚然,这些划分尺度只具有相对意义,而非绝对意义上的尺度。基于调查资料所涌现的主题,这里主要从自我反思(独立反思或个体反思)和协同反思的视角来分析教师教学信念的生成。

---

[1] 有的研究将反思分为个体反思、协同反思和集体反思三类。以参与主体的多寡为尺度,研究者认为协同反思的参与主体包括两人及两人以上,即是说集体反思也是一种协同反思,实质上是基于实践问题或教学观念进行对话和讨论的一种互动式活动,从而实现共同发展。故本书将其划分为个体反思和协同反思两类。

(一)自我反思:教学信念的自生路径

所有的个体都是思想性存在者。不管是我们自己的选择、决策和行动,还是他人的选择、决策和行动都蕴含一定的思想观点。有些思想观点是我们清楚明了的,有的则是我们没有意识到的或模糊的,但真实地左右着我们的行动。无论是意识到还是未意识到都需对其进行自我反思,才能了解我们持有何种观点以及这些观点是否正确。正如班杜拉所言,通过反思自己的不同经验以及他们所知道的一切,他们能归纳出有关他们自身和他们周围世界的一般知识[1]。美国教育学家斯蒂芬·D. 布鲁克菲尔德(Stephen D. Brookfield)在《批判反思型教师ABC》一书中,提出了教师审视自己教学的四个视角,即教师的自传、学生的反馈、同事的感受以及理论文献[2]。教师可以根据这四个视角来检视自己的教学实践,反思自己已有的教学信念或假定。这里将其概括为两个视角,即内在视角和外在视角。内在视角是指教师以自己的教学行为和教学经验为思考对象,外在视角是指教师以他者的教学行为和教学经验为思考对象。基于此,教师的自我反思可以分为两种类型:一是反思自己的教学行为和教学经验(观念),二是反思他人的教学行为和教学经验(观念)。

1. 反思自我的教学行为和经验

教学信念的形成和发展离不开教师的自我反思。从某种意义而言,教学信念的形成和发展的第一步,就在于教师自身的反思、教师自身对自身的评价和教师自身的自我改造[3]。教师通过对自己的教学行为和教学经验的反思,能促进其更深层次地理解自我行为的意义,也能认识其他教师相应行为的意义。正如狄尔泰所言:"通过对自我行为意义的理解,可以认识到他人在相同的条件下所表现出的行为的意义,因为,人文和社会科学研究者与他人享有共同的意义视野。"[4]事实上,教师作为教学实践者有责任反思自己的教学行为。从某种意义上说,教学信念的形成过程主要是教师在反省自己的教学实践中生成新的教学观念和看法的过程。亦即是说,教师进行教学反思的过程就是发现、修正和完善教学信念的过程。正是教师自

[1] 班杜拉.思想和行动的社会基础:社会认知论(第1卷)[M].林颖,等译.北京:华东师范大学出版社,2001:28.

[2] 布鲁克菲尔德.批判反思型教师ABC[M].张伟,译.北京:中国轻工业出版社,2002:37.

[3] 上寺久雄.教师的心灵与风貌[M].赵一奇,等译.北京:春秋出版社,1989:63.

[4] 德特勒夫.霍尔斯特.哈贝马斯传[M].章国锋,译.北京:东方出版中心,2000:6.

己平日随时省思与检视自己的教学工作,持续增强教学信念,才能呈现最佳的教学效能。

调查资料表明,有关教学的任务是传递知识还是掌握学习方法的问题上,谭老师经历了以知识为主向方法为主的转变。谭老师刚入职时持有"教学就是要给学生丰富的知识"的教学目的信念,入职几年后信奉"掌握获取知识的方法比单纯获得知识更重要"的教学目标信念,这一信念的转变是基于谭老师不断地自我反思下实现的。谭老师的相关访谈资料如下:

刚工作的时候感觉每节课的时间都不够用,总认为教学就是要给学生丰富的知识。但教学效果不佳,为什么我这么尽力搞好教学却不能教好学生呢?经过对过去的教学活动认真反思后,才发现我的教学是把所有"食材"都做成"食物"了,学生虽然能直接"吃到食物",但他们却不知道怎样做这些"食物",他们就不能体验做中的乐趣,丧失了兴趣的学习很难有好的素养养成。与获得知识相比掌握获取知识的方法才是关键。现在我的课堂不再局限于知识的传递,更多是渗透学习方法的介绍,这样既解放了自己,也解放了学生,我不再是知识的"灌输者"而是学习知识的"引导者",学生不再是知识的"接收器"而是知识的"发现者"。(20170411-in-谭)

凌老师在《花圃》教学后,对两个平行班级所运用的教学指导方式及其效果进行了反思。他发现:在C101班采用单向的讲授法没有激发学生学习美术的兴趣,而C102班采用针对性的多样的指导方式更能激发学生学习美术的兴趣。因此他深信"正确的指导方式可以更好地满足学生所需,更好地完成教学任务"。凌老师的相关反思资料如下:

在《花圃》这节课的教学实验中,通过两个班的对照,我深深体会到美术老师必须要有好的教学指导方式,正确的指导方式可以更好地满足学生所需,更好地完成教学任务。C101和C102是同一个年级的平行班级,班级总人数相等,男女比例相近,文化成绩也接近,而且,这节课的教学流程也差不多。在C101的美术课教学中,采用的是传统的教学指导方式,即"讲授法",这种方式平淡直述,不能扣住学生的心灵,学生没有学习美术的兴趣,不能参与到教学活动中来,所以,在教学中不能采用这样单一的教学指导方式。在C102的美术课教学中,运用了多种教学指导方式。在导入部分,以情境设置法为教学指导方式,利用图片、花卉实物、音乐营造出一个美的教学氛围,学生自然地进入了教学活动中来;又以设问引发学生观察、分析,激发学生学习美术的兴趣。教学的第一部分是图案花,老师运用了激励法和演示法的指导方式,学生在其过程中了解了图案特点和图案花的画法。第二部分是图形置换,这是教学的主体部分,老师采用了演示法、学法指导法、激励法等指导方式,学生通过实践巩固了前面所学的知识。学生完成作业之后,老师在评价时又做了技法修正和指导,深化了教学内容,使教学效果更加完美。通过长期的教学实践,我认为美术老师应该遵循教学规律和原则,才能产生行之有效的教学指导方式。[1]

上述研究表明,教师对自己的教学行为和教学经验进行反思可以实现教学经验重构和教学问题解决。重构教学经验在一定程度上即是教学信念构建。此外,反思不只起到重构教学信念的作用,还可以固化教学信念。可以说,每一个教师都可以对自己所相信的种种叙述或命题进行再思考和再批判,经过再思考或重新检验的信念,自然是更为坚持与完全赞同的信念。不论是专家教师或新手教师,若能借反省教学,建立自己坚定的信念,则更能促进专业成长[2]。

2. 反思他者的教学行为和经验

教师在进行自我反思的过程中不仅以自己的已有教学行为和现在的教学行为作为反思对象,还可以以他者的教学行为和教学经验(观念)作为自我反思的对象,实现“以人为镜”而达到了解自己和他人的目的。正如狄尔泰所言,在自我反思活动中,个体越是对他人的行为有深刻的了解,便越是可以更好地认识自身的意义结构,而这又反过来使他更深入地了解他人的意义结构[3]。

调查资料表明,通过反思他者的教学行为可以促进教师教学信念的生成。汪老师信奉“严格纪律是良好课堂秩序的保障”的课堂管理信念是源自其反思同事的有关学生自觉管理的教学行为所导致课堂纪律混乱而生成。汪老师的相关访谈资料如下:

课堂管理之所以要严格要求,其实与我的一位同事的教学经历有关。这位同事对课堂管理坚持自觉管理的原则,即作为教师只要认真教学,学生的学习和行为就靠他们自己管理。事实上,他的课堂秩序非常混乱。据说,他在讲台上课,有学生公然在课堂上运篮球,这个课堂就像菜市场一样,纪律混乱,学生的成绩肯定不

[1] 罗炜.十位智慧教师的成长历程[M].北京:北京师范大学出版社,2015:228.

[2] 刘威德.教师教学信念系统与教学行为关系之研究[J].中州学报,2002(15):164-178.

[3] 德特勒夫·霍尔斯特.哈贝马斯传[M].章国锋,译.北京:东方出版中心,2000:6.

理想了，后来学生有意见、家长有意见、校领导也有意见……从这位老师的课堂管理经历可知，课堂是需要管理的，只有严格的纪律才能维持正常的课堂教学秩序，毕竟没规矩不成方圆嘛！(20170411-in-汪)

综上所述，教师通过反思自己的教学行为和教学经验，以及反思他者的教学行为或教学经验，可以实现教学信念重构或对原有教学信念进行修正和完善。诚如英国著名的心理学家班森所言，人类可以通过思考来学习，而不仅仅是通过条件作用或者模仿来学习[1]。

(二)协同反思：教学信念的共生路径

每个个体都有信念和价值观。信念和价值观会影响个体的思考、判断、决定和行为，而教师的教学信念和价值观，也在有意和无意间影响学生的成长和发展。故而教师应对自己的教学信念和价值观有清晰的了解和掌握，修正教师信念和价值观中不合理的成分，给予学生积极的正向的影响。但个体的信念与价值观与其实际的行为存在不一致现象，甚至存在消极的负向的信念迷思而不自知。自我反思或个体反思虽然在一定程度上可以厘清教师自己持有何种教学信念，但有时也会陷入“当局者迷”的困境，甚至会因自身的认知结构或原有信念的局限而催生不合理的新的认知结构或信念，从而导致“自我反思”成为部分教师难以逾越自我藩篱之痛。

处于发展中的任何个体，都客观存在着认知局限或认知盲点，消解自身认知局限或盲点的有效路径在于寻求与他者的对话。哈贝马斯的交往理论更好地诠释了与他者对话对于个体自身发展的重要意义，他认为“任何人不可能单独地、自由地存在，没有与他人的关联，任何人都不可能过一种有意识的生活，甚至属于自己的生活，没有人仅成为属于自身的主体。现代性的规范内涵只有在主体间性的标志下才能被解读”[2]；“在相互作用的过程中，主体和单个主体组成的共同体同时形成。个人在与他人的互动中，作为主体凸显出来，他必须首先将共同体的其他成员作为自己的尺度，但并不与他们完全地认同，而是始终和他们保持一定的距离，用米德的话来说，就是‘me(共同体)’与‘I(个人)’的距离。这种距离可以称为创造空间。可以促使共同体的进一步发展成为可能”[3]。因此，教师个体通过与同侪进行协同

[1] 奈杰尔·C. 班森. 心理学[M]. 徐苗，译. 北京：生活·读书·新知三联书店，2016：96.

[2] 德特勒夫. 霍尔斯特. 哈贝马斯传[M]. 章国锋，译. 北京：东方出版中心，2000：94.

[3] 德特勒夫. 霍尔斯特. 哈贝马斯传[M]. 章国锋，译. 北京：东方出版中心，2000：94.

反思，在相互对话下，启迪教师个体的批判思考，有助于解决实际的教学问题，也可引发教师个体反思自己的错误的教学行为和教学观点，并寻求修正，甚至超越，进而促成教师个体逐渐养成一个自我觉知者。

1. 在协同反思中修正教学信念

谌老师对自己的第一次教学充满诸多期许，更相信自己有能力上好课。当指导老师将她的教学定位为“传统、保守”时，她开始思考自己的教学目标信念——教学就是传递知识。在指导老师的启发引导下，逐渐厘清了自己的教学问题——教学过程忽视学生的参与，并生成了“学生才是教学过程的主角”的信念。谌老师的相关访谈资料如下：

入职的第一年，学校为新进教师指派了指导老师。第一次讲课指导老师在没有告知的情况下就来听课，开始时我有点紧张，但由于事先充分备课，自信满满的我及时调整情绪，讲满45分钟后，自我感觉良好——表达流畅、思路清晰、过程完整、板书工整。课后指导老师让自评这次课的优缺点，我把刚才的体会说之后，补充了一个缺点——讲得太多。指导老师肯定了我的一些优点，但他却说我的教学传统保守。顿时我不知所措，更不知自己的教学怎么保守了。他看到我一时不吭声，试着引导说：“知道自己的问题出在哪儿吗?”如果从传授知识的角度看，你的这一节课是好的，但教学仅仅是传递知识吗？我不假思索地表述教育学中的观点——主要是为了培养人。他说既然教学是为了培育人，教学过程中我们能不能忽视要培养的人？没等指导老师继续往下引导，我突然明白了我的教学问题——教学过程没有关注学生，学生也没有参与教学过程，学生只是看我表演的观众。这次对话使明白学生才是教学过程的主角。(20170411-in-谌)

2. 在协同反思中完善教学信念

如何提高学生写作的生动性是困惑何老师一段时间的“心病”，在“写作工作坊”研讨会上，其他老师的“支招”为她找到解除“病痛”的“良药”，经过她的反思、内化、实践后，她相信“好的写作不能脱离生活”。何老师的相关访谈如下：

怎样提高学生作文内容的生动性这一问题困扰了我很长一段时间，即便我为学生提供了一些写作技巧，如引用名人名言、仿写等，但学生写的作文还是干巴巴的。在一次“写作工作坊”讨论会上，我抱着“病急乱投医”的想法把积压在心中的困惑向参会的老师们倾诉出来。听了我的困惑后，老师们帮我分析问题所在，并提出许多对应之策。会后我反复思考老师们的建议，觉得其中一位老师的建议与我的问题较为相符，她认为学生对要写的对象缺乏了解，所以很难对它进行生动的描述。是的，我没有建议学生在写作前先观察对象，也没有引导他们有意识地观察。其实观察就是要进入生活，留意生活中的人、事、物的特性，经过这些思考后，我决定引导学生观察生活中的人、事、物的特性及其具体事件的发展过程。经过一段时间的践行后，学生的写作与以前相比有些接地气了，这使我更相信好的写作不能脱离生活。（20170417-in-何）

由此可见，协同反思可以促进教师教学信念的建构。其他研究也与这一观点一致，吕美慧对台湾小学教师阅读教学信念与实践的研究表明，研究者在与研究对象访谈时，其思考不断交相对比检验，也刺激其再进一步反思，使部分信念得以澄清改变[1]。鉴于此，从学校的角度来看，学校的教学管理者可以通过设计丰富的校本教研活动，以此促进教师共同体之间进行专业的讨论、对话的机会，进而促进教师个体对自己的教学信念有更深入的认识和了解，促使教师个体对自己原本不自知的信念与实践不一致的现象得以明晰，这也有益于教师个体的专业发展和教学实践的顺利实施。

需要指出的是，协同反思并不能替代教师个体的自我反思，协同反思中的他者只能起到启发和协助的作用。来自他者的信息只是他者的经验和观念，甚至这些经验和观念可能是碎片的、不完整的。如果教师在协同反思后没有对这些信息进行再反思和再加工，教师可能仍然难以厘清自己的教学信念，甚至可能增加新的困惑而迷失自我，从而使得协同反思失去应有的价值和意义。基于此，真正意义上的反思并非只是独立的或协同的，而是独立反思与协同反思的相互联结。换言之，一个成熟的反思者首先应该是一个独立的反思者，同时也是一个协同反思者。正是在不同角色互换中，个体认识了自己，也认识他人。

综上所述，在教学信念生成中反思至少具有两个方面的价值：一是促使新信念的生成或原有信念发生良性改变。反思可以促使主体对原有的经验或观念进行再次的比较、分析、综合、抽象、概括而实现重构。或者说，反思可以促使主体原有的经验或观念进行分化、整合，从而实现主体内在的认知、情感的新平衡，这一过程即是获得新信念或原有信念发生改变。二是促使新信念与个体信念体系之间发生联结。任何新信念的产生都是原有信念系统过滤的结果，即只有符合信念系统的信念才会被同化，否则，将会被排出个体的信念系统，或者成为与之相反的信念系统

[1] 吕美慧．国小教师阅读教学之信念与实践个案研究[J]．新竹教育大学学报，2006(22)：133-154.

的子信念，由此，主体从而获得对人、事物、事件的新认识。基于反思在教师教学信念发展中的意义重大，故培育教师的反思能力至为关键，或者说教师养成自觉的反思习惯甚为重要。

多元学习和信念教育是教师教学信念生成的文化适应过程，教学实践和教学反思是教师教学信念生成的社会建构过程。教师的教学信念正是通过文化适应和社会建构的过程而实现生成的。诚然，从广义的学习视角来看，本书中的多元学习是一种非正式学习，师资培训是教师的一种正式学习，教学实践体现了杜威所谓的“做中学”，教学反思则可理解为“思中学”。从这个意义上来说，教学信念是教师个体持续学习的结果。

教学信念是教师通过多元学习、教学实践、师资培训、教学反思等路径不断形成和发展的。通常将从他者或书本获得的知识称为间接经验，本书所探讨的多元学习和师资培训倾向于以他者或书本为学习对象而获得知识，可将其视为间接经验。将亲身参加社会实践所获得的知识称为直接经验，教师从事教学实践所获得的知识则属于此类。基于此，知识是通过经验获得的。在认识论中，虽然存在知识不同于信念的观点，甚至有的否认信念存在的“消除主义”观点，但将“知识看作是与信念相一致，甚至把知识视为信念的一类”[1]则成为知识论中普遍的观点。鉴于此，个体可以依据直接经验和间接经验来发展信念。亦即是说，经验是信念生成的源泉。在哲学领域中，一般将经验视为感性认识。事实上，感性认识与理性认识是不可分割的。因此，信念的形成并不完全是经验作用的产物，它的形成和发展不能脱离人的思维参与，尤其不能没有反省思维的参与，这是因为“反省思维是把信念建立在证据的基础上的”[2]，从这一意义来说，信念是个体的反思与经验互动下的产物。

鉴于此，教学信念的生成与发展是教师个体的反思与其经验互动过程所获得的教学观念、教学主张，其生成互动过程如图4–2所示。教学信念的生成是教师个体基于感性认识和理性认识相互调适的结果。教学信念的建构是教师个体通过直接感知和间接感知获得外界信息的经验，并借助教师个体的理性思维对这些经验进行整合，从而建构教师个体的信念和信念体系。换言之，信念建构不仅来源教师的经验，它还与教师的理性认知相关，是经验与理性相互作用的结果，而不是唯经

[1] 陈嘉明．知识与确证：当代知识论引论［M］．上海：上海人民出版社，2003：44．

[2] 约翰·杜威．我们怎样思维·经验与教育［M］．姜文闵，译．北京：人民教育出版社，2005：18．

验或者唯理性的单向产物。本质上,它是由“经验式、无意识的朦胧教育信念向以知识、系统理论为基础的教育信念不断演进,以至有意识地构建清晰的、理想的教育理念。”[1]

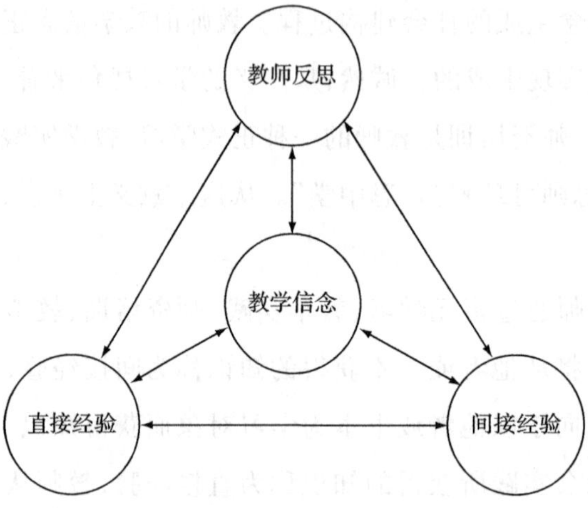

图4-2 直接经验、间接经验、教师反思与教学信念生成的互动

[1] 叶澜,等.教师角色与教师发展新探[M].北京:教育科学出版社,2001:231.

第五章　教师教学信念的生成场域解析

每个个体都生活在一定的场域中，个体有可能接受（愿意或不愿意）来自场域结构的影响，也可能抵制来自场域的影响。教师作为教学活动的行动者，必然与其自身的认知、情感、意志、经验等内在因素和其所处的环境等外在因素发生关系。这种客观存在的关系就构成了教师教学信念生成的一个网络（network）或"小世界"，即教师教学信念的生成场域。作为教学行动者的教师"置身并形成于其中的场域本身的知识，使我们能够更好地把握他们特立独行的根源，把握他们的观点或（一个场域中的）位置的根源。美国人类学家布朗芬布伦纳（Urie Bronfenbrenner）认为，个体并非孤立的社会存在，而是处于一定的自然环境和社会环境中，与周遭环境发生着千丝万缕的联系，通过与环境的相互依赖、相互作用，个体得以生存和发展，环境对于个体身体和心理的发展有着重要的影响。基于此，这里将从场域理论和社会生态系统理论的视角来分析影响教师教学信念生成的因素，以期能更好地把握教师教学信念的生成问题。布迪厄（Bourdieu）指出，"场域的界限只能通过经验研究才能决定"[1]。有鉴于此，依据调查资料，影响教师教学信念生成的因素主要涉及主体场域、实践场域和制度场域三个互动层面，如图5-1所示，详细编码表见附录2中的附表2-3。

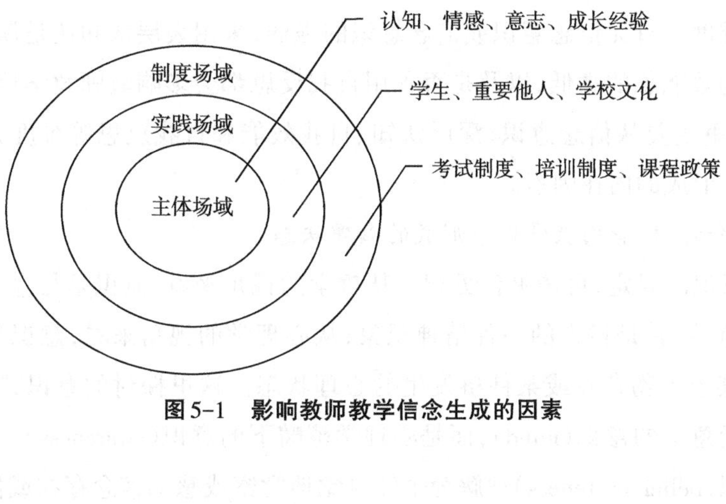

图5-1　影响教师教学信念生成的因素

---

❶ 皮埃尔·布迪厄，华康德．实践与反思——反思社会学导引[M]．李猛，李康，译．北京：中央编译出版社，1998：138.

一、主体场域：影响教学信念生成的微观系统

教师作为教学实践活动开展的主体，在其进行教学实践活动过程中，都会或多或少地建构自己的教学认知、教学情感和教学价值观，这些则构成了教师主体场域。主体场域是指直接与教师形成教学信念最为直接联系或互动的内在因素，我们称为教师内在因素或教师个体因素。教师个体因素与其教学信念形成紧密关联，是教师个体形成教学信念的直接影响因素，是教学信念生态系统中最核心的因素，对教师个体形成教学信念的影响最大。教师个体因素包含教师的心理因素、生理因素和成长经历，由于生理因素对教师形成教学信念的影响力相较于其他两个因素并不显著，因此这里主要关注教师个体的心理因素和成长经历两个维度。在心理因素中，教师个体的认知、情感、意志、个性、气质等心理因素都会影响教师的教学信念建构，但调查资料及相关研究表明，教师个体的认知、情感、意志与教师教学信念的形成关联更为显著，故这里仅探讨教师个体的认知、情感、意志对教师形成教学信念的影响。教师个体的教学信念的形成除了受到教师的心理因素的影响外，还会受到教师个体的成长经历的影响。教师个体的成长经历主要涉及教师职前的学习或成长经历和职后的任教或学习经历。因此本节主要从教师个体的认知、情感、意志及成长经历等维度尝试分析其对小学教师教学信念形成的影响。

（一）认知：教师教学信念形成的知力

教师个体的信念认知表现为教师的信念意识、认知策略、自我效能感、自我反思能力等维度。有无信念意识或信念意识的强弱，采用表层认知还是深层认知，教学信念建构效能感的高低，以及是否善用自我反思都会影响教师教学信念的建构。基于此，这里主要从信念意识、深层认知、自我效能和自我反思等维度分析影响教师教学信念形成的内在因素。

1．信念意识：影响教学信念形成的心理状态

关于意识的界定，可谓见仁见智。从哲学的视角来看，意识是与存在相对应的一种哲学范畴，它是指人的一种精神现象；从心理学的视角来看，意识是指个体觉察或感知某个事物存在或某件事发生的心理状态。这里探讨的意识，不是哲学范畴下的广泛意义的意识（mind），而是心理学范畴下的意识（awareness）。基于此，可将信念意识（belief awareness）理解为个体自觉地觉察或感知信念存在或信念发生的心理状态，也可理解为个体对信念存在的意义与作用的感知和理解，或教师对信念

于己的价值理解。从信念与意识的关系来看，“信念是受意识限制的”[1]。亦即是说，若信念不存于个体的意识之中，那就谈不上对信念有主动的觉察或感知。此外，还与个体的信念意识强度关联——当个体将信念视为生命价值的体现或将其视为个体行为的动力时，个体会倾向于观照自我的信念构建和信念实践；若个体将信念视为生命中可有可无或认定其对自身的行为开展意义不大，那么个体则倾向于关注行为的表现性和实用性。可见，个体对自身的信念或对信念的价值是否主动地自觉地觉察或感知，以及这种觉察或感知的强弱程度，都左右着个体对待信念的态度和行为，从而影响着个体的信念建构和践行。

教师的教学信念意识可表征为教学信念能否拓展教师个体的生命厚度，能否促进教师个体获得解放，能否促进教师个体的专业发展[2]。教学信念的形成和发展与教师的教学信念意识的强度紧密关联。教学信念意识强的教师能觉知教学信念对于自身核心素养的提升和促进其教学行为的目的性、有效性的价值重大，并自主地觉察或感知自己的教学行为所蕴含的信念为何，进而检视这些教学信念是否具有正向性，以及省思教学信念与教学行为是否一致，等等。教学信念意识弱或无教学信念意识的教师不认可教学信念能提升自身教学素养和改善教学行为，他们认为有无教学信念对教师的教学行为并无影响，这类教师不会回溯自己坚持何种教学信念，也不会思考如何修正和完善原初教学信念，更不会反思教师个体间的行为差异因由。可见，教师的信念意识支配着教师的价值取向和行为方式。

2. 深层认知：影响教学信念形成的认知策略

早期的心理学研究者把认知方式（cognitive style）视为一种稳定的人格特质，而这种人格特质（如内向—外向型、抽象—具体型、沉思型—冲动型等）会左右个人的认知活动。晚近的心理学研究者则采取较为弹性的观点，认为个体在学习情境中，不是被动地受着某些特质的左右，而是依循学习活动的要求，主动选择认知策略（cognitive strategy）。有关研究表明，认知策略的选择与运用会影响教师信念的发展和变化。墨菲（Murphy）和梅森（Mason）认为，对于教师而言，只要“进行深层的元认知加工、精细加工和实质性反思，信念改变就有可能发生”[3]。

一般而言，教师的认知策略可分为表层认知（surface cognitive）与深层认知（deep cognitive）两类。表层型认知策略倾向于完成教学大纲的教学要求，至于是否

[1] 陆汝钤．人工智能（下册）[M]．北京：科学出版社，1996：501.

[2] 王平．基于教师改革信念视角的课程改革困境反思[J]．中国教育学刊，2014（8）：86-90.

[3] MURPHY P K，MASON L. Changing knowledge and beliefs[M]//ALEXANDER P A，WINNE P H. Handbook of education psychology. 2nd Eds. New Jersey：Lawrence Erlbaum Associates，2006：310.

真正了解教学任务或教学行为背后的信念，则在其次。这类认知策略往往重视教学要求，而忽略了教学任务与教师内在价值观和信念的统整，因而这类认知策略外化的教学行为主要表征为技术型教师。深层型认知策略则倾向于立足教学任务，并结合自己的价值观和信念反复思索，演绎推敲，理性思辨，使教学任务与自己的教学观念和信念融合共生，深层型认知策略外化的教学行为主要表征为智慧型教师。影响教师选用表层认知或深层认知的因素有[1]：(1)对于教学的兴趣；(2)教学的动机；(3)所能投入的时间和精力；(4)所需学习材料的多寡；(5)教学实践效果的反馈；(6)对教师的教学评价导向。其中，评价导向的影响最大。一般而言，若仅以学生的成绩好坏作为教师教学成效的评价指标，教师就会专注于如何提升学生的学业成绩；若既关注学生的发展又关注教师内在的教学思考、价值观、教学信念等精神品质，教师不仅关注教学行为与学生发展的关系，而且还会关注教学行为与自己内在心灵世界的关联。可见，对教师的教学评价导向与教师选择何种认知策略紧密关联。至于教学评价导向是否与教学信念建构关联，将在中观层面的分析部分进一步探讨。

3. 教学信念效能感：影响教师教学信念形成的能力信念

效能信念或自我效能感(perceived self-efficacy)是班杜拉提出的概念，他认为，在影响行为的诸多思想类型中，最为重要的或无所不在的莫过于人们对自己能否有效应对各种不同现实的能力之判断了。所谓自我效能感是人们对自身完成既定行为目标所需的行动过程的组织和执行能力的判断[2]，或者说是个体对产生一定的结果所需要的组织和执行行为过程的能力的信念。具体而言，是个体对自己能够取得成功的信念，即“我能行”。教师个体的教学信念自我效能感是指教师对自己建构教学信念的能力的一种直觉性判断，即是教师对自己能够成功地构建教学信念的信念。

班杜拉认为影响人类行为的因素很多，其中效能信念则是引发人类产生行为的主要基础，是人类行为的重要的调节和控制力量。效能信念不仅会影响人们所做的每一件事，还会影响行动的过程，包括行为的选择、付出多少努力、面临各种阻碍与失败时的持久度与弹性、思考模式以及能够承担多少压力与情绪状态等。换言之，效能信念可能起着指导和动机激发作用的任何其他因素，都根植于人们相信

❶ 单文经．教学引论[M]．上海：上海科技教育出版社，2003：35-39.

❷ 班杜拉．思想和行动的社会基础——社会认知论(下册)[M]．林颖，等译．上海：华东师范大学出版社，2001：553.

其有能力使行为产生预期效果的核心信念[1]。班杜拉认为只有当人们认为自己能胜任某项活动,认为自己在此方面有能力,才会产生从事该活动的内在动机。为此,班杜拉认为效能信念是人类动因的基础[2],个体的效能信念构成了人类动因的核心因素[3]。

个体的自我效能感(自我效能信念)强度影响着行为的选择取向、努力程度、坚持性以及情绪状态。教学信念建构作为教师的一种认知活动,受到教师个体的自我效能信念影响,具体而言,自我效能信念在教师建构教学信念中起着内在动机的作用。教师关于教学信念的自我效能信念强度会影响教师对教学信念的选择、坚持性、努力程度、积极性和创新性,影响教学信念的建构效果。亦即是说,高自我效能信念的教师在建构教学信念时往往能主动对自我或他人的教学看法、主张做出意向性选择,即便在此过程中受到阻碍仍然能以积极的情绪探寻解决方案,坚持构建自己的教学信念,并在践行教学信念的过程中不断修正和完善它;低自我效能感的教师则缺乏明确的选择倾向,易受到外在因素的干扰而放弃教学信念的建构,对教学信念建构缺乏有意识地监控与调节,且容易产生消极的情绪体验。

调查资料表明,当教师被问及能否建构自身的教学信念时,多数教师倾向于认为自己很难建构教学信念,觉得这仅是领域专家或大学教授才能做到的事,只有极少数的教师坚信自己能形成部分教学信念。而从被访者的教学活动中可以发现那些不相信或怀疑自己可以建立教学信念的教师,当被问及其教学行为信奉何种信念时,他们不能清晰地陈述;那些相信自己能建构教学信念的教师,则能较为清晰地阐述其教学行为所信奉的信念,并积极用教学信念范导教学实践。可见,教师的教学信念效能感影响着教师的教学信念建构。其他研究也表明,教师效能感对教师信念有显著影响[4][5]。

研究表明教师教学信念的自我效能可以重塑,使之向更加积极有利的方面发展。教师素质的培养、教育教学水平的提高,一方面,要不断完善教师的知识结构,发展教师的教育教学能力,提高教师的职业道德修养和教育理论水平;另一方面,

---

❶ BANDURA A. Social cognitive theory: an agentic perspective[J]. Annual Reviews of Psychology, 2001(52): 1–26.

❷ BANDURA A. Social cognitive theory: an agentic perspective[J]. Annual Reviews of Psychology, 2001(52): 1–26.

❸ BANDURA A. Self-efficacy: the exercise of control[J]. Journal of Cognitive Psychotherapy, 1997: 3–4.

❹ 吕国光. 教师信念研究[M]. 武汉:湖北人民出版社, 2008: 76.

❺ 徐泉. 高校英语教师信念影响因素研究[D]. 武汉:华中师范大学, 2011: 237.

也要增强教师的教学自我效能信念，使教师充分相信自己能建构和完善自身的教学信念，对自己的教学信念建构能力充满自信，从而增强他们建构教学信念的信心、积极性和工作热情，使他们在教学活动中自觉地建构并践行好教学信念。可见，自我效能感是影响教师教学信念建构的一个重要的内在因素。

4. 自我反思：影响教师教学信念形成的元认知能力

教师个体的元认知能力影响着教师的教学信念建构。有研究表明，教师的认识信念影响着教师的元认知活动。他们认为，持有积极的、正确的认识信念的教师常常对数学学习有一个自主学习的计划，注重预习和复习的自我评价与监控，注重数学核心知识的理解和应用过程的体验，及时对数学作业、数学试题、数学测验进行自我检查与反思等元认知活动[1]。反之，持有消极的、错误的认识信念的教师会形成缺乏主动的自我计划、自我评价和自我反思等元认知活动。事实上，教师的信念与教师的元认知活动之间是互动的关系。亦即是说，教师的认识信念影响着教师的元认知活动，教师的元认知能力也会影响着教师的信念构建。换言之，教师个体的自我计划、自我评价、自我监控和自我反思的清晰程度会影响其教学信念的形成。

（二）情感：教师教学信念形成的动力

教师的教学情感是教师形塑教学信念的动力。已有研究表明，教师业已形成的教学信念会影响教师的教学情感。心理学研究表明，个体的情感因素在个体信念形成中起着动力作用。肯定的情感是积极的、增力的，可提高个体的活动能力；否定的情感是消极的、减力的，会降低个体的活动能力。列宁说："没有'人的感情'，就从来没有也不可能有人对真理的追求。"[2]可见，列宁充分肯定了情感在求知中的巨大的动力作用。其他研究也表明，在认识信念的形成和发展过程中，情感因素起到不可或缺的作用[3]。情感作为同人的社会性需要相关联的主观体验，主要包括道德感、美感和理智感[4]。不同的个体由于其社会性需要不同，因而其情感体验迥异。教师个体作为特殊的社会个体，因所从事的工作性质的特殊性而生发出不

[1] 唐剑岚，蒋蜜蜜，肖宝莹．数学认识信念：影响数学学习过程的重要变量[J]．课程·教材·教法，2014(6)：61-66.

[2] 列宁全集(第20卷)[M]．北京：人民出版社，1958：255.

[3] 唐剑岚，蒋蜜蜜，肖宝莹．数学认识信念：影响数学学习过程的重要变量[J]．课程·教材·教法，2014(6)：61-66.

[4] 彭聃龄．普通心理学[M]．北京：北京师范大学出版社，1988：479.

同的社会性需要，其情感体验也不同于一般个体，具体表现为教学道德感、教学美感和教学理智感。这些情感因素影响着教师以道德的、审美的和理智的需要审视教学活动中的人、事、物，并将其作为构建自身教学信念的尺度之一，是教师生成教学信念的助推器。

1. *教学道德感：形塑教师教学信念的道德尺度*

教学是一种伦理活动，是充满道德的活动[1]。在教学活动的各个方面和各个环节，如教学目标、教学内容、教学方法、师生关系、教学管理、教学评价等因素都存在着道德和不道德的判断和选择。道德作为人们共同生活及其行为的准则和规范，是以善恶评价的方式调整人与人之间以及个人与社会之间的关系的行为规范的总和。它主要通过教育和社会舆论的力量，使人们逐渐形成一定的信念、习惯、传统而发生作用[2]。道德不仅可以规范个体的行为取向，而且还可以规范个体的精神取向。教学信念作为教师个体的一种心理倾向或精神现象，在其形成过程中也受到道德的规约，可以说，教师对教学目标、教学内容、教学方法、教学关系、教学管理、教学评价等教学因素的信与不信，实质上是教师依据自身的教学道德感作为判断和选择的结果，教学道德感是教师对相关的教学看法、教学观念、教学行为选择信与不信的一种评价尺度。

教师在对教学活动中的人、事、物的认识中掌握了教育教学的道德标准，并转化为自己的教学道德需要，以至于教师在今后的教学活动中常常以自身持有的教学道德需要作为认识、选择的评价尺度。当自己或他者关于教学目标、教学内容，教学方法，教学关系，教学管理，教学评价的看法、观念、行为符合自己持有的教学道德标准时，就会产生满意、愉悦、赞成、赞赏以及钦佩等肯定的情感，这种肯定的情感是积极的、增值的，可促进教师对他者或自己的教学看法、教学观念、教学行为的认同，甚至接受并内化为自己已有的教学信念系统。当他者或自己关于教学目标，教学内容，教学方法，教学关系，教学管理，教学评价的看法、观念、行为不符合自己持有的教学道德标准时，就会产生不满、厌恶、蔑视、羞耻等否定的情感，这种否定的情感是消极的、减值的，会促使教师对他者或自己的教学看法、教学观念、教学行为产生反对感，甚至拒绝并将其排斥在自己已有的教学信念系统之外。

调查资料表明，教师的教学道德感影响着教师的教学信念的建构。魏老师和余老师在师生关系上持有“爱生如爱子”的道德感，他们认为教师应该把学生当作自己的孩子，应该给予父母般的爱与关怀，因而他们在教学活动中常常扮演“父母”

[1] 欧阳超. 教学伦理学[M]. 成都：四川大学出版社，2008：9.

[2] 欧阳超. 教学伦理学[M]. 成都：四川大学出版社，2008：8.

的角色。孙老师将统一要求作为教学公平的伦理原则，因而在教学方法上信奉讲授法以促进全体学生的发展。彭老师则认为统一要求只是表面的公平，只是用形式上的公平掩盖了事实上的不公平——每个学生的基础和发展速度并非都一致，她认为只有差异对待才能彰显真正的教学公平，为此她信奉因材施教的教学原则。

教学道德感作为教师情感的构成要素之一，是教师对教学目标、教学内容、教学方法、教学关系、教学管理、教学评价等教学因素的看法、观念做出选择和判断的一种尺度。或许何老师关于职业道德感与教学观念建构的观点更能诠释道德感对教学信念建构的影响——如果老师喜欢教师这一职业，那么他会主动构建自己的教学观念，即便外界没有提倡。反之，老师不喜欢的话，他可能只是完成任务而已。(20170406-in-何)

2. 教学美感：形塑教师教学信念的审美尺度

美感(Aesthetic feeling)是事物是否符合于个人的美的需要而产生的情感[1]。具体而言，美感是主体对于美的对象的感受、关照、体验、欣赏、评价，以及由此引起的主体在精神上的愉悦感、满足感、幸福感、和谐感和自由感[2]。不同视角下教师对教学之美有不同的面向，从教学活动构成的因素来看，教学美主要有教学目标美、教学内容美、教学方法美、教学环境美、教学主体美、教学评价美等；从教学活动过程来看，有教学语言美、教学节奏美、教学板书美、教学氛围美、教学体态美、教学流程美等。马克思在讨论人的活动与动物的活动的区别时指出，人是按照美的规律来塑造物体的。他认为："动物只能按照它所属的那个物种的尺度和需要来进行塑造，而人则懂得按照任何物种的尺度来生产，并且随时随地都能用内在固有的尺度来衡量对象，所以，人也按照美的规律来塑造物体。"[3]换言之，教师作为教学活动的执行者，在形塑自己的教学信念时，也是按照一定美的规律作为选择和评价的尺度。

只有当审美对象的感性存在与审美主体的美的需要之间和谐时，才能引起独特的审美体验。这种独特的审美体验多次累积之后，逐渐成为个体的审美标准，这种审美标准将成为个体对客观对象选择信与不信的尺度。可以说，教师有什么样的审美标准，就会选择与之相对应的审美对象。认为规范、清晰、悦耳动听、声情并茂、抑扬顿挫的教学语言才是美的语言的教师，更倾向于选择那些语言文字优美的教材(资料)作为教学内容，更倾向于严格要求自己和学生的语言表达得规范、简

[1] 黄希庭. 普通心理学[M]. 兰州：甘肃人民出版社，1982：421.

[2] 汪刘生. 现代教学研究新论[M]. 北京：教育科学出版社，2008：222.

[3] 马克思. 1844年经济学 哲学手稿[M]. 刘丕坤，译. 北京：人民出版社，1979：50-51.

洁、得体。正如苏霍姆林斯基持有语言之美的教学美感，他才坚信“教师的语言修养在极大的程度上决定着学生在课堂上的脑力劳动效率”❶。追求字迹工整、布局合理、排列有序、条理清楚的板书之美的教师，更加坚信精练优美的板书更能吸引学生参与课堂教学，更能给予学生美的享受与体验，因而他们更倾向于精心设计每一堂课的板书，即便在复杂的教学课堂上，总能以板书之美严格要求自己。而那些对板书缺乏明确审美标准的老师，往往忽视课前的板书设计，课中的板书更是凌乱、随性，因而他们难以建立板书美的育人信念。

调查资料表明，教师的教学美感左右着教师的教学信念构建。彭老师虽然从事数学的教学工作，但她始终认为语言规范是一种基本的能力，更是一种美的体现。为此，彭老师在课堂教学中严格要求学生使用规范的语言，并有意识地纠正学生的语言不当现象，当然也更加注重自己的语言修养。汪老师认为快速表达一方面能训练思维的灵活性，另一方面也能向听者展示语言表达的流畅性，给人愉悦之感。因此，她要求学生回答问题时一定要迅速表达，切不可吞吞吐吐。何老师喜欢字词蕴涵的意境，为此她对自己或对学生的用字更强调优美的语词运用。谌老师喜欢整洁的环境，她认为身处整洁的环境更能使人身心愉悦，因此她要求学生时常保持教室环境的整洁，以期能让学生产生舒适感，甚至养成爱护环境的意识。

概言之，物质上美好的东西能使人产生美感，精神上美好的东西也能使人产生美感。正是美感能使个体产生一种愉悦性和倾向性的体验，因而个体在审视美的对象时，会产生欢乐、喜悦、高兴，或悲伤、难过、痛苦等情感体验，当个体对美好的事物持肯定态度时，促使个体一而再、再而三地去欣赏它，对它感到迷恋，甚至将其奉为行为处世之准则。而对不快的事物则滋生强烈的反感，并拒绝再次认识、欣赏它。可见，教师特有的教学美感也是影响教师对信念对象选择信与不信的因素之一。

3. 教学理智感：形塑教师教学信念的认识尺度

理智感是在认识客观事物的过程中所产生的情感体验❷。它与人的求知欲、认识兴趣、解决问题的需要等的满足与否相联系，其表现形式有：对新的教学观念或教学问题的好奇与求知，对选择某些教学内容获得良好的教学效果而产生的喜悦和确信，或对选用的教学方法能否达成预期目标而产生的犹豫与怀疑，对某一教学难题未想出解决方法而产生的紧张，以及对某些教学观念、教学理念的追求，或对谬误的教学观念、教学理念的鄙视。教学理智感是教师在教学活动中产生和发展

❶ 苏霍姆林斯基．给教师的建议（修订版）[M]．杜殿坤，译．北京：教育科学出版社，1984：421.

❷ 黄希庭．普通心理学[M]．兰州：甘肃人民出版社，1982：423.

起来的，同时又推动着教学活动的持续与深入，成为认识教学活动和改造教学活动的一种动力。

理智感影响着教师对信念对象的信或不信。对于那些能为解决实际教学问题提供有效参考的教学内容、教学方法、教学管理、师生互动、教学评价的思想和理念，会促使教师产生肯定性情感，并产生认同感，甚至会被教师纳入所构建的教学信念系统中；而那些不能为解决实际教学问题提供有效参考的教学内容、教学方法、教学管理、师生互动、教学评价的思想和理念，教师则会产生否定性情感，从而对其产生反对，甚至将其排除已有的教学信念系统。

调查资料表明，在教学活动中，教学信念的形成受到教师的理智感左右。余老师信奉的"知识圆"，是其经过长时间的教学活动经验总结而来的，更是在学生获得理想的学习效果的基础上固化的——学生的成长是教师获得教学幸福感的根源。汪老师坚信的"教师应具备扎实的专业知识"是源于其能解答不同学生的问题需求而产生喜悦感的基础上形成的。魏老师的"素语文观"是其发现简单而不花哨的呈现材料更能吸引学生参与课堂教学的成功体验中应运而生的。而孙老师为了培育学生养成良好的表达能力而推出的"课前5分钟"的口语表达策略，因学生的"消极"参与未能实现预期目标而迫使孙老师放弃这一教学信念。可见，上述教师的教学信念形成无不与教师的理智感密切关联。

事实上，教师的教学信念与其教学情感之间是交互作用的关系。具体而言，教师的教学信念影响着教师的情感表现，教师的情感因素也左右着教师的教学信念的构建。

（三）意志：教师教学信念形成的保障

个体在认识世界的过程中不仅会对认识对象产生肯定或否定的情绪情感，而且还能有意识、有目的、有计划地改造世界。这种自觉的能动性正是人与动物相区别的本质特征。心理学上把这种自觉地确定目的，并根据目的自觉地支配和调节行为，克服困难，实现预定目的的心理过程叫作意志（will）[1]。一个人的意志与其行为密切关联着，意志支配、调节着个体的行动，个体的意志总是表现在他的行为之中。具体而言，意志一方面表现在对符合目的的行动的发动与坚持上，即发动个体去从事达到预定目的所必须的行动，并在遇到困难时仍然持之以恒，一以贯之；另一方面表现在对不符合目的的行动的抑制和制止上，即抑制不符合预定目的的行

[1] 彭聃龄．普通心理学[M]．北京：北京师范大学出版社，2004：322．

动，避免生发过多无效的行动，抑或制止不符合预定目的的行动，确保行动的目的性。事实上，意志既调节人的外部动作，也调节着人的感知、思维、情绪情感等心理活动。正因为意志具有支配和调节行动的作用，才使得预定目的达成，所以意志为预定目的的实现提供了保障作用。

在教学信念的形成和发展中，意志起着支配和调节的作用，或意志是通过支配和调节的功能而影响着教学信念的形成和发展。具体而言主要表征为两个方面：其一是明确的目的性，即教师在教学活动之前能够自觉地意识到自身教学行为的信念，教师能否清晰地觉知自身的信念是影响信念形成和发展的关键；其二是能够调控和克服教学信念实施过程所遭遇的内外部困难，在教学实践中教师能调节负面情绪情感，控制无效的教学行为，克服他者的不支持或破坏，克服自身的勇气和信心的不足，实现预期的教学效果，从而验证或确证了教师坚守原初的教学信念。若教学实践实施过程不能达成预期的教学效果，则弱化教师的原初信念。譬如，一个教师确定了探究性教学能够促进学生的分析问题、解决问题的能力信念后，他会按照这一信念（目的），自觉地调控内外活动，克服各种困难，达成预期的教学目标。教师的教学活动若实现了预期的教学目标，则进一步强化探究教学能提升学生的探究能力的信念。反之，则怀疑或不信这一信念。在整个教学过程的实施中或教学信念的发展中，始终彰显了意志的目的性和调控性的作用。

调查资料表明，教师教学信念的形成和发展与教师的意志关联。魏老师认为：自己的语文观（“素语文”教学观）与时下流行的一些思想不完全一致，特别是与当前评课者（所在地）的观念有所差异。她认为这些评课者太过于追求课件的图片、声音、动画的效果，课件能达到图文并茂固然很重要，但过于注重外在的表现形式而忽视其内在价值，是一种本末倒置的行为。所以魏老师的课件不会因为外界的“主流思想”的影响而变化，她还是坚守课件的思想胜过形式的观念。魏老师的这一信念在其《整句》的课件中得以反映，其课件言简意赅、条目清晰，没有过多的“渲染”。可见，即便魏老师的教学信念受到他者的影响，但在意志的作用下，仍然坚持自我。

基于上述分析不难发现，教学信念的形成和发展受到教师的认知、情感和意志的影响。认知、情感、意志尽管是独特的心理因素，但它们之间又是相互作用、相辅相成的关系。首先，情感、意志是以认知为基础的。情感体验的正负性、意志行动的目的性皆是教师个体的认知活动的结果。其次，教师的情感体验、意志行动又促进认知过程的深入。最后，情感体验影响着意志行动的自觉性、果断性、坚定性，意志又可以调节、控制着教师的情感。从此意义来看，教师个体的认知、意志和情感是以融合的方式影响着教学信念生成。

（四）成长经验：教师教学信念形成的认知原型

在英语中，表达“经验”和“经历”的词都是experience，都蕴含经验、经历、体验等之意。在汉语中，“经历”有“历时久远”“阅历”“亲身经受”❶等意涵，“经验”意指“验证”“亲身经历过”“感性经验”❷等。《汉典》则更为明确地区分了两者的含义，“经历”是指“亲身遇到过的事情”❸，而“经验”是指“从多次实践中得到的知识或技能”❹。杜威认为，经验是有机体与环境相互作用的结果❺。据此可知，“经验”不仅强调个体的亲身参与，而且还强调个体在与环境互动中获得知识或技能，换言之，经历过并不意味着有经验。当经历仅仅是个体与环境互动过程中的一个面向，即个体与环境并没有发生互动性的结合，只是外在的或者毫无联结的，那么这样的经历就算不上“经验”❻，故这里主要采用“经验”一词。诚然，这里的“经验”包括了教师个体的“经历”。

在哲学上，辩证唯物主义认为，经验是在社会实践中产生的，是客观事物在人们头脑中的反映，是认识的开端❼。杜威认为，我们关于人类个体的本性（心理学）和群体的本性（社会学）的大部分信念，仍然基本上是经验的❽。借此可见，信念与经验密切关联。事实上，诚如康德所言：“经验可以形成知识，但经验只提供形成知识的资料，经验本身还不等于知识。为了形成知识，还需凭靠先验知识及理性。”❾教学信念作为教师特有的一种观念，是教师与外界信息互动（社会实践）中的认知加工结果。这一过程可概括为教师在社会实践中产生经验，随后将印象深刻的经验进行分析、综合、抽象、概括为观念，并根据自己的知识、信念、价值观作为选择的尺度，继而选择那些自己信以为真的观念作为自身实践的行为准则。调查资料表

❶ 罗竹风．汉语大词典（第9卷·下）[M]．上海：上海辞书出版社，2008：868.

❷ 罗竹风．汉语大词典（第9卷·下）[M]．上海：上海辞书出版社，2008：870.

❸ 汉典网[DB/OL]．http://www.zdic.net/c/f/152/337375.htm.

❹ 汉典网[DB/OL]．http://www.zdic.net/c/f/152/337389.htm.

❺ 杜威．我们怎样思维·经验与教育[M]．姜文闵，译．北京：人民教育出版社，2005：3.

❻ 张云．经验、民主和教育——从历史唯物主义的视角看杜威的教育哲学[D]．上海：复旦大学，2005：52.

❼ 张腾霄，杨友吾，卫景福．新编简明哲学百科辞典[M]．北京：中国卓越出版公司，1990：36.

❽ 约翰·杜威．我们怎样思维·经验与教育[M]．姜文闵，译．北京：人民教育出版社，2005：160.

❾ 滕大春．外国近代教育史[M]．北京：人民教育出版社，1989：128.

明，教师在提及自己的教学信念时都会回溯他们过往对自己影响较显著的经历，并讲述这些经历对自我教学信念的影响。基于此，可把教师个体的成长经验视为教师构建信念的认知原型。

从辩证唯物主义的“存在决定意识”的基本观点来看，教师在不同的成长阶段，其成长经验不同，意识也各异。根据教师成长中主要依存的场域，可把教师的成长场域划分为家庭场域（主要指入学前的家庭环境）、教育场域（求学阶段）和工作场域（入职阶段），相应地教师也就产生了早期经验（early experience）、学习经验（experience based learning）和教学经验（experience of education）等。这里主要分析早期经验、学习经验和教育经验对教师建构教学信念的影响。

1. 早期经验：影响教师教学信念形成的潜在信念内容

从心理学的视角来看，精神分析理论、行为主义理论和人本主义理论都强调儿童期的成长经历会影响个体一生的心理发展。精神分析理论认为儿童成长的经历在个体心理发展中起着决定性因素，行为主义理论认为儿童早期的行为习惯塑造着个体的心理成长，人本主义理论则强调儿童早期环境影响着个体自我实现的潜能发挥。相关研究也表明，家庭环境是形塑个体的性格、观念、思想的重要场域[1]。其中，家庭生活经历，父母的教养态度、行为及规范，都会影响教师个体的想法，并在潜移默化中形塑其日后的信念，影响个体的行为[2]。调查资料表明，儿童早期扮演的游戏角色和父母的教养方式影响着教学信念的建构。

儿童早期扮演的游戏角色影响个体选择教师职业。访谈中，汪老师怀着愉悦的心情回溯了她为何选择教师这一职业的缘由：还记得我7岁的时候，家里人都出去干活了，我就带着弟弟妹妹们玩游戏，其中让我记忆犹新的游戏是扮演老师，弟弟妹妹则成为我最初的“学生”，那时觉得能带他们“认字”，是非常开心的事！今天能成为教师，或许与这些有关吧！（20170405-in-汪）

父母的教养方式影响着教师教学信念的取向。美国心理学家戴维·巴斯认为，每个人在生命早期所处的环境不同，经历的事件也存在差异，所以尽管人们拥有相同的进化心理机制，但是早期的生活环境会引导个体采取相应的策略[3]。调查资料表明，父母的教养方式会对教师的教学信念形成潜移默化的影响。譬如个体体验

[1] ARNDT J S, MCGUIRE-SCHWARTZ M E. Early childhood school success: recognizing families as integral partners[J]. Childhood Education, 2008, 84(5): 281-285.

[2] 王俐文，邱淑惠. 教学信念之变与不变——以教育大学幼教系毕业生为例[J]. 幼儿教育年刊，2013(24): 25-47.

[3] 戴维·巴斯. 进化心理学：心理的新科学[M]. 四版. 张勇，蒋柯译. 北京：商务印书馆，2015: 436.

过无趣、打骂、讽刺的成长经历,会在其教学中特别强调兴趣、快乐的教学。谌老师强调学生学习兴趣的重要性是与其曾受到父母、老师忽略了她这方面的需求有关。陈老师从小学习的过程并不快乐,因为老师与母亲完全采用打骂的方式强迫她学习,直到大学阶段才趋于正常。因此,陈老师的教学非常强调要让学生快乐学习。事实上,个别教师会认为适当的"体罚"学生对其学习会有帮助。可见教师对以前的成长经历,有可能同时存在正负两面的诠释方式。但似乎受访者们都能反省自己受教不好的体验,并在其教学中作正面的应用与修正[1]。

综上,早期的成长经验为个体成长为教师及其形塑教学信念提供了潜在的认知资源。这一研究结论与陈国泰、曾佳珍的研究结果基本一致,即因受早年经验的影响,准幼儿教师初入师资培育机构时,即已从早年的家庭生活及学校生活经验中省思教学信念[2]。

2. 学习经验:影响教师教学信念形成的间接信念内容

调查资料表明,教师在职前的学习经验会成为其职后构建教学信念的对象。教师在职前的学习过程中会有意或无意地习得任教教师的教学思想、教学态度和教学方法,这些教学思想、教学态度和教学方法会成为教师个体从教时的"参照系",甚至有的可能直接成为教师个体的教学信念。

汪老师信奉幽默和引导是教师有效教学的关键,其所坚信的教学方法信念无不与她的中学时代的政治课教师的教学方式关联。相关访谈资料如下:

我喜欢采用这个方法也许是受到高中时的政治课教师的影响。我当时的政治成绩一般都名列班级前茅,我很喜欢他上课时幽默式的讲课方式,也喜欢他每次课开始时爱叫学生起来回忆前一次课的主要内容,当然我就是他经常喊起来回答问题的学生,不过我每次都能准确地复述他所要求回答的问题。他上课幽默并不是纯粹搞怪或哗众取宠,而是借此来引导学生,找到适宜的学习方法,所以每次我都是记下他幽默中的引导部分,久而久之就喜欢引导的方式。(20170405-in-汪)

受访教师认为,扎实的专业知识是安身立命的根本,是教师获得学生尊敬的主要前提。教师坚持这样的能力信念是受初中学习经历的影响所致。譬如,汪老师和谌老师的成长经历就诠释了这一观点:

为什么我要强调这一点呢?记得我初三的时候,我的政治老师当时买了一台电脑(那时的电脑未普及,在当地属于稀罕之物。),他经常用电脑打游戏。可上课

[1] BUTLER A. Preservice music teachers' conceptions of teaching effectiveness, microteaching experiences, and teaching performance[J]. Journal of Research in Music Education, 2001, 49(3), 258-272.

[2] 陈国泰,曾佳珍. 准幼儿教师教学信念的发展之个案研究[J]. 幼儿保育学刊,2005(3):1-30.

时，他只是照着书本上的内容念给学生听，还要求学生一字不漏地抄写。当时我就想，若这个老师离开了书本，估计他一句话都记不清楚，这样的老师怎么值得我尊重呢？所以，教学能力差的认知，我认为老师一定要有扎实的专业知识，否则会被学生瞧不起。(20170405-in-汪)

上大学时，承担《教与学心理学》课程的老师，不讲该门课的知识，只是让学生自己看书，写心得体会，课堂教学则主要描述自己曾经的企业工作经历，学期成绩就以学生的心得体会为评定标准(其实写的内容老师没有看，只看有没有写，以及写了多少字)。当时觉得这种教学理念还是有新意的，但还未毕业，就发现对这门课程的知识一点印象都没有，甚至连基本的名词都不知晓，更别说系统理论了，有种未曾接触之感。责任在于自己，但觉得教师的教学应该以课程为媒介，不能随心所欲，若不以开设的课程为蓝本，就没设置课程的必要。因此，我坚持认为课堂教学不能离开知识，这样至少学生能获得一些知识。(20170411-谌)

对于学生的态度，陈老师坚信教师关注和关心每个学生，可以唤醒其学习积极性。陈老师关于学生的这一信念与其初中数学老师的学生观紧密关联。陈老师的相关访谈资料如下：

我的第一个初一是失败的，那时的学习成绩很差，经常处于班里的最后几名，这与我当时没有努力相关，或许那时大部分老师已经放弃我们这些差生，甚至其他同学也瞧不起。初二学期快结束时，我的数学老师突然一改以往的态度——每次他的课，在未开讲之前总是第一时间让我回答相关问题。由于自己的基础太差，很多问题答不上来，当时心里极度紧张，再加上老师的询问，同学们鄙视的眼神，我内心充满自卑和内疚，当时恨不得找个地缝钻进去。在历经多次阵痛后，我开始反思自己，为什么其他同学能学好，而我不能呢？为了证明自己也能学好，于是我决定复读初一，把基础知识打牢。现在回忆起来，得感谢当时的数学老师对我这样的差生没有放弃。因此，教师应关注和关心每个学生，尤其是那些被人们以分数评定为成绩较差的学生。(20170412-in-陈)

上述研究结论与其他研究结论基本一致。江美姿的研究指出："职前教师带着他们基于中学生的经验形成的先在信念进入教师教育专业，他们过去的学校教育经历在形塑职前教师的构念和形象方面特别有影响力。"[1]可见，教师职前的学习经验为其教学信念的建构提供了信念对象，换言之，教师职前的学习经验影响着教学信念的构建。

---

[1] 江美姿.职前教师的学习与信念之文献分析[J].慈济大学人文社会科学学刊，2012(14)：1-16.

3. 教学经验:影响教师教学信念形成的直接信念内容

如果通过学习获得间接经验,那么教师通过自身的教学实践获得的则是直接经验。教师的教学经验为教学信念的形成提供了丰富的原始素材和原料,这些素材和原料为教师形成教学信念提供了可能。调查资料表明,受访教师的教学信念的形成无不与其教学经验相联结。

从事30多年教学工作的余老师一直信奉"知识圆"的教学内容整合信念,这是受其多年的教学经验影响的结果:我之所以坚持"知识圆"这一课程整合观,主要是因为现有的许多数学知识都是割裂的,尽管这样的课程组织方式可以化繁为简,化整为零,利于教师的单节教学任务的完成和减轻学生的学习负担,但它致使相关知识脱节却是不争的事实。为了给予学生完整的系统的知识,我坚持把自己多年潜心钻研的系统知识(知识圆)呈现给学生,多年的教学实践及所取得的教学成绩也充分彰显了"知识圆"的价值所在。(20161116-in-余)

对话教学虽然能为学生与教师之间提供沟通、交流思想的良好契机,但源于教师长期使用讲授法所形成一套熟稔方法和策略或经验下,其难以进入教师的教学信念系统。

尽管新课改提倡对话教学,但我却持保留意见。从我实施对话教学或观察其他教师实施的对话教学情况来看,这种教学方法确实促使课堂氛围热热闹闹,学生也积极参与,但很多对话仅停留于表面,未能触及教学内容的实质,且这种教学法的运用会妨碍教学进度,所以老师们还是采用熟悉的讲授法。(20170416-in-孙)

教师管理课堂教学的方法或策略并非全来自理论知识,他们会根据实际的课堂情境尝试采用针对性的管理方法或策略,这些管理方法或策略的运用而达成的成功体验为其积累课堂管理经验,并在多次运用后所获得的成功体验会促使其更加坚信这些管理方法或策略的正确性和有效性,进而将其纳入教师的教学信念系统之中。陈老师的"因生管理"的课堂管理理念就是一个例证:

从事多年的教学工作,很少遇到轻度多动症的学生,采用以往的声音稍作停顿、提高音量、直接点名等惯用的管理策略,很难让其保持持久的注意力。这让我一时束手无策,不加以管理吧,对学生本人不负责任,也会让其他学生无端受影响。几经思考后,决定尝试安排他独自坐在前排,这样有三方面的作用:一是学生的行为不至于脱离我的视线,可以及时采用微弱的信息给予提示,不会分散其他学生的注意力;二是可以多让其参与教学活动;三是充分利用学生对教师具有敬畏的心理。实施该策略的第一天学生的注意力改善情况并不理想,但有些许改变。经过两个星期后，该学生的注意时间由最初的5分钟左右增加到10分钟左右。这一管理事例让我更加相信不同的学生应采用适宜的管理方法，一刀切的管理方式很难顾及差异学生的需求。(20170412-in-陈)

可见，教师的教学行为经验，尤其是行为的成败经验对自我效能的形成影响最大❶。教师选择信奉何种信念与其教学行为成败经验紧密关联，这也可以诠释为何身处相同教育环境、承担相同课程的教师却有不同的教学风格或教学信念的原因。

尽管经验为教学信念的形成提供了素材和原料，但经验的方法又是造成大量错误信念的根源，因此在凭借经验形成信念时可能会“引出错误信念”❷。为避免由经验引出错误信念，一是需要教师树立正确的经验观，即经验不是一种呆板的、封闭的东西，它是充满活力的、不断发展的❸；二是需要教师增加经验的事例，经验的事例越多，且对事例的观察越细，那么事物之间不断联系的证据越可靠❹，以此经验建立的信念愈趋于正确。

二、实践场域：影响教师教学信念生成的中观系统

如果说主体场域或个体自身因素是影响教师个体构建教学信念的微观因素，那么教师身处的实践场域则是影响教师构建教学信念的中观因素。属于实践场域的因素涉及许多向度，就调查资料观之，它主要包括学生因素、重要他人和学校文化等向度。因此，这里仅就这些向度分析实践场域是如何影响教师教学信念建构。

(一)学生因素：影响教师教学信念的选择与践行

学生因素是影响教师教学信念形成的重要因素之一。布里克豪斯(Brickhouse)和博德纳(Bodner)认为师生之间的互动情况会影响教师教学观点的发展❺。雷蒙德(Raymond)的研究发现，学生的能力与努力程度会对教师的教学信念造成重大的影

---

❶ 王振宏.学习动机理论：社会认知的观点[M].兰州：甘肃文化出版社，2001：57.

❷ 约翰·杜威.我们怎样思维·经验与教育[M].姜文闵，译.北京：人民教育出版社，2005：160.

❸ 约翰·杜威.我们怎样思维·经验与教育[M].姜文闵，译.北京：人民教育出版社，2005：168.

❹ 约翰·杜威.我们怎样思维·经验与教育[M].姜文闵，译.北京：人民教育出版社，2005：161.

❺ BRICKHOUSE N，BODNER G M. The beginning science teacher：classroom narratives of convinctions and constraints[J]. Journal of Research in Science Teaching，1992，29(5)：471-485.

响[1]。学生既是学习活动的主体,也是教学活动的对象。教学信念的稳定性和持久性与教师教学活动的有效性关系密切,而学生及其学习活动又影响着教师教学活动的有效性,因此学生因素影响着教师教学信念的建构。调查资料表明,学生原有认知结构和学生的学习态度影响着教师教学信念的选择与践行。

1. 学生原有认知结构:影响教师教学信念的选择

教育心理学家奥苏贝尔认为认知结构有广义和狭义之分[2]。从广义的视角来看,认知结构是指个体的观念的全部内容和组织;从狭义的视角来看,认知结构是个体关于某一特殊领域的观念的内容和组织。具体而言,认知结构至少包括三个要点:一是认知结构就是知识结构;二是认知结构中的知识经验应该是有组织的,是有逻辑层次关系的,而不是一盘散沙;三是认知结构既可以指一个人的全面知识经验,也可以指某一方面某一部分的知识经验。从一定意义上而言,原有认知结构亦可以理解为原有知识。事实上,原有认知结构是新知识学习的基础,原有知识必然影响当前的学习活动。也就是说,在一切有意义学习中,学生的认知结构始终是一个最关键的因素[3]。奥苏贝尔指出,即使单独一次练习(如读一篇课文),其效果也能反映学生原有认知结构的影响。

那么,学生原有认知结构或知识结构是怎样影响教师教学信念的习得和保持的呢?调查资料表明,学生是否具有可利用的、可辨别的和稳定的认知结构影响着学生对教师教学要求(这些要求是教师教学信念的具体化)的同化程度。当学生具有可利用的、可辨别的和稳定的认知结构或知识结构时,他们能顺利地同化教师的教学要求,从而实现教学活动的良性互动,教师进而对教学要求产生积极的、肯定的情绪情感,促使其更坚信其教学要求的正确性。反之,则会致使教师产生消极的、否定的情感体验,使其对教学要求产生怀疑,甚至放弃。

孙老师坚信"亮点"教学能提高学生的写作能力。但因学生缺乏可利用的或可辨别的"亮点"教学的认知结构而不能执行孙老师的教学要求,以致孙老师不得不放弃实施"亮点"教学而选择其他教学策略和教学方法。孙老师的相关访谈资料如下:

中途接班会影响我的教学观点的实施,因为经常都是接五六年级的学生,我们根本没时间去锻炼他们,况且所接到的学生以前也没有相应的训练,我们要着手做

---

[1] RAYMOND A M. Unraveling the relationships between beginning elementary teachers' mathematics beliefs and teaching practices[J]. Beginning Teachers, 1993(2): 8.

[2] 邵瑞珍,等. 教育心理学:学与教的原理[M]. 上海:上海教育出版社,1983:144.

[3] 邵瑞珍,等. 教育心理学:学与教的原理[M]. 上海:上海教育出版社,1983:143.

的话，还是有难度的，所以中途接班级还是不利于实施自己的理念。(20170417-in-孙)

对话本是“真理的敞亮和思想本身的实现”❶。但对话的前提是对话双方愿意对话，以及能展开对话，学生不愿意参与或缺乏相应的认知结构可能会阻隔对话的顺利开展。为此，弗莱雷认为，要使对话教学有效开展，关键要促进学生的参与。如果在课堂上学生保持沉默，对话就不会存在❷。何老师的教学经历诠释了学生认知结构是致使其放弃对话教学的原因。何老师的相关访谈资料如下：

现在的学生真是一届不如一届，尤其是我班上的学生基础太差，理解能力较弱，本想开展对话教学，可每次提出的话题(不是较难的，有的只需运用基础知识就能参与)，多数学生都不参与，搞得每次对话只是我与极少学生间的对话，多数学生则成了看客，如此进行下去学生难以获得真理，这种情况不得不迫使我又回到传统的教学方式上……(20170406-in-何)

由此可见，学生原有认知结构或知识结构影响着教师教学信念的构建。学生能够利用原有认知结构或知识结构同化教师的教学要求，可以促进学生和教师的互动发展。相反，当学生的原有认知结构不能同化教师的教学要求时，教师不得不改变当前的教学要求。

2. 学生的学习态度：影响教师教学信念的践行

有关学习态度的界定，见仁见智。陶德清在《学习态度的理论与研究》一书中指出，“学习态度”有广义和狭义之别，从广义的角度来看，学习态度是指学生在学习生活中表现出来的一种较抽象、较综合、较宏观的精神现象；从狭义的角度来看，学习态度是指学生对具体的某一门课程或某一种教学方法的喜好、兴趣。❸沈德立等人认为学习态度是指学习者对学习活动以一定方式作出反应时所持的评价性的、较稳定的内部心理倾向，包括认知成分、情感成分和行为倾向成分三大类❹。孙维胜认为学习态度是指学习者对学习活动的基本看法及其在学习活动中的言行表现❺。这里主要从狭义的角度来探讨学生的学习态度对教师教学信念形成的影响。

社会心理学研究表明，态度在生活各方面都含有优先作用的意义，它支配着个

❶ 雅斯贝尔斯．什么是教育[M]．邹进，译．北京：生活·读书·新知三联书店，1991：12.

❷ 黄志成．被压迫者的教育学——弗莱雷解放教育理论与实践[M]．北京：人民教育出版社，2003：201.

❸ 陶德清．学习态度的理论与研究[M]．广州：广东人民出版社，2001：145.

❹ 沈德立，李洪玉，等．中小学生的智力、学习态度与其数学学业成就的相关性研究[J]．天津师范大学学报(基础教育版)，2000(2)：1-5.

❺ 孙维胜．论学生正确的学习态度及其培养[J]．当代教育科学，2003(19)：13-16.

体的行为举止,影响着个体在环境中对他人、他事及各种现象的感受,影响着个体去做什么,以及采取何种方法去做。从某种意义上说,学习态度决定着学习者的学习行为选择,以及学习行为的践行力度。换言之,学生的学习行为是其学习态度的镜像。

事实上,学生的学习态度不仅影响着学生的学习行为,它还影响着教师的教学行为,进而影响着教师教学信念的践行。教育家斯卡特金认为,教学效果基本上取决于学生对教学活动的态度❶。事实上,学生对教学活动的态度不仅影响着教学效果,还影响着教师的教学行为,进而影响着教师教学信念的建构。尽管有关教学信念与教学行为之间关系的研究表明,教师的教学信念不仅影响着教师的教学计划,更会决定教师的教学行为❷。但教学信念与教学行为之间影响关系不是单向关系,而是一种互动关系。试想,若学生对教师精心设计的教学计划或走心的教学行为置之不理或草草应付,这样的教学行为会产生良好的教学效果吗?教师还会毫不动摇地坚持自己的教学信念吗?因此,学生的学习态度也影响着教师教学信念的践行。

调查资料表明,孙老师深信"亮点"教学能提高学生的写作能力。但源于学生的学习态度过于消极,致使孙老师怀疑自己"亮点"教学是否需要继续践行。孙老师的相关访谈资料如下:

从开学之初,我就让学生买一本作文书,要求学生每天读一篇作文,不需要学生写读后感,只要求学生找出所读作文的亮点即可,哪怕只有一点也行。但有的学生连最基本的要求都没有完成,有的随便写一两句应付了事。所以很多时候课堂提问,学生竟然不知道亮点在哪里。我都怀疑自己应不应该继续坚持实施"亮点"教学。(20170417-in-孙)

承担英语和数学教学工作的汪老师信奉"快速表达"能锻炼学生的口语表达能力和思维的灵敏性。因此,在汪老师的数学课堂上可以随时听到学生快速阅读和快速回答问题的声音,当学生得到汪老师表扬时,他们露出了幸福的微笑。事实上,因学生积极的参与促使汪老师更坚信地践行自己的教学信念。

上述研究结论与瞿仁美的研究结论相似,她通过访谈法研究了影响九位小学教师教学信念的因素,研究指出学生的反应是影响教师教学信念的重要原因之一。综上可知,一般情况下,当学生积极参与并有效地完成教师的教学要求(教师教学

❶ 斯卡特金.现代教学论问题[M].蔡汀,译.北京:教育科学出版社,1982:55.

❷ STUART C, THURLOW D. Making it their own: pre-service teachers' experiences, belief and practices[J]. Journal of Teacher Education, 2000, 51(2): 113-121.

信念的具体化)时,教师会产生愉快的情绪体验,进而相信教学要求的正确性和可行性。反之,当学生消极参与甚至不能完成教师的教学要求时,教师会产生消极的情绪体验,进而怀疑教学要求的正确性和可行性,甚至放弃原初的教学信念。

影响教师教学信念形成的学生因素还有很多,除了学生的原有认知结构和学习态度外,学生的学习能力、学生的学习信念等因素都是值得深入探讨的内容。基于调查资料所反映的因素主要是前者,故本书暂将后者搁置,留待后续研究再做探讨。

(二)重要他人:影响教师教学信念的修正与完善

美国社会学家米尔斯最早提出"重要他人"(Significant Others)这一概念。威廉姆斯·塞维尔随后提出了"有意义他人"的概念,他认为个体的认知、情绪,甚至教育成就与"有意义他人"关联,这种有意义的他人影响并不是一种学校组织的系统和矩阵,也不是某种确定的社会情境,而只是某些个人的影响因素,而且主要是三种人的影响作用,即父母、教师和同伴朋友。[1]我国也有关于"重要他人"的相关论述,如顾明远教授认为,重要他人是指"对个体的自我发展(尤其是在儿童时期)有重要影响的人或群体,即对个人的智力、语言及思维方式的发展和对个人的行为习惯、生活方式及价值观的形成有重要影响的父母、教师、受崇拜的人物及同辈团体等"[2]。吴康宁教授认为,重要他人是指对个体的社会化过程具有重要影响的具体人物[3]。高智红认为,重要他人是指"在中小学生课外阅读选择过程中具有重要影响力的个体或者群体,由于自身的主体特性、角色位置、互动关系及情境因素,他们对学生的阅读取向、偏好产生了关键性影响的重要导引作用"[4]。可见,不同立场下个体对"重要他人"的内涵的解读各异。本书中的"重要他人",是指在教师教学信念形成过程中具有重要影响力的个体或者群体,即是对教师个体选择、修正和完善教学信念有影响的同侪教师、专家和学生家长等个体或群体。

教师教学信念的形成是教师自我选择、主动建构的结果。而研究者在对小学阶段的9位教师的具体调研过程中,充分地了解和感受到教师在教学信念建构过程中,教师教学信念的发展是一个从无到有、从少到多、从简单到复杂、从不完善到逐渐完善的过程。在此过程中,来自他人的影响是显著存在着的。调查资料显示,教

[1] 谢维和.教育活动的社会学分析[M].北京:教育科学出版社,2007:82.

[2] 顾明远.教育大辞典(第6卷)[M].上海:上海教育出版社,1992:462.

[3] 吴康宁.教育社会学[M].北京:人民教育出版社,1998:244.

[4] 丁钢.中国教育:研究与评论(第16辑)[M].北京:教育科学出版社,2013:4.

师在建构教学信念的过程中,易受到专家教师、同侪以及家长等他者强有力的影响。

1. 专家教师:教师教学信念形成的引导者

专家教师(expert teacher)又称为专家型教师,不同研究者基于各自的研究视角对其有不同的认识。美国著名心理学家斯滕伯格和威廉姆斯指出,专家型教师具有三个共同特点❶:具有高水平的知识、能高效地解决教学问题、富有洞察力和创造力。美国著名的教育学家、心理学家阿瑟·W.库姆斯(Combs)认为,成为优秀教师除了具有知识和方法外,还须具有对学生、自己、他们的目标、意图和教学任务的信念❷。卢真金把教师的发展划分为四个阶段❸:适应阶段、分化定型阶段、突破阶段和成熟阶段,其中成熟阶段的教师即为专家教师或学者型教师。他认为,真正的专家教师除了具有单纯的理论知识和技能外,还应具有自己的教学个性,创新意识和精神,更应具有自己独特的教学思想或教育理念,形成自己的完整的教学体系、教学风格和流派。余文森教授等人认为,成为一名在创新水平上胜任教学的专家型教师应具备四个特征❹:对常规教学问题的处理已经达到自动化的水平、具有良好地处理教学问题的知识结构、形成高水平的教学自我监控能力和明确且稳定的教育信念。

综上可见,笔者认为专家教师至少应具备三个共同特征,即高水平的知识、多元化的能力、独特的教育理念或教育信念,其中独特的教育理念或教育信念是专家教师的一个核心素养。考尔德黑德认为"教师的信念"是专家型教师的"个人专业因素"的一个核心要素❺。叶澜认为教育理念是教师专业行为的基本理性支点。❻因此,拥有独特的教育理念或教育信念是专家教师必须具备的核心要素。

调查资料表明,专家教师在教师个体形塑教学信念的过程中扮演了引导者的角色。事实上,专家教师对个体教师的影响不仅表现在精深的专业知识和灵活多变的教学策略上,更为重要的是专家教师独有的教育理念或教育信念会与教师个

❶ R J STERNBERG, W M WILLIAMS. 教育心理学[M]. 张厚粲,译. 北京:中国轻工业出版社,2003:6.

❷ ARTHUR W COMBS. Teacher's beliefs and educational research: cleaning up a messy construct[J]. Research, 1992, 62(3): 307-332.

❸ 卢真金. 试论学者型教师的成长规律及培养策略[J]. 高等师范教育研究,2001:31-36.

❹ 余文森,连榕. 教师专业发展[M]. 福州:福建教育出版社,2007:184.

❺ CALDERHEAD J. Teachers: beliefs and knowledge[M]//BERLINER D C, CALFEE R C, MAYER R E. Handbook of educational psychology. New York: Macmillan, 1996: 709-725.

❻ 叶澜,等. 教师角色与教师发展新探[M]. 北京:教育科学出版社,2001:21.

体产生情感共鸣。正是基于此,教师个体才会接纳并内化专家教师的教学理念。如何老师的“共享阅读”的信念来自“全国优秀语文教师”李镇西老师的“共享阅读”理念的影响。以下调查资料无不充分反映了专家教师对教师个体的教学信念的形成和发展的影响:

李镇西老师特别注重学校老师们的发展,他经常为老师提供阅读的书籍,要求老师们每阅读完一本书后,把自己的体会写在书上,这样后面阅读该书的老师也可以看到每个老师的阅读体会,因此这样的阅读方式使在校的老师们能够以一本书籍为载体从而实现了彼此的思想交流。这种“共享阅读”理念被我运用到学生阅读中,阅读效果还是不错的!(20170406-in-何)

前几年听了一位优秀教师的课,对我的影响至深。我们这里上公开课都要求教学环节完整,尤其要在规定的时间内完成相应的内容,否则就是失败的。可当时那位教师的课根本不追求完整,人家只是讲重点,甚至都没有导入,一篇课文人家就只讲几个关键,这位老师所讲的知识在生活中有用,学习中也有用。实际上,这样的课也很实用。这也是我现在的教学主要讲几个知识点的原因所在。(20170417-in-孙)

可见,教师个体通过聆听、观察专家教师的课堂教学,从而了解专家教师的教学方法和理念,并被教师接受并内化为自己的教学信念。事实上,专家教师通过课堂教学或讲座的方式可以引发教师个体反思自己的教学行为,或促进教师个体获得新的教学观念,进而生成新的教学信念。苏霍姆林斯基认为:“学习优秀经验,这并不是把个别的方法和方式机械地搬用到自己的工作中去,而是要移植其中的思想。向优秀教师学习,应当取得某种信念。”[1]相关研究表明,拥有信念有助于教师摆脱“教书匠”的困惑,使平凡工作得以升华和富有意义,是教师成为研究型、专家型教师的关键所在[2]。

2. 同侪经历:教师教学信念形成的参照物

教师个体与同侪间的关系属于同等的人际关系,这种关系更易于左右着教师个体的教学信念养成。一般情况下,同侪对教师个体的教学信念形成有较强的吸引力和影响力,其现实教学经历往往被教师个体当作教学养成过程中的重要参照系。调查资料表明,教师个体选择相信哪种教学信念,或放弃哪种教学信念,在很大程度上受到了同侪的教学经历的影响。这种影响主要表现为两个方面。

一方面,同侪信奉的教学信念导致不良的教学效果,为教师个体构建与之不同

[1] 苏霍姆林斯基. 给教师的建议(修订版)[M]. 杜殿坤,译. 北京:教育科学出版社,1984:114.

[2] 宋宏福. 论教师的教育信念及其培养[J]. 现代大学教育,2004(2):37-39.

的教学信念提供了参考信息。汪老师信奉“严格纪律是良好课堂秩序的保障”的信念无不与其同事关于学生自觉管理的信念所导致课堂纪律混乱关联。相关访谈资料如下：

课堂管理之所以要严格要求，其实与我的一位同事的教学经历有关。这位同事对课堂管理持自觉的原则，即教师只要认真教学，至于学生的学习和行为就靠他们自我管理。事实上，他的课堂秩序非常混乱。据说，他上课时，有学生公然在课堂上运篮球，其课堂就像菜市场一样，学生的成绩肯定不理想了，后来学生有意见、家长有意见、校领导也有意见……受这位老师的经历影响，我觉得课堂教学需要管理，而且应严格纪律，没纪律不成方圆嘛！(20170411-in-汪)

另一方面，同侪信奉的教学信念受到外界的阻碍而产生的负能量，会导致教师个体修正或放弃已有的教学信念。孙老师放弃长期坚守的严格管理的课堂教学管理信念无不与其同事的管理经历相关。相关访谈资料如下：

以前我对学生还是有点严的，不过现在有所改变，因为我的同事经历差点下岗的事件影响了我对学生严格要求的看法。我的同事是一名好老师，对学生比较仁慈。可有一天，她班上有一个学生扰乱课堂秩序，正常的课堂教学活动遭到破坏，严重影响了学生的正常学习，于是她非常耐心地与这名学生沟通，但该生并不听劝告，还是我行我素。实在没办法了，我的同事请他暂时离开课堂冷静一下，以至于不影响其他学生的学习。可请也请不动，该生还与我的同事发生了争执，弄得我的同事生气之下，想把学生拉到教室外面冷静冷静。后来家长到学校告状，说这位老师弄伤了她的孩子，并要求赔偿。这件事经过调解，虽然风波平息了，但给这位老师造成了心理阴影，她现在不敢管学生了，因为教学成绩差不至于会影响你的“饭碗”，但若学生出了安全事故就可能丢掉“饭碗”。所以我现在都很谨慎地管理学生，不敢严格要求。(20170417-in-孙)

综上可见，教师个体本来已确信的教学信念，但因同侪践行相应信念时受阻或产生负面效果，教师个体进而修正或放弃已有教学信念。或者教师个体本来不想建构的教学信念，但因同侪践行相反的信念时产生不良的教学效果，会促使教师建构相应的信念。概言之，教师个体建构何种教学信念会受到同侪践行教学信念时所产生的效果所左右。其他研究也指出，教学生涯的开展受到服务学校资深教师的影响甚大[1]。

---

[1] 高强华. 论实习教师的情意特质[J]. 中等教育，1992(3)：35-44.

3. 学生家长：教师教学信念形成的潜在力

学生家长能否理解与支持教师的教学观念影响着教师教学信念建构的潜在力量。何老师希望学生每天能写一段有关景物描写的句子，但家长支持不够，以致学生没有完全执行教师的教学要求，进而阻碍了何老师改进教学的积极性。有关何老师的访谈资料如下：

我要求学生每天写一段有关景物描写的句子，希望以此能锻炼学生观察事物的能力和写作能力，该教学任务的完成需要家长参与、督促。但由于家长认为现在要求学生做完这一教学任务过于难了，他们并没有参与。更没有督促，甚至有的家长要求孩子可以不做，致使这一要求不能顺利完成。家长不支持，这个理念就难以落实。(20170406-in-何)

专家教师、同侪、学生家长是影响教师建构教学信念的重要他人。事实上，他者既是教师个体建构教学信念时的重要他人，教师自身也会成为其他教师建构教学信念时的重要他人。在学校场域中，每个教师都有可能受重要他人的影响，每个教师又都可能成为影响他者的重要他人。为了不误导他者建构不良的教学信念，每个教师首先要建构积极的正向的教学信念。

(三)学校文化：影响教师教学信念的方向与程度

教师社会化理论表明，教师的思想观念与行为是教师个人因素与环境因素交互作用的结果。教师专业发展是教师专业社会化的结果，教师在专业社会化过程中，其表现优劣，固然与教师自身的原生条件和教学信念有关，但依教师社会化的观点分析，教师所处学校文化是教师教学信念形成的不可或缺的影响因素。相关研究表明，学校的管理理念、组织形式、科层体制、奖惩制度等文化因素皆会给教师形成信念产生暗示信息。访谈资料表明，在学校文化中，学校的管理理念、管理行为都会对教师教学信念的形塑产生导向性影响。

1. 学校的管理理念

管理理念影响管理行为。学校有什么样的管理理念就会有与之相应的管理行为。相信外出学习能拓宽教师的视野、丰富教师的知识、催生教师产生新思想的学校管理理念，更愿意为教师提供外出学习的机会。反之则会以上级教育行政部门的规定为理由限制教师外出学习。如，余老师所在学校一直坚信“只有教师发展了，学生才可能获取更多的发展”的教师发展理念。为此，学校常鼓励和支持青年教师外出脱产学习。余老师的相关访谈资料如下：

为了青年教师能有外出学习的机会，结合青年教师的学习需求，学校直接向地方教育管理部门提交申请(当时教师人数较少，为了确保有充足的师资，教育管理部门对于教师申请外出学习的人次做出了严格的限制，很多教师鲜有外出学习的机会)，起初效果并不理想，但经过学校多次申请后，最终还是给青年教师争取了许多外出学习的机会。(20161116-in-余)

学校的管理理念影响着教师教学信念建构的内容。访谈资料表明，教师选择建构何种信念与学校的管理理念密切相关。相关访谈资料如下：

如果学校重视学生的文化特长，那么学校会花时间和精力去培养学生，教师也会关注学生文化特长的培养。如果学校要求教师做课题研究，重视学生学习效率的探讨研究，那么教师就会朝着这个方向去努力。如果学校没有这方面的理念，那么老师们做什么与不做什么就完全取决于他们自己的选择了。实际上，若学校没明确要求的教学活动，教师们一般也就不做。(20170406-in-何)

其他的研究也支持这一观点，沙姆克(Somekh)探究了三所学校实施创新行为的原因，他发现这一行为与学校的强烈愿景和变革动力紧密相关❶。

2. 学校的管理行为

管理行为是学校办学理念、管理理念、领导作风的基本体现。学校的管理行为可以为教师教学信念形塑提供启示。学校管理行为的科学性、民主性和激励性会影响教师教学信念的建构。科学性、民主性、激励性的管理行为更能促进教师积极建构合理的教学信念，反之，则会降低教师构建教学信念的积极性。

汪老师形成“工作方法非常重要”的信念是基于两位学校领导之间不同的管理行为而生成的。相关访谈资料如下：

以前的校长开会不读文件，一般是把文件的关键内容细化为几点，直接布置相应任务。而现在的校长喜欢读文件，每次开会都要读几个小时的文件，教师们都比较反感，更为关键的是，几小时的会议结束后，老师们都不知道会议的重点是什么，老师们都觉得领导的工作效率太低，占用了老师们太多时间。所以我觉得校长也好，教师也罢，工作方法非常重要，方法不对，效率也不会高。因此，我的教学和管理(班级)是非常注重方法的。(20170405-in-汪)

由此可见，教师会根据学校领导的管理行为的科学性、民主性来反思自己的教学工作的合理性，在这个反思过程中，教师不自觉地建构自己认可的教学信念。

此外，学校对教师的教学研究的支持度将会影响教师教学信念建构。教师对

❶ SOMEKH B. Factors affecting teachers' pedagogical adoption of ICT[M]//VOOGT J, KNEZEK G, International handbook of information technology in primary and secondary education. New York: Springer, 2008: 449-460.

自己的教学绩效的觉知会影响其教学信念建构，但教师建构教学信念也与所在学校领导的支持程度有关。若所在学校校长对教师漠不关心或不支持，教师会产生孤立感和无力感。因此，校长是否支持以及支持程度影响着教师教学信念形塑的动力与持久性。相关访谈资料如下：

就我个人而言，平时也会结合自己的课堂实践做一些课堂研究，但这些研究既没有得到校长的承认，也没有得到校长的鼓励，以至于对课堂研究的动力慢慢变弱。(20170406-in-何)

其他研究也证实这一结论，恩伊迪等人(Enyedy, et al.)的研究表明，校长支持与否是教师是否建构信念的原因[1]。梁凤珠关于教师教学信念的影响因素的研究也指出，教师教学信念的建构深受所在单位行政是否支持的影响[2]。据此可见，校长支持与否是影响教师构建教学信念的有力变量之一。

由此可见，学校文化的差异影响着教师的信念构建。其他研究也支持这一观点，钱特(Chant)通过案例研究发现，初任教师的教学信念受他们所在学校的文化背景影响[3]。他认为教师不能把自己最初的信念付诸实践，是因为他们认为所在学校没有提供支持践行信念相匹配和合作的环境，也缺乏足够的资源。基于此，教师教学信念的构建需要所在学校提供足够的支持，尤其不能脱离所在学校的领导支持。

三、制度场域：影响教师教学信念生成的宏观系统

有关教学信念与环境之间关系的讨论，学界有两种观点——信念环境依赖观和信念环境独立观。信念环境依赖观认为，教师的教学信念会根据所呈现的具体情况，包括被教导的内容，环境中的物质资源以及特定的学生而发生改变[4]。信念环境独立观认为，教师的教学信念不会随着环境的变化而轻易变化，信念通常会在多样的环境中保持相对一致性[5]。从社会认知视角来看，教师是社会环境中的个

❶ ENYEDY N, GOLDBERG J, WELSH K. Complex dilemmas of identity and practice[J]. Science Education, 2006, 90(6): 68-93.

❷ 梁凤珠. 教师教学信念的影响因素[J]. 教育研究论坛, 2012(3): 157-172.

❸ CHANT R H. The impact of personal theorizing on beginning teaching: experiences of three social studies teachers[J]. Theory and Research in Social Education, 2002(30): 516-540.

❹ VERJOVSKY J, WALDEGG G. Analyzing beliefs and practices of a mexican high school biology teacher[J]. Journal of Research in Science Teaching, 2005(42): 465-491.

❺ HERMANS R, VAN BRAAK J, VAN KEER H. Development of the beliefs about primary education scale: distinguishing a developmental and transmissive dimension[J]. Teaching and Teacher Education, 2008(24): 127-139.

体，教师的发展必然与其所处的社会环境密切关联。换言之，教师所处的社会环境可能会推动或抑制教师的发展。教师教学信念作为教师发展的一项重要内容，其形成与发展势必会受到教师所处社会环境的推进与钳制。阿什顿(Ashton)认为，教师身处于社会背景中，这一背景可能会推动或抑制教师的认知加工[1]。赫尔曼斯等人(Hermans, et al.)也指出，教师的信念受到教室之外更大的文化背景的影响。可见，信念虽具有一定的稳定性，但并不意味着信念不受环境的影响，事实上，教师被激活或拥护的信念可能取决于所处的环境。从宏观角度看，影响教师教学信念形成的环境主要包括政治、经济、文化、科技、教育政策等因素。基于调查资料所呈现的内容来看，这里主要探讨对教学信念形成影响较为相关的因素，即考试制度、教师培训、课程政策等制度因素。

(一)考试制度:影响教师教学信念建构的方向

在《中国文化大百科全书(教育卷)》一书中，将“考试”界定为对人所掌握的知识、技能、能力等的一种测量[2]。从领域一般的视角来看，考试制度具有四大功能，即评定功能、区分功能、预测功能和诊断功能[3]。评定功能旨在检查参试人员的知识、技能是否达到预设的标准;区分功能是为了了解参试人员的知识、技能的水平层次或等级分布;预测功能则是测量参试人员未来的专业适应性和能力倾向;诊断功能意在确定参试人员在知识学习和技能掌握中的问题点和问题形成的原因。从领域特殊的视角来看，根据考试应用领域的要求、目的不同，考试制度的功能可分为教学功能和社会功能。考试的教学功能主要指校内的考试制度功能，主要表现为诊断学生的学习情况，判断学生是否升留级，调整教学计划、进度与方法，指导学生职业发展等。考试的社会功能主要指校外考试制度的功能，主要表现为选择人才和授予资格，此外还具有传播、延续人类文化的作用[4]。

相关研究表明，我国的校内考试制度倾向于强调考试的社会功能，弱化考试的教学功能。更进一步说，更注重考试的评定功能和区分功能，对考试的诊断功能重视不够，即便对考试的教学功能有所观照，其关注点也更多在于评定和区分学生成绩，较少依据考试结果调整教学计划和教学方法，实施因材施教。进而言之，我国

---

[1] ASHTON P T. Historical overview and theoretical perspectives of research on teachers' beliefs[M]//FIVES H, GILL M G. International handbook of research on teachers' beliefs. New York: Routledge, 2015: 37.

[2] 朱自强，等. 中国文化大百科全书(教育卷)[M]. 长春:长春出版社，1994:492.

[3] 朱自强，等. 中国文化大百科全书(教育卷)[M]. 长春:长春出版社，1994:494.

[4] 朱自强，等. 中国文化大百科全书(教育卷)[M]. 长春:长春出版社，1994:495.

的考试制度更倾向于“知识中心”“分数中心”的单向度考试观，有关学生的德、智、体、美、劳的全面评价观还处于萌芽状态。在单向考试观念的影响下，考试内容主要以知识记忆为主，考试类型侧重于纸笔考试、智力考试和统一考试等，而对兴趣考试、形成性考试、个别考试等关注不够。在这样的考试制度导引下，教师倾向于构建与之相适应的教学信念。调查资料表明，被访教师更相信教学的目的就在于传递知识，讲授是最有效的教学方法。相关访谈资料如下：

尽管小升初考试已取消，但小学毕业考试作为检查学生一个阶段的学业情况还是存在的，这样的考试表面上是学业考试，其实质仍然作为进入七年级的分班指标（根据成绩等级编排班级，成绩优秀的学生进入师资配备较好的班级），也是学校考核教师教学绩效的指标。因此，在教学目标上倾向于学生对知识的掌握，学生的情感、技能不成为考试范畴，故较少关注。（20170417-in-孙）

对话教学、探究教学虽然不错，但要花更多的时间与精力，并且考试注重检查学生对相应知识点的掌握，又不检查学生如何创造知识，所以讲授是最为有效的方法。（20170412-in-陈）

由此可知，考试制度影响着教师教学信念的形成，且不同考试制度下，教师构建的教学信念不同。埃特默尔等人（Ertmer，et al.）的研究指出，有很多变量可能直接和间接地影响着教师教学信念的形成，除与教师自身相关的知识、动机、信心等因素，校长领导力和学校政策外，标准化考试也是其中的一个变量[1]。布朗等人（Brown，et al.）的研究发现，不同考试制度下，教师对评估的信念不同。他们的研究指出，新西兰（一个至今还没有在小学实施标准化评估的国家）的小学教师认为评估可以用来改善学生的学习，因此这些教师使用了旨在鼓励深度学习的非统一的教学过程和形成性评估的教学方式。相比之下，中国（学生定期完成标准化考试）的教师也相信评估可以用来提高学生的学习成绩，但他们认为学生应对自己的学习负责，因此他们用考试来判断学生的学习努力程度[2]。

（二）培训制度：影响教师教学信念建构的内容

教师培训通常有助于教师获得新的知识，掌握新的技能，产生新的观念。这里

[1] ERTMER P A，OTTENBREIT-LEFTWICH A，SADIK O，et al. Teacher beliefs and technology integration practices：a critical relationship[J]. Computers and Education，2012(59)：423-435.

[2] BROWN G T L，KENNEDY K J，FOKP W，et al. Assessment for student improvement：understanding hong kong teachers' conceptions and practices of assessment[J]. Assessment in Education：Principles，Policy & Practice，2009(16)：347-363.

的教师培训主要指职后培训。调查资料表明，一般情况下，参与教师培训能给教师带来一些新的教学观念和教学理念，可能会引发教师对这些教学观念和教学理念的认同、接纳以及内化为教学信念，甚至唤起教师对自我的教学现状和已有教学观点进行反思，从而建构新的教学信念。如何老师通过参加深圳福田“全国首届‘全课程’教学的研讨会”，她相信理答更能调动学生的学习积极性和主动性；彭老师通过对以往参加培训经历的回溯，更加坚信参加名师课堂学习对自己掌握教学技能、形成新的教学观点具有催化剂的功能。两位老师的访谈资料如下：

这次学习收获了一个很有意思的词——理答。对待学生的提问，不能简单回答，而应用理答，理答比回答要高一个层次，更能调动学生积极主动地参与回答问题，所以老师应关注自己的理答行为的有效性。(20170417-in-何)

我在十多年前就听过窦桂梅、支玉恒等老师的课，这些老师都是全国知名的教师，他们不仅书教得好，且都有自己的教学观念。听过他们的课后，让我重新反思我当时的教学现况，并逐渐找到一些有利于学生学习和成长的方法，我觉得学习老教师的课和教学观念还是能促进我的教学改进，多听这些名师的课还是有助于提升自己的教学技能和教学观点。(20170410-in-彭)

其他研究也指出，教师教学信念的发展受到职后培训的影响。勒曼(Lerman)认为，教师参与职后培训是影响教师教学信念发展的重要因素之一[1]。西蒙(Simon)和希夫特(Schifter)探究了19名在职教师参与“认知取向”的专业培训计划中教师数学教学与学生学习方面的教学信念变化情况。他们发现，尽管教师信奉的核心教学信念不易改变，但参加该计划的大部分教师开始采用建构主义的认知取向的教学策略[2]。诚然，也有部分被访者认为，培训虽能提供一些新的教学理念，但这些理念往往与自己的教学情境相脱节，故极少将其运用于教学实践。

(三)课改政策：影响教师教学信念建构的性质

课改政策影响着教师教学信念建构的性质。费弗斯和比尔认为，行政期望、政策要求等外部因素可能支持或阻碍一种信念的形成，从而导致教师的信仰与实践

[1] LERMAN S. Situating research on mathematics teachers' beliefs and on change [M]//LEDER G C, PEHKONEN E, TÖRNER G. Beliefs: a hidden variable in mathematics education?. Dordrecht: Kluwer Academic Publishers, 2003: 234.

[2] SIMON M, SCHIFTER D. Towards a constructionist perspective: an intervention study of mathematics teacher development[J]. Educational Studies in Mathematics, 1991(22): 309-331.

之间明显缺乏联系❶。事实上，任何课改政策的颁布都会对教师构建教学信念产生一定的影响。调查资料表明，我国新一轮课程改革政策的实施促使教师在课堂教学中运用更多的对话教学、小组合作的教学方式和策略。相关访谈资料如下：

以前在课堂教学中倾向于运用讲授法，但新课程改革实施后，开始尝试采用对话教学，这种教学方式虽然不常运用，但还是改变了以往单一的教学方式。(20161116-in-余)

大班额教学环境下要开展小组合作难度非常大，在新课改实施前，我没有采用小组合作。新课改实施后，才开始适当运用小组合作。(20170410-in-彭)

相关研究也指出，国家教育政策(包括课程改革)会对教师的教学信念产生引导或阻碍的作用。美国政府近几十年来的教育改革倾向于给各学科制定统一的质量检验标准，要求教师引导学生构建知识，让学生学会发现问题，勇于探索和解决实际问题❷。在这样的政策导引下，大多数教师在课堂教学中主动增加学生构建知识的主题，给予学生更多探究问题的时间。雅各布森等人(Jacobson, et al.)也探讨了新加坡教师的教学信念与政府政策之间的关系，他们发现，教师使用传统的和建构主义的教学实践与他们从政府收到的关于如何组织他们的课堂信息是冲突的，即是说，政府既鼓励教师采用更多以学生为中心的教学方法，又非常重视学生在标准考试上的良好成绩❸。

事实上，教师教学信念与场域之间是一种互动的关系。一方面，这是一种制约关系，场域形塑着教师的教学信念。场域以其潜移默化的方式逐渐将其信念、态度、习惯和做事方式渗透到教师的身心中，赋予他们工作的意义与身份❹。信念成了某个场域固有的必然属性体现在个体身上的产物。另一方面，这又是一种反作用关系，教师业已形成的教学信念会对教师的认知、情感、意志产生调控作用，教师会以自己的教学信念解释教学经历，审视重要他人的教学主张和课程改革政策，以及实施教学内容、选择教学方法和评价方式……概言之，教师教学信念是多种场域动态互动的结果。教学信念有助于教师把场域建构成一个充满意义的世界，一个

❶ FIVES H, BUEHL M M. Spring cleaning for the "messy" construct of teachers' beliefs: what are they? which have been examined? what can they us? [M]//HARRIS K R, GRAHAM S, URDAN T. APA Education psychology handbook: Individual Differences and Contextual Factors. Boston: Allyn and Bacon, 2012: 481.

❷ 朱旭东. 教师专业发展理论研究[M]. 北京：北京师范大学出版社, 2011: 14.

❸ JACOBSON M J, et al. Epistemology and learning: impact on pedagogical practices and technology use in singapore schools[J]. Computers & Education, 2010(55): 1694-1706.

❹ 卢乃桂，操太圣. 中国教师的专业发展与变迁[M]. 北京：教育科学出版社, 2009: 80.

被赋予了感觉和价值,值得教师去投入、去尽力的世界。教师在建构外在世界的同时,不断完善自我的信念,丰富自我的精神世界,逐渐成为一个具有独特教学风格的存在。

第六章　教师教学信念生成机制的系统构建

教学信念是多维因素共同作用的产物，是教师个体基于多元渠道主动建构的结果。教师建构教学信念的过程并不是随机的、偶在的过程，事实上，多数教师是在一定的动力和条件下，遵循一定的规律和原则，采用多元的方式，历经特定的过程，主动构建适于自身信念系统的教学信念。亦即是说，教师教学信念生成的过程是多种因素相互作用的结果，这种相互作用关系即构成了教师教学信念生成机制，这些生成机制并非孤立的存在物，而是相互联系、相互作用的关联体，从而形成一个内在联系的系统，即教师教学信念生成机制系统（见图6-1）。

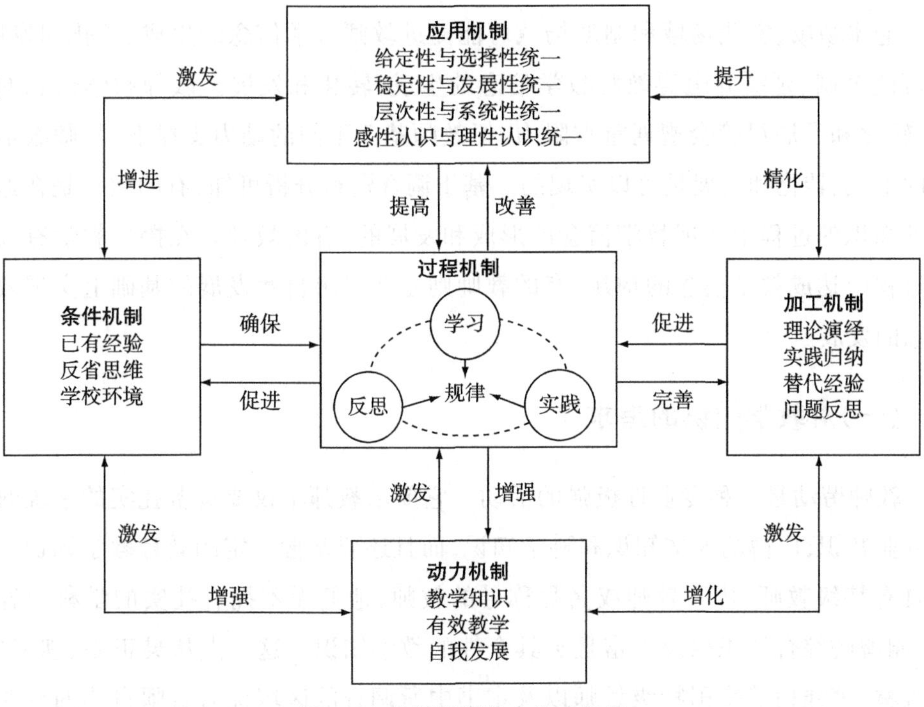

图6-1　教师教学信念生成机制

在教师教学信念生成机制系统中，动力是根本，过程是核心，条件是保障，加工是关键，应用是重点。在动力机制的激发、激励下，教师才会主动进行学习、实践和反思，充分利用已有条件对学习、实践和反思的对象进行加工，从而实现对学习、实践和反思的对象的合理应用,达成教师教学信念的生成。在条件机制的保障下,可以增强教师的教学信念生成动力,激发教师对教学信念生成过程的深度加工和理性应用,确保教学信念生成过程能顺利达成。合理的加工机制可以强化教师构建教学信念的动力,提升教师的学习、实践和反思的有效性,促进教师合理整合学习、实践和反思的结果,进一步丰富或完善已有条件。应用机制可以增强教师教学信念建构动力,提高教学信念生成过程的效率,增进教学信念生成条件的改善,精化教师教学信念生成的加工策略。教师教学信念生成过程的有效完成,可以进一步增强教师构建教学信念的动力,促进教师教学信念生成条件的改善,修缮教师教学信念生成的加工策略,完善教师教学信念生成的应用。在教师教学信念生成机制系统中,各个机制的角色虽不尽相同,但相互关联、相互作用。

一、教师教学信念生成的动力机制

主体场域、实践场域和制度场域可能促进教师教学信念的生成、转化和发展,也可能牵制、延缓并阻碍教师教学信念的生成、转化和发展。教师教学信念的生成、转化和发展尽管会遭遇重重阻力,但教师基于不同的动力支撑下,教师教学信念的生成、转化和发展是可以实现的。基于调查资料分析可知,有的教师是在追求教学知识的过程中实现教学信念的形成和发展的,有的教师是在探寻教学有效性的过程中达成教学信念的构建,有的教师则是在寻求自我发展的基础上实现教学信念的发展。

(一)对教学知识的追求

教师劳动是一种专业性极强的活动。它要求教师不仅要具备扎实的系统的学科专业知识,广博的人文知识和科学知识,而且还要掌握一定的教育教学知识。但凡具有特级教师、优秀教师或名师称号的教师,他们无不拥有扎实的学科内容知识、渊博的综合知识以及丰富且独具个性的教学知识。这一点从吴正宪、魏书生、李吉林、窦桂梅等全国特级教师以及本书中所调查的区域优秀教师自述的专业成长史中可得以佐证。吴正宪老师因自知对小学数学知识掌握不够系统,才有再次系统地学习小学一年级至六年级数学课本的强烈行为,也因深知自己的教育教学知识较为薄弱,才会主动学习教育学和心理学方面的知识。余老师、魏老师、彭老师等教师自己掏钱订阅各种期刊的行为,无不充分反映了这些教师具有主动地提升和丰富自身的学科知识和教学知识的需求。正是在此求知欲的驱动下,教师不断丰富自己的学科知识和教学知识。这为教师建构教学信念提供了丰富的内容或对象，即信什么，因为任何信念都是建立在一定的知识基础上的❶。可见，教师在追求自我知识更新和发展的过程中，也有意或无意地促进教学信念的构建，至少为教学信念的构建提供了可资利用或选择的信念内容或信念对象。

（二）对有效教学的追求

教学活动是教师的本职工作或中心工作。教师正是通过教学活动才能实现教书育人的目的，因此教师教学行为是否有效，将决定着教学活动的有效性，从而决定着育人的成效。有效教学不是教师个体与生俱来的素养，它是教师个体通过学习、教学实践、教学反思等路径不断形成和发展而来的，换言之，教学行为的有效性是教师主动学习和不断探究的结果，是教师个体主动建构的产物。相关研究表明，但凡有高度责任心的教师都希望不断提升自我教学行为的有效性，以便能在最大限度上促进学生获得应有的发展。在教育发展的历史长河中，为促进学生的良性发展而坚持追求有效教学的教师不胜枚举。孔子倡导的“不愤不启，不悱不发”的启发式教学，苏格拉底提出的“帮助学生产生其本来就有的真理”的“产婆术”式的教学方法，夸美纽斯基于“一切知识都是从感官的感知开始的”❷而提出的直观教学法，魏书生提出的“定向、自学、讨论、答题、自测和口结”的“六步教学法”，以及本书中余老师提出的“知识圆”，汪老师坚信的“串联知识点”，魏老师信奉的“词源识字”，等等。这些教育名家和教学名师所提出的教学方法旨在改善教学行为，提升教学活动的有效性，终极目标旨在促进学生的有效发展。当这些教学方法在实际的教学活动中能促进学生发展时，他们更加坚信这些教学方法的有效性和合理性，这些教学方法逐渐演变为他们的个人信念或个人教学理论。当越来越多的同侪也用这些教学方法来指导自己的教学实践时，这些方法便成为学界共同遵循的“范式”或信奉的观念，即教学信念。这充分表明，教师追求有效教学的过程，也在有意或无意地构建着自身的教学信念。

（三）对自我发展的追求

教师自我发展需要是教师教学信念形成的内在动力。作为教师自我发展的一个重要维度，教师教学信念反映的是教师对教学目标、教学内容、教学方法、学生及

❶ 石中英．教育哲学的责任与追求［M］．合肥：安徽教育出版社，2007：270.

❷ 夸美纽斯．大教学论［M］．傅任敢，译．北京：教育科学出版社，1999：97.

其学习、教学管理、教学环境以及教学评价等教学因素的基本看法，它形成之后，在一段时间内保持相对稳定。教师教学信念的形成受教师个体内在因素和与之关联的外在因素的影响，在这些影响因素中，教学信念的形成与教师自我发展需要密切关联，甚至可以认为教师自我发展需要是教师教学信念形成的主要因素，这是源于"自我发展需要保证教师不断自觉地促进自我专业成长，是教师自我专业发展的内在主观动力"[1]，可以说，任何学习者的学习动机皆是来自个体内在的需求与兴趣。

教师没有对自身发展的迫切需求，外在的自上而下的政策要求和学校提供的各种培训都很难促成教师生成教学信念，反而会引起教师的抵触情绪。只有教师具有自我发展需要，才可能有意识地寻找学习机会，才可能明确自己到底需要什么、今后朝什么方向发展以及如何发展等，才可能成为一个"自我引导学习者"（self-directed learner）。

教师自我发展需求表现为教师主动、自觉地改变自己的观念，更新教学目的观、教学内容观、教学方法观、教学发展观、教学管理观、教学环境观、教学评价观，以及积极投身于教学实践活动，用先进的信念指导自己的教学行为、变革自己的教学行为，等等。教师自我成长与发展的需求极大地推动了教育教学的发展，同时也是促进教师教学信念形成、变化与发展的根本动因。

追求教学知识的丰富与完善、追求教学的有效性和追求自我素养的提升三者之间是相辅相成、相互促进的关系。对教学知识的追求可以不断拓展和丰富教师自我的学科内容知识和教育教学知识，这为教师开展有效教学和提升自身素养尤其是教学信念的形成提供了知识基础和信念内容。开展有效教学，一方面有助于教师将所习得的知识或所信奉的信念运用于教学实践以达到检验知识和信念的可靠性、有效性的目的，另一方面教师在教学活动中会对学生及其学习、学科知识、教学知识以及自我角色等产生新的认识、体验，进而修正和完善教学知识与自我专业素养。教师自我专业素养的逐渐提升会促进其对教学知识和有效教学的积极追寻。教师正是基于对教学知识、有效教学和自我专业素养的追求中实现了自身的教学信念的形成和发展。

诚然，教学信念的生成是否会影响教学的最终目标是教学信念生成的一个关键性前提。事实上，无论是教师教育，还是教师的自主发展，提升教师的教学信念只是目标之一，最终的目标在于发展学生的核心素养，也只有提高了学生的核心素

---

[1] 叶澜．教师角色与教师发展新探[M]．北京：教育科学出版社，2001：239-240.

养才能使教师教学信念的生成更具存在的价值与意义。因此,在教师教学信念生成中不能脱离学生素养发展这一核心因素而谈教师教学信念生成的动力。

二、教师教学信念生成的条件机制

基于教师教学信念形成的影响因素和路径的分析可知,教师个体的教学信念并非与生俱来的,它是教师在与后天环境不断互动中逐渐构建而成的。教师建构教学信念的过程不仅需要一定的动力驱动,而且还需要一定支撑条件,换言之,教师教学信念的形成离不开一定的保障条件。反省思维、已有经验和学校环境是教师构建教学信念不可缺少的基本条件,这些条件为教师教学信念的持续生成提供了支持系统。

(一)反省思维:教师教学信念生成的前提条件

基于教师教学信念的生成路径分析可知,教师通过直接经验和间接经验的学习可以形成一定的信念。对这些经验的认识离不开教师个体的反省思维(reflective thinking),从某种意义而言,反省思维是教师建构教学信念的关键因素。洛克在《人类理解论》中明确指出,一切观念都是由感觉或反省来的。反省就是个体对活动方式加以注意,有了这种注意,我们才能在理解中有了这些活动的观念❶。如果个体不能反观自照,反省它自己的作用,使它们成了自己思维的对象,则各种作用只不过如浮游的现象似的,并不能在心上留下清晰、明白而经久的观念❷。个体对自己的活动过程、活动结果都离不开反省,通过反省个体对已经发生或正在发生的活动进行分析、综合、概括而形成整体认知,即观念。当这些观念是个体基于多种活动概括而获得之时,个体愈坚信这些观念对于实践活动更具指导意义,这些基于反省而习得的观念也就上升为个体的信念。

反省思维为信念的生成提供了判断的依据。杜威认为,反省思维就是个体对某个问题进行反复的、严肃的、持续不断的深思❸。换言之,个体基于自己在现实境遇中遭遇某种困难或问题,并凭借个体已有经验和可供自由使用的相关知识储备,对该问题或困难产生一些联想,甚至提出充分的论证和批判,从而作出判断,即解决问题或困难。这一过程即是反省思维发生的过程,按照杜威有关信念的定

❶ 洛克.人类理解论(上)[M].关文运,译.北京:商务印书馆,1959:68.

❷ 洛克.人类理解论(上)[M].关文运,译.北京:商务印书馆,1959:72.

❸ 约翰·杜威.我们怎样思维·经验与教育[M].姜文闵,译.北京:人民教育出版社,2005:11.

义——信念是超于某物之外而对该事物的价值作出的断定,反省思维的结果亦表征着信念的形成。正因为反省思维为信念的形成提供了证明、证据、证物、证件、依据,故反省思维是把信念建立在证据的基础上[1]。杜威还指出:“我们要想富有真正的思想,就必须愿意坚持和延续疑虑的状态,以便促进彻底的探究。这样,如果没有足以下判断的理由,就不轻易地接受任何信念或作出断然的结论。”[2]

反省思维不仅有助于教师清晰地觉知自己拥有何种教学信念,而且可以促使新信念的诞生,进而充实、丰富教师的信念系统。此外,反省思维还有助于教师将内隐的教学信念符号化,即将内隐的教学信念外化为显性的教学信念。在思维的作用下,教师可以将已有的经验转化为符号,即通过撰写教学思想、与他者分享自己的教学经历与观念,以实现标记和记录教学信念的作用,也为不同时空的教师共享他者的教学信念提供了可能,而不常或没有运用反思思维能力的教师则不能做到这一点。在中外教育发展的历史长河中,像《论语》《学记》《爱弥儿》《民主主义与教育》《我们怎样思维:经验与教育》《教学论与生活》《给教师的建议》等教育名著皆蕴含着这些教育家的教育教学信念,是其内在教育教学信念外化的产物。此外,我国特级教师李吉林、魏书生、窦桂梅、吴正宪等的著作也是基于对长期的教育教学实践经验反思构建而成的,同样蕴含着他们的忠贞不渝的教育教学信念和情怀。

当前有关反思在教师信念发展中的作用的研究也表明,反思在教师信念生成中具有重要的意义。库恩在《儿童心理学:当代问题的手册》中指出,个人很早就开始知识信念的反思,即使是年幼学生,当他们提出与父母相互矛盾的观点时,也能思考并选择相信谁[3]。费弗斯等人(Fives, et al.)的研究指出,各种复杂的教与学的信念应该强调教师教育者需要为职前教师和在职教师提供充足的时间和机会来反思这些五花八门的信念,揭示这些信念如何支持或抑制有效的课堂实践[4]。

可见,信念的形成并非仅是非理性因素作用下的产物,它还是理性因素影响下的结果。教学信念作为一种特殊的信念,旨在范导教师的有效教学实践,其终极旨趣在于促进学生的良性发展。从此意义来看,能够指导有效教学的教学信念需要

---

[1] 约翰·杜威. 我们怎样思维·经验与教育[M]. 姜文闵,译. 北京:人民教育出版社,2005:18.

[2] 约翰·杜威. 我们怎样思维·经验与教育[M]. 姜文闵,译. 北京:人民教育出版社,2005:22.

[3] KUHN D. Metacognitive development[M]//BALTER L, TAMIS-LEMONDA C S. Child psychology: a handbook of contemporary issues. Philadelphia: Psychology Press, 1999: 259-286.

[4] FIVES H, LACATENA N, GERERD L. Teachers' beliefs about teaching (and learning)[M]//FIVES H, GILL M G. International handbook of research on teachers' beliefs. New York and London: Routledge, 2015: 262.

建立在合理性的基础上，而合理性的教学信念是以教师的理性认知为依托，反省思维则是教师理性认知的有效表征。故反省思维是教师教学信念生成的前提条件。反省思维为信念生成提供了必要的证明、证据，也为信与不信提供了相应的支撑条件。

（二）已有经验：教师教学信念生成的基础条件

前述研究表明，教师的学习经验为其教学信念的建构提供了间接的信念内容，教师的教学行为经验为教学信念的形成提供了直接的信念资料。据此可知，教师的已有经验为教学信念的形成提供基础条件。

经验是信念形成的原材料。美国实用主义教育家杜威指出，经验是个体思维发生的一个重要因素，如果没有某些类似的经验，那么，疑难终究是疑难。即使儿童（或成人）有了问题，若事先不具备某些类似情境的经验，要想促使他去思维，也是全然徒劳的[1]。杜威认为："我们关于人类个体的本性（心理学）和群体的本性（社会学）的大部分信念，仍然基本上是经验的。"[2]杜威进一步指出，人们在日常生活中经常会产生无科学方法指导下的推论，这些推论实际上是在同过去经验有某些固定的结合或相吻合的基础上形成的期望的倾向。当所得出的推论与相应事件（现象）不断发生重复性联结时，这种期望的倾向就变成一个确定的信念[3]。因此，人的信念形成于过去的经验，信念形成后将对人在特定领域的成功或失败有重要影响[4]。

经验为信念的形成提供了认知图式。在信念形成中，仅有经验是不够的，经验必须辅之以系统的观察和思考使之上升为观念，或初级信念，个体再将初级信念践行于实践，凭借实践绩效的反馈做出判断，即初级信念是否能有效指导实践，并达成预期目标，最后才是信念的固化。从信念形成过程观之，经验为信念的形成提供了认知图式。皮亚杰指出，个体是通过已有的认知图式对外在事物进行认知的。具体而言，当个体的认知图式能内化外在新事物时，同化现象发生；若个体的认知图式不能吸收新知识时，个体只有改变认知图式以适应新知识，此时顺应现象发生。个体正是通过同化和顺应两种认知方式实现自身与外界信息的适应，从而不断达成平衡状态。经验在信念生成过程中扮演了认知图式的角色，即是说，当教师

---

[1] 约翰·杜威．我们怎样思维·经验与教育[M]．姜文闵，译．北京：人民教育出版社，2005：21.

[2] 约翰·杜威．我们怎样思维·经验与教育[M]．姜文闵，译．北京：人民教育出版社，2005：160.

[3] 约翰·杜威．我们怎样思维·经验与教育[M]．姜文闵，译．北京：人民教育出版社，2005：159.

[4] 杨荣华．人格心理学：人格现象的新模型[M]．南京：南京师范大学出版社，2014：138.

学习新的教学理论知识时,这些知识不会直接被同化为教师的信念,而是受到教师的已有经验或信念的认知过滤和筛选,只有符合教师原有经验或信念的知识才会被纳入教师的信念系统之中。若新出现的教学理论知识与教师已有的教学经验或教学信念不相符时,这些理论知识或观念的有效性又具有非常充分的论证、证据,且这些证据是在现实教学实践真切地发生时,教师才会调整自己原有的信念,并吸收这些已被证实为有效的教学理论知识,这一过程也是信念的改变过程。从此意义来说,教学信念的形成和发展就是教师通过同化和顺应从而实现平衡的结果。

(三)学校环境:教师教学信念生成的支撑条件

教学信念是个体主动建构的结果,是个体主体性的彰显。尽管信念是由教师个体持有,但教学信念与教师周遭的具体情境关联,是教师在进出不同的情境时留下的观点。因此,不同的情境或语境可能会激活特定的信念,并影响教师的理解和行为,而不是在情境中发现信念的存在。笔者认为,信念是个人持有的观念,与情境和教师的经验紧密相关。正如班杜拉的"三元交互理论"所假定的人们的自我系统(包括信仰)、行为和环境之间存在着直接的双向关系,使得他们中的每一个都是由他和其他人直接塑造的。如前所述,影响教师构建教学信念的因素是多元的,既受教师自身因素的影响,又受所处的学校和社会环境因素的左右。除了教师自身因素外,教师所处的学校环境对其建构教学信念是最为显著的影响因素,这是因为学校既是教师主要的工作场域,也是教师的生活场域。正因如此,在学校工作的教师对学校场域持有个人信念,反过来又受学校场域和自身行为的影响。学校场域中存在着物质场域和精神(文化)场域之分,前述研究已表明,学校文化是影响教师构建教学信念的有力变量之一,尤其与校长的管理理念、管理行为和对教师的支持度密切相关。

首先,学校环境为教师提供多元化的学习机遇。本书发现,学习是教师自主构建教学信念的有效路径之一。学校为教师提供不同的学习路径,可以促进教师通过学习获得大量的学科内容知识、综合知识和教学科学知识,这些知识为教师建构教学信念提供了信念对象或信念内容,为教学信念的建构提供了可能。如为教师能多参加校内、外进修积极联系师资培训机构或邀请名师到校讲学;创设教师图书室和期刊室为教师自主学习和合作学习提供平台;开展师生"读书日"主题活动,营造全校的学习氛围,等等,这些举措为教师习得更多的信念内容创设了多样的环境与契机。

其次，学校环境为教师搭建实践共同体平台。布兰思福特等人在《人是如何学习的：大脑、心理、经验及学校》一书中指出，提高教师学习的一个重要方法是发展实践共同体，这是一种吸引教师参与教育研究和实践，从而建立合作的同伴关系的方法[1]。教师由此可以共同探究新的教学方法、工具和信念，并在转变课堂教学实践时彼此支持，相互帮助[2]。如学校为教师构建的写作计划共同体、教学设计共同体、教学方法改革共同体、课堂管理共同体、教学评价共同体、教学反思共同体等。这些共同体也可以以名师工作坊、叙事团队的形式出现。其组织形式可以是行政干预下构建的，也可以是教师个体自发形成的；在构成人员方面，既可以由本校教师构成，也可以由跨学校或跨区域的教师组构而成；在交流方式上，可以采用线下交流、线上互动等多种方式进行分享问题、经验和见解，其中，线上互动是最为便捷的交流方式。通过这样的分享平台，为教师个体提供了对话与合作的契机，也为教师的教学反思提供了机会。如果不能给教师提供讨论、分享的平台，就会阻碍教师个人化信念的发展，这是因为只有当信念对自己而言是真实、清晰的时候，我们才能与别人交流，才能促进个人化信念的发展[3]。无论其组织形式、构成成员以及交流方式如何，具有共同兴趣，有共同的学习目标是最为核心的因素。通过实践共同体，教师可以分享彼此在教学实践中的成功与失败的经验，增进互动关系，不仅能营造良好的组织氛围，更有利于教师教学经验的提升，增进教学实施的技巧，展现专业化的教学。对教师构建教学信念而言，主要表现为两方面：一方面，教师个体分享教学经验的过程也是教师厘清自我信什么或不信什么的过程；另一方面，教师个体聆听他者的教学经验从而实现将自己的信念与他者经验相比较而修正或改变自我信念，亦即是说，他者经验对教师个体的信念修正和改变起到替代经验的作用。

最后，学校环境可鼓励教师将内在的信念符号化。即鼓励教师按时撰写个人的教学故事、教学日记，甚至可以将教师的教学经验或心得撰写文章，从而实现"观念到物"的转化。这样做的效用有三方面：一是这种方式倡导一种自我反思为主，有利于教师形成自我反思意识，从而形成反思能力；二是通过这些方式可以促进教师对自身的教学行为背后的价值观、信念和假定的认知；三是隐性的信念转化为显

---

[1] 约翰·D. 布兰思福特，等. 人是如何学习的：大脑、心理、经验及学校[M]. 程可拉，等译. 上海：华东师范大学出版社，2002：217.

[2] 吕林海. 教师教学信念：教学活动中技术整合的重要影响因素[J]. 中国电化教育，2008(4)：16-20.

[3] 王海燕. 技术支持的教师教学反思[M]. 杭州：浙江大学出版社，2016：145.

性的符号，为教师自己经常回溯提供可资利用的文本，或为其他教师发展自己的教学信念提供可资借鉴的内容。

教学信念的塑造是一个漫长的，成效难以评价，难以衡量的过程，教学成果也难以速见，因此需要外界的支持保证整个过程的持续、不间断性[1]。

三、教师教学信念生成的过程机制

古斯基（Guskey）于2002年在《专业发展与教师改变》一文中探讨了教师专业发展的路径，他认为教师专业发展经历四个阶段，即教师在职培训—教师课堂教学实践的改变—学生学习效果的改变—教师的信念、态度改变[2]。古斯基的研究指明了教师专业发展的核心在于教师的信念、态度的转变，而学生的学习效果转变是教师信念、态度转变的前提，学生学习效果的转变又是基于教师的课堂教学转变之下实现的。古斯基将教师的课堂教学转变视为教师专业发展的基础和前提，也是教师信念转变的基础和前提，因此课堂教学转变是教师专业发展的核心。国内学者肖正德也提出类似的教师信念发展观，他认为教师信念转变经历四个发展阶段，即"教学实践转换—教师行为更新—学生学习结果变化—教师信念变革"[3]。以上研究皆指出了教师信念的发展或转变是基于教学实践或教学行为的转变，这些研究无疑为后续探讨教师信念或教师教学信念的生成提供了有益的理论参考。但前文研究表明，教学信念是教师在学习、实践、教育和反思等多元路径中不断得以生成和发展的。以此而言，教学实践只是教师教学信念生成的一种来源，而不是唯一的生成来源。教师教学信念有时可能生成于某一路径或环节，也可能是多种路径和环节共同作用的结果。

从教学信念的基本构成要素来看，教师教学信念的生成过程是教师个体的认知、情感、意志和行为相互协作的结果。教师教学信念可能生成于教师的认知、情感、意志、行为的某一种心理活动，也可能是这些活动共同作用的结果。从心理视角来看，个体的认知、情感、意志和行为之间虽有区别，但又是相互关联、相互作用

[1] 刘胜男，赵敏．初任教师信念"ABCDE"塑造模式——基于"认知行为疗法"的启示[J]．上海教育科研，2011(1):53-55.

[2] GUSKEY T R. Professional development and teacher change[J]. Teachers and Teaching: theory and practice, 2002, 8(3): 381-391.

[3] 肖正德．基于教师发展的教师信念：意蕴阐释与实践建构[J]．教育研究，2013(6):86-92.

的。因此,孤立地从某一心理活动或要素来探究教师教学信念的生成过程可能会割裂认知、情感、意志、行为间的固有联系,也不利于深刻认识和把握教师教学信念生成过程的全息。所以,本书主要从认知、情感、意志和行为相融合的视角来探讨教师教学信念的生成过程。

基于此,这里主要依据教师教学信念的生成路径(学习、实践和反思)[1]和教学信念的基本构成要素(认知、情意、意志和行为)来探讨教师教学信念的生成过程,更进一步而言,是将教学信念的基本要素融合于教师教学信念的生成过程来探讨教学信念的生成。

(一)学习视域下教学信念的生成过程

通过学习活动教师可以形成一定的教学信念。前文所述,通过自主学习、观察学习、合作学习以及培训学习等学习活动,教师可以把他者的经验或信念转化为自己的认知对象,通过对这些认知对象进行认知加工,即将获得的认知对象与教师已有的经验或信念建立联结,从而形成教师的教学观念、教学看法或主张,此时的教学观念或看法多以暂时性、不稳定性或将信将疑的观念存在,这些教学观念或看法能否成为教师稳定的观念或主张,唯有教师将其践行于教学实践,通过教学实践的效果反馈验证其观念或主张的有效性,进而获得支撑这些观念或主张是否有效的证据,这些证据将作为教师判断其是否有价值的依据,或者说教师基于这些证据从而对其作出确认、修正或放弃的行为,亦即达成信念确证与确认,最终形成相应的教学信念。基于此,可将学习情境脉络下的教学信念生成过程概括为六个基本阶段:学习活动—获得经验—形成观念(初级信念)—实践检验—效果反馈—确定信念,这六个阶段共同构成一个相互联系的信念生成环(如图6-2)。其中,获得经验或信息、形成观念或初级信念,以及实践检验是最为关键的阶段。下面将从目的、意义、过程的视角阐述这三个阶段。

---

[1] 从广义来看,教师学习和师资培训都可称之为学习,故这里只从学习、实践和反思三个方面来探讨教师教学信念的生成过程。这样的分类方式主要是为了便于论述的需要,事实上,在教学信念的生成过程中三者是紧密关联的。

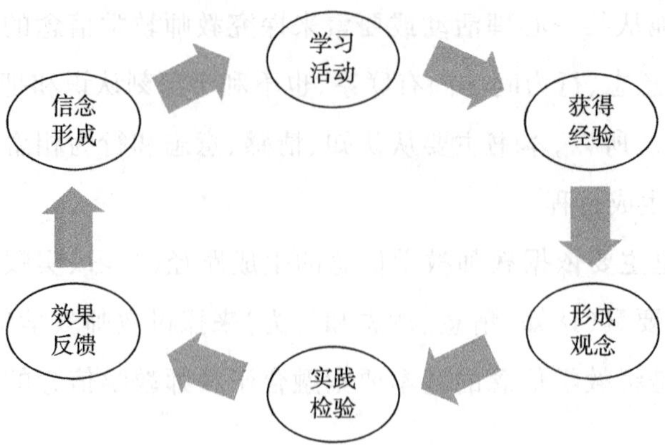

图6-2 学习视域下教学信念的生成过程

获得经验是学习活动的衍生品。学习活动属于信息输入阶段或信息感知阶段,其目的在于获得经验。在该阶段,教师通过对认知对象(外在刺激信息)的感知,初步获得有关外在事物的信息,有的信息因情意的参与而无须加工就直接被教师接受,并将其储存于短时记忆系统中;有的则需要对获得的信念进行分析、比较才会被输入到短时记忆系统中,此时所获得的信息或经验具有不稳定、保存时间极短的特点。教师个体的学习活动通常蕴含着主动与被动两种方式,无论是主动学习还是被动学习,从外在获得经验是其共同的特征。诚然,从内外因相互作用的原理来看,主动学习相较于被动学习更有助于教师个体对外在信息进行积极认知,产生的情感体验也较为丰富,也有助于教师容易获得有效的完整的信息或经验,这为教师构建积极的正向的教学信念提供了客观的前提条件。基于此,在信息感知阶段,采用多元化的学习方式和积极运用多元化的学习策略是获得有效的完整的信息或经验不可或缺的保障。在学习方式方面,积极加强理论知识的学习,观察经验丰富的或具有成熟的个人教学知识的教师的课堂教学行为,以及主动寻求与这些教师深度交流对话的机会。在学习策略方面,主动运用多种认知策略[1],如表象编码策略,即在头脑中产生学习内容的表象或心理图像;语言编码策略,即对学习的内容进行描述;心理复述,即在内心对加工后的信息进行重复识记。

形成观念是教师对认知信息或获得经验进行加工的结果,属于信息加工阶段,目的在于将初步的信息或经验上升为观念或初级信念。由于学习活动阶段所获得的信息或经验具有储存时间短、不稳定、易遗忘的特性,因此需要对其进行深度加

[1] 查尔斯·S. 卡弗,迈克尔·F. 沙伊尔. 人格心理学[M]. 五版. 梁宁建,等译. 上海:上海人民出版社,2011:352.

工,这一加工过程表现为:教师通过对所获得的信息或经验进行分析、比较、综合之后,将那些与自身的知识结构、已有经验、信念、价值观相符的信息或经验筛选出来,这即是教学观念的形成。此时的教学观念相较于初步获得的信息或经验而言,其稳定性有所提高,但教师相信的强度还有待加强,若没经由实践的检验加以固化,可能会消退。从此意义上而言,教学观念的形成也意味着初级教学信念的形成。

实践检验是指将形成的教学观念或初级教学信念付诸教学实践环节,并以实践效果作为评判其是否有用的标准,从而为信念形成提供证据支持,以达到信念确证的目的,属于信息输出阶段。这里的实践效果是指蕴含着教学观念或初级教学信念的教学计划、教学行为能否有效地形塑学生的核心素养。一般而言,个体会因权威效应、自身利益、情绪情感的影响而相信某个观念,以这种方式形成的信念往往带有偏见性,容易形成错误信念。只有经由观察、收集和检验证据等人类思维活动而得出的结论,而形成的判断,才具有正确性[1]。

教学实践为检验教学信念提供证据辩护。若蕴含着教学观念或初级教学信念的教学实践能促进学生养成健康的身心、良性的社会适应能力,就为教师相信此观念的合理性、有效性提供了证据支持,相对稳定的教学信念就得以形成;反之,若蕴含着教学观念或初级信念的教学行为未能起到形塑学生核心素养的作用,那么教师就会相信这种观念或初级信念是无效的,此时教师就会形成不相信的信念。实际上,在这个过程中还渗透着教师伴随实践体验而产生不同的情绪情感。譬如,倘若教师实施翻转课堂教学后学生的学习效果不理想,教师体会的是挫败感,他/她会将这种不愉快的情绪情感归因于翻转课堂教学模式的无效性,由此产生的"联结—经验"会让教师形成翻转课堂教学模式不能改善教学质量的信念。倘若教师实施翻转课堂教学后学生的学习效果显著提高,教师则体会到成就感,此时教师也会把这种积极的情绪情感归因于翻转课堂教学模式,从而建构翻转课堂教学模式能提升教学质量,能促进学生发展的信念。诚然,在此阶段,有的教师并没有直接放弃原初的观念或信念,而是回溯原初观念或初级信念的合理性,或检视教学实践环节,找出观念或信念与行为不一致的症结,以期能为合理信念建构找到辩护的证据。总体而言,个体主观上是否接受该信念以及是否通过实践将其内化为自身的核心信念,才是个体信念形成的根本原因。

综上可知,通过多元化学习教师可以基于他者的经验能较为快速地获得构建

[1] 杜威. 我们怎样思维·经验与教育[M]. 姜文闵,译. 北京:人民教育出版社,2005:14.

自己的教学观念或初级教学信念的信息或经验，这为教师发展教学信念提供了一个便捷的路径。但我们也应认识到学习活动只是有助于教师从外界获得信息或经验，这只为个体提供形成信念的质料，经验并不等于信念。换言之，个体经由学习生成的经验在其后续的信念生成中起着奠基之作用，是个体进行深度认知加工的原型。同时，学习活动只是个体获得间接经验的一条路径，并不能取代教师获取教学信念内容的其他路径。诚如美国实用主义哲学家、心理学家、教育学家杜威所言，"一个人应能利用别人的经验，以弥补个人直接经验的狭隘性，这是教育的一个必要组成部分。但过分依赖别人获得资料是不足取的。"❶

（二）实践视域下教学信念的生成过程

教学实践是教师教学信念生成的现实基础。如前所述，教师基于学习活动获得一定的教学经验，经由教师的推论而形成一定的教学观念或假设，教师将这些观念或假设付之于实践以验证其有用性，从而固化这些教学观念或假设，即生成教学信念。事实上，教学实践不只是教师教学观念或教学假设的预演，教学实践是教师和学生在一定环境中，基于一定目标、围绕一定主题而发生的互动性活动，这种互动活动是一个动态发生的过程，它既存在一定的预设因素，又存在非预设因素。通过预设因素可以实现对教师原初的教学观念或教学假设进行验证，以达成对其进行修正、固化或放弃的目的。非预设因素的存在促使教师面对突如其来的问题必须及时找出应对之策，正是在教学问题的解决过程中，新的体验得以涌现，这为教师获得新的经验提供了可能，当教师有意识地将这些新经验与原有的经验、信念、价值观进行比对、分析、综合时，教师会对新经验作出价值判断，即选择保存那些与教师个体已有的经验、信念、价值观相符的新经验，这样新经验就与原有经验、信念、价值观之间发生了联结，当这种联结反复发生时，新的信念就得以生成。诚如美国实用主义心理学家杜威所言："当所得出的推论与相应事件（现象）不断发生重复性联结时，这种期望的倾向就变成一个确定的信念。"❷因此，我们可以把实践脉络下教学信念的生成过程概括为五个基本阶段：教学实践—问题解决—效果反馈—经验获得—信念确立（如图6-3）。

❶ 杜威．民主主义与教育[M]．王承绪，译．北京：人民教育出版社，2001：172.

❷ 杜威．我们怎样思维·经验与教育[M]．姜文闵，译．北京：人民教育出版社，2005：159.

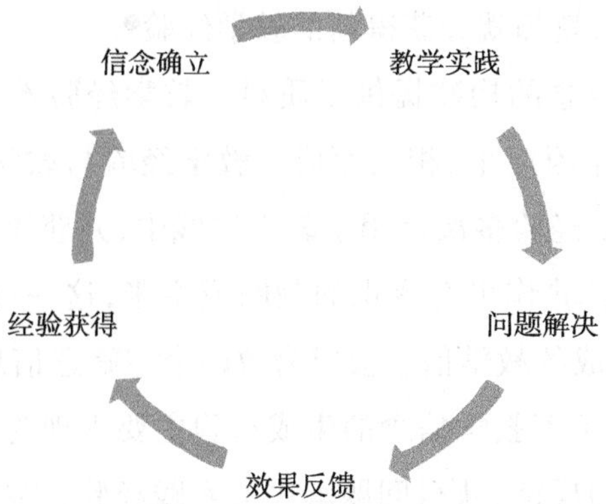

图6-3　实践视域下教学信念的生成过程

问题解决是教师实现教学信念构建的一种方式。在教学实践中或多或少都会存在一些教师难以预期的问题，这些问题便成了教师所面临的一种新异刺激，或者叫问题情境。依据苏联生理学家、心理学家巴甫洛夫的观点，一个身心健康的个体，在新异刺激的作用下，均能引起探究反射。因此，教学实践中涌现的问题也会引起教师的反应，至于反应的程度如何将取决于该问题是否阻碍了当前教学实践活动的顺利开展，以及是否阻碍学生的身心发展。一般而言，只有那些阻碍了教学实践活动顺利进行和不利于学生的身心发展的问题，才会成为教师深入关注的对象。针对这些问题，教师会依据问题情境的性质，结合已有的认知结构和教学目标要求提出问题解决假设和设计问题解决方案，并将这些假设和方案付诸实践。实际上，这里的假设和方案本身已经蕴含着教师的一种初步信念。

当解决问题的假设和方案被付诸教学实践后，会产生相应的行为结果。行为效果表征着个体的行为活动的有效性，可以被视为一种提供信息的来源[1]，具有强化或削弱行为的作用。依据桑代克的效果律观点，个体的行为能否得到保存与其行为效果是否满足个体的需求关联。换言之，个体对所实施的行为效果感到满意，这种行为便保存下来，而这种行为效果使个体生发烦恼，则该行为将被淘汰。基于此，教师会对那些能有效地解决问题的假设和方案产生满意感，并将其贮存于长时记忆系统；反之，教师则会对不能有效地解决问题的假设和方案产生消极的情绪体验，并将其排除。前一种行为效果起到了强化教师对原初的问题解决假设和方案的良性认知，后一种行为效果则会强化教师对其产生负面认知。诚然，无论行为效果是否与预期的目标一致，只要教师将行为（实施问题解决方案或假设）与结果（行

[1] 安妮塔·伍尔福克．教育心理学[M]．十二版．伍新春，等译．北京：机械工业出版社，2015：213.

为效果)之间建立联结,教师就会获得新的教学经验[1]。

教学经验为教学信念的构建提供了质料。教学经验不等于教学信念,但教学经验与教学信念之间相因而生、相辅而成。教学经验与教学信念之间的关系就在于当教师将获得的教学经验多次运用于教学实践中,并获得成功或失败的体验,此时教师会对这种教学经验作出有意识的判断或主张,这一过程即是教学信念的生成。诚如前文所述,生成的教学信念会成为教师个体筛选信息或经验的过滤器。

综上可知,实践视域下教学信念的生成过程主要表现为:教师基于教学实践中的问题解决及其效果的反馈,获得问题解决的实践经验,再将获得的教学经验运用于教学实践进行检验或与已有的知识、信念、价值观建立联结,从而形成相应的教学信念。

(三)反思视域下教学信念的生成过程

教师通过反思自己的教学行为和教学经验,以及反思他者的教学行为或教学经验,可以实现教学信念重构或对原有教学信念进行修正和完善。杜威认为,反思可以为教学信念的构建提供证据基础[2]。那么反思的过程是如何发生的? 对此,不同研究者因研究对象、自身的认知结构、所处文化环境的差异而存在迥异的观点。杜威在《民主主义与教育》一书中指出,反省思维包括五个步骤:一是感觉问题所在,即对当前所处情境感到困惑、迷乱、怀疑;二是推测预料,即对已知的要素进行尝试性解释,并预测一定的结果;三是阐释所遭遇的问题;四是提出问题解决假设;五是检验,即将假设应用到实践中[3]。科瑟根(Korthagen)基于以往研究忽视对教师反思程序探究的现状,通过研究和实践提出了包括行动、行动回顾、分析关键问题所在、创建新的替代行动方案、新的行动尝试五个环节的教师反思模式[4]。王海燕博士认为教师的协作反思主要围绕描述、澄清、质疑、重构环节来开展的[5]。

上述有关教师的反思过程观为我们进一步探究教师基于反思下教学信念的生成过程提供了可资借鉴的理论资料,但其关注点是教师行为中"问题"部分。事实上,教师的反思对象除了涉及"有问题的行动",它还涉及行动中成功的、有效的、正

---

❶ 杜威.民主主义与教育[M].王承绪,译.北京:人民教育出版社,2001:153.

❷ 杜威.我们怎样思维·经验与教育[M].姜文闵,译.北京:人民教育出版社,2005:18.

❸ 杜威.民主主义与教育[M].王承绪,译.北京:人民教育出版社,2001:165.

❹ KORTHAGEN F A J, KESSELS K, KOSTER B, et al. Linking practice and theory: the pedagogy of realistic teacher education[M]. New York: Routedge, 2001:262.

❺ 王海燕.技术支持的教师教学反思[M].杭州:浙江大学出版社,2016:147.

向的部分。唯其如此,反思对教师发展的价值,才是全面而深刻的。有鉴于此,我们认为教师反思视域下教学信念的生成过程主要包括七个环节:描述、澄清、保存/质疑、问题、假设、检验、重构。其生成过程可以概括为如图6-4所示的多重闭合回路。

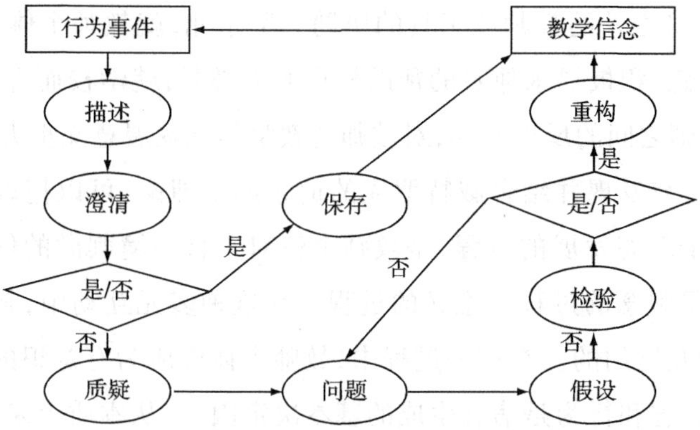

图6-4 反思视域下教学信念的生成过程

在这个过程中,第一,教师先回忆并详细描述教学事件或教学实践的有效信息,为此,教师可以借助课堂教学录像带、"出声思维"、思维导图等工具;第二,澄清教学事件的性质及其支持观念、信念,即分析这些教学事件是否形塑了学生的身心健康发展,以及支持这些行为的观念和信念。通常情况下,教师会把成功的教学事件归因于自己的教学能力,进而更加相信自己有胜任教学工作的能力,即自我效能信念,也会愈加相信自己所选的教学内容、教学方法的合理性与有效性,在愉悦情绪的催化下,他们会有意或无意地将这些成功的体验或经验贮存于记忆系统中,进而内化为教学信念。在澄清过程中,若教学事件未能促进学生的身心发展,具有自我专业成长需求的教师会对其深入认知;第三,基于无效或效果不佳的教学事件,质问支持这些事件的教学观点和理论假设的合理性,以及实施流程的可行性;第四,基于质疑环节的比对、分析,解释和阐明存在的问题;第五,基于对问题的新理解,详细阐释问题解决的假设,并做出行动方案;第六,将行动方案运用到教学实践中去,依据行为结果,从而检验假设。教师通过对行为结果进行分析和评价,从而判断行为结果与行为假设是否一致。倘若行为结果与行为假设一致,这一假设便成为教师相信的对象,形成新的认识,产生新的观念,从而完成信念重构,即最后的重构环节。倘若行为结果与行为假设相矛盾或不一致,教师则可能重新审视问题界定是否准确,或分析假设和问题解决方案的合理性与可行性,以期找出不一致的原因。此外,有的教师可能会放弃这一假设。事实上,放弃一种假设也就意味着相信这种假设不合理、不可行,这也表征着个体的一种信念。

反思过程中,教师最有可能遇到困难之处,可能在描述、澄清及质疑三个环节。教师在回溯自己的专业行为时,可能会缺乏全面地了解自己的教学实践的充足资料,而在澄清教学行为事件背后的观念、假设、信念,以及质疑它们的合理性的过程中,可能需要自身之外的教师或工具的协助。鉴于此,就教师个体而言,秉持开放心态、高度责任感、积极寻求他者的帮助显得尤为必要;就学校而言,搭建教学反思共同体,促进教师之间的反思互动,对教师的教学信念发展意义重大。

基于上述研究发现并结合威特罗克的信息加工理论,可以把教学信念生成的过程理解为一个动态发展的过程,是教师个体对来自环境刺激的信息进行内在的认知加工而获得观念的过程或意义的过程。在这种多元互动中,教师个体与情境是相互依存、相互制约的。在这一过程中,教师个体应成为有意识的、主动的存在,其认知、情感、意志和行为是信念生成的基本决定因素,从本质上来说,教师个体的教学信念的形成过程实际上是其知、情、意、行四个要素协调发展过程;情境(特别是教学实践)对于教师个体所包含的心理学意义是重要的决定因素❶。因此,教学信念的生成既要考虑教师个体的心理因素(学习与反思),又要重视教学实践的作用。

(四)教师教学信念的生成规律

规律是客观事物发展过程中的本质联系,是事物本身固有的、深藏于现象背后并对现象起支配和决定作用的方面❷。规律具有客观性、普遍性、重复性、稳定性的特点。客观性是指规律是事物和现象本身固有的,不以人的主观意志为转移;普遍性是指同类事物共有的本质关系;重复性是指只要在一定条件的作用下,规律就会反复出现;稳定性是指不管世界怎么变化,只要该事物和现象及其过程存在,其规律就存在。规律作为事物发展的支配者,通过运用规律可以产生新的事物,可以作为检验事物的标准。

教学信念是教师与教学实践互动的结果,因此教学信念的生成过程也应遵循一定的规律。在教学信念生成的规则中,规律是基础,它对教师的认知活动、实践活动、反思活动起着支配作用。通过对教学信念生成的路径和影响因素的研究,笔

❶ 马向真.论维特罗克的生成学习模式[J].华东师范大学学报(教育科学版),1995(2):73-81.

❷ 廖盖隆.社会主义百科要览[M].北京:人民日报出版社,1993:126.

者发现，由于教学信念是教师对信息不断加工改造的结果，因此它必须遵循人类认识发展的普遍规律；教学信念作为教师教学行为决策的重要影响因素，它必须遵循"积极、正向"发展规律；教学信念作为一种客观存在，它必须遵循系统发展规律。

1. 遵循"输入——加工存储——输出"的认知规律

信念并非教师与生俱来的心理倾向，它是教师在后天环境中，尤其是在教育场域中通过学习和实践而对教学信息不断建构的结果。从此意义来说，教学信念生成的过程是一个认识活动过程，是个体对获得经验的意义建构过程，或者说是一个从物到观念的转化过程[1]。因此，教学信念的生成过程必然遵循人类认识活动的基本规律。关于人类认识活动规律，不同学科基于研究视角的不同因而有不同的认识。从哲学的视角来看，人的认识是实践—认识—再实践—再认识循环往复无限发展的过程。毛泽东在《实践论》中指出："实践、认识、再实践、再认识，这种形式，循环往复以至无穷，而实践和认识之每一循环的内容，都比较地进到了高一级的程度。"[2]从认知心理学的视角来看，现代认知心理学的主要目的在于说明和解释人在认知过程时是如何对外部的或内部的信息进行加工的。因此，现代认知心理学把人视为一个积极的知识探究者和信息加工者，把人脑视为一个类似于计算机的信息加工系统[3]。信息加工理论把人的信息加工系统分为接收器、加工装置、记忆装置、效应器[4]四个部分。接受器是指对来自外部或内部的信息进行注意、选择并将其输入信息加工系统的过程。加工装置是指按照特定编码方式将感受器所获取的信息进行控制或处理，并在记忆系统中建立代表刺激信息的内部符号结构。记忆装置主要是将加工处理的符号结构按照一定的内在关系联结在一起而组成认知结构。效应器是指接受指令程序做出反应活动的过程，即信息的输出过程。

基于信息加工理论的观点以及前述调查研究发现，我们可以把教师的教学信念生成过程理解为由输入、加工与存储、输出三个基本部分组成（见图6-5所示）。

图6-5　教师教学信念的认知规律

[1] 朱宝荣. 认知科学与现代认识论研究[M]. 上海：上海人民出版社，2013：50.

[2] 毛泽东. 毛泽东选集（第一卷）[M]. 北京：人民出版社，1991：296-297.

[3] 陈永明，罗永东. 现代认知心理学：人的信息加工[M]. 北京：团结出版社，1989：1.

[4] 梁宁建. 当代认知心理学[M]. 上海：上海教育出版社，2004：26.

这三个基本组成部分便构成了教学信念生成过程发生的基本环节，它是教师在构建教学信念时的基本认识过程，是教师构建教学信念必须遵循的认识规律。在教学信念建构中，我们可以把输入理解为教师对来自于外部的或内在的信息进行注意、筛选并将其贮存于瞬时记忆或短时记忆中，是信息获取的过程；加工是指教师运用一定程序或认知策略对短时记忆中的信息进行编码，将输入的信息转化为一定认知符号，并将其存在于长时记忆系统中；输出是指根据一定需求将贮存于长时记忆系统中符号结构转化为言行的过程。在前述研究中，何老师相信理答是最好的反馈方式，何老师的这一信念的生成过程遵循了输入、加工、输出三个基本环节，输入是何老师基于一次培训学习中从师培者处获得"理答"这一信息概念，其后她将这一概念与以往的回答行为进行分析、比较，对两者反馈方式做了区别，并认为"理答"要优于"回答"，于是将"理答"贮存到长时记忆系统中，即加工环节；在现实课堂教学活动中，当需要对学生的回答进行反馈时，"理答"这一观念被何老师提取出来，并通过其教学行为得以呈现，即输出环节。诚然，教学信念的生成过程并非仅是输入、加工、输出的单向运动，它是三个基本环节间的循环往复的动态发展过程。

2. 遵循"积极、正向、学生中心"的发展规律

教学信念是教师关于教学应该是什么的一种心理倾向或精神状态。由于教师构建教学信念的路径具有多元化的特点，即教师可能是在无意识的活动中获得教学信念，也可能是教师有意识建构的结果。基于此，教学信念才具有多样性，具体表征为传统和进步的教学信念，或教师中心和学生中心的教学信念，抑或是积极的正向的教学信念和消极的负向的教学信念。通常情况下，人们倾向于将促进学生良性发展的教学信念视为积极的正向的教学信念。这是因为，教学信念是教师的一种素养，甚至可以说是教师的核心素养，这就意味着教师的一切教学行为都会受到其所持有的教学信念的影响，教学行为是以课堂为中介的活动，是教师与学生互动的行为。基于此，教学信念不仅表征教师的素养情况，经由教师教学行为彰显的教学信念还会被学生认识、模仿，甚至吸收、内化为学生的素养，换言之，教师的教学信念影响着学生的身心发展。

教学活动是以学生为本的活动。关于学生或人的发展问题，一直以来备受人们关注。从哲学的视角来看，人的发展就应遵循人的自由全面发展。马克思在《1844年经济学哲学手稿》中明确指出，"人的类特性恰恰就是自由的有意识的活

动”[1],或者是“自由自主的活动”。从教育学的视角来看,人的发展是指有目的有计划地促进个体的成长。从心理学的视角来看,人的发展是指随着时间和年龄的递增而发生的个体身心方面积极变化[2]。因此,学生的发展就是关注和促进学生的心灵的健康和学生的综合素质为核心的发展。教学活动的宗旨在于培育人,即培育身心健康、文化知识丰富和社会适应良好的个体。鉴于此,作为对教学行为具有过滤、指南功能的教学信念理应要符合教学活动的育人宗旨,换言之,唯有积极正向的教学信念才能满足培育身心健康、社会适应良好的学生的发展要求。从此意义来看,构建积极正向的教学信念成为教师应该追寻的价值取向。所谓积极正向的教学信念即以学生为本或以学生为中心,以促进学生身心健康、社会适应良好为基本准则。

从教学论发展的历史观之,就某种程度而言,但凡以学生的良性发展为指导思想的教学信念都保持着旺盛的生命力,反之,则日趋式微,或被修正,甚至逐渐退出课堂教学的舞台。由我国古代的思想家、教育家孔子所创的启发式教学法,因其是以学生为中心,尊重学生的认知水平而实施的教学,至今依然成为教学实践中常用的一种教学方法。在教学模式方面,以讲授模式、直接教学模式、概念教学模式为中心的传统模式在课堂教学中的比重逐渐降低,而以建构为中心的合作学习模式、问题解决学习模式、课堂讨论模式在课堂教学中的比重则日渐增加。在教学方法方面,古代早期盛行的棍棒式教学方法已经退出课堂教学的舞台,取而代之是启发式教学方法。

基于上述分析可知,教学信念虽然是教师基于一定实践活动构建而成,是教师个体的心理倾向或精神状态的一种表征,但教学信念有积极和消极之别,作为以教书育人为本职工作的教师,培育身心健康、社会适应良好的学生显然是教师教学工作的价值所在。因此,教师建构的教学信念也应反映这一育人目标要求,即是说,教学信念的构建需要遵循“积极、正向、学生中心”的发展规律。

3. 遵循“要素、层次、结构、环境互动”的系统规律

教学信念是教师个体主动与内外部信息互构而成的,主观性是其典型特征之一。诚然,教学信念虽然具有主观性的特点,但并不意味着教学信念是孤立的混乱无序地存在。从系统论的视角来看,系统是物质存在的方式,观念系统则属于物质系统的派生物[3]。系统论认为,任何事物都不是孤立的存在者,它本身是由一定的

[1] 马克思恩格斯选集(第1卷)[M]. 北京:人民出版社,1995:46.

[2] 王坤庆,谢新国. 教育学[M]. 武汉:华中科技大学出版社,2015:49.

[3] 霍绍周. 系统论[M]. 北京:科学技术文献出版社,1988:24.

要素组构而成，这些要素也并非处于杂乱无序的状态，它们总是以一定的秩序相互联结而共同构成该事物的整体，而该事物又与其周遭的事物相互联系，彼此不断发生着信息和物质的交换，不断实现自身的发展与完善，从而实现与周遭事物保持动态的平衡。因此，系统的发展变化过程就是事物的构成要素及其层次、结构与环境相互作用的过程，这即是系统规律，或系统发展规律。

教学信念作为教师的一种观念，它本身是由诸多单个信念组构而成的一个独立的系统，我们把它称为教学信念系统。基于系统发展规律理论并结合前述研究结果，我们可以从要素、层级、结构及其与环境互动的视角分析教学信念系统的信息。就构成要素而言，教学信念蕴含着教学目标信念、教学内容信念、教学主体信念（包括教师能力及其角色和学生角色及其学习的信念）、教学方法信念、教学过程信念、教学模式信念、教学管理信念、教学环境信念、教学评价信念等要素，其中，每个要素又可再分析不同的要素，如教学方法可以分为有关探究教学、合作教学、主题教学、案例教学、翻转课堂教学等的信念。就层次而言，任何教学都是由主要要素和次级要素构成。在实践中，教师或多或少都会对每一层级要素持有相应的信念，从而涌现了主级信念、次级信念、子次级信念的信念层级结构。主级信念在整个信念系统中处于统摄地位，通常情况下，子层级的信念都是围绕主级信念建构的。如，持有教学就在于培养学生的知识的目标信念的教师，他们往往会构建与之相应的以教材基本知识为主的教材观、掌握知识的过程观、讲授知识的方法观、回忆或再认知识的评价观等次级信念。就结构而言，每一种信念在教师的内心世界所占的比重各异，我们把它称为“中心—边缘”结构的信念；每一种信念都存在一定的倾向性，我们将其称为“教师中心”与“学生中心”，或传统型和建构型。基于此，教学信念正是由纵向的层次和横向的结构共同组构成一个立体的系统。就环境互动而言，教学信念及其系统都是教师与其周遭环境不断互构下逐渐得以发展和完善的，即是说教学信念的建构及其系统的发展与完善不能脱离教师所处的教育教学情境，也不能脱离教师所处的社会文化环境。

基于教学信念系统的发展规律的认识，我们认为教师建构教学信念并不是以获得碎片化的信念为兴趣旨归，真正的教学信念建构应以教学信念系统化为发展取向，即必须构建要素完整、层次结构清晰，并保持与外界环境实时互动（包括从外界环境获取教学信念内容或对象，即获取信息，以及将教学信念转化为教学实践，即输出信念。事实上，获取信息与输出信念的过程是循环往复、螺旋发展的过程。），从而达成在动态中生成、修正及发展教学信念。

上述三个基本规律从不同的方面揭示了教学信念生成的三个基本问题，即认识规律阐释了教学信念如何生成的问题，发展规律揭示了教学信念往什么方向发展的问题，系统规律揭示了教学信念生成什么的问题。

四、教师教学信念生成的加工机制

教学信念的生成，既有按照教学实践生成的理性调控机制，又有教师自主学习的生长机制，还有教学反思的涌现机制，甚至还有无意识的偶然习得。但是，作为教师的核心素养构件的教学信念，不可能大规模地以偶然习得方式生成——这种方式获得的多为偏见信念[1]，杜威在《我们怎样思维·经验与教育》一书指出："只有凭借对情境的有系统的控制，在这种情境中作出观察，并且有获致结论的习惯的严格方法，才能决定哪种信念是有缺陷的，哪种信念是正确完善的。"[2]因此，教学信念是以合理生成方式创生与构建的，故从理性视角研究教学信念的生成方式才是其应有之道。基于调查资料可知，教师构建教学信念通常运用四种基本加工策略，即理论演绎式、实践归纳式、替代经验式和问题反思式。

（一）理论演绎式

如前所述，通过对教学理论知识的学习，教师可以形成一定的教学信念。以此种方式获得的教学信念具有两种类型：一类是教师个体直接对原有教学理论知识的认同、接受而转变为自身的教学信念，这种生成方式多属于权威效应下的产物；另一类是教师根据自己已有的教学经验、认知结构、信念、价值观对教学理论知识的认知加工，从而推演出与之相应的信念。前一类信念由于未经深度的认知加工而直接接受，多属于盲目跟随，易形成偏见信念；后一类信念经由教师对其深度认知加工而推演的结果，易内化为教师的个人知识，并成为范导其后续认知和行为的图式（信念）。由于后一类信念是基于教师对已有教学理论知识的认知推演而来，其生成方式可以被理解为理论演绎方式。这种生成方式与维特罗克的生成学习模式的本质基本一致，即信念不是个体被动地学习和记录信息，而是其主动地建构它对信息的解释，并从中作出推论[3]。维特根斯坦认为某些信念是由另一些更为基本

---

[1] 杜威．我们怎样思维·经验与教育[M]．姜文闵，译．北京：人民教育出版社，2005：12.

[2] 杜威．我们怎样思维·经验与教育[M]．姜文闵，译．北京：人民教育出版社，2005：29.

[3] 马向真．论维特罗克的生成学习模式[J]．华东师范大学学报（教育科学版），1995(2)：73-81.

的信念所推导而来的，这种推导过程就是一种理智上的“证成”(justification)[1]。理论演绎式的关键在于教师个体首先要有丰富的理论知识和实践经验，或者个人实践知识，只有拥有丰富的个人实践知识才能与他者的实践知识(理论知识)进行“对话”，基于有效的“对话”才会形成新的主张、看法，从这个意义来说，教师具有丰富的知识和经验是理论演绎发生的基本前提。

(二)实践归纳式

实践归纳式是指教师对丰富的教学实践或教学现象进行分析、比较、综合的基础上，概括出具有指导意义的教学经验，并结合学生发展规律、社会发展要求以及教师自身的知识、信念、价值观而作出一种偏好性判断的生成方式。依据归纳时的加工程度，可将实践归纳式划分为两种类型：一种是浅层归纳型，即只是对教学实践或教学现象进行描述和解释，理论深度不够。如被访者汪老师相信“英语知识很复杂，需要采用归纳的方法把相关的知识点整合”。另一种是深层归纳型，其特点是教师基于对教学实践或教学现象的描述和解释，进而概括、提炼、萃取出自己的教学观念，使原初的教学经验得以升华。如被访者余老师基于“知识之间是相互联系的”观点，构建了“知识圆”的学科知识信念。

(三)替代经验式

源于教师的成长环境、教育历程的差异，教师之间的认知结构、教学能力、教学风格、教学信念、教学智慧、教学价值观也存在着差异。基于这些差异，不同教师之间通过观察学习而获得经验才成为可能。观察学习理论认为，人的行为、思想和情感不仅会受到直接经验的影响，更会通过观察他者的行为而学习。杜威指出，“一个人应能利用别人的经验，以弥补个人直接经验的狭隘性，这是教育的一个必要组成部分。”[2]美国心理学家班杜拉认为，“动作性经验并不是人们能力信息的唯一来源。以榜样成就为中介的替代经验，也对效能评价有一定程度的影响。”[3]通过观察学习，教师可以有效避免重复尝试错误带来的风险，避免走他者走过的弯路。具体而言，通过观察他人的行为，个体意识到榜样做了什么，并对榜样行为的意义进行深入思考，对它进行复述、评判，如果觉得呈现的信息有用，教师则有可能将其移植

---

[1] 陈常燊. 语言与实践：维特根斯坦对“哲学病”的诊治[M]. 上海：上海人民出版社，2016：254.

[2] 杜威. 民主主义与教育[M]. 王承绪，译. 北京：人民教育出版社，2001：172.

[3] 班杜拉. 自我效能：控制的实施(上册)[M]. 缪小春，等译. 上海：华东师范大学出版社，2003：124.

到自己的教学实践中。反之,若发现信息无效则会生成与之相反的替代性经验。正如班杜拉所言,人们不会被动接受一个榜样的行为。如汪老师发现同事的课堂管理信念——学生自觉管理导致不良教学效果,她认为这是一个不利于顺利开展教学活动,也不利于学生学习的课堂管理观念,并提醒自己要避免类似现象的发生。在这一过程中,汪老师否定了同侪的教学管理信念,并生成了与之相反的管理信念——课堂教学需要严格管理。

(四)问题反思式

在教学实践活动中,教师会面对诸多非预设性的教学问题。在问题解决过程中或多或少都蕴含着教师对问题的症结及原因的分析,以及问题解决的路径和方式的假设,通过问题反思教师可以从中获得问题解决策略的相应经验和信念。在教育心理学中,奥苏贝尔把问题解决视为有意义的学习,问题解决亦即是发现学习,或者说是个体习得新的认知成果的过程[1]。如前所述,汪老师针对学生不太爱护教室卫生的问题,深入了解和分析问题的原因——缺乏教室就是家的意识,并设置和实施了"教室就是家"的微教育课程,以此促进学生养成了爱护教室卫生的观念。

值得注意的是,上述四种类型主要是基于调查资料所呈现的样态而划分的,在现实的教育场域中,教学信念是在主体的知识经验指导下的一种多维交叉性的加工过程。如杜威倡导的"从做中学"的理念是他从哲学的认识论作出的推论,也是他从教育实践得出的结论[2]。因此,教学信念的生成需要教师综合运用理论演绎式和实践归纳式、替代经验式和问题反思式的生成方式。

五、教师教学信念生成的应用机制

教师个体的教学信念生成是一个动态的过程,在这一动态的生成过程中应遵循以下基本原则。

(一)给定性与选择性相统一

教师的教学信念并非与生俱来的,它是一个从无到有、从少到多、从不完善到逐渐系统化的生成过程。教师教学信念生成的过程受到教师所接触的给定信息和

❶ 皮连生.教育心理学[M].三版.上海:上海教育出版社,2008:160.

❷ 杜威.民主主义与教育[M].王承绪,译.北京:人民教育出版社,2001:23.

教师自主选择的影响,是两者共同作用下的产物。给定性是指教师个体在发展过程中所接触的他者提供的信息,这里的他者提供的信息特指师范教育、入职培训、在职培训,以及同侪提供的信息,既有他者提供的有关教育教学的事实、观念、思想等,也有国家、地方教育行政部门提出的有关教育教学改革的政策或理念。这种给定性为教师习得胜任教育教学工作所需的知识和技能提供了丰富的信息,有利于教师在较短的时间内习得系统的知识,是教师可持续发展不可或缺的路径之一,也是教师生成教学信念必需的路径之一。选择性表现为教师从自己的需要、信念和价值观出发对给定信息作出判断和取舍。一方面,教师要接受给定信息适合自己的需要、信念和价值观的属性,另一方面,还会排斥给定信息不适合自己的需要、信念和价值观的属性。选择性尽管是从教师的需要出发做出的选择,但它也表现给定信息的属性,这种属性可能与给定性信息相一致或者相背离,正是基于此,主观才得以超越给定信息,将给定信息变成建构的对象。

在教师个体教学信念系统的生成过程中,应把给定性和选择性相结合。既要为教师提供有助于其生成教学信念的课程和方法的丰富的教育资源,为教师建构自己的教学信念提供可能,又要充分尊重教师内在的主观能动性,尤其是教师应充分根据自己的经验、需要、信念和价值观对给定信息做出符合学生身心发展规律和社会发展需求的判断,并积极把这一判断践行于教学实践,检验其真伪性,将合理的判断内化为已有教学信念系统之中,进一步筑牢教学信念系统。

(二)稳定性与发展性相统一

稳定性是教学信念的根本属性之一。教学信念是教师在长期的教育教学实践中逐步形成的一种稳定性心理倾向,其中积淀了教师多年的生活经验和教学实践经验,包含了社会环境、家庭环境和教育环境对他的长期影响。一定的教育教学事实、观念、思想成为教师个体的信念,除了经过理智上的深思熟虑和高度认同外,还有强烈的情感支持和意志上的坚守。故教学信念一旦形成就相对稳定,很难轻易改变。诚然,教学信念的稳定性不是绝对的,教学信念作为教师特有的一种心理倾向,是对教学存在的反映,它必然随着外在给定信息的引导和客观教学存在的改变而有所变化。教学信念的变化并不可怕,只要教学信念能向积极的正向的方向不断地修正和完善,与时俱进,它就能从教学存在中获得更多的支持,从而更具活力。教学信念正是在客观教学存在变化的检验中变得更加坚定、更加系统、更加完善。僵化不变、脱离实际教学存在的教学信念通常是最脆弱的,难以经受住教学存在变化的冲击。因此，坚定自己的教学信念的过程是一个与客观的教学存在相结合、与教学实践相结合的过程。

在教师个体教学信念生成的过程中，要客观地正视其稳定性和发展性的关系，稳定性虽然是教学信念的最典型的特征之一，但不能忽略其发展性的属性，否则易走向信念固着（belief attachment），在此情况下，所产生的教学实践可能不利于学生素养的良性发展。正是因为教学信念具有稳定性，教师的教学信念才能被认识和了解，教师也才能形成自己独特的教学风格；也正因为教学信念具有发展性，教师的教学信念才能在给定信息和自主建构中得以不断修正与完善。

（三）层次性与系统性相统一

从教学信念生成的过程来看，教学信念是有层次的，总是从低层次的教学信念向中间层次和最高层次的教学信念发展，总是从单一的、碎片的教学信念向全面的、系统的教学信念发展。低层次的教学信念比较脆弱、零星、不稳定、易发生变化，高层次的教学信念相对而言比较坚定、系统、稳定、不易发生变化；教学信念生成的层次性也表现在内容上，教师基于不同的教学存在会生成不同的信念内容，包括教学目标、教学内容、教学方法、教学管理、教学环境和教学评价等信念。其中，教学目标的信念居于统摄其他教学信念的地位。虽然教学信念的生成具有层次性，但并不意味着教学信念是杂乱无章的存在，完善的教学信念应该是彼此之间内在关联着，从而形成相互联系的教学信念系统。即教师所拥有的不同教学信念之间各安其位，形成了“差序格局”的信念系统。高层次的教学信念统摄和决定着低层次的教学信念，低层次的教学信念表征和服从高层次的教学信念。当教师积累了大量的认识和教学实践经验之后，所形成的教学信念系统将成为教师把握自己和教学实践的真正尺度。

在教学信念生成的过程中，须将教学信念的层次性和系统性相结合。层次性是教学信念生成过程的本质规律的彰显，符合人类认识过程的规律，但它仅是教学信念生成的动态过程，最终要向系统性状态发展，形成系统的教学信念。这既是教学信念发展的要求，又是教师教学决策的要求。事实上，相互矛盾、不和谐的教学信念难以对教学行为起到有效的范导作用。

（四）感性认识与理性认识相统一

托马斯·霍普金斯认为，一个好的信念除了应具有清晰、简单和效用等特点外，还应具有与事实、经验一致的特点❶。即好的教学信念是建立在教师对教育教学进行体认的基础之上,而不是建立在臆造、盲目顺从的基础之上。可见,教学信念的形成不能脱离教师个体对教育教学存在的感性认识,即教师个体通过感觉器官获得有关教育教学存在的生动直观的现象的认识,进而对教育教学存在形成相应的表象。教师个体的感性认识是形成教学信念的初级阶段,具有直接性和具体性的特点。教师个体生成教学信念,既需要对教学实践进行感知,在教学实践中体认,又需要理性认识和辩证思维。教师通过教学实践形塑自己的教学信念时,离不开对教学实践中的现象进行分析、综合、归纳和推理,唯有经过这些理性认识,才能认识教育教学存在的本质和内部联系。教师个体的理性认识是教学信念形成的高级阶段,具有间接性和抽象性的特点。故而,感性认识和理性认识是教学信念形成的两个阶段。

教师教学信念生成的过程,是感性认识和理性认识相结合的结果。因为"一切知识都是从感官的感知开始的,然后才由想象的媒介进入记忆的领域,随后才由具体事物的探讨对普遍生出理解,最后才有对于业已领会的事实的判断。这样,我们的知识才能牢牢地确定。"❷从这一点上来讲,教学信念的本质是教师教学实践活动的一种理性升华。通过教师的感性认识和理性认识之间交互作用,教学信念系统才能够不断地被建构起来。

❶ HOPKINS L. Interaction: the democratic process[M]. Boston: D. C. Heath, 1941: 191.

❷ 夸美纽斯. 大教学论[M]. 傅任敢,译. 北京:教育科学出版社,1999:7.

第七章　教师教学信念生成的优化机制

教学信念生成是教师个体对教学信念对象(内容)的认知与理解,并将其内化为认知图式,甚至在适宜情境下将其外化为教学行为的过程。这一过程必然是教师个体对其生成过程的清晰认知,以及对其生成内容深入且系统建构的过程,换言之,这一过程应该是教师个体有意识、深层次、系统化的建构过程。因此,教师教学信念的生成过程必然是一个从自发走向自觉、从浅层走向深层、从无序走向有序的过程。

一、教师教学信念生成的问题表征

通过对教师教学信念的现实境遇考察发现,有的教师对教学信念持可有可无的态度,多数教师的教学信念构建常常处于无意识或偶在性的状态,对教学信念的理解也较为简单,多数教师的教学信念处于凌乱样态。有鉴于此,可将当前我国小学教师的教学信念生成的问题概括为三个方面,即自发性、浅层性和无序性。

(一)自发性

调研资料表明,多数教师对自己的教学信念往往处于一种无意识状态,甚至是潜意识状态,其教学信念往往是在学习过程和教学实践中自发生成的,故其生成过程具有自发性、偶在性的特点。

这里的自发性意指教师是在无意识的状态下获得教学信念。被访老师在陈述自己对教学要素持有的看法和主张时,研究者都会适时追问这一问题:您平时会有意识地反思和归纳自己的教学观点吗?”多数被访老师的回答基本相同,即除特殊情况下,较少观照自己的教学行为背后的观念。如谌老师只是在优质课时会对自己的教学观做相应的思考,而常态课则不会思考这些问题——我很少想这些问题,如果是上优质课,我可能会想这些问题,因为优质课涉及说课环节。但如果只是常态课,我就很少去想自己具有什么样的教学观了。(20170411-in-谌)孙老师则认为,自己只是一名普通教师,教好学生就是最本质的任务。教学观念则是教育家的职责,自己也不可能有什么样的教学观,至于自己对教学相关因素的看法,则是长期教学实践中自然而然形成的,并无刻意思考其怎么形成。(20170417-in-孙)余老师和陈老师也持有与孙老师类似的观点，他们皆认为“长期的教学实践中自然而然就慢慢获得了”。

由此可见，多数教师对自己的教学信念往往处于一种自发的无意识的状态，甚至是潜意识状态。尽管这些教师能按照习惯开展教学活动，也能在访谈中表达自己践行的教学观点，但多数教师并不知道自己信奉什么，更别说提炼与升华其教学观点，这种现状导致的结果就是，教师永远只处于工具性的个体，扮演着教书匠的角色，而不是拥有明确的教学思想的个体，这也就是受访者总觉得自己“没有拿得出手的东西”[1]的原因所在。事实上，多数受访者凭借多年的教学实践和教学经验已经形成了独具特色的教学信念，但源于缺乏对教学信念在教师教学思考、决策和行为中的重要性认知，也缺乏对教学信念的有意识反思，致使老师们的诸多宝贵的教学观念成为缄默知识或个体实践性知识，流于教师日常的教学行为而不自知。诚如克尔凯郭尔所言，“就像戴着眼镜的人从来不试图寻找他的眼镜一样——也就是说，他正在寻找的东西就在他的鼻子底下，但是他却从不看那里，所以就永远也发现不了那个东西”[2]，因而更无从分享于他者。是故，自觉认知和反思自己的教学信念应成为每位教师完善自身素养不可或缺的策略。

（二）浅层性

由于多数老师对自己的教学信念及其形成具有无意识性、偶在性、自发性的特点，因而他们多倾向于归纳学科知识结构，构建学科“知识地图”，即便对其他教学要素持有相应的信念，也多倾向于经验认知。缘于这些教师对自己的教学行为背后的理念缺乏深度思考、实践确认和归纳概括，以至于所构建的教学信念多流于浅表，故浅层性是其又一典型特性。

所谓浅层性是指教师仅依据教学经验形成自己的教学信念，未对这些经验性信念做进一步的确认、概括与整合。调查资料表明，多数老师都会对所教学科知识进行概括，但极少深入提炼或升华自己的教学观。从魏老师陈述自己对语文教学的目标、内容、方法以及教师角色等因素的认识，都映射了她信奉一种朴素的语文教学观，于是研究者试探性地询问：

魏老师，其实这些年您一直坚持“素语文”教学观，不知您是否认同？

---

[1] 访谈过程中，当邀请受访者谈自己对教学目标、教学内容、教学主体、教学方法、教学管理和教学评价等要素的看法与观点时，有几位老师都觉得自己没有可以拿得出手的观点，但在研究者间接的提示下，他们能够围绕上述教学维度讲述自己在课堂教学中实际行为与看法。

[2] 尼格尔·塔布斯．教师的哲学[M]．王红艳，等译．济南：山东教育出版社，2014：142.

魏老师：我从来没想到我一直在做的事就是“素语文”。的确，我的语文教学就是很素，在课堂教学上我不喜欢花哨的东西，我喜欢简洁明了的教学，但我没有想到我就是从事素语文的教学工作，也没用“素语文”的概念，不过这些年的语文教学观点可以用“素语文”来概括，可我还是觉得自己在语文教学中没什么特色。但是我也是一个爱总结、归纳的人，比如，我的标点符号教学，我就有标点符号的捷径；我的汉字教学，我就有汉字教学的捷径，对修辞教学也有捷径，也有对多音字的教学捷径，反正小学语文教学的每一块知识，不管是写作的结构、阅读的情感等每一个方面都有我自己的教学捷径，因为我觉得好的东西我就把它收集起来，再加上我自己的脑容量是比较小的，将这些知识整理好之后，如果再上同样内容的时候，我再把它们拿出来，当然拿出来之后，并不是一成不变地就用，而是分析哪些东西是可取的，哪些东西是可以补充的，这样的话这些内容也会得到不断的更新与充实，所以随时拿出来都可以用。我没有想到我践行的是素语文，但是我的教学确实是这样做的，我不知道可以把它叫作“素语文”。我一直也是这样做的，但我没有将其概括为“素课”。(20170417-in-魏)

可见，魏老师善于归纳总结日常教学的知识点，并及时修正不足的知识内容，从学科知识掌握的角度来看，这样的老师无疑是一位尽职尽责、兢兢业业、勤勤恳恳的好老师。但这样的老师充其量只不过是知识的再构者、传递者，甚至只是知识的“仆人”，对作为具有“主人”身份的教师的内在精神缺乏必要的观照。魏老师疏于对自己的教学行为背后的观念观照，只是在与研究者的交流与提示中，她才发现“素语文”是自己多年坚持并践行的观念。

其他老师也如同魏老师一样，仅对教学要素给予表层认知，未对其进行深度思考。如谌老师认为，对于教学管理我一般不作过多要求，但我经常会选用比较活跃的英语短文给学生阅读，然后实行情景对话，学生也乐于参与，因此学生在课堂上就比较活跃，他们也喜欢对话的学习方式，所以不需要过多关注学生的课堂纪律。(20161010-in-谌)这段话折射出谌老师非课堂教学管理的控制者，而是引导者，“以有效教学促成良性的课堂教学秩序”是其课堂教学管理信念，然而谌老师未将其进一步提炼。此外，孙老师宣称自己一直坚持要求学生每学一篇新课文或作文，首先是找出这篇课文或作文的亮点，其次再将其与同学分享，这样学生至少带着目的去学习，而不至于局限于为读而读的狭隘形式。尽管孙老师为此还列举平时教学活动中诸多例子作为佐证材料，但她也同样未直接将其概括为“亮点教学”。

由上可知，尽管当前我国小学教师对如何发展自己的教学信念缺乏足够的认知，但他们在多年的学习和教学实践中有意或无意地形成了一定教学观念和看法，遗憾的是他们极少对这些业已形成的教学观念和看法作进一步思考、整理、归纳与提炼，因而多数教师的教学信念仅作为一种经验性存在，这种经验性信念可能不是经由观察、搜集和检验证据等人类思维活动而得出的结论，而是凭空而下的断语，这样的信念可能是一种偏见❶。只有基于学习和实践基础上获得的经验，并对其进行反思的过程获得的信念，而不是偶然获得的信念，才能具有逻辑的使用价值。

（三）无序性

源于多数教师的教学信念倾向于一种经验性存在，且他们对这些经验性存在缺乏连续性思维，致使所形成的教学信念多属碎片性存在，缺乏应有的秩序和系统，故多数教师的教学信念呈现为无序性状态。

无序性表征着教师个体的教学信念是一种散乱的、片段的、无联系的存在，也映射着教师个体对有关教学要素缺乏连续性思维，或者说，这些教师对教学要素的思考缺乏连续性，甚至是对各教学信念间的关系缺乏思考。对于具有连续性和系统性的教学活动，无序性教学信念不利于教师有效地使用它们或者不能充分发挥教学信念的整体价值与功能。这是因为“在正常情况下，成年人都从事某种职业、专业和事务；这种职业、专业和事务就成为稳定的轴线，他们的知识、信念以及他们探索和检验结论的习惯都围绕这个轴线组织起来。凡是同职业有关联的知识，不只是被搜集起来，杂乱地堆放在那里；而是按照需要把它们加以分类，以便有效地使用它们。”❷前述研究已指明，理想的信念状态是形成具有一致性的信念系统，信念系统则表征着个体是独特的、有序的、统一的思想观念的存在。基于此，教学信念从无序走向有序是信念建构的必然选择。

二、教师教学信念生成的应然样态

在教师教学信念生成过程中，与自发性相伴随的是盲目的、随意的、无意识的行为，与浅层性相附带的是低层次的、肤浅的、不稳定的、缺乏信力的初级信念，与无序相关联的则是混乱的、碎片的教学信念。显然，这种教学信念构建姿态未能充分发挥人的主观能动性，也有悖于客观事物的一般发展规律，难以形成稳定的、系统的教学信念。为构建稳定的系统的教学信念，教师的教学信念构建必须从自发

❶ 约翰·杜威. 我们怎样思维·经验与教育[M]. 姜文闵，译. 北京：人民教育出版社，2005：14.

❷ 约翰·杜威. 我们怎样思维·经验与教育[M]. 姜文闵，译. 北京：人民教育出版社，2005：49.

走向自觉、从浅层走向深层、从无序走向有序。

(一)自觉性

教师教学信念建构是一个自觉的过程。从哲学的视角来看,人是有意识、有目的的能动主体,即具有自觉能动性的个体。从文化学的视角来看,自觉是指个体对自己及其周遭有“自知之明”。费孝通先生在对其学术反思的基础首先提出了“文化自觉”的概念,所谓文化自觉是指生活在一定文化中的人对其文化有“自知之明”,明白它的来历,形成过程,所具的特色和它发展的趋向,不带任何“文化回归”的意思[1]。从教育学的视角来看,教育活动是一种自觉活动。苏联教育家乌申斯基明确指出:“教育是一种自觉的活动,至少从教育者的角度来说是如此。所谓自觉的活动,那就是说在这样的活动中我们已经明确了目的,熟悉了我们应当与之有关的材料,经过反复思考和试验,选定了为达到我们已经认准的目标而必须采取的手段——只有这样的活动才能称为自觉的活动。”[2]基于此,自觉是指个体对客观存在能自由地意识到、领悟到和做到的心理状态,即“自知之明”。

古斯基(Guskey)认为,改变教师的课堂教学、改变教师的态度和信念、改变学生的学习效果是专业发展计划的三个主要目标[3]。其中,教师的态度和信念的改变则是其他两个因素改变的前提,尤其是教师改变课堂教学的前提。前述研究已表明,通过多元学习、教学实践、教育培训等途径教师可以形成或发展教学信念,但前提在于教师在这些活动中不是被动的参与者,而是主动认识和实践的存在者。换言之,教师在认识和实践中所接触的信念对象或内容只为教师形成教学信念提供了可能,只有在教师自己主动去感知、理解、实践中,这些信念对象或内容才可能转化为教师的教学信念。就教师个体自身而言,每个教师都或多或少地持有清晰的或模糊的信念。教学信念对教师而言是一种客观存在,但是存在不会自觉理解。只有教师对自己已有教学观念、教学行为进行深入反思,教师才能明晰自己持有何种教学信念。这是因为人是通过自己的自觉、自主的活动创造适合于自己需要的理想世界[4]。因此,自觉是教师发展教学信念的需要。事实上,教学信念的生成和发展是与教师的自觉性紧密关联的,即教学信念的生成和发展依赖于教师的自觉认

---

[1] 费孝通.费孝通论文化与文化自觉[M].北京:群言出版社,2007:190.

[2] 乌申斯基.乌申斯基教育文选[M].张佩珍,等译.北京:人民教育出版社,1991:99.

[3] GUSKEY T R. Professional development and teacher change[J]. Teachers and Teaching:Theory and Practice, 2002,8(3):381-391.

[4] 赵昌木.教师成长论[M].兰州:甘肃教育出版社,2004:26.

识和自觉实践，教师的自觉认识和自觉实践又促进教学信念的修正与发展，可以说，教学信念与教师自觉是相因而生、相辅而成，且成正相关。大体来说，教师的自觉性越高，教学信念就可能越发丰富和系统。可见，信念自觉是教师构建教学信念的必然向路。

教学信念自觉(Self-consciousness of Teaching Beliefs)是教师的一种有意识的教学信念活动，是教师主动把自己的教学信念活动变成自己意识的对象，对自己的教学信念有“自知之明”。教师具有这种自我意识，就能够清楚地知道自己有什么样的教学信念或自己对教学要素持有何种观念、看法，这些信念是否符合学生的身心发展规律和社会发展规律，这些信念是如何形成和发展的，以及这些信念怎样指导自己的教学实践活动。自知之明”是为了深刻地认识教学信念在教学实践中的地位作用，加强对教学信念的修正和发展的自主能力，取得适应社会、教育教学、学生和教师自身等发展需求的自主地位，主动担当发展和践行教学信念的责任。

(二)深层性

源自权威人物的影响、教师自身的教学经验、教师的臆造、道听途说以及一段时期内的教育领域流行观点都可能致使教师形成一定的教学观念或教学信念。基于这些途径所获得的教学信念只是一种初级阶段的信念，这些信念可能是积极的正向的，也可能消极的、负向的。不管哪一类信念若不加以考察、鉴定和探究，或教师不能展示出让人们接受、坚持和愿意作为行动依据的东西[1]，这些信念可能只是一种偏见，即便是正确的，但因缺乏教师个体的进一步检验而具有一定的易变性。因此，正确信念的形成需要个体对所提出的假定或接收到的他者观点进行考察、检验，从而达成对初级信念的深层认知。此外，从生成结果来看，多数受访教师忽视了对自己持有的教学信念做进一步概括、提炼，致使受访教师常常觉得无任何可以拿得出手的信念。事物的发展规律表明，任何事物总是由简单到复杂，由不完善到逐渐完善，由低层次向高层次，由具体到抽象的发展过程。教学信念的形成和发展依然遵循事物的普遍发展规律。因此，从生成过程来看，教师需要对习得的初级信念进行验证，以便找到为其接受、坚持和愿意行动的依据。从生成结果来看，教师需要对碎片的观点进行总结、概括，以便提高信念的分享与利用。

[1] 约翰·杜威. 我们怎样思维·经验与教育[M]. 姜文闵，译. 北京：人民教育出版社，2005：15.

(三)序化性

任何事物或现象都具有一定的秩序性,或者说,任何事物都是一种秩序性存在。教学信念作为一种精神现象,仍然具有一定的秩序性,或者说,教学信念必然是一种秩序性存在。这是由学生的身心发展规律和教学活动自身的系统性所决定的。教学信念序化,首先是由学生的身心发展规律决定的。教学活动的对象是学生,学生的身心发展过程是有序的,他们的知识习得,智力、能力的形成,情感态度的变化,道德品质的养成都是有序的、系统的过程。其次是由教学活动自身的系统性决定的。教学活动由原初的生活情境教育(在生产生活过程中进行的教育)演化为专门的学校情境教育过程中,教学活动已由散乱化、碎片化走向了整体化、系统化。在这一演化过程中,教学活动已成为由教学目的、教学内容、教学方法、教学管理、教学评价等要素构成的完备体系。教学信念作为教师对教学要素所持有的一种稳定性心理倾向,其在教学活动中要充分发挥范导、过滤、适应、预测和发展的作用,培养核心素养充分发展的学生个体,教师首先就必须具有有序化的教学信念。此外,从心理学的视角来看,教学信念是教师个体的一种心智。人的心智成了一个类似于格式塔的整体,而不是可以拆散为许多零碎部分的机械总和。从而,我们要对任一种心智现象进行完全解释必须以考量整个心智秩序为前提。在此意义上,教师的教学信念必须从无序状态走向有序状态。

自觉性、深层性和有序性作为构建理想教学信念的应然样态,教师教学信念的建构就要从自发走向自觉,从浅层走向深层,从无序走向有序。那么,如何实现教师教学信念建构的自觉性、深层性和有序性呢?

三、教师教学信念生成的“自觉”机制

教师成长过程不仅需要外部的引领和指导,更需要教师个体成为自我专业成长的解放者。从某种意义上来说,一切教师教育活动的真正目的在于激发教师成为自我发展的主体。通过“自觉”可以使教师个体真正认识自己的内心世界和自己所处现实世界,认识自己依存教育场域中的行为意图和动机,使自己成为一个具有“知其然和知其所以然”的明白人,消解“只在此山中,云深不知处”的混沌状态。基于此,教师要树立信念意识,养成“无知”意识、反思意识、表达意识、践行意识,教师教学信念自觉才可能得以实现。

(一)养成信念意识,将形塑教学信念作为一种境界

信念自觉是在信念的基础上产生的,倘若个体没有信念的信念,就谈不上信念自觉。实际上,不相信信念本身就是一种信念。即便如此,信念意识(belief awareness)仍然是实现信念自觉的前提。

人是有意识的生命体,有意识的生命活动是人区别于动物的本质特征。马克思认为,"有意识的生命活动把人同动物的生命活动直接区别开来。"[1]所谓"有意识的生命活动",就是能把自己的生命活动变成自己意识的对象,因而能够意识到自己的生命活动。人具有这种自我意识,就能够知道自己在感觉什么、思考什么和做些什么,就能够看清楚自己同周围世界的关系,看清楚主观和客观的相互作用[2]。基于此,教学信念自觉本质上是人的一种自我意识。教师具有这种自我意识,就能够知道自己有什么样的教学信念或自己对教学事实持有何种观念、看法,这些信念是如何形成和发展的,以及这些信念怎样指导教学实践活动。

如果教师没有对信念存在认知,也没有对信念在个体发展和社会发展中的重要性有充分的了解,这样的教师不可能有意识地发展信念。如有的教师认为"没有信念也能够把书教好",这些教师的行为逻辑表现为:只将教学活动视为既定程序,只要掌握了教学程序,就能把书教好,因此多数教师对自己的教学信念处于一种主体性缺失状态,他们往往按照习惯性的教学行为行事,对自己行为背后的观念缺乏有意识的思考,这样的教师很难构建清晰的教学信念。诚如美国社会心理学家戴维·迈尔斯(David Myers)所言:"像习惯性行为——系安全带、喝咖啡、上课——意识很难被激活。"[3]基于此,就不难解释为何多数教师能流畅地开展教学活动而难于清晰地知晓其行为背后的信念的原因。

为此,教师教学信念自觉首先必须养成信念意识。这是因为,"如果没有心灵的参与,个人信念的形成一般来说是不可能的"[4];如果教师没有使他们的信念处于意识层面,不能明确地表达和检查这些信念,那么教师将保持现行方式和维持现状[5]。最为关键的是"教师对自己信念的意识程度影响着教师的信念与行为的匹配

[1] 马克思恩格斯全集(第42卷)[M].北京:人民出版社,1979:96.

[2] 陈晏清.论自觉的能动性[M].上海:上海人民出版社,1983:34.

[3] 戴维·迈尔斯.社会心理学[M].八版.侯玉波,等译.北京:人民邮电出版社,2006:101.

[4] 苏霍姆林斯基.育人三部曲[M].毕淑芝,等译.北京:人民教育出版社,1998:442.

[5] STUART C, THURLOW D. Making it their own: preservice teachers' experiences, beliefs, and classroom practices[J]. Journal of Teacher Education, 2000, 51(2): 113-121.

程度，进而影响教师的教学信念构建。”[1]故为了促进教师的信念发展，养成明确的信念意识是教师实现信念自觉的前提。

养成教学信念意识，首先是树立信念观，所谓信念观即是人们对信念的看法、主张和态度。具体而言就是树立：每个人都有信念，信念是促进人们克服困难、努力前行的重要精神支柱；每个人的信念在内容和性质方面存在差异，人与人之间的言行不一致，主要原因在于人的信念差异所致；了解人的信念更能准确地把握人的内心世界；信念不是与生俱来的，而是个体在与后天环境不断互动中逐渐形成的；信念左右着人的言行，是人决策时的重要依据，等等。其次是建立信念效能感，即教师相信自己能构建、修正和完善自己的教学信念。诚如英国学者范恩（Alan Fine）和美国学者梅里尔（Rebecca R. Merrill）在《潜力量：GROW教练模型帮你激发潜能》一书中所言，最能加强自己信念的方法，就是相信“自己能学得会”[2]。最后是树立素养观或幸福观，即把教学信念的养成视为教师必备的一种素养，一种幸福，一种教育教学的境界。唯有如此，教学信念才能成为教育教学生活中的一种观照，教师才会在教育教学生活与实践中反思、修正并构建自己的教学信念。在教学信念建构过程中，信念意识将会作为一种信力，将使个体拥有信心，良好的心态促进个体克服重重险阻以及自身的情绪变化，直至实现目标。

（二）养成“无知”意识，将学习教学知识作为一种习惯

知识在信念的形成和发展中起着基础性作用。任何信念都是建立在一定的知识基础上的[3]。关于知识在信念建构中的重要性，我国著名的哲学家、教育家、翻译家贺麟先生早就作过详细的阐述。他认为：“盲目的信仰依于愚昧的知识。知识空洞者，其信仰必渺茫；知识混淆矛盾，必与信仰的杂乱反复相依随；知识系统，则信仰必集中；知识高尚，则信仰亦必随之高尚。”[4]信念作为信仰的下位概念，其形成和发展与知识密切关联。任何信念的建立都离不开一定的知识基础。错误的信念是建立在错误的知识基础上，正确的信念是建立在科学知识基础上；或者说传统的教学信念是建立在传统的知识基础上，进步的教学信念是建立在进步的知识基础上。

[1] MANSOUR N. Science teachers' beliefs and practices: issues, implications and research agenda[J]. International Journal of Environmental & Science Education, 2009, 4(1): 25-48.

[2] 艾伦·范恩，丽贝卡·梅里尔. 潜力量：GROW教练模型帮你激发潜能[M]. 王明伟，译. 北京：机械工业出版社，2015：24.

[3] 石中英. 教育哲学的责任与追求[M]. 合肥：安徽教育出版社，2007：270.

[4] 贺麟. 文化与人生[M]. 北京：商务印书馆，1988：90.

因此,正确的或进步的教学信念的生成也必然建立在对种种教育教学内外关系的认识和把握上。当前进步的教学信念普遍缺乏的原因之一就是对正确的、进步的教育教学知识掌握较为有限或没有及时更新,以至于不少教师根本就没有多少进步的教育教学知识,不掌握进步的教育教学知识的现状和发展趋势,甚至贬低教育教学知识的价值,只从经验主义视角判断教育教学知识是抽象的、空洞的,不能解决教学实际问题的,甚至认为教学活动是不需要理论知识指导的。事实上,列宁就理论知识在信念发展中的作用提出了自己的洞见,他认为:“概念、范畴并不是认识的‘工具’,而是人类认识的‘阶梯’和‘支撑点’。只有掌握理论,才能把握历史的发展规律,从而坚定我们的理想、信念。”[1]心理学家奥苏贝尔认为,新的认知结构的建立必须以已有的认知结构为基础。这里的认知结构可理解为知识、信念和价值。英国学者乔治·卡斯特(George Custer)提出的“知信行”(KABP)模式[2]已明确指出,知识是信念和态度形成的基础,信念和态度是行为的动力,而行为改变是目标。而墨菲(Murphy)和梅森(Mason)则直接指出,教师的信念直接受到他们参与课堂学习和获得的知识量的影响[3]。可见,构建教学信念需要教师以一定知识为基础。唯有以一定知识为基础,教师构建的教学信念才会趋于合理和科学,远离非理性的、偏见的信念。

学习是教师要掌握教育教学知识的关键,而树立“无知”意识是学习活动得以发生的动力。弗里德里奇·哈耶克(Friedrich August Hayek)在《自由秩序原理》一书中指出:“人往往会对其知识的增长感到自豪和得意。但是不容忽视的是,在知识增长的同时,作为人自身创造的结果,对于人有意识的行动会产生重要影响的人的有意识知识的局限、从而也是人的无知范围,亦会不断地增加和扩大。……人类的知识越多,那么每一个个人的心智从中所能汲取的知识份额亦就越小。我们的文明程度越高,那么每一个人对文明运行所依凭的事实亦就一定知之越少。知识的分工特性会扩大个人的必然无知的范围,亦即是个人对这种知识中的大部分知识必然处于无知的状态。”[4]在知识更迭迅速的今天,人的无知范围势必会越加显著。“如果一个人认为他已经拥有了某些知识,那么他就不具备学习这种知识的最基本的理由以及最强大的学习动机——意识到自己的无知。学习过程中最重要的一个

❶ 孙正聿. 马克思主义哲学智慧[M]. 北京:现代出版社,2016:503.

❷ 知信行模式是知识、信念/态度、行为的简称。

❸ MURPHY P K, MASON L. Changing knowledge and beliefs[M]//ALEXANDER P A, WINNE P H. Handbook of education psychology. 2nd ed. New Jersey: Lawrence Erlbaum Associates, 2006: 314.

❹ 哈耶克. 自由秩序原理[M]. 邓正来,译. 上海:生活·读书·新知三联书店,1997:25.

起点就是对自己无知状态的认可。"[1]

教师应树立什么样的"无知"意识？关于教师的"无知"意识，苏格拉底(Socrates)曾提出有力的洞见。苏格拉底基于"无知"理念的指导下，提出了教师应树立三种无知意识：一是教师要认识到和学生向老师学习知识一样，教师也可能从学生身上学到很多知识；二是为了学到某种知识，教师首先需承认他们现在还没有掌握这种知识；三是教师能够发现学习者的某项知识错误，但不能由此推断出教师是相关知识的拥有者。他认为教师应该不停地寻找学习的机会，而且总是准备着承认自己对某些知识的无知[2]。

苏格拉底的教师"无知意识"观无疑为探究教师学习提供了有益的参考价值，但仅将教师学习的对象局限于学生显然不够完善。事实上，具有"无知意识"观的教师，其周遭的一切皆被视为学习的对象，且这样的学习不是临时的暂时性的，而是长期的终身的。因此，树立"无知"意识即是树立终身学习意识，具体表征为：

一是阅读经典教育书刊。乌申斯基指出，"教育的作用之一，就是主要地通过信念去影响人以及从根本上影响社会；而使这种信念得以存在的手段，就是教育书刊。"[3]永恒主义的提倡者罗伯特·霍钦斯(Robert Hutchins)认为，"巨著"覆盖了人类发展史的思想基础以及科学文化知识，阅读和讨论伟大思想家的巨著，能训练人们的思维和智力水平[4]。在教育书刊中，记录了教育工作者的教育经验及其智慧。教育书刊至少包括了书籍和期刊两类，书籍是优秀文化的重要载体之一，期刊则是相关领域最新研究成果的主要载体，这些媒介都蕴含着教育工作者的教育教学思想或观念。虽然教师似乎会挑选那些最能支持他们先在的知识和信念的内容，而不是与其相矛盾的内容。但是有关研究表明，教师个体对某一主题的定位或取向可能会因为阅读内容的影响而改变[5]。因此，阅读教育经典名著可以促进教师教学信念形成与发展。

二是向他者学习。向他者学习即是向教师和学生学习。教育场域中的每个个

---

❶ 弗兰克·M. 弗拉纳根. 最伟大的教育家：从苏格拉底到杜威[M]. 卢立涛，安传达，译. 上海：华东师范大学出版社，2009：5.

❷ 弗兰克·M. 弗拉纳根. 最伟大的教育家：从苏格拉底到杜威[M]. 卢立涛，安传达，译. 上海：华东师范大学出版社，2009：5.

❸ 顾明远. 中国教育大百科全书(第3卷)[M]. 上海：上海教育出版社，2012：1840.

❹ 艾伦·C. 奥恩斯坦，费朗西斯·P. 汉金斯. 课程：基础、原理和问题[M]. 三版. 柯森，译. 南京：江苏教育出版社，2002：44.

❺ MURPHY P K，MASON L. Changing knowledge and beliefs[M]//ALEXANDER P A，WINNE P H，Handbook of education psychology. 2nd ed. NewJersey：Lawrence Erlbaum Associates，2006：316.

体源于其个性心理、思维方式、认知结构、成长经历、个人立场和成长环境的不同，对如何教育教学都会有独特的见解，尤其是经历长期教育教学实践的优秀教师，对教育教学活动更有深刻的洞见，这些教师有关教育教学的洞见都可以成为新教师或其他教师的学习对象。

唯有树立"无知"意识，教师才会将终身学习视为一种常态，才会不断地学习中国优秀的传统文化、学习教育经典、学习最前沿的教育教学理论知识、学习优秀教师的教学观念，通过多元学习旨在习得更多的教育文化知识，不断增强自我知识，为构建合规律的教学信念提供"阶梯"和"支撑点"。

（三）养成反思意识，将追问教学信念作为一种品质

反思是教师自觉的一种表征，是教师教学信念养成的关键，是教师专业发展的催化剂。费孝通先生在《文化与文化自觉》一书中明确指出："反思实际上是文化自觉的尝试。"[1]换言之，反思是文化自觉的主要表征之一。教学信念作为一种教师文化或教学文化，反思仍然是教学信念自觉的主要表征之一。教师基于反思可以对自身的教学信念达成"自知之明"的状态，甚至修正和完善已有的教学信念，创生新的教学信念，从而促进自身的专业发展。相关研究表明，教师自己平日随时省思与检讨自己的教学工作，并且持续增强教学信念，才能呈现最佳的教学效能[2]。美国教育家舒尔曼（Lee S. Shulman）认为，"实践者应该反思自己的实践"[3]。班杜拉则认为，"通过反思自己的不同经验以及他们所知道的一切，他们能归纳出有关他们自身和他们周围世界的一般知识"[4]。米哈埃拉（Mihaela）和阿丽娜-瓦娜（Alina-Oana）认为，通过反思教师可能会确认某些支持有效教学行为的教学信念[5]。

我国著名的教育学家叶澜教授则明确地指出了反思与教师成长的关系，她认为"一个教师写一辈子教案不一定成为名师，如果一个教师写三年反思可能成为名

---

❶ 费孝通．费孝通论文化与文化自觉[M]．北京：群言出版社，2007：187.

❷ 吴明隆，陈火城．高雄市国小教师数学教学信念与自我知觉教学效能关系之研究[J]．学校行政，2007(3)：113-132.

❸ 舒尔曼．实践智慧：论教学、学习与学会教学[M]．王艳玲，等译．上海：华东师范大学出版社，2014：33.

❹ 班杜拉．思想和行动的社会基础——社会认知论[M]．林颖，等译．上海：华东师范大学出版社，2001：28.

❺ MIHAELA V, ALINA-OANA B. When teachers' pedagogical beliefs are changing?[J]. Procedia-Social and Behavioral Sciences, 2015(180)：1001-1006.

师。”[1]可见，反思是一种有益的思维范式，是教师必备的一种核心素养，教师可以通过反思不断丰富和完善自身的教学信念，提升专业素养。

实际上，多数教师缺乏反思意识和反思行为。如前所述，教学信念形成于教师个体的早期经历、学生时代的学习经历、教师教育和教学实践等途径。无论是过去的经历还是当前的实践，都是教师与相应认知对象互动的结果，这些结果无论是正确的、合理的体验，还是错误的、不合理的体验，都是教师自己主动对其进行再审视与反思的产物。相关研究表明，有的教师在以往的学习活动中所接受的教学皆是教师教授学生接受的教学方式，他们成为教师之后，仍然沿用原初所“获得的教学方式”进行教学，不去思考其对与错，并将其固化，成为自己教学的行动指南。诚如俞国良和辛自强所言：“对于教师而言，他们就是‘朴素的’教育家，对于各种教育教学问题都有着自己的一套观念和看法，这些观念和看法常是内隐的，很少被清晰地意识到或进行深入的反思，但是它们无时无刻不在影响着教育实践。”[2]尽管人们早就对曾子的“吾日三省吾身”和苏格拉底的“认识你自己”耳熟能详，但只有最明智的人才将其付诸实践，究其原因可能是“中国人缺乏反思传统”[3]。源于教师缺乏反思习惯，致使教师们貌似每天都在教学，实际上多数人只是按部就班地存在。这种状态难免会导致教师幸福感缺失，甚至产生职业倦怠，这是因为教师对自己的内在精神世界关注太少，反思太少。或者说多数教师把所有的注意力都放在了获得更可能多的分数上，抑或获得更可能多的声望与名誉上，但是从来不注意或者思考一下教学行为的指导思想，理解和完善自己的精神世界。学习、实践、接受教育虽然是教师个体成长不可或缺的路径，但并不能替代对自己已做的事和未来要做的事坦诚地审视，只有不断地审视自己的过去、现在和未来，才能认识自己。事实上，如果让教师有反省的机会，教师能够厘清自身的信念，甚至教师信念及实践都有可能发生改变[4]。为了避免不当的教学信念大行其道，或构建适宜的教学信念，教师必须开展更多的自我检视，除了让教师理解自我先前的教学观念外，更为重要的是，要养成具备批判反思的能力，以便在教学工作中，能不断地自我反省、自我提升。

有鉴于此，教师必须养成反思意识。反思意识即是问题意识，个体通过对问题的不断追问从而解除内心的疑问，明晰问题的脉络。就教学信念方面而言，就是要

[1] 叶澜．重建课堂教学价值观[J]．教育研究，2002(5)：3-7.

[2] 俞国良，辛自强．教师信念及其对教师培养的意义[J]．教育研究，2000(5)：16-20.

[3] 邓晓芒．思辨的张力：黑格尔辩证法新探[M]．北京：商务印书馆，2016：326.

[4] CARRINGTON，DEPPELER MOSS. Cultivating teachers’ beliefs，knowledge and skills for leading change in schools[J]. Australian Journal of Teacher Education，2010，35(1)：1-13.

养成信念反思意识，即教学信念反思。所谓教学信念反思就是要求教师对自己过去坚信的教学信念回头多想想，即教师个体的教学信念是怎样来的，为什么这样想，现在看来是否还有道理，是否要修正，甚至改变，这即是教师个体的"教学信念反思自觉"。教学信念自觉与教学信念反思之间是既有区别又有联系的概念——教学信念自觉是指主体主动认识、发展和践行自身的教学信念；教学信念反思是指主体对自己或他者的教学信念的审视。教学信念反思是教学信念自觉的一种表现，高度的教学信念自觉离不开教学信念反思。因此，要取得发展信念，大概不得不从教师本人的反思开始。信念反思到信念自觉，可以被视为一脉相承的。

在教学信念的养成中，教师的反思对象是复杂的、多维的，明确反思对象是有效实施反思活动的关键。从教师个体所处的场域来看，主要包括对自我的教学观念和教学行为、他者的教学观念和教学行为，以及教学情境的反思。

一是以自我的教学观念和教学行为为反思对象，即"明自我"。以自我观念为对象即时回溯自己已构建的教学观念，想想这些教学观念是怎样来的，为何选择这些教学观念，这些教学观念是否合理，是否需要修正，甚至改动。以教学行为为对象即是就近期或当前的教学行为作为思考对象，了解自我在课堂教学中采取了哪些教学行为，为什么要选择这些行为，支持这些行为的背后观念是什么，这些观念是否以学生发展为中心，是否需要调适。前者可以视为信念修正(belief revision)，后者可以被视为信念引出(belief elicitation)。反思自我的教学观念和教学行为是教师个体了解自己的教学信念，信念自觉就是要了解范导自己教学观念和教学行为的信念。而要达成该目标，大概不得不从教师本人的教学观念和教学行为反思开始。

二是以他者的观念和行为为反思对象，即"明他者"。古之有言："以铜为镜，可正衣冠。以古为镜，可见兴替。以人为镜，可知得失。"[1]每个教师作为一个生物体，是在既定的教育文化里成长起来的，一切离不开自己所属的教育文化。故他者的教学观念和教学行为可以作为自我教学信念形成和发展的镜子。每个教师缘于认知能力、认知结构、教学经历、文化环境、教学对象的不同，其教学观念或信念也各有差异，这正是教学信念具有主观性的特征所在。但从宏观的角度来看，这些教学信念不外乎是不同教师个体对为什么教学、教学什么、怎么教学等一系列教学本体问题的认识，这些认识无不映现着教师的教学信念，通过对这些教学信念即他者的教学信念的认识、思考，阐释其合理性与局限性，可以促使教师个体反思自身的教

[1] 吴兢．贞观政要[M]．葛景春，张弦生，注译．郑州：中州古籍出版社，2008：49.

学信念的合理性与局限性，进而达成吸收、内化他者合理的教学信念或修正、发展自我教学信念的目的。此外，对他者的教学行为反思，首先，要仔细观察他者做些什么；其次，要反问自己——他者为什么非得那样去感知、感受？再次，他者为什么相信要那样去行动？从次，形成假定，并进一步观察来验证假定；最后，修正或巩固[1]。通过这样倒推他者行为的原因，我们常常能准确地理解他者行为背后的观念，并以他者的行为绩效来修正和发展自身的教学信念。

三是以外在教学情境为反思对象，即“明情境”。生态系统理论的提出者布朗芬布伦纳认为，个体是与外在环境的不断交互作用中发展起来的。法国当代著名的社会学家皮埃尔·布迪厄（Pierre Bourdieu）和华康德（Loic Wacquant）在《实践与反思：反思社会学导论》一书中明确指出：“行动者的观点会随其在客观的社会空间中所占据的位置的不同而发生根本的变化。”[2]教学情境作为教师身处其中的外在或社会空间，会左右着教师教学信念的生成与发展。因此，教学情境必然成为教师不可或缺的反思对象。这里的教学情境主要是指教学发展的整体现状和发展趋势，它包括微观层面的教师的课堂教学情境，中观层面的教师所处学校教学情境，宏观层面的学校场域外的教学情境，即区域、国家、全球性的教学发展态势。通过对教学情境的发展现状和发展趋势的整体反思与把握，有助于教师从“顶天”和“立地”的视角来构建教学信念，有利于建立符合现实教学情境的教学信念。因此，“只有凭靠对情境的系统控制，在这种情境中作出观察，并且有获知结论的习惯的严格方法，才能决定哪种信念是有缺陷的，哪种信念是正确完善的。”[3]

教学信念的建构离不开教师的教学反思，唯有在教学反思中，教师的教学信念才可能得以生成与发展，教学效能才能得以最大限度地提升。斯图尔特（Stuart）和瑟洛（Thurlow）的研究指出，教师透过对自己信念的知觉及观察教师的教学，了解到信念对于教师在做决定上的关键角色，因此愿意去检验与反省自己的信念对于教学与学生的影响，进而去改变信念以促进教学的最大效能[4]。

---

[1] 库姆斯，迈泽，惠特克．学校领导新概念：以人为本的挑战［M］．罗德荣，等译．北京：中国宇航出版社，2002：18.

[2] 皮埃尔·布迪厄，华康德．实践与反思：反思社会学导引［M］．李猛，李康，译．北京：中央编译出版社，1998：9.

[3] 约翰·杜威．我们怎样思维·经验与教育［M］．姜文闵，译．北京：人民教育出版社，2005：29.

[4] STUART C，THURLOW D. Making it their own：preservice teachers' experiences，beliefsm and classroom practices［J］. Journal of Teacher Education，2000，51（2）：113-121.

（四）养成表达意识，将外化教学信念作为一种常态

信念属于个体的一种精神状态，潜藏于个体的意识或潜意识中，是很难被直接观察和言说的东西。但作为客观存在的教学信念，在反思之下，教学信念也是可知的、可言说的[1]。雅斯贝尔斯认为："如果某一事物并不作为人们普遍了解的对象，而只是作为与思考者直接同一的存在者，那么这类事物是可以言说的。"[2]教学信念作为与教师直接同一的存在者，具有可言说性。信念是个体对自己和对世界的一种独特的观点，这个观点只有让个体充分表达才能被理解。教师言说信念的目的一方面在于让教师个体明了自己持有何种教学信念，另一方面在于让他人知晓自己信奉的信念，或者让他人认同和接受自己的信念。美国改造主义教育哲学的倡导者布拉梅尔德（Theodore Brameld）曾指出："我们不只是要在公共场合宣传我们的每一信念，而且还要致力于使绝大多数人接受我们的这些信念。"[3]因此，能够清晰地表达自己的教学信念是教师教学信念自觉的重要策略之一。

关于"表达"（expression）一词的理解可谓见仁见智。在汉语中，"表达"被定义为"用言语文字把思想、情感等表示出来"，如表达思想。德国生命哲学家狄尔泰（Wilhelm Dilthey）在其美学概念中将"表达"理解为人类将生命冲动的内在体验外化为文学、艺术、宗教等外在形式[4]。在他看来，体验、表达和理解是精神科学的根基。体验关涉人的有限生命的超越和人生诗意化问题，表明了有限生命在生活关联中的处身性而具有本体论意义。但缘于个体的内心世界不同，对生活的体验也就具有自身的独特性。为获得一种客观"共识"，则必须将体验外化在客观的"表达"上。正是通过这种表达，人类生活才成为可以认识的对象[5]。刘庆昌教授认为，表达就是用口语或文言的方式把人内在的思想、感情表示出来[6]。由此可见，学界尽管对"表达"一词的表述有所不同，但都揭示了其共在的本质，即将内在的思想、情感外化为外在的符号系统，口语和文字是其常用的两种表达形式。

基于对"表达"的认知，我们可以将信念表达理解为个体借助口语和文字将内隐信念外化为外显信念的形式，信念表达实质上是信念的符号化。信念表达可分

---

❶ 吴金航，朱德全．教学信念与教学行为相关：理想样态与实现路径[J]．中小学教师培训，2018(6)：11-15.

❷ 雅斯贝尔斯．什么是教育[M]．邹进，译．北京：生活·读书·新知三联书店，1991：20.

❸ 单中惠．西方教育思想史[M]．北京：教育科学出版社，2007：521.

❹ 马国泉．新时期新名词大辞典[M]．北京：中国广播电视出版社，1992：1025.

❺ 马国泉．新时期新名词大辞典[M]．北京：中国广播电视出版社，1992：1025.

❻ 刘庆昌．论教学表现[J]．课程·教材·教法，2013(5)：45-50.

为口语表达和文字表达两种类型。口语表达是指教师运用口头语言将自己反思总结的教学信念表示出来，根据是否有他者参与，口语表达又可分为自我对话和与他者对话两种类型。自我对话也叫“出声思维”，是教师以“自问自答”的方式回溯并追问自身的教学信念为何以及怎样的行为样态，实质上是“我与我”的对话。与他者对话即是教师运用口头语言把自己的教学信念向他者表示出来，实现不同教师个体间的信念交流，实质上是“我与你”或“我与他”的对话。教师个体的教学活动以及在此基础上形成的教学认识或教学观念难免存在一定的情境性与局限性，通过与他者的对话与交流，可以进一步丰富或修正自我认识或观念，从而规避自我教学信念的局限性与不合理性。事实上，自我对话和与他者对话皆是为了“发现所思之物的逻辑及存在的意义”❶。教学信念交流和对话的基础，是从认识自己的教学信念开始的。每个教师形成和发展自身的教学信念，就是希望能认识自己。与他者对话交流，旨在认识自己，遇见更好的自己。

文字表达是指教师运用书面语言（文字）将自己反思总结的教学信念表示出来，即是说将对话或思考的信念内容转化为文本的形式呈现出来。在教育场域中，诸多教师（包括任何一个阶段的教师）的著书立说、撰写与发表文章（包括微博、博客、微信上的文章），无不是教师信念的一种直接或间接的投射。如夸美纽斯的《大教学论》直接映射了其“泛智教育”的信念，卢梭的《爱弥儿》表达了其对“自然教育”的坚信，杜威的《我的教育信条》和陶行知的《陶行知教育箴言》则是其教育教学信念的直接表达。与口语表达相较，文字表达具有三方面的益处：一是更有助于教师个体厘清自身的教学信念，盖因文字表达至少是教师个体经由反思、口语表达（有时是无声的）、再思考（组织书面语）、文字表达的认知与行为历程；二是文字表达能以物质的形式将内在精神符号得以保存，为教师的再次反思或深度反思提供可资利用的媒介；三是文字表达有利于不同时空的教师共享彼此的教学信念，增进不同主体间的视域融合，形塑个体信念和群体信念。如“产婆术”“直观教学法”“最近发展区”“发现教学法”“探究教学法”“因材施教”“启发式教学”等思想即是文字表达下信念共享所带来的产物。

事实上，在信念表达中，口语表达和文字表达并不是完全截然分开的，有时两者是齐头并进的。如说课、讲述“个人生活史”、撰写教学日志等都同时渗透着口语表达和文字表达。是通过信念表达，教师的教学信念才更加清晰、更加精准、更加可视化。然而，调查资料表明，多数教师对自身的教学信念缺乏自觉表达意识，即

❶ 雅斯贝尔斯．什么是教育[M]．邹进，译．北京：生活·读书·新知三联书店，1991：11.

便有的教师撰写了一些教育教学研究和反思的文章和日志，也是外在压力作用下——职称晋升需要和教育行政或学校的要求而产生的行为，这些表达行为往往是他律的、间断的，而非自律的（自觉的）、长期的行为，他律的间断的行为易生成碎片化的观念，不利于信念系统的养成，自觉的、长期的信念表达才有助于信念系统的养成，为此养成信念表达意识是教师形塑自身教学信念不可或缺的重要路径。

养成信念表达意识可以通过多种路径来实现，如讲述“个人生活史”、说课、撰写教学日志、思维导图、教学故事、创建教育教学概念地图（concept map）、有声思维（think-alouds）（如观看和分析自己或他人的教学录像），等等。其中，讲述“个人生活史”在教师教学信念养成中越来越受到广大教师的青睐，这是因为叙述“个人生活史”能让“教师的个人信念扎根在教师的个人生活史之中。教师一旦开启个人生活史的话题，他将无须强迫自己使用他人的公共语言以及专业概念去强硬地“提升”自己的个人信念，他只需“心安理得地、自由地进入自己的生活世界”[1]。因此，叙述“个人生活史”是信念表达的一种重要方式。

通过信念表达，教师能更清晰地觉知、修正和完善自身信念，更利于与他者分享和交流教学信念，进而获致自身的专业素养提升。诚然，信念表达不是为了应对外在的要求和内在的一时兴趣而生发的偶然行为，这样的行为不利于信念及信念系统的形成。事实表明，学界有影响的教育教学思想都是相关者对自身的教学工作和教学观念长期不断思考的结果，是教师个体基于自身专业素养发展的内在需求下的长期追寻而生发的一贯行为。换言之，只有信念表达成为教师个体的日常习惯，教师的信念系统才会得以形成。

（五）养成实践意识，将践行教学信念作为一种志趣

教学信念与教学实践之间的关系问题一直是教学信念研究中的重要论题。关于信念与实践的关系，学界主要观照两大问题：一是从内容视角来看，主要探讨教学信念与教学实践之间的一致性问题；二是从来源视角来看，主要探讨教学信念的生成与教学实践的关系。教学信念与教学实践之间主要存在一致性、非一致性和混合性三种类型，具体内容前已详述，这里不再赘述。这里主要从来源视角来探讨教学信念与教学实践的关系。

有关教学信念的生成与教学实践的关系问题，学界主要存在三种观点：理性说、实践说和循环说。理性说的主要观点表现为教学信念生成于教师个体的理性

---

[1] 陈向明．质性研究——反思与评论［M］．重庆：重庆大学出版社，2008：150.

认知,是教师个体基于理论知识学习而习得教学信念的,生成的教学信念再指导教师的教学行为,改变学生的学习成果。其基本思路是:教师学习(包括在职培训)、教师知识和信念的改变、教师课堂教学实践的改变、学生表现的改变。早期教师变革理论家勒温(Lewin)是这一观点的主要代表,他认为教师通过教师专业发展计划会习得有关教学方面的态度和信念,他假定教师态度和信念的这种变化会导致他们的课堂行为和习惯发生特殊的变化,从而改善学生的学习行为和学习绩效❶。实践说的主要观点在于教学信念生成于教师的教学实践,是教师通过开展相应的教学实践后,以学生的学习效果的改变情况作为反馈信息而生成相应的教学信念。其基本思路是:教师教学实践改变、学生绩效的改变、教师教学信念的改变。古斯基(Guskey)是这一观点的典型代表,他在《专业发展与教师改变》一文中指出,教师信念的转变应该出现在实践之后,而非按照传统上“先理论、后实践”的次序。他认为教师信念的改变是基于教师采取相关教学策略并实施后,通过学生的学习成果的改变而形成❷。埃特默尔等人(Ertmer,et al.)也持类似的观点,他们认为改变教师信念并不一定是改变教师的技术实践的最好方法,相反,帮助教师采取新的实践,通过这些实践与支持信念的联系,可以引发这些信念的后续变化❸。循环说的主要观点在于信念与实践之间是循环的而非单向的关系,其基本思路是:教学信念(改变)⇌教学实践改变(学生的学习变化)。克拉克(Clark)和彼得森(Peterson)指出,在教学历程中,教师的教学信念与教学行为不断地相互影响,有助于教师建立良好的信念❹。贝尔巴斯(Belbase S.)的研究指出,信念与实践之间的关系是辩证的,信念的变化和课堂实践的变化之间是循环往复的❺。斯皮尔(Speer)认为变革过程是

❶ LEWIN K A. Dynamic theory of personality[J]. Yhologal Blln,1935(11):348-349.

❷ GUSKEY T R. Professional development and teacher change[J]. Teachers and Teaching: theory and practice, 2002,8(3):381-391.

❸ ERTMER P A, OTTENBREIT-LEFTWICH A T, TONDEUR J. Teacher beliefs and uses of technology to support 21st century teaching and learning[M]//FIVES H, GILL M G, International handbook of research on teachers' beliefs. New York: Routledge Press, 2015:403-418.

❹ CLARK C M, PETERSON P L. Teachers' thought processes[M]//WITTROCK M C. Handbook of research on teaching. New York: Macmillan, 1986:255-296.

❺ BELBASE S. Teacher belief, knowledge, and practice: a trichotomy of mathematics teacher education[J]. Online submission, 2012(3):29.

相互联系的，实践和信念以循环方式发生变化❶。

事实上，信念与实践之间并非理性说和实践说所折射的“一个简单的、线性的、单一因果的”❷单向度关系，而是以循环方式发生变化的复杂性关系。从辩证唯物主义的角度来看，信念与实践的问题本质是认识与实践的关系问题。信念的生成过程既不是纯粹的认识过程，也不是纯粹的实践过程，它是认识过程和实践过程的结合物，其形成过程遵循人的认识规律，即遵循列宁所谓的：“从生动的直观到抽象的思维，并从抽象的思维到实践的辩证途径。”❸这一辩证发展过程即是从实践到认识，从认识到实践，实践、认识、再实践、再认识，不断反复以至无穷。从心理学的视角来看，个体的心理发展是主体与周遭环境交互作用的结果。认知发展理论的提出者皮亚杰（Jean Piaget）认为，人类的认知活动是生物有机体与环境交互作用的结果，是认知主体与真实世界的交互作用的不断积累的过程。从教师专业发展的视角来看，教师的专业实践会受到教师原有的观念框架的影响，而教师的专业实践又会经由对经验的反思形塑教师的观念框架❹。因此，从个体教学信念到教学实践，从教学实践到教学信念，教学实践、教学信念、再到教学实践、再到教学信念，无限转化、提升，以至无穷。这正是教师个体教学信念产生、发展、进化的基本路径。没有信念，实践就会盲目；没有实践，信念就会空洞。实践是检验教学信念可行性、合理性、有效性的环节，也是生成教学信念的重要源泉。我们需要信念与实践的高位结合。

研究表明，当前能够把教学信念与教学实践紧密结合的教师为数不多。从教学信念生成的视角来看，多数教师过于在意教学实践的结果——学生的成绩，只专注于教学知识和教学技能的改进与提升，他们往往忽略了探究自身的教学行为背后的信念，以至于忽视了从教学实践中总结、概括有意义的教学信念。从教学信念运用的视角来看，由于多数教师缺乏教学信念意识和教学信念反思意识，致使这些

❶ SPEER N M. Connecting beliefs and practices: a fine-grained analysis of a college mathematics teacher's collections of beliefs and their relationship to his instructional practices [J]. Cognition and Instruction, 2008 (26): 218-267.

❷ NELSON B S. Reconstructing teaching: interactions among changing beliefs, subject-matter knowledge, instructional repertoire, and professional culture in the process of transforming one's teaching[M]//SOLOMON M Z. The diagnostic teacher-constructing new approaches to professional development. New York: Teachers College. Columbia University, 1999: 1-21.

❸ 列宁．列宁全集（第55卷）[M]．中共中央马克思、恩格斯、列宁、斯大林著作编译局编译．北京：人民出版社，1990：142.

❹ 崔允漷，王少非．教师专业发展即专业实践的改善[J]．教育研究，2014(9)：77-82.

教师的教学信念基本处于混沌状态，他们往往基于学生时代习得的教师的教学行为作为模板而开展教学活动（实际上教师也受先前教育经验的影响而构建的原初教学信念，只是这种教学信念在彼时可能具有一定的合理性，但随着科技和教育教学理念的不断更新与发展，这些教学信念未必符合当前学生和社会发展的需要，也未根据时代所需进行有意识的修正）。故很难清晰地依据自己的教学思想观念做出教学决策和指导自身的教学行为，诚如亨德森（Henderson）和凯森（Kesson）所言，我们许多人可能没有意识到我们牢牢持有的教育信念已贯穿于实施❶。这致使教师的教学信念与教学行为往往呈现出矛盾或不一致性，或教学信念与教学行为相分离，这种分离的现象又促使其生发出“没有信念依然能教好书”的信念，更加剧了两者间的分离。事实上，教学信念作为教师的一种内在思想，其在实际的教学情境中运用以前，缺乏充分的意义和现实性。只有应用才能检验思想，只有通过检验才能使思想具有充分的意义和现实性❷。马克思认为：“哲学家们只是用不同的方式解释世界，而问题在于改变世界。”❸可见，教学信念只是教师解释周遭世界的一种看法、观点和主张，“改变世界”才是教师自觉活动的真正目的所在。赵明仁教授认为：“教师在知识和信念层面上所进行的更新与发展，最终的目的是通过教学行为的改变来促进学生的发展。”❹因此，一切认识都要归结于实践，只有通过实践才能将认识的成果转化实际价值，也只有通过实践才能促进认识的升华。基于此，唯有教师将所持有的教学信念运用于教学实践中，才能发挥教学信念的实践价值作用。因此，教师的信念自觉还需要实践。

教师教学信念实践自觉即是教师要养成实践意识，具体而言就是要把教学信念主动运用于教学实践，以及主动从教学实践中发现和归纳教学信念。从实践中发现和归纳教学信念就是信念的产生过程，这在教学信念的生成路径和生成机制部分已有详细阐释，此处不再赘述。这里主要探讨有关教学信念的运用问题，即教学信念的实践化。班杜拉（Albert Bandura）认为：“仅仅用言语表述可能并不反映一

❶ 亨德森，凯森. 课程智慧——民主社会中的教育决策[M]. 夏惠贤，等译. 北京：中国轻工业出版社，2010：104.

❷ 杜威. 民主主义与教育[M]. 王承绪，译. 北京：人民教育出版社，2001：176.

❸ 马克思恩格斯. 关于费尔巴哈的提纲，马克思恩格斯选集（第一卷）[M]. 北京：人民教育出版社，1966：19.

❹ 赵明仁. 教学反思与教师专业发展——新课程改革中的案例研究[M]. 北京：北京师范大学出版社，2009：83.

个真正信念的效能判断，不会立即产生行为上的成绩。”❶苏霍姆林斯基明确指出："信念只有在积极的行动之中才能够生存，才能够得到加强和磨砺。”❷因此，加强教学信念实践化意识将有助于教师把教学信念由隐性存在外化为显性存在，有助于将弱的教学信念变为强的教学信念，有助于修正和完善不充分、不合理、不科学的教学信念，达成教学信念的合理性、正向性和科学性，也有助于教师构建良性的教学信念效能感。

养成教学信念实践自觉意识应做到三化：首先是教学信念的教材化，即教师要主动用教学信念来统领、诠释教材，给教材注入教学信念；同时，要不断从教材中提炼出体现教学信念的内容和意义，使教学信念变得更为丰富和厚重。其次是教学信念的教学化，即将教学信念融入教学活动的各个环节，渗透到教学活动的生命系统中，使教学信念成为教学活动的灵魂。最后是教学信念的人格化，即将教学信念作为教师人格的一部分，渗透在教师的思维方式、行为活动和日常生活中❸。

信念意识、“无知”意识、反思意识、表达意识和实践意识之间是相因而生、相辅相成的动态循环关系（见图7-1）。

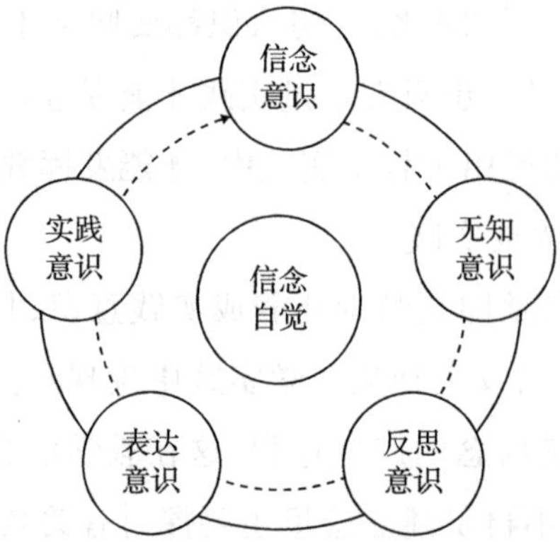

图7-1　五种意识间的动态循环关系

第一，信念意识是教师教学信念自觉得以发生的前提。倘若教师没有树立教学信念能提升自身专业素养和促进教学实践有效性的认知，教师就不会相信教学信念的实践价值，进而不会将教学信念作为与自身专业发展同等重要的因素给予

❶ 班杜拉．自我效能：控制的实施[M]．缪小春，等译．上海：华东师范大学出版社，2003：65.

❷ 苏霍姆林斯基．教育的艺术[M]．肖勇，译．长沙：湖南教育出版社，1983：241.

❸ 吴金航，朱德全．教学信念与教学行为相关：理想样态与实现路径[J]．中小学教师培训，2018(6)：11-15.

应有的关注。第二,“无知”意识是信念自觉的动力。具有信念意识不等于就能拥有丰富的教学信念,尤其是当教师已在教学工作上获得一定成就并具备一定教学信念时,容易形成满足感而不思进取,赖于学习新知,掌握新的教育教学理论和思想,长此以往,会产生信念固着,进而致使教师的信念可能出现彼时属于进步的教学信念而此时却是传统的教学信念的现象。为避免此类现象的发生,唯有教师持有“无知”意识,才会以虚心的姿态努力汲取各种有益的知识,不断丰富自我,为构建良性的教学信念打下扎实的基础。从这种意义上来说,“无知”意识是教师教学信念自觉的动力。第三,反思意识是教师教学信念自觉的关键。教学信念具有传统性和进步性,或以教师为中心或以学生为中心,以及内隐性等特征,把传统的、内隐的教学信念转化为进步的、外显的教学信念离不开教师的信念反思,故教学信念反思在教学信念自觉中起着关键的作用。第四,表达意识是教学信念外化的基本路径。教学信念具有难以直接观察的特性,但可通过教师的自我陈述、教学日志、文章以及对其教学行为的反复观察而理解。而教师的自我陈述、教学日志和文章都是教师个体的信念表达的集中表现,研究者和其他教师正是基于此来理解和把握教师个体的教学信念的。最后,实践意识是教师主动教学实践的必要前提。教学实践是教学信念生成的源泉,是检验教学信念进步与否的尺度。教学信念起始于教学实践,回归于实践。离开教学实践的教学信念是无生机的,离开教学信念指导的教学实践是无生命意义的。基于此,实践意识是教师教学信念自觉发生的催化剂。

四、教师教学信念生成的“深化”机制

基于教师教学信念生成的结果(教学信念)的浅层性特点,进一步加强教学信念的深化就显得极具意义。教师教学信念的深化,可以通过确认生成结果和提炼生成结果来实现。

(一)确认生成结果,增强教学信念的信力

美国哲学家、心理学家和教育学家约翰·杜威认为,不经个人的考察、坚定和探究的信念,它可能只是一种偏见,或不良信念,只有经过教师确认后的观念才是真正的信念[1]。基于此,确认信念是深化教学信念的必备途径。

确认信念的方式是多种多样的,但概括起来不外乎三点:一是查询求证;二是

[1] 约翰·杜威.我们怎样思维·经验与教育[M].姜文闵,译.北京:人民教育出版社,2005:14.

咨询求证;三是实践求证。查询求证即教师通过查询相关的权威资料以验证初步获得的教学信息或教学观念的真实性和可靠性的一种方法。咨询求证是指教师就初步获得的教学信息或教学观念咨询领域专家或权威人物以验证其真伪的一种方法。实践求证是指教师将初步获得的教学信息或教学观念付诸实践,基于教学效果的反馈而评判其合理性、可行性和有效性的一种方法。查询求证有利于拓展教师的知识面,养成求知的习惯,但会消耗教师很多的时间和精力,且所选择的资料是否能解除教师的困惑,存在一定的未知性。咨询求证有助于教师在较短的时间内解除心中的疑惑,有助于一线教师与领域专家形成教师专业发展共同体,增进不同教师群体间的对话与合作。但一线教师首先要有较为熟知的专家,且专家的观点不一定具有普适性,也不是检验教学信念可靠与否的有效尺度,仅能作为一种参考。实践求证虽然会增加教师的工作量和工作时间,但它能促进教师的教学认知,丰富教师的教学情感,增强教师的教学勇气,提高教师的教学信心,也是检验教学信念有效性的唯一尺度。与其他两种确认方式相较,实践求证是检验教师初级教学观念最为有效的方法。盖因它符合理论与实践相结合的辩证思维方式,符合实践是检验真理的唯一标准的理论指南。事实上,诸多教育教学思想也是在教育教学实践运用中不断得以发展和完善的。因此,构建深层次的教学信念离不开教学实践的参与,只有在教学实践的运用和探索过程中,教学信念才能进一步确认,从而使其得以修正、完善和深化。基于教师个体确认后的教学信念,更能增强教师的相信程度。概言之,以教学信念促进教学实践革新,以教学实践推动教学信念发展,从而达成教学信念与教学实践的共生共荣。

(二)提炼生成结果,促进教学信念的概化

基于当前教师生成的教学信念多以信息群的方式存在,以至于教师常常难以直接地、清晰地、精准地表达自身的教学信念,从而限制了教师有效地分享和利用教学信念。为了教师能精准地表达教学信念,提炼生成结果,实现教学信念的概化就显得尤为必要。

概化是高层存在与一个或多个低层存在间的包含关系。概化就是使具有相同属性的存在赋予相同的名字并由其上位概念统摄。与概化相对应的是特化,特化是从抽象到具体的过程,即是从单一的事物出发,通过创建不同的低层次的事物来强调同一事物中不同事物间的差异。概化则是从具体到抽象。具体而言,概化就是基于一系列具体的相同属性的事物中找到其共同的属性,并将其综合成一个高

层次事物的过程，或者说使其符号化。概化强调不同低层次观点的共同属性，使冗长的表达简洁，更利于教师认识自我。

为了精准地实现教学信念概化，需要运用不同的加工策略。通常情况下，我们可以采用自下而上和自上而下两种加工策略。自下而上的加工策略即是从教师陈述的教学信息中找出能表征这些教学信息或教学观点的核心词汇或短句。如被访谈者孙老师长期坚持的“亮点教学”，魏老师深信不疑的“素语文”，谌老师的“以有效教学促成良性的课堂教学秩序”，这些教学信念的概化皆是从被访教师陈述的资料中提炼而来的。与此相反，当教师陈述的教学资料中没有直接可用的核心词汇时，教师可根据陈述资料的共同思想给其指派一个核心词汇或短句，这一过程即是自上而下的加工策略。如日本教育学者坪谷·纽厄尔·郁子认为英语课程不只是一种工具，它还可以培养学生对人生、对自然现象的思考，进而将其定位为“英语课程是一种人文性教育”[1]。

五、教师教学信念生成的“序化”机制

任何事物都具有一定的秩序。教学信念作为教师个体特有的一种心理现象或精神现象，因而具有现象秩序所拥有的秩序特征，我们称为教学信念秩序。教学信念秩序就是教学信念呈现出来的一种秩序。教学信念序化是指教学信念系统的所有构成要素按照特定的逻辑规律建立一种关联性与稳定性的过程，包括内容有序化和性质有序化。

对教学信念进行有效监控与序化，使教学信念从无序走向有序，从不关联走向关联，从不稳定走向稳定，降低教学信念增长导致的教学信念分散现象，促进教学信念分享与利用是教学信念系统的旨归。促进教学信念序化是教学信念系统化的核心内容。

怎样才能使无序的教学信念走向有序呢？杜威的连续性思维为此指明了方向。他认为只有控制连续发生的观念，成为有秩序的连续，才能从先前存在的观念中引导出一个结论来[2]。而连续的、有秩序的思维是这一过程得以实现的条件，因为只有连续的、有秩序的思维才能使每一个暗示（观念）同主要的论题和要达到的

[1] 坪谷·纽厄尔·郁子．给孩子与世界接轨的教育：国际文凭与全球流动社会的教育改革[M]．庄雅琇，译．台北：商周出版社，2015：32.

[2] 约翰·杜威．我们怎样思维·经验与教育[M]．姜文闵，译．北京：人民教育出版社，2005：48.

主要结果联系起来[1]。由此凭借连续性思维可以使散乱的、碎片的教学信念联结为具有鲜明结论的、网络性的信念系统。具体而言,就是要以教学构成要素和学生核心素养养成为构建尺度,从而实现教学信念的内容和性质的有序性。

(一)信念内容有序:以教学构成要素为尺度

在哈耶克看来,物理世界和现象世界虽是两种本质区别的存在,但是他认为现象世界是个体对物理世界所给定的刺激作出的意义判断。从这一视角来看,物理世界和现象世界之间存在着关联性。从辩证唯物主义的视角来看,意识与存在之间不可能彼此孤立,而是紧密关联的统一体。实际上,任何秩序都是一种关系秩序,关系性是秩序的根本特征,也就是说,任何秩序都可以(甚至必须)由其构成要素之间的相互关系来加以定义和解释。[2]同理,作为意识性存在的教学信念不可能凭空产生,它总是教师对任一教学活动或教学现象(物理的和心理的)所作出的意义判断。如前所述,任何教学活动总是有序的、系统地存在,或者说,教学活动是由特定的要素组构而成,因此,教学信念的建构不可能与教学活动的构成要素完全割裂。从某种意义上而言,教学信念永远是教师基于教学要素的信念。由此来看,教学要素秩序与教学信念秩序之间必然存在一定的同构关系,这种同构关系不是其构成的物理关系或空间关系,而是它们的逻辑关系。因而,这样定义的同构关系就是一种逻辑关系。比如,就教学目的而言,在同一国度无论在经济、文化较为发达的城市学校还是在经济、文化欠发达的乡村学校,只要不改变学校的办学宗旨和办学层次,那么尽管其物理位置(空间)发生了变化,但它们之间的教学目的总是不变的,相应的教学信念秩序也不会改变——都是对同一办学宗旨和办学层次的教学目的所持的看法和观念。基于此,教师在构建教学信念时,要使所构建的教学信念秩序化,而不是散乱的、碎片化、无序化的存在,以教学要素秩序为参照物不失为实现教学信念秩序化的有力举措。

事实上,教育史上著名的教育家和当下优秀的教育工作者往往都构建了自己的教育教学信念系统。如夸美纽斯(Jan Amos Komenský)基于"泛智教育"思想创设了"主要课程、次要课程和第三位课程"的课程分类,以及建立了班级授课制;杜威(John Dewey)围绕"做中学"教学思想构建了活动课程和以学生为中心的教学过程观;窦桂梅基于"主题"教学思想,构建了主题教学目标、主题教学内容、主题教学实

[1] 约翰·杜威.我们怎样思维·经验与教育[M].姜文闵,译.北京:人民教育出版社,2005:48-49.

[2] 马永翔.心智、知识与道德:哈耶克的道德哲学及其基础研究[M].北京:生活·读书·新知三联书店,2006:66.

施和主题教学评价等有序性教学观念。这些教育教学思想都是教育家或优秀教育工作者对教育教学实践活动的认知、体验、思考之下逐渐形成的有序的、系统的思想观念，其建构经历了个体自觉的认知、有意识地反思、加工和建立各教学要素之间联结的过程。

值得注意的是，这里的同构关系并非恩斯特·马赫所谓的“心物平行论”关系——物理世界和心理世界之间的一一对应关系。而是以教学构成要素为导向，构建与之相应的教学信念，从而形成秩序化的教学信念，避免教学信念的无序化。

（二）信念性质有序：以学生素养形塑为尺度

教学信念有序不仅表现在教学信念内容（结构）有序，它还表现在性质上的有序。信念性质有序主要是指教师宣称的教学信念与践行的教学信念在性质上的一致性或关联性。为何强调教学信念性质有序？这是源于教学实践中，有的教师宣称的教学信念与践行的教学信念在性质相矛盾、相冲突的现象，换言之，有的教师宣称的教学信念具有积极的、正向的性质，但践行中却表现为消极的、负向的性质。比如，有的教师认为教学活动在于培养学生的学习兴趣，而在教学方法上则热衷于机械记忆，这些教师认为不断地重复记住所学知识就能激发学生的学习兴趣。显然，这一逻辑认识存在误区。多数研究表明，机械记忆不仅难以激发学生的学习兴趣，反而会加深学生对知识学习的枯燥、乏味的体认。因此，寻求宣称的信念与践行信念的一致性、有序性才能真正发挥信念的价值。

如何实现教学信念性质的一致性、有序性？以学生核心素养的形塑为宗旨可以有效实现这一目标。教学信念尽管是教师个体对教学活动的认识和看法，但教师的首要工作在于服务学生的身心和谐健全地发展，离开了学生的核心素养发展而谈教师的素养是没有意义的。因为没有学生，教师便无存在之价值。因此，当一切教学信念构建都以学生的核心素养养成为尺度时，就需要教师考量所构建的教学信念与践行的教学信念是否以学生核心素养养成为目的。倘若教师在构建与践行教学信念时能做到以学生核心素养形塑为中心，则可以在一定程度上找到宣称的教学信念与践行的教学信念之间的联结点，即“宣称的教学信念、学生核心素养、践行的教学信念”。从某种意义来看，以此建构的教学信念与践行的教学信念在性质上是保持一致的，亦即教学信念在性质上具有秩序性。

诚然，教学信念作为一种复杂性存在，它不仅呈现出数量繁多、性质各异的特点，而且还呈现出静态和动态的特性，在这个意义上，企图对之作出完全描述或解释的任何尝试都不可能成功。但对教学信念序化研究的倡导,意在唤起教育相关者在生成教学信念时,注意各教学信念单元之间的相互关联性以及宣称的信念与践行的信念在性质上的一致性,竭力构建秩序化的教学信念,这是建立正向积极的教学信念及其系统化的必然要求,也是教师自身专业素养提升的必然选择,更是学生的身心良性发展的必然诉求。

在“自觉”机制、“深化”机制和“序化”机制中,自觉机制是关键,或者说,信念自觉是教师教学信念生成的关键因素。盖因教学信念自觉内蕴着教师个体深刻的信念思考和虔诚的信念追寻,彰显了教师高度的教学品格和责任担当。倘若教师是一个缺乏高度自觉的教学信念建构者,教师教学信念的深化和序化就不可能实现。

研究教师教学信念生成的优化机制目的在于唤起教师个体不仅要保持信念自觉的教学信念建构观,还要持有对教学信念生成结果进行确认和提炼的深化观,以及持有构建教学信念的结构、性质相一致的序化观。此外,它可能达成教学信念生成过程与其生成结果的一体化与良性发展。从结果与过程的辩证关系来看,结果来源于过程,过程会生成一定结果。对生成结果的优化不仅可以确认和提炼结果,还可以促进个体深入地审视过程的合理性,或者促使个体进一步修正和完善生成过程,合理的教学信念生成过程则更有利于生成合理的教学信念,从而规避了过程与结果相分离的流弊。

诚然,尽管本书所提出的教师教学信念生成的优化机制主要基于教学信念生成问题或教师个体这一视角而作出的探讨,但并不意味着教师教学信念的生成与教师所处学校及教师教育者无关。事实上,探讨教师教学信念生成的优化问题,不仅为教师个体如何改善自我教学信念生成中存在的问题,也为学校和教师教育相关者制定教师专业发展规划时提供参考,即教师专业发展规划不只是考虑如何传递学科知识和教学技能,更需要观照教师个体的内心世界的发展,创设适合教师个体内心世界发展的专业发展规划更能唤起教师对教学意义的追寻。

第八章　研究发现、贡献与不足

本书通过运用个案研究方法对教师教学信念生成机制进行质性研究，通过对个案资料进行整理、比较、分析、综合、归纳后，构建了教师教学信念生成机制系统模型，在一定程度上丰富了教师教学信念研究的主题与理论，为教师个体发展自身的教学信念提供了一定的参考与借鉴。但在研究过程中本书还存在诸多不足和有待完善之处。

一、研究发现与贡献

（一）研究回顾

本书旨在探究教师教学信念生成的现况、途径、影响及机制，是从心理学视角对教师教学信念生成机制问题所展开的实证研究。

为了解教师教学信念生成机制的研究现状，研究者通过文献阅读系统地回溯、梳理并分析了近三十年来的教师教学信念研究文献，发现学界对教学信念的生成问题有所涉及，但多倾向于理论上的探讨，且多为片段式论述，对其进行整体的、深入的、实证调查的研究尚不多见，也极少对教师该如何发展教学信念，以及发展什么样的教学信念作深度阐释。因此，在计划行为理论、生成学习理论、自我知觉理论和元认知理论的指引下，本书采用质性研究的研究方法，对我国小学优秀教师的教学信念生成机制进行探讨。

本书以个案研究为主要研究方法，选取了九名具有十年以上教龄的小学优秀教师为研究对象，通过对其进行多次访谈，课堂教学观察，收集教师教案、教学日志、学生作品等实物资料，并将其转译为Word格式文本资料。通过对收集到文本资料进行编码和归属，研究者对质性资料进行了教学目标、教学内容、教学主体、教学方法、课堂教学管理和教学评价的主题分析，以及对教师教学的生成途径和生成影响因素的主题分析，以全息地了解教师教学信念的生成现况、生成途径和生成场域，为尽可能详细而完整地分析教师教学信念生成机制奠定基础。

在资料整理、比对和分析的基础上，笔者对教师教学信念的含义、类型、结构、特征、功能和价值进行了较为详细的梳理与探讨，归纳了小学教师教学信念的生成现况、生成特点、生成途径,以及影响教师教学信念生成的因素,构建了教师教学信念生成机制的系统模型,提出了教师教学信念生成的优化机制。

(二)研究发现

本书以质性研究为研究方法论。在质性研究中,概念或范畴主要来源于两种途径:一是本土化,即概念或范畴直接来源于原始数据;二是现有概念,即利用现有文献中的概念或范畴来归纳原始数据中的编码❶。鉴于预设类别通常很普遍且相当广泛❷,故本书主要采用后者,意在建构具有普适性的“教师教学信念生成机制系统模型”的需要。以下是本书从个案研究中获得的一些研究发现。

1. 当前小学教师教学信念生成样态的特点和问题

本书基于原始调查资料,通过转译、编码,归纳了教师教学信念生成样态的六大范畴:教学目标、教学内容、教学主体、教学方法、课堂教学管理和教学评价。在此基础上发现了教师教学信念生成样态的三个特点:不同教师持有不同的教学信念,但在信念内容上又存在共性;同一教师持有传统和进步的教学信念,但倾向于进步型;多数教师的教学信念与教学行为趋于一致。此外,还发现在教师教学信念生成过程中存在三个突出的问题:自发性、浅层性和无序性(详见第三章和第七章第一节)。

2. 教学信念是教师通过多元学习、教学实践、师资培训和教学反思等路径不断形成和发展的

教学信念生成是教师个体基于感性认识和理性认识相互调适的结果。本书通过对原始资料的分析,在编码的基础上获得了教师教学信念生成有四条途径:多元学习、教学实践、师资培训和教学反思,并对教师如何从四条途径中生成教学信念进行了详细的分析与研究(详见第四章)。

3. 教师教学信念是多种场域动态互动的结果

每个个体都生活在一定的场域中,个体有可能接受(愿意或不愿意)来自场域结构的影响,也可能抵制来自场域的影响。“场域的界限只能通过经验研究才能决

❶ 吴刚. 工作场所中基于项目行动学习的理论模型研究——扎根理论方法的应用[D]. 上海:华东师范大学,2013:288.

❷ 詹姆斯·H. 麦克米伦,萨利·舒马赫. 教育研究——基于实证的探究[M]. 七版. 曾天山,译. 北京:教育科学出版社,2013:485.

定”[1]。根据对调查资料的编码，最终发现影响教师教学信念生成的因素主要涉及主体场域、实践场域和制度场域三个互动层面（详见第五章）。

4. 构建了教师教学信念生成机制的系统模型

本书通过对教师教学信念的生成样态、生成途径和生成场域等维度的研究，最终发现教学信念是多维因素共同作用的产物，是教师个体基于多元渠道主动建构的结果。教师建构教学信念的过程并不是随机的、偶在的过程，事实上，多数教师是在一定的动力和条件下，遵循一定的规律和原则，采用多元的方式，历经特定的过程，主动构建适于自身信念系统的教学信念。换言之，教师教学信念生成的过程是多种因素相互作用的结果，即教师教学信念生成机制。教师教学信念生成机制是一个系统性存在，它包括动力机制、条件机制、过程机制、加工机制和应用机制等子系统，各子系统间相互作用、相互关联共同构成了教师教学信念生成机制系统模型。在教师教学信念生成机制系统中，动力是根本，过程是核心，条件是保障，加工是关键，应用是重点。

（1）教师教学信念生成的动力机制。

在整个研究过程中，笔者一直在追问：教学信念的生成、转化和发展会遭遇来自教师个体、学校、教育政策等内外因素的重重阻力，教师个体是基于什么样的力量而克服这些阻力的？通过个案研究和文献分析，最终发现教师个体正是基于对教学知识、有效教学以及自我发展的自觉追求的动力催化下，教师教学信念才得以生成、转化与发展（详见第六章第一节）。

（2）教师教学信念生成的条件机制。

教师建构教学信念的过程不仅需要一定的动力驱动，而且还需要一定保障条件。本书发现，反省思维、已有经验和学校环境是教师构建教学信念不可缺少的基本条件，这些条件为教师教学信念的持续生成提供了支持系统。

（3）教师教学信念生成的过程机制。

不同脉络下教师教学信念的生成过程不同。从本书的调查资料来看，教学信念是教师在学习、实践和反思等多元路径中不断得以生成和发展的。因此，教师教学信念生成过程可以被概括为三种过程：学习脉络、实践脉络和反思脉络。学习脉络下教师教学信念的生成过程包括六个基本阶段：学习活动、获得经验、形成观念（初级信念）、实践检验、效果反馈、确定信念。实践脉络下教师教学信念的生成过程包括五个基本阶段：教学实践、问题解决、效果反馈、经验形成、信念确立。反思

[1] 皮埃尔·布迪厄，华康德. 实践与反思——反思社会学导引[M]. 李猛，李康，译. 北京：中央编译出版社，1998：138.

脉络下教师教学信念的生成过程主要包括七个环节：描述、澄清、保存/质疑、问题、假设、检验、重构。诚然，教师教学信念有时可能生成于某一路径或环节，也可能是多种路径和环节共同作用下的结果。

教师教学信念的生成过程并不是杂乱无章的，积极的正向的教学信念生成过程总是遵循一定规律而发生的。教学信念的形成需要遵循"输入—加工/存储—输出"的认知规律、"积极、正向、学生中心"的发展规律和"要素、层次、结构、环境互动"的系统规律。

(4)教师教学信念生成的加工机制。

信念虽然有不同的生成途径，但作为教师的核心素养构件的教学信念，不可能大规模地以偶然习得方式生成——这种方式获得的多为偏见信念[1]。前文研究已指出，教师在建构教学信念时，只有运用元认知策略参与建构，才能确保所构教学信念去非理性。调查资料表明，教师构建教学信念通常运用的四种基本加工策略包括理论演绎式、实践归纳式、替代经验式及问题反思式。

(5)教师教学信念生成的应用机制。

教师教学信念生成是一个动态的过程，在这一动态的生成过程中遵循着"给定性与选择性相统一、稳定性与发展性相统一、层次性与系统性相统一、感性认识与理性认识相统一"的运行原则。

5. 提出教师教学信念生成的优化机制

基于当前小学教师教学信念生成过程中涌现的三个问题：自发性、浅层性和无序性。本书以客观事物的一般发展规律为依据，论证了在教学信念建构中，教师要从自发走向自觉，从浅层走向深层，从无序走向有序。因此，自觉性、深层性和序化性才是教师教学信念生成的应然样态。实现教学信念自觉，教师就是要树立信念意识、养成无知意识、养成反思意识、养成表达意识、养成实践意识。构建深层次的教学信念，需要教师确认教学信念和概化教学信念。达成教学信念的秩序性，一方面要以教学构成要素为尺度，实现教学信念内容有序；另一方面要以学生核心素养为尺度，实现教学信念性质有序。诚然，在优化教师教学信念生成的策略中，教师信念自觉是关键。

(三)研究贡献

本书在质性研究方法论的指导下，综合运用个案法、调查法和观察法等多种研

---

[1] 杜威.我们怎样思维·经验与教育[M].姜文闵，译.北京：人民教育出版社，2005：12.

究方法,深入一线教学实践领域,对部分小学优秀教师教学信念生成的现况、途径、影响因素和生成过程进行实证研究和理论研究,初步获得一些本土化的研究发现和相关理论。

1. *理论层面*

首先,为教师教学信念研究提供了新的视角。以往的教师教学信念研究多倾向于静态研究,偏重教师教学信念的结构、影响因素的探讨,以及教师教学信念与教学行为关系的研究。关于教师教学信念生成过程的研究较少,且这些研究多属于教师专业发展研究中"附带产品",即便偶尔有专题探讨,也仅是理论上的思辨,缺乏实证资料支撑。事实上,研究教学信念生成的重要性,斯坦福百科全书已做了精准回答——关于信念的研究,必须回答的问题是"有机体如何获得信念"[1]。因此,本书的研究内容和研究结果为教师教学信念研究提供了新的视角。

其次,构建了教师教学信念生成机制系统模型。该模型以教师教学信念生成的动力为根本,以教师教学信念生成过程为核心,以教师教学信念生成的条件为保障,以教师教学信念生成的加工策略为关键,以教师教学信念生成的应用为重点,共同组构了教师教学信念生成机制的系统。该系统模型不仅为教学实践场域的教师个体构建教学信念提供了理论导引,也为教师教育相关者开展教师专业发展计划提供一定的参考。

最后,揭示了教师教学信念生成过程及其应遵循的规律。基于调查资料,揭示了教师教学信念生成过程三个面向:学习脉络、实践脉络和反思脉络。学习脉络下教师教学信念的生成过程包括六个基本阶段:学习活动、获得经验、形成观念(初级信念)、实践检验、效果反馈、确定信念。实践脉络下教师教学信念的生成过程包括五个基本阶段:教学实践、问题解决、效果反馈、经验形成、信念确立。反思脉络下教师教学信念的生成过程主要包括七个环节:描述、澄清、保存/质疑、问题、假设、检验、重构。教学信念的形成过程需要遵循"输入—加工—输出"的认知规律、"积极、正向、学生中心"的发展规律和"要素、层次、结构、环境互动"的系统规律。

2. *实践层面*

首先,为教师构建教学信念提供了理论依据。对教师教学信念生成途径的研究,进一步证实了教师可以通过多元学习、教学实践、教师教育和教学反思等途径发展自身的教学信念。对教师教学信念生成过程的研究,为了教师如何在学习、实践和反思中构建积极的、正向的、学生中心的教学信念提供一定参考与借鉴。

---

[1] WIKIPEDIA. Belief[EB/OL]. (2018-09-16)[2018-09-17]. https://en.wikipedia.org/wiki/Belief#cite_note-3.

其次,为教师优化教学信念提供了有效机制。初步构建的教学信念不可能至善至美,唯有教师达成教学信念自觉,通过对初步构建的教学信念进行确认和提炼使其深化,实现教学信念的内容和性质的序化,方能使建构的教学信念向积极的、正向的、系统的、学生中心的目标迈进。

最后,为教师教育改革提供借鉴。传统的教师教育倾向于教师的知识习得、技能掌握,忽视了教师对教学意义的追寻。对教学信念及其生成机制的探寻,意在发展教师个体在教学知识与教学技能之上寻求其背后所隐藏的教学意义,进一步而言,对教学信念的生成机制的探究旨在唤醒教师个体在日常的学习、教学工作和教学反思中,在积淀学科知识、教学知识,以及完善教学技能的同时,寻求自身教学生活意义的价值,而不是把自我生活意义的发展与教学知识和教学技能的发展完全割裂。从某种意义而言,本书耦合了知识习得、技能掌握与意义建构之间的鸿沟。以期能唤起教师个体、教师教育相关者将知识、技能、信念视为教师不可或缺的素养。

二、研究不足与展望

(一)研究不足

本书尽管综合运用了半结构式访谈、课堂观察、教师日志等多种定性研究方法搜集了我国部分小学优秀教师的教学信念及其生成的相关资料,在此基础上考察了当前小学教师教学信念生成的现况,探究和分析了教师教学信念生成的来源路径和影响因素,构建了教师教学信念生成的理论机制,并提出教师教学信念生成的优化机制,以及做出了走向信念自觉的教师教学信念建构的理论判断,但本书仍然存在诸多不足之处。

首先,在研究样本选择方面,本书在选择样本时虽尽量考虑样本的代表性与典型性,但因客观条件所限,调查样本的选择以方便取样为主,可能会降低样本的“代表性”与“典型性”。尤其在样本量上,本书只选取了9名小学优秀教师作为研究对象,这在一定程度上可能会影响研究结论的普适性。

其次,从研究方法运用方面,本书主要运用个案研究法,属于质性研究范畴。由于笔者对质性研究的深度把握不够,故本书仅属于劳伦斯·纽曼所言的“粗糙的实证主义”[1]研究。

最后，在研究结果运用方面，本书基于质性资料构建了教师教学信念生成机制系统模型，尤其构建了教师教学信念生成的三种过程机制模型。尽管这些机制模型皆来自质性研究资料，但其是否能达成指导教师个体构建教学信念的目的，还需进一步运用才能予以证实。

(二)研究展望

在未来研究中可以尝试从两个方面来丰富这一问题领域的研究：

第一，扩大样本量和取样范围。未来研究中，一方面，进一步扩大调查对象，力求通过大数据资料来增强研究结论的普适性；另一方面，扩大取样范围，使研究对象尽可能涵盖我国的东、中、西部地区和城乡区域的小学教师，以此进一步验证并完善本书所构建的“教师教学信念生成机制模型”。

第二，采用纵贯研究(longitudinal study)和混合研究(mixed research)的研究方法。教学信念的生成是一个动态的过程。在未来研究中采用纵贯研究对研究对象进行长时间的观察、访谈和资料搜集，以期能精准地揭示教学信念的生成过程和发展规律。此外，要扩大样本量，离不开问卷调查法或量化研究的运用，通过质性研究与量化研究的混合运用以确保研究结论的普适性。

[1] 劳伦·纽曼.社会研究方法——定性和定量的取向[M].五版.郝大海，译.北京：中国人民大学出版社，2007：56.

参考文献

(一)中文文献

1. 著作类

[1]弗兰克·M.弗拉纳根.最伟大的教育家:从苏格拉底到杜威[M].卢立涛,安传达,译.上海:华东师范大学出版社,2009.

[2]弗兰克尔.追寻生命的意义[M].何忠强,杨凤池,译.北京:新华出版社,2003.

[3]克努兹·伊列雷斯.我们如何学习:全视角学习理论[M].孙玫璐,译.北京:教育科学出版社,2014.

[4]布列钦卡.教育科学的基本概念:分析、批判和建议[M].胡劲松,译.上海:华东师范大学出版社,2001.

[5]德特勒夫·霍尔斯特.哈贝马斯传[M].章国锋,译.北京:东方出版中心,2000.

[6]伽达默尔.真理与方法:哲学诠释学的基本特征[M].洪汉鼎,译.上海:上海译文出版社,1999.

[7]海德格尔.存在与时间[M].陈嘉映,王庆节,译.北京:生活·读书·新知三联书店,1999.

[8]康德.道德形而上学原理[M].苗力田,译.上海:上海人民出版社,1986.

[9]马克斯·韦伯.经济与社会(上卷)[M].林荣远,译.北京:商务印书馆,1997.

[10]雅斯贝尔斯.什么是教育[M].邹进,译.北京:生活·读书·新知三联书店,1991.

[11]雷蒙·布东.价值观溯源:信念的哲学与社会学追问[M].邵志军,译.南京:江苏凤凰教育出版社,2014.

[12]皮埃尔·布迪厄,华康德.实践与反思:反思社会学导引[M].李猛,李康,译.北京:中央编译出版社,1998.

[13]涂尔干.教育及其性质与作用[M]//张人杰.国外教育社会基本文选.上海:华东师范大学出版社,2009.

[14]马克斯·范梅南.教学机智:教育智慧的意蕴[M].李树英,译.北京:教育科学出版社,2001.

[15]夸美纽斯.大教学论[M].傅任敢,译.北京:教育科学出版社,1999.

[16]斯滕伯格，威廉姆斯．教育心理学[M]．张厚粲，译．北京：中国轻工业出版社，2003.
[17]阿伯特·班杜拉．社会学习心理学[M]．郭占基，等译．长春：吉林教育出版社，1989.
[18]阿瑟·S. 雷伯．心理学词典[Z]．李伯黍，等译．上海：上海译文出版社，1996.
[19]艾伦·C. 奥恩斯坦，费朗西斯·P. 汉金斯．课程：基础、原理和问题[M]．三版．柯森，译．南京：江苏教育出版社，2002.
[20]安妮塔·伍尔福克．教育心理学[M]．十二版．伍新春，等译．北京：机械工业出版社，2015.
[21]班杜拉．思想和行动的社会基础——社会认知论[M]．林颖，等译．上海：华东师范大学出版社，2001.
[22]班杜拉．自我效能：控制的实施（上册）[M]．缪小春，等译．上海：华东师范大学出版社，2003.
[23]贝姆·P. 艾伦．人格理论：发展、成长与多样性[M]．五版．杜秀芳，等译．上海：上海教育出版社，2011.
[24]伯格．人格心理学[M]．八版．陈会昌，译．北京：中国轻工业出版社，2014.
[25]布鲁克菲尔德．批判反思型教师ABC[M]．张伟，译．北京：中国轻工业出版社，2002.
[26]布瑞·格特勒．自我知识[M]．徐竹，译．北京：华夏出版社，2013.
[27]查尔斯·S. 卡弗，迈克尔·F. 沙伊尔．人格心理学[M]．五版．梁宁建，等译．上海：上海人民出版社，2011.
[28]戴维·巴斯．进化心理学：心理的新科学[M]．四版．张勇，等译．北京：商务印书馆，2015.
[29]戴维·迈尔斯．社会心理学[M]．八版．侯玉波，等译．北京：人民邮电出版社，2006.
[30]杜威．我们怎样思维·经验与教育[M]．姜文闵，译．北京：人民教育出版社，2005.
[31]杜威．民主主义与教育[M]．王承绪，译．北京：人民教育出版社，2001.
[32]亨德森，凯森．课程智慧——民主社会中的教育决策[M]．夏惠贤，等译．北京：中国轻工业出版社，2010.
[33]吉舍莉·马丁·尼普．成为更好的老师：8个教学创新构想的实践[M]．陈佩正，译．台北：远流出版事业股份有限公司，2002.
[34]加涅．学习的条件和教学论[M]．皮连生，等译．上海：华东师范大学出版社，1999.

[35]肯特·科普曼,哥德哈特.理解人类差异:美国的多元文化教育[M].滕星,等译.北京:中央民族大学出版社,2011.

[36]库姆斯,迈泽,惠特克.学校领导新概念:以人为本的挑战[M].罗德荣,等译.北京:中国宇航出版社,2002.

[37]莱夫,温格.情景学习:合法的边缘性参与[M].王文静,译.上海:华东师范大学出版社,2004.

[38]劳伦·纽曼.社会研究方法——定性和定量的取向[M].五版.郝大海,译.北京:中国人民大学出版社,2007.

[39]刘易斯·波伊曼.知识论导论——我们能知道什么?[M].二版.洪汉鼎,译.北京:中国人民大学出版社,2008.

[40]帕克·帕尔默.教学勇气:漫步教师心灵[M].吴国珍,等译.上海:华东师范大学出版社,2014.

[41]舒尔曼.实践智慧:论教学、学习与学会教学[M].王艳玲,等译.上海:华东师范大学出版社,2014.

[42]斯滕伯格.心理学:探索人类的心灵[M].三版.李锐,等译.南京:江苏教育出版社,2005.

[43]唐纳德·R.克里克山克,德博拉·贝纳·詹金斯,金·K.梅特卡夫.教师指南[M].四版.祝平,译.南京:江苏教育出版社,2007.

[44]威廉·威伦,贾尼丝·哈奇森,玛格丽特·伊什勒·博斯.有效教学决策[M].六版.李森,王纬虹,译.北京:教育科学出版社,2009

[45]约翰·D.布兰思福特,等.人是如何学习的:大脑、心理、经验及学校[M].程可拉,等译.上海:华东师范大学出版社,2002.

[46]詹姆斯·H.麦克米伦,萨利·舒马赫.教育研究——基于实证的探究[M].七版.曾天山,译.北京:教育科学出版社,2013.

[47]坪谷·纽厄尔·郁子.给孩子与世界接轨的教育:国际文凭与全球流动社会的教育改革[M].庄雅琇,译.台北:商周出版社,2015.

[48]上寺久雄.教师的心灵与风貌[M].赵一奇,等译.北京:春秋出版社,1989.

[49]佐藤学.课程与教师[M].钟启泉,译.北京:教育科学出版社,2003.

[50]胡森,波斯尔思韦特.国际教育百科全书(第一卷A-B)[M].李维,译.贵阳:贵州教育出版社,1990.

[51]苏霍姆林斯基.教育的艺术[M].肖勇,译.长沙:湖南教育出版社,1983.

[52]苏霍姆林斯基．育人三部曲[M]．毕淑芝，等译．北京：人民教育出版社，1998.
[53]斯卡特金．现代教学论问题[M]．张天恩，译．北京：教育科学出版社，1982.
[54]苏霍姆林斯基．怎样培养真正的人[M]．蔡汀，译．北京：教育科学出版社，1992.
[55]苏霍姆林斯基．给教师的建议（修订版）[M]．杜殿坤，译．北京：教育科学出版社，1984.
[56]苏霍姆林斯基．和青年校长的谈话[M]．赵玮，等译．上海：上海教育出版社，1983.
[57]乌申斯基．乌申斯基教育文选[M]．张佩珍，等译．北京：人民教育出版社，1991.
[58]吴兢．贞观政要[M]．葛景春，张弦生，注译．郑州：中州古籍出版社，2008.
[59]艾伦·范恩，丽贝卡·梅里尔．潜力量：GROW教练模型帮你激发潜能[M]．王明伟，译．北京：机械工业出版社，2015.
[60]哈耶克．自由秩序原理[M]．邓正来，译．北京：生活·读书·新知三联书店，1997.
[61]怀特海．过程与实在[M]．杨富斌，译．北京：中国城市出版社，2003.
[62]罗素．人类的知识[M]．张金言，译．北京：商务印书馆，1983.
[63]洛克．人类理解论（上）[M]．关文运，译．北京：商务印书馆，1959.
[64]奈杰尔·C. 班森．心理学[M]．徐苗，译．北京：生活·读书·新知三联书店，2016.
[65]尼格尔·塔布斯．教师的哲学[M]．王红艳，等译．济南：山东教育出版社，2014.
[66]休谟．人性论[M]．关文运，译．北京：商务印书馆，1980.
[67]车文博．车文博文集——人本主义心理学元理论（第八卷）[M]．北京：首都师范大学出版社，2010.
[68]陈常燊．语言与实践：维特根斯坦对“哲学病”的诊治[M]．上海：上海人民出版社，2016.
[69]陈嘉明．知识与确证：当代知识论引论[M]．上海：上海人民出版社，2003.
[70]陈静静．教师实践性知识论：中日比较研究[M]．上海：华东师范大学出版社，2011.
[71]陈向明．教师如何作质的研究[M]．北京：教育科学出版社，2001.
[72]陈向明．质性研究——反思与评论[M]．重庆：重庆大学出版社，2008.
[73]陈向明．质的研究方法与社会科学研究[M]．北京：教育科学出版社，2000.
[74]陈晏清．论自觉的能动性[M]．上海：上海人民出版社，1983.
[75]陈永明，罗永东．现代认知心理学：人的信息加工[M]．北京：团结出版社，1989.
[76]单中惠．西方教育思想史[M]．北京：教育科学出版社，2007.
[77]单文经．教学引论[M]．上海：上海科技教育出版社，2003.

[78]戴本博.外国教育史(中)[M].北京:人民教育出版社,1990.
[79]邓晓芒.思辨的张力:黑格尔辩证法新探[M].北京:商务印书馆,2016.
[80]刁培萼,吴也显.智慧型教师素质探新[M].北京:教育科学出版社,2005.
[81]丁钢.中国教育:研究与评论(第16辑)[M].北京:教育科学出版社,2013.
[82]费孝通.费孝通论文化与文化自觉[M].北京:群言出版社,2007.
[83]傅道春.教师的成长与发展[M].北京:教育科学出版社,2001.
[84]顾明远.教育大辞典(第6卷)[M].上海:上海教育出版社,1992.
[85]顾明远.教育大辞典(第1卷)[M].上海:上海教育出版社,1990.
[86]顾明远.中国教育大百科全书(第3卷)[M].上海:上海教育出版社,2012.
[87]葛鲁嘉.哲学形态的心理学:哲学心理学与心理学哲学[M].上海:上海教育出版社,2014.
[88]龚艳.理性情绪行为疗法理论研究:基于科学方法论的视角[M].南京:东南大学出版社,2015.
[89]联合国教科文组织总部,联合国教科文组织总部中文科.教育——财富蕴藏其中[M].北京:教育科学出版社,1996.
[90]贺麟.文化与人生[M].北京:商务印书馆,1988.
[91]洪汉鼎.诠释学——它的历史和当代发展[M].北京:人民出版社,2001.
[92]黄希庭.普通心理学[M].兰州:甘肃人民出版社,1982.
[93]黄显华,霍秉坤,徐慧璇.现代学习与教学论:性质、关系和研究(第二卷)[M].北京:人民教育出版社,2014.
[94]黄志成.被压迫者的教育学——弗莱雷解放教育理论与实践[M].北京:人民教育出版社,2003.
[95]霍绍周.系统论[M].北京:科学技术文献出版社,1988.
[96]金炳华.马克思主义哲学大辞典[M].上海:上海辞书出版社,2003.
[97]金吾伦.生成哲学[M].保定:河北大学出版社,2000.
[98]李秉德.教学论[M].北京:人民教育出版社,1991.
[99]李定仁.教学思想发展史略[M].兰州:甘肃教育出版社,2004.
[100]李森.现代教学论纲要[M].北京:人民教育出版社,2005.
[101]梁宁建.当代认知心理学[M].上海:上海教育出版社,2014.
[102]廖盖隆.社会主义百科要览[M].北京:人民日报出版社,1993.
[103]列宁.列宁全集(第55卷)[M].中共中央马克思、恩格斯、列宁、斯大林著作编译

局编译.北京:人民出版社,1990.
[104]列宁.列宁全集(第20卷)[M].中共中央马克思、恩格斯、列宁、斯大林著作编译局编译.北京:人民出版社,1958.
[105]卢乃桂,操太圣.中国教师的专业发展与变迁[M].北京:教育科学出版社,2009.
[106]陆汝钤.人工智能(下册)[M].北京:科学出版社,1996.
[107]罗炜.十位智慧教师的成长历程[M].北京:北京师范大学出版社,2015.
[108]罗竹风.汉语大词典(第9卷·下)[Z].上海:上海辞书出版社,2008.
[109]吕国光.教师信念研究[M].武汉:湖北人民出版社,2008.
[110]马国泉.新时期新名词大辞典[M].北京:中国广播电视出版社,1992.
[111]马克思恩格斯全集(第42卷)[M].北京:人民出版社,1979.
[112]马克思恩格斯选集(第1卷)[M].北京:人民出版社,1995.
[113]马克思.1844年经济学——哲学手稿[M].刘丕坤,译.北京:人民出版社,1979.
[114]毛泽东.毛泽东选集(第1卷)[M].北京:人民出版社,1991.
[115]欧阳超.教学伦理学[M].成都:四川大学出版社,2008.
[116]彭聃龄.普通心理学[M].北京:北京师范大学出版社,2004.
[117]皮连生.教育心理学[M].三版.上海:上海教育出版社,2008.
[118]乔建中.教师教育心理学[M].合肥:安徽人民出版社,2015.
[119]邵瑞珍,等.教育心理学:学与教的原理[M].上海:上海教育出版社,1983.
[120]施良方,崔允漷.教学理论——课堂教学的原理、策略与研究[M].上海:华东师范大学出版社,1999.
[121]石中英.教育哲学的责任与追求[M].合肥:安徽教育出版社,2007.
[122]苏宝荣.说文解字今注[M].西安:陕西人民出版社,2000.
[123]孙正聿.马克思主义哲学智慧[M].北京:现代出版社,2016.
[124]陶德清.学习态度的理论与研究[M].广州:广东人民出版社,2001.
[125]汪刘生.现代教学研究新论[M].北京:教育科学出版社,2008.
[126]王策三.教学论稿[M].北京:人民教育出版社,1985.
[127]许嘉璐,王德胜.中国中学教学百科全书(政治卷)[M].沈阳:沈阳出版社,1990.
[128]王海燕.技术支持的教师教学反思[M].杭州:浙江大学出版社,2016.
[129]王坤庆,谢新国.教育学[M].武汉:华中科技大学出版社,2015.
[130]王坤庆.教育哲学新编[M].武汉:华中师范大学出版社,2010.
[131]王坤庆.教育哲学——一种哲学价值论视角的研究[M].武汉:华中师范大学出

版社,2006.
[132]王坤庆.现代教育价值论探寻[M].长沙:湖南教育出版社,1990.
[133]王坦.合作学习:原理与策略[M].北京:学苑出版社,2001.
[134]王振宏.学习动机理论:社会认知的观点[M].兰州:甘肃文化出版社,2001.
[135]吴康宁.教育社会学[M].北京:人民教育出版社,1998.
[136]吴正宪.吴正宪数学教学教例与教法[M].北京:人民日报出版社,1998.
[137]现代汉语词典:2002增补本[Z].北京:商务印书馆,2002.
[138]谢维和.教育活动的社会学分析[M].北京:教育科学出版社,2007.
[139]杨荣华.人格心理学:人格现象的新模型[M].南京:南京师范大学出版社,2014.
[140]叶澜.教师角色与教师发展新探[M].北京:教育科学出版社,2001.
[141]叶澜.中国教师新百科(中学教育卷)[M].北京:中国大百科全书出版社,2002.
[142]叶奕乾,孔克勤.个性心理学[M].上海:华东师范大学出版社,1993.
[143]殷鼎.理解的命运[M].北京:生活·读书·新知三联书店,1988.
[144]余文森,连榕.教师专业发展[M].福州:福建教育出版社,2007.
[145]张帆.信念论[M].西安:陕西人民出版社,2001.
[146]张华.课程与教学论[M].上海:上海教育出版社,2000.
[147]张良.课程知识观研究:从表征主义到生成主义[M].重庆:西南师范大学出版社,2017.
[148]张妹.教师的文化觉醒及其教学实现[M].福州:福建教育出版社,2015.
[149]张腾霄,杨友吾,卫景福.新编简明哲学百科辞典[M].北京:中国卓越出版公司,1990.
[150]赵昌木.教师成长论[M].兰州:甘肃教育出版社,2004.
[151]赵明仁.教学反思与教师专业发展——新课程改革中的案例研究[M].北京:北京师范大学出版社,2009.
[152]郑全全.社会心理学[M].杭州:浙江大学出版社,1998.
[153]郑文樾.乌申斯基教育文选[M].北京:人民教育出版社,2007.
[154]中国社会科学院语言研究所词典编辑室.现代汉语词典(第五版)[Z].北京:商务印书馆,2007.
[155]钟璞.信念教育论[M].成都:西南交通大学出版社,2008.
[156]钟启泉,崔允漷,吴刚平.普通高中新课程方案导读[M].上海:华东师范大学出版社,2003.

[157]钟启泉.课程与教学概论[M].上海:华东师范大学出版社,2004.
[158]朱宝荣.认知科学与现代认识论研究[M].上海:上海人民出版社,2013.
[159]朱旭东.教师专业发展理论研究[M].北京:北京师范大学出版社,2011.
[160]朱自强,等.中国文化大百科全书(教育卷)[M].长春:长春出版社,1994.

2. 学位论文类

[1]丁仁仑.大学英语教师信念系统研究[D].上海:上海外国语大学,2014.
[2]高维.论教学隐喻[D].南京:南京师范大学,2013.
[3]李家黎.教师信念的文化研究[D].重庆:西南大学,2009.
[4]李睿.民族中学教师信念研究——以两所藏族中学为个案[D].北京:中央民族大学,2012.
[5]吕国光.教师信念及其影响因素研究[D].兰州:西北师范大学,2004.
[6]马莹.基础教育课程改革中的教师信念研究[D].西安:陕西师范大学,2012.
[7]脱中菲.小学数学教师信念结构及特征的个案研究[D].长春:东北师范大学,2014.
[8]吴刚.工作场所中基于项目行动学习的理论模型研究——扎根理论方法的应用[D].上海:华东师范大学,2013.
[9]谢翌.教师信念:学校教育中的"幽灵"——一所普通中学的个案研究[D].长春:东北师范大学,2006.
[10]徐泉.高校英语教师信念影响因素研究[D].武汉:华中师范大学,2011.
[11]张云.经验、民主和教育——从历史唯物主义的视角看杜威的教育哲学[D].上海:复旦大学,2005.

3. 期刊类

[1]陈冰冰,陈坚林.大学英语教学改革环境下教师信念研究(之一)——大学英语教师信念与实际课堂教学情况分析[J].外语电化教学,2008(2):14-20.
[2]陈国泰,曾佳珍.准幼儿教师教学信念的发展之个案研究[J].幼儿保育学刊,2005(3).
[3]陈嘉明.信念、知识与行为[J].哲学动态,2007(10):53-59.
[4]程晓玲,赵潇潇.教师信念培育与教学实践创新[J].大学教育科学,2012(4):66-70.
[5]程明喜,马云鹏.澳门小学数学教师教学信念的质化研究[J].数学教育学报,2018(2):41-45.

[6]崔允漷,王少非.教师专业发展即专业实践的改善[J].教育研究,2014(9):77-82.
[7]丁道勇.从"内容"到"结构":教师信念研究的主题转换及其价值[J].教育学报,2016(1):70-75.
[8]段文婷,江光荣.计划行为理论述评[J].心理科学进展,2008(2):315-320.
[9]段作章.教学理念的内涵与特点探析[J].教育导刊,2011(11):15-18.
[10]高强华.教师信念研究及其在学校教育革新上的意义[J].台湾大学教育研究集刊,1992(34).
[11]高强华.论实习教师的情意特质[J].中等教育,1992(3).
[12]郭晓娜.教师教学信念研究的现状、意义及趋势[J].外国教育研究,2008(10):92-96.
[13]韩爽,张聪.当前我国高中教师教学信念的结构性困境与破解[J].教育理论与实践,2015(14):29-31.
[14]江美姿.职前教师的学习与信念之文献分析[J].慈济大学人文社会科学学刊,2012(14).
[15]晋银峰.教学文化自觉:内涵阐释、意义探寻及实践路向[J].课程·教材·教法,2010(11):22-26,95.
[16]李秉德.教学理论与教学实践"两张皮"现象剖析[J].教育研究,1997(7).
[17]李家黎,刘义兵.教师信念的现实反思与建构发展[J].中国教育学刊,2010(8):60-63.
[18]李锦雯.基层钢琴教师教学信念与教学行为探讨[J].艺术教育研究,2010(19).
[19]李伟,林建香.信息技术教师教学信念与教学行为关系的调查研究[J].电化教育研究,2012(9):36-40,53.
[20]李新成,陈琦.维特罗克生成学习理论评介[J].山西大学学报,1998(4).
[21]梁凤珠.教师教学信念之影响因素分析[J].教育研究论坛,2012(1).
[22]林一钢.教师信念研究述评[J].浙江师范大学学报(社会科学版),2008(3):79-84.
[23]刘庆昌.论教学表现[J].课程·教材·教法,2013(5):45-51.
[24]刘胜男,赵敏.初任教师信念"ABCDE"塑造模式——基于"认知行为疗法"的启示[J].上海教育科研,2011(1):53-55.
[25]刘威德.教师教学信念系统与教学行为关系之研究[J].中州学报,2002(15).
[26]楼荷英,寮非.大学英语教师的教学信念与教学行为的关系——定性与定量分析

研究[J]. 外语教学与研究(外国语文双月刊),2005(4):271-275.

[27]卢真金. 试论学者型教师的成长规律及培养策略[J]. 高等师范教育研究,2001(1):31-36.

[28]吕林海. 教师教学信念:教学活动中技术整合的重要影响因素[J]. 中国电化教育,2008(4):16-20.

[29]马向真. 论威特罗克的生成学习模式[J]. 华东师范大学学报(教育科学版),1995(2):73-81.

[30]裴娣娜. 现代教学论生成发展之思——怀特海过程哲学的方法论启示[J]. 教育学报,2005(3):3-7.

[31]瞿葆奎,施良方. "形式教育"与"实质教育"(上)[J]. 华东师范大学学报,1988(1):9-24.

[32]申继亮,辛涛. 论教师教学的监控能力[J]. 北京师范大学学报(社会科学版),1995(1).

[33]沈德立,李洪玉,庄素芳,等. 中小学生的智力、学习态度与其数学学业成就的相关性研究[J]. 天津师范大学学报(基础教育版),2000(2):1-5.

[34]沈连魁,刘从国. 教师教学信念意涵之探讨[J]. 中正体育学刊,2007(1).

[35]宋宏福. 论教师的教育信念及其培养[J]. 现代大学教育,2004(2):37-39.

[36]孙维胜. 论学生正确的学习态度及其培养[J]. 当代教育科学,2003(19):13-16.

[37]唐剑岚,蒋蜜蜜,肖宝莹. 数学认识信念:影响数学学习过程的重要变量[J]. 课程·教材·教法,2014(6):61-66.

[38]王策三. "三维目标"的教学论探索[J]. 教育研究与实验,2015(1):1-11.

[39]王策三. 认真对待"轻视知识"的教育思潮——再评由"应试教育"向素质教育转轨提法的讨论[J]. 北京大学教育评论,2004(3):5-23.

[40]王恭志. 教师教学信念与教学实务之探析[J]. 教育研究资讯,2000(2).

[41]王卉. 理解:人的理想信念培育的现实路径选择[J]. 华中科技大学学报(社会科学版),2014(6):130-134.

[42]王慧霞. 国外关于教师信念问题的研究综述[J]. 宁波大学学报(教育科学版),2008(5):61-65.

[43]王俐文,邱淑惠. 教学信念之变与不变——以教育大学幼教系毕业生为例[J]. 幼儿教育年刊,2013(24).

[44]王平. 基于教师改革信念视角的课程改革困境反思[J]. 中国教育学刊,2014(8):

86-90,108.

[45]王坦,高艳.论合作教学的互动观及其启示[J].教育评论,1996(3):26-28.

[46]王烨晖,辛涛.国际学生核心素养构建模式的启示[J].中小学管理,2015(9):22-25.

[47]吴广义.英语教师信念的发展困境与对策[J].中国成人教育,2008(23):87-88.

[48]吴金航,朱德全.教学信念与教学行为相关:理想样态与实现路径[J].中小学教师培训,2018(6):11-15.

[49]吴金航,朱德全.教育微内容的内蕴表征与设计逻辑[J].湖南师范大学教育科学学报,2018(3):35-39,85.

[50]吴金航,朱德全.应用型地方高校课堂教学元评价研究——以贵州省某应用型高校课堂教学评价为例[J].国家教育行政学院学报,2016(5):60-66.

[51]吴玉明.谈有效的教学:由教师"教学信念"的角度探讨[J].教师之友,2002(1).

[52]肖川.教育:基于信念的事业[J].湖南师范大学教育科学学报,2015(1):28-33,75.

[53]肖正德.基于教师发展的教师信念:意蕴阐释与实践建构[J].教育研究,2013(6):86-92.

[54]谢翌,马云鹏.教师信念的形成与变革[J].比较教育研究,2007(6):31-35,85.

[55]辛涛,姜宇,刘霞.我国义务教育阶段学生核心素养模型的构建[J].北京师范大学学报(社会科学版),2013(1):5-11.

[56]辛涛,姜宇,王烨辉.基于学生核心素养的课程体系建构[J].北京师范大学学报(社会科学版),2014(1):5-11.

[57]徐继存,车丽娜.教学理解的意义之维[J].教育研究,2017(9):83-91.

[58]徐月.由信念发展追溯教师实践性知识的形成——"中学地理活动课教学"教师个案研究[J].教育学术月刊,2010(8):32-36.

[59]杨豫晖.教师教学信念的检视与反思:以小学数学教师为例[J].课程·教材·教法,2010(12):100-106.

[60]叶澜.新世纪教师专业素养初探[J].教育研究与实验,1998(1):41-46,72.

[61]叶澜.重建课堂教学价值观[J].教育研究,2002(5):3-7,16.

[62]易凌云,庞丽娟.教师教育观念:内涵、结构与特征的思考[J].教师教育研究,2004(3):6-11.

[63]俞国良,辛自强.教师信念及其对教师培养的意义[J].教育研究,2000(5):16-20.

[64]张凤娟,刘永兵.影响中学英语教师信念的多因素分析[J].外语教学与研究,2011(3):400-408,480.
[65]赵昌木.论教师成长[J].高等师范教育研究,2002(3):11-15.
[66]赵昌木.论教师信念[J].当代教育科学,2004(9):11-14.
[67]钟启泉.教学实践与教师专业发展[J].全球教育展望,2007(10):8-14.
[68]朱旭东,周钧.教师专业发展研究述评[J].中国教育学刊,2007(1):68-73.

4. 其他类

[1]汉典网[DB/OL]. http://www.zdic.net/c/f/152/337375.htm.
[2]洪亮.十年课改:超越成败与否的简单评价———“教师对新课改的评价”网络调查[EB/OL].(2011-10-16)[2017-02-10]. http://edu.people.com.cn/GB/15911286.html.
[3]教育部等五部门.教育部等五部门关于印发《教师教育振兴行动计划(2018—2022年)》的通知[EB/OL].(2018-03-22)[2018-04-16]. http://www.moe.gov.cn/srcsite/A10/s7034/201803/t20180323_331063.html.
[4]李新玲.十年课改说成败[N/OL].中国青年报,2011-10-20(03). http://zqb.cyol.com/html/2011-10/20/nw.D110000zgqnb_20111020_2- 03.htm.
[5]王维审.从两个案例谈激励教师的管理新路径[EB/OL].(2016-07-07)[2017-03-27]. http://blog.sina.com.cn/s/blog_5fd725a80102whxa.html.
[6]中华人民共和国教育部.教育部关于印发《幼儿园教师专业标准(试行)》《小学教师专业标准(试行)》和《中学教师专业标准(试行)》的通知[EB/OL].(2012-09-13)[2015-12-20]. http://www.moe.gov.cn/srcsite/A10/s6991/201209/t20120913_145603.html.
[7]中华人民共和国教育部.教育部关于大力推进教师教育课程改革的意见[EB/OL].(2011-10-08)[2015-12-20]. http://www.moe.gov.cn/srcsite/A10/s6991/201110/t20111008_145604.html.
[8]中华人民共和国教育部.教育部关于实施卓越教师培养计划的意见[EB/OL].(2014-08-19)[2015-12-20]. http://www.moe.gov.cn/srcsite/A10/s7011/201408/t20140819_174307.html.
[9]钟启泉.核心素养的“核心”在哪里——核心素养研究的构图[N].中国教育报,2015-04-01(007).
[10]周大平.教育现实与新课改目标还有距离[N/OL].中国青年报,2011-10-20(03). http://zqb.cyol.com/html/2011-10/20/nw.D110000zgqnb_20111020_2-03.htm.

（二）外文文献

1. 著作类

[1]ASHTON P T. Historical overview and theoretical perspectives of research on teachers' beliefs[M]//FIVES H, GILL M G. International handbook of research on teachers' beliefs. New York: Routledge, 2015.

[2]BANDURA A, WALTERA R H. Social learning and personality development[M]. New York: Holt, Rinehart & Winston, 1963.

[3]BEM D J. Self perception theory[M]//BRKOWITZ L. Advances in experimental social psychology. New York: Academic Press, 1972.

[4]CALDERHEAD J. Teachers: beliefs and knowledge[M]//BERLINER D C, CALFEE R C, MAYER R E, Handbook of educational psychology. London: Prentice Hall International, 1996.

[5] CLARK C M, PETERSON P L. Teachers' thought processes[M]//WITTROCK M C. Handbook of research on teaching. New York: Macmillan, 1986.

[6] CRESWELL J W. Qualitative inquiry and research design: choosing among five approaches[M]. California: Sage Publications, 2007.

[7]ROSSE W, CORNETT JW, MCCUTCHEON G. Teacher personal theorizing and reflective practice in teacher education[M]//ROSSE W, CORNETT JW, MCCUTCHEON G. Teacher personal theorizing: connecting curriculum practice, theoryand research. New York: State University of New York Press, 1992.

[8]ERTMER P A, OTTENBREIT-LEFTWICH A, TONDEUR J. Teacher beliefs and uses of technology to support 21st century teaching and learning[M]//FIVES H, GILL M G. International handbook of research on teachers' beliefs. New York: Routledge Press, 2015.

[9] FEIMAN-NEMSER S. FLODENR. The cultures of teaching[M]//WITTROCK M C. Hand-book of research on teaching. New York: Macmillan, 1986.

[10]FENNEMA E, FRANKE M U. Teachers' knowledge and its impact[M]//GROUWS D A. Handbook of research on mathematics teaching and learning. NY: Mac Millan, 1992.

[11]FIVES H, BUEHL M M. Spring cleaning for the"messy"construct of teachers' beliefs: what are they? which have been examined? what can they us?[M]//HARRIS K R,

GRAHAM S, URDAN T. APA education psychology handbook: individual differences and contextual factors. Boston: Allyn and Bacon, 2012.

[12] FIVES H, LACATENA N, GERARD L. Teachers' beliefs about teaching (and learning) [M]//FIVES H, GILL M G. International handbook of research on teachers' beliefs. New York and London: Routledge, 2015.

[13] FURINGHETTI F. Beliefs, conceptions and knowledge in mathematics teaching [M]// PEHKONEN E, TöRNER G. The state-of-art in mathematics-related belief research: results of the MAVI activities. Helsinki: University of Helsinki, 1998.

[14] GLESNE C. Becoming qualitative researchers: an introduction [M]. 3th ed. Boston: Pearson Education, 2005.

[15] KORTHAGENF A J. KESSELS K, KOSTER B, et al. Linking practice and theory: the pedagogy of realistic teacher education [M]. New York: Routedge, 2001.

[16] KUHN D. Metacognitiv development [M]//BALTER L, TAMIS-LEMONDA C S. Child psychology: a handhook of contemporary issues. Philadelphia: Psychology Press, 1999.

[17] LERMAN S. Situating research on mathematics teachers' beliefs and on change [M]// GILAH C L, PEHKONEN E, TORNER G. Beliefs: a hidden variable in mathematics education? Dordrecht: Kluwer Academic Publishers Springer Netherlands, 2002.

[18] LEVIN B B. The development of teachers' beliefs [M]//FIVES H, GILL M G. International handbook of research on teachers' beliefs. New York: Routledge, 2015.

[19] HOPKINSL T. Interaction: The democratic process [M]. Boston: D. C. Heath, 1941.

[20] MANSOUR N. Science teachers' cultural beliefs and diversities: a sociocultural perspective to science education [M]//MANSOUR N, RUPERT W. Science education for diversity: theory and practice. Netherlands: Springer Netherlands, 2013.

[21] MURPHY P K, MASON L. Changing knowledge and beliefs [M]//ALEXANDER P A, WINNE P H. Handbook of educational psychology .2nd ed. New Jersey: Lawrence Erlbaum Associates, 2006.

[22] NELSON B S. Reconstructing teaching: interactions among changing beliefs, subject-matter knowledge, in-structional repertoireand professional culture in the process of transforming one's teaching [M]//SOLOMON M Z. The diagnostic teacher-constructing new approaches to professional development. New York: Teachers College Press, 1999.

[23] PINTRICH P R. Implications of psychological research on student learning and college

teaching for teacher education [M]//HoustonW R. Handbook of research on teacher education. New York: Macmillan, 1990.

[24] RICHARD J C. LOCKHART C Reflective teaching in second language classrooms [M]. Beijing: People's Education Press, 1996.

[25] RICHARDSON V. The role of attitudes and beliefs in learning to teach [M]//SIKYLA J. Handbook of research on teacher education. New York: Macmillan, 1996.

[26] RICHARDSON V. PLACIER P. Teacher change [M]//RICHARDSON V. Handbook of research in teaching. 4th ed. Washington, D. C: American Educational Research Associ-ation, 2003.

[27] SHULMAN L S. Paradigm and research for the study of teaching [M]//WITTROCK M C. Handbook of research on teaching. 3rd ed. New York: Macmillan, 1986.

[28] SOMEKH B. Factors affecting teachers' pedagogical adoption of ICT [M]//VOOGT J, KNEZEK G. International handbook of information technology in primary and secondary education. New York: Springer, 2008.

[29] LERMAN S. Situating research on mathematics teachers' beliefs and on change [M]// GILAH C L, PEHKONEN E, TORNER G. Beliefs: a hidden variable in mathematics education? Dordrecht: Kluwer Academic PublishersSpringer Netherlands, 2002.

[30] TAYLOR P C. The influence of beliefs on constructivist teaching practices [M]// TOBIN K. The practice of constructivism in science and mathematics education. New Jersey: Lawrence Erlbaum Associates, 1993.

[31] THOMPSON A. Teachers' beliefs and conceptions [M]//GROUWS. Handbook of research on mathematics teaching and learning. New York, NY: Macmillan, 1992.

[32] WILLIAMS M, BURDEN R. Psychology for language teachers: a social constructivist approach [M]. Cambridge: Cambridge University Press, 1997.

2. 学位论文类

[1] LEATHAM K R. Preservice secondary mathematics teachers' beliefs about teaching with technology [D]. Athens: The University of Georgia, 2002.

[2] PETERMAN F P. A teacher's changing beliefs about learning and teaching [D]. Tucson: The University of Arizona, 1991.

3. 期刊类

[1] ABELSON R. Differences between belief systems and knowledge systems [J]. Cognitive

Science,1979(3).

[2]AJZEN I. The theory of planned behavior[J]. Organizational Behavior and Human Decision Processes,1991(50).

[3]AKCAY B. Effectiveness of professional development program on a teacher's learning to teach science as inquiry[J]. Asia-Pacific Forum on Science Learning and Teaching, 2007,8(2).

[4] ALGER C. Secondary teachers' conceptual metaphors of teaching and learning: changes over the career span[J]. Teaching and Teacher Education,2009(25).

[5]ARTHUR W. Combs. Teacher's beliefs and educational research: cleaning up a messy construct[J]. Research,1992,62(3).

[6]BANDURA A, FREEMAN W H, LIGHTSEY R. Self-efficacy: the exercise of control [J]. Journal of Cognitive Psychotherapy,1997.

[7]BANDURA A. Social cognitive theory: an agentic perspective[J]. Annual Reviews of Psychology,2001(52).

[8]BARKSDALE-LADD M A,THOMAS K F. Eight teachers' reported pedagogical dependency on basal readers[J]. The Elementary School Journal,1994(1).

[9]BORG M. Key concepts in ELT. Teachers' beliefs[J]. ELT Journal,2001,55(2).

[10]BRICKHOUSE N, BODNER G M. The beginning science teacher: classroom narratives of convinctions and constraints[J]. Journal of Research in Science Teaching, 1992,29(5).

[11]BROWN G T L, KENNEDY K J, FOK P W, et al. Assessment for student improvement: understanding hong kong teachers' conceptions and practices of assessment[J]. Assessment in Education: Principles, Policy and Practice,2009(16).

[12]BUCHMAN M. The use of research knowledge in teacher education and teaching[J]. American Journal of Education,1984(92).

[13]BUEHL M M,ALEXANDER P A. Examining the dual nature of epistemological beliefs[J]. International Journal of Educational Research,2006(45).

[14]BUEHL M M. FIVES H. Exploring teachers' beliefs about teaching knowledge: where does it come from? does it change?[J]. Journal of Experimental Education,2009(77).

[15]BUTLER A. Preservice music teachers' conceptions of teaching effectiveness, micro-teaching experiences, and teaching performance[J]. Journal of Research in Music Edu-

cation,2001,49(3).

[16]CABAROGLU N. Development of student teachers' beliefs about learning and teaching in the context of a one-year post-graduate certificate of education programme in modern languages[J]. Yakugaku zasshi the Journal of the Pharmaceutical Society of Japan,1999,82(1).

[17]CALDERHEAD J. Images of teaching: student teachers' early conceptions of classroom practice[J]. Teaching and Teacher Education,1991,7(1).

[18]CARRINGTON DEPPELER, MOSS. Cultivating teachers' beliefs, knowledge and skills for leading change in schools[J]. Australian Journal of Teacher Education, 2010,35(1).

[19]CHANT R H. The impact of personal theorizing on beginning teaching: experiences of three social studies teachers[J]. Theory and Research in Social Education,2002(30).

[20]CONNELLY F M, CLANDININDJ. Tellington teaching stories[J]. Teacher Education Quarterly,1994,21(1).

[21]COONEY T J, B E. SHEALY, B AROVOLD. Conceptualizing belief structures of preservice secondary mathematics teachers[J]. Journal for Research in Mathematics Eduction,1998(29).

[22]DECKER L E, RIMM-KAUFMAN S E. Personality characteristics and teacher beliefs among pre-service teachers[J]. Teacher Education Quarterly,2008,35(2).

[23]ENYEDY N, GOLDBERG J, WELSH K. Complex dilemmas of identity and practice[J]. Science Education,2006,90(6).

[24]ERNEST P. The knowledge, beliefs and attitudes of the mathematics teacher: a model[J]. Journal of Education for teaching,1989(15).

[25]ERKMEN B. Ways to uncover teachers' beliefs[J]. Procedia-Social and Behavioral Sciences,2012(47).

[26]ERTMER P A, OTTENBREIT-LEFTWICH A, SADIK O, et al. Teacher beliefs and technology integration practices: a critical relationship[J]. Computers and Education, 2012(59).

[27]FANG Z. A Review of research on teacher beliefs and practices[J]. ducational Research,1996,38(1).

[28]FIVES H. BUEHL M M. Exploring differences in practicing teachers' valuing of peda-

gogical knowledge based on teaching ability beliefs[J]. Journal of Teacher Education, 2014,65(5).

[29]GLAZER E, HANNAFIN M, POLLY D, RICH P. Factors and interaction influencing technology integration during situated professional development in an elementary school[J]. Computers in the Schools, 2009, 26(1).

[30]GUSKEY T R. Staff development and the process of teacher change[J]. Educational Researcher, 1986, 15(5).

[31]GUSKEY T R. Professional development and teacher change[J]. Teachers and Teaching: theory and practice, 2002, 8(3).

[32]HERMANS R, VAN BRAAK J, VAN KEER H. Development of the beliefs about primary education scale: distinguishing a developmental and transmissive dimension[J]. Teaching and Teacher Education, 2008(24).

[33]JACOBSON M J, et al. Epistemology and learning: impact on pedagogical practices and technology use in singapore schools[J]. Computers and Education, 2010(55).

[34]JANET S, ARNDT, MCGUIRE-SCHWARTZ M E. Early childhood school success: recognizing families as integral partners[J]. Childhood Education, 2008.

[35]JORAM E, GANRIELE A J. Preservice teachers' prior beliefs: transforming obstacles into opportunities[J]. Teaching and Teacher Education, 1998, 14(2).

[36]KAGAN D M. Implications of research on teacher belief[J]. Educational Psychologist, 1992, 27(1).

[37]KAGAN DONA. Professional growth among preservice and beginning teachers[J]. Review of Educational Research, 1992a(1).

[38]KAGAN D M. Ways of evaluating teacher cognition: inferences concerning the goldilocks principle [J]. Review of Educational Research, 1990(3).

[39]LEVIN B B, HE Y, ALLEN M H. Teacher beliefs in action: a cross-sectional, longitudinal follow up study of teachers' personal practical theories [J]. Teacher Educator, 2013, 48(3).

[40]LEWIN K. A dynamic theory of personality[J]. Yhologal Blln, 1935(11).

[41]LIGHT P H, MEVARECH Z R. Cooperative learning with computers: an introduction[J]. Learning and Instruction, 1992, 8(3).

[42]MANSOUR N. Science teachers' beliefs and practices: issues, implications and re-

search agenda [J]. International Journal of Environmental and Science Education, 2009,4(1).

[43]MARCIA B, MAGOLDA B.Evolution of a constructivist conceptualization of epistemological reflection[J]. Educational Psychology, 2004, 39(1).

[44]MCALPINE L, ERIKS-BROPHY A, CRAGE M. Teaching beliefs in mohawk classrooms: issues of language and culture [J]. Anthropology and Education Quarterly, 1996(27).

[45]MIHAELA V, ALINA-OANA B. When teachers' pedagogical beliefs are changing?[J]. Procedia-Social and Behavioral Sciences, 2015(180).

[46]MILLS J, SMITH J. Teachers' beliefs about effective instrumental teaching in schools and higher education[J]. British Journal of Music Education, 2003, 20(1).

[47]NESPOR J. The role of beliefs in the practice of teaching[J]. Journal of Curriculum Studies, 1987, 19 (4).

[48]NORMAN D A. Twelve issues for cognitive science[J]. Cognitive Science, 1980(4).

[49]NOSPOR J. The role of beliefs in the practice [J]. Journal of Curriculum Studies, 1987(19).

[50]PAJARES M F. Teachers' beliefs and educational research: cleaning up a messy construct[J]. Review of Educational Research, 1992, 62(4).

[51]ERNESTO P, ALONSO-TAPIA J. How do students self-regulate? review of zimmerman's cyclical model of self-regulated learning [J]. Anales De Psicologa~a, 2014, 30(2).

[52]PEABODY D. Beliefs and instructional practices among secondary teachers within selected high-and low-performing high schools [J]. Florida Journal of Educational Administration & Policy, 2011, 4(2).

[53]PETERSON P L, FENNEMA E CARPENTER T P, LOEF M. Teachers' pedagogical content beliefs in mathematics[J]. Cognition and Instruction, 1989(1).

[54]POTER A C, FREEMAN D J. Professional orientations: an essential domain for teacher testing[J]. Journal of Negro Education, 1986, 55(3).

[55]RAYMOND A M. Unraveling the relationships between beginning elementary teachers' mathematics beliefs and teaching practices[J]. Beginning Teachers, 1993(2).

[56]RICHARDSON, ANDERS, TIDWELL, LLOYD. The relationship between teachers'

beliefs and practices in reading com-prehension instruction[J]. American Educational Research Jour-nal,1991,28(3).
[57]ROKEACH M. Beliefs, attitudes, and values: a theory of organization and change[J]. Revue Française De Sociologie,1968.
[58]SAHIN C, BULOCK K, STABLES A. Teacher's beliefs and practices in relation to their beliefs about questioning at key stage[J]. Educational Studies,2002,28(4).
[59]SHAVELSON R J, STERN P. Research on teachers' pedagogical thoughts, judgements, decisions and behavior[J]. Review of Educational Research,1981,51(4).
[60]SIMMONS P E, et al. Beginning teachers: beliefs and classroom actions[J]. Journal of Research in Science Teaching,1999,(36).
[61]SIMON M, SCHIFTER D. Towards a constructionist perspective: an intervention study of mathematics teacher development[J]. Educational Studies in Mathematics,1991(22).
[62]SLAVIN R E. Cooperative learning[J]. Review of Educational Research,1980(50).
[63]SMITH K E. Development of the primary teacher questionnaire[J]. The Journal of Educational Research,1993,86(5).
[64]SO W M, WATKINS D A. From beginning teacher education to professional teaching: A study of the thinking of hong kong primary science teachers[J]. Teaching and Teacher Education,2005(21).
[65]SPEER N M. Connecting beliefs and practices: a fine-grained analysis of a college mathematics teacher's collections of beliefs and their relationship to his instructional practices[J]. Cognition and Instruction,2008(26).
[66]STUART C. THURLOW D. Making it their own: preservice teachers' experiences, beliefs, and classroom practices[J]. Journal of Teacher Education,2000,51(2).
[67]TABACHNICK B R, ZEICHNER K M, DENSMORE K, et al. The impact of the student teaching experience on the development of teacher perspectives[J]. Journal of Teacher Education,1984,35(6).
[68]TAYLOR P C S. The influence beliefs on constructivist teaching practices[J]. Cognitive Development,1990.
[69]TZUR R, SIMON M A, HEINZ K, KINZEL M. An account of a teacher's perspective on learning and teaching mathematics: implications for teacher development[J]. Journal of Mathematics Teacher Education,2001(4).

[70] VERJOVSKY J, WALDEGG G. Analyzing beliefs and practices of a mexican high school biology teacher[J]. Journal of Research in Science Teaching, 2005(42).

[71] WEHLING L J, CHARTERS J W. Dimensions of teacher beliefs about the teaching process[J]. American Educational Research Journal, 1969, 6(1).

附　录

附录1　资料收集工具

教师教学信念访谈提纲

尊敬的老师：

您好！为了深入掌握教师的教学信念及其生成规律，有效推进教师教学信念的培育与建构，西南大学教育学部"教师教学信念生成机制课题组"在全国小学开展了信念生成机制调查访谈。此次访谈大约需要60分钟，主要是关于您对教学要素的一些看法与主张，在访谈过程中，若涉及您的隐私，您可以拒绝回答；或者您不愿意回答的问题，我们可以随时终止。此次访谈结果，仅用于学术研究。同时，我们对访谈结果将严格保密，希望您所有的回答都基本属实。感谢您参与我们的访谈调查！

下面我们开始今天的访谈：

1. 您承担了哪些教学工作？主要承担的教学科目是什么？
2. 您认为课堂教学应该完成哪些任务？
3. 您对教材的主要观点是什么？
4. 您对教师角色的看法是什么？
5. 您对学生角色或学习的看法是什么？
6. 您对教学方法的看法是什么？
7. 您对课堂管理的看法是什么？
8. 您对教学评价的看法是什么？
9. 您对教学的看法是怎么形成？能举一些例子吗？
10. 您认为新手教师应该怎样发展自己的教学观念？

    能详细描述一些成功的例子吗？
11. 您认为哪些因素会影响这些看法的形成？能举一些例子吗？

再次感谢您的参与！

附录2 资料处理过程

附表2-1 教师教学信念的生成样态编码表

主轴念	次概念	事例与编码
教学目标	学科知识 学习兴趣 思维品质 语言表达 做人做事	英语单词必须严格听写，强迫学生去记去背，为的是让学生能有个好基础。(20170406-in-汪) 学生不应承担过度的作业和追求满分，而是培养学生的学习兴趣和爱好。(20161116-in-余) 培养学生思维就是我的教学目标。(20170406-in-何) 准确使用语言是数学学习中必须关注的细节。(20170411-in-谭) 解题就是培养学生习惯于探寻最优的解题策略，以此来训练学生对数学问题的思考能力与解决能力。(20170412-in-陈) 我们的孩子能够在语言文字的训练中学会做人、处事等方面的教育。(20170417-in-魏)
教学内容	教学内容的功能 教学内容的选择 教学内容的组织 教学内容的实施	通过数学课可以提升学生的思维水平。(20170411-in-谭) 无论选择哪个版本的教材，只要能完成国家教学大纲的要求就行了。(20170406-in-何) 汉语作为我国的母语，它都是文以载道。(20170417-in-魏) 教师应对教学内容具有选择的能力，而不是盲从地照本宣科。(20161126-in-余) 英语知识很复杂，需要采用归纳的方法把相关的知识点整合，也应列举生活中学生熟悉的内容。(20170406-in-汪) 用教材，而不是教教材。(20170410-in-彭)
教学主体	教师角色 及专业素养	老师不是知识的灌输者，而应该是引路人。(20160912-in-余) 谭老师表扬了该生勤于思考和敢于表达的勇气。(20170413-co-谭) 教师应该是一位旁观者。(20170417-in-何) 若老师要求学生做到的，自己首先做到。(20170406-in-汪) 教师应把学生当作自己的孩子一样关爱。(20170417-in-魏) 老师的专业知识一定要扎实。(20170406-in-汪)

续表

主轴念	次概念	事例与编码
	教师角色及专业素养	多与学生交流，及时了解其思想动态。(20170412-in-陈) 对老师而言，必须做到语言精练。(20170411-in-谭) 在备课、上课、课后需要经常地反思。(20170411-in-谭) 教师只有不断提升自己的专业素养，才能培养学生成长。(20161116-in-余)
教学主体	学生角色及学习	学生唯一的特点就是懒。(20170417-in-孙) 学生都很聪明，但需要老师去发现。(20170406-in-何) 老师要相信学生，多与学生接触，发现每个学生的特长，进行因材施教，才能促进学生的发展。(20161116-in-余) 养成主动学习的习惯后，一个人很难不爱上英语。(20170405-in-汪) 学习英语就要不断地重复。(20170405-in-汪) 学生一般的学习方法是：先复习、完成作业、预习新知识。(20161116-in-余) 我觉得词语应该以孩子熟悉的生活图像、形象进入他们的脑海，和他们已知的经验发生联系。(20170417-in-魏) 学习语文的表达一定是一个举三反一的过程。(20170417-in-魏) 我觉得很多东西都要让学生有自己的感受！你说了很多东西他不一定能听得懂，或许学生感受不深刻。(20170406-in-何)
	师生关系	师生之间应该以朋友相待。(20170411-in-谭) 师生之间应相互尊重。(20161116-in-余) 我觉得对学生要有爱，要用爱去感染学生。(20170410-in-彭)
教学方法	教学方法的价值 教学方法的功能	我觉得教学过程中方法是最重要。(20170405-in-汪) 通过一题多解，让学生自己发现同一问题的最佳解题方案。(20170411-co-谭) 课堂教学不是学生被动式的接受，而是教师引导下的主动发现。(20170417-in-魏) 老师要相信小组合作在学生发展中的重要意义。(20170411-in-谭) 通过“微写作”和“听读课”的方式促进学生知识拓展和能力的养成。(20170417-in-魏) 写作文时，我们得根据中心去选择材料，材料准备好以后，按照他们能为中心服务的作用大小安排主次，详略。(20170417-t-魏)

续表

主轴念	次概念	事例与编码
教学方法	教学方法的价值 教学方法的功能	用多媒体让学生先听标准的读音，然后获得一些感受，所以对学生的要求就是培养他们的语感，让他们能够感知英语活动的乐趣。(20170411-in-谌)
教学管理	管理的功能 管理的策略	良好的课堂秩序是以明确的规章为基础。(20170405-in-汪) 不同班级因学生人数、班风的不同，所运用的管理方式方法也不同。(20170406-co-何) 把性格外向和性格内向的学生或成绩差的和成绩好的学生安排坐在一起，可以实现互补。(20170412-in-陈) 干净整洁的环境能培育师生的愉悦心情。(20170405-in-汪) 老师对课堂管理的方法应该是民主的、和谐的，应该是调动学生的积极性，让学生自主管理，不能用镇压式的方式。(20170410-in-彭)
教学评价	评价标准 评价原则 评价内容 评价方法	一堂课的教学目标即是学生是否掌握本节课的知识点，是否得到思维的锻炼。(20170411-in-谭) 对学生的评价更应该关注他们的能力。(20170412-in-陈) 教学的目的不在于获得多少分数，而在育人。(20170417-in-魏) 对学生的评价一般是全方位的，如关注学生在课堂上的表现、课后作业完成情况以及学生进步。(20170412-in-陈) 对学生的成绩要进行分段评价。(20161116-in-余) 对学生学习应实行分层评价。(20170417-in-魏)

附表2-2　教师教学信念的生成途径编码表

主轴概念	次概念	事例与编码
多元学习	自主学习	为了提升自己，我就只能自补，并订了很多书刊……（20170417-in-魏） 寒暑假的时间基本上都用于学习。（20170405-in-汪）
	观察学习	课堂管理之所以要严格要求，其实与我的一位同事的教学经历有关。（20170405-in-汪） 重视生字词的教学是受到刚工作时观摩了一位老师的课堂教学的启发所致。（李老师——摘文）
	合作学习	加入名师工作室后改变了我已有的作文教学观念。（201704017-in-孙） 在课间对话中，教导主任不再相信“讲授——实际作业法”就是万能的灵丹妙药式的手段。（摘自《和青年校长的谈话》）
教学实践	师本教研	通过对“多动”学生采取适宜的干预，使我更坚信因生管理才是有效的管理。（20170412-in-陈）
	校本教研	公开课对我的成长还是很有帮助的，我可以从中发现老师们的一些有益的教学方法、教学技巧、课堂教学管理方法、作业评价方法，或教学观念。（20170417-in-魏） 听了老师们的建议后，当晚再次修改教学设计，保留较为有特色的能反映关键知识点的信息，再增设两个有关“引用”运用的练习题。（20170417-in-孙）
师资培训	学历培训	我的教学质量得到显著提高与参加成人继续教育（本科教育）有关。（20170411-in-谭）
	非学历培训	参加校外培训和进修，可以帮助老师们学到更多新的教育思想，避免老师们只拥有“死水”般的知识。（20161116-in-余） 参加“全国首届‘全课程’教学”的会议……今后的课应该基于“全课程”的角度去思考，去实践。（20170417-in-何）
教学反思	自我反思	对教学工作不断地进行总结反思，才能不断形成自己的一些想法和看法。（20170410-in-彭） 起初，教学效果不佳，经过对过去的教学活动认真反思后，才发现我的教学是把所有“食材”都做成“食物”了……（20170411-in-谭）

续表

主轴概念	次概念	事例与编码
教学反思	协同反思	在指导老师的帮助下，我突然明白了我的教学问题：学生没有参与到教学过程，学生只是看我表演的观众。（20170411-in-谌） 会后我反复思考老师们的建议，觉得其中一位老师的建议与我的问题较为相符……（20170417-in-何）

附表2-3　影响教师教学信念生成的产生场域编码表

主轴概念	次概念	事例与编码
主体场域	认知	信念意识、认知策略、自我效能感、自我反思
	情感	道德感、美感、理智感
	意志	克服外在阻力、坚定自己的主张
	成长经验	早期经验、学习经验、教学经验
实践场域	学生	认知结构、学习态度
	重要他人	同侪、专家、学生家长
	学校文化	管理理念、管理行为、对教师的支持
制度场域	考试制度	纸笔考试、智力考试、统一考试
	培训制度	名师课堂、新理念学习
	课程政策	新课程改革的实施

后　记

入学时的桂花清香似乎犹在，然已到了芙蓉斗寒霜的季节。回首读博经历，恰似我这一生难以忘怀的履历，充满五味杂陈。这一路，有过顿悟时的欣喜，停滞时的迷惘；有过清晰时的愉悦，混沌时的惆怅；有过前进时的兴奋，无为时的忧伤；有过轻松时的惬意，紧张时的焦虑……“不容易”是最能概括这一历程的心理表征。但能坚持突围没有懈怠，除了“我能行”这一信念支撑外，关键在于恩师朱德全教授对我的包容、信任、教诲和关心，同时也离不开诸多学识渊博的教授的教导，离不开志同道合的朋友、同学的帮助，离不开不计付出的家人的理解与支持，更离不开学校领导的关心。

在教导和关怀中释疑

“明师之恩，诚为过于天地，重于父母多矣。”能有幸进入博士生学习的殿堂，并能顺利获得博士学位，是恩师朱德全教授耐心教育、悉心指导和关怀的结果。恩师循循善诱，解除我在论文选题、开题、撰写过程中遭遇的种种困惑，拨去我心中的迷雾；恩师博我以文，助推我逐渐建构较为扎实、系统的知识结构，开阔了我的学术视野。恩师约我以礼，导引我不断修缮自身的言行举止，筑牢我求善的本性。一言以蔽之，恩师以严谨的治学作风、和蔼的指导态度和急学生所急的大爱情怀不仅教给我治学为人的方法和态度，同时也为我树立了一位求真、务实、严谨、热情、负责、包容的高校教师的榜样。即便难以企及恩师高深的学术造诣和崇高的德行，但这仍然是我今后治学为人的向往与追求。

同时，感谢兰心蕙质、懿德雅亮的师母陈晓燕老师，感谢师母在生活上给予我和同门如母爱般的无微不至的关怀。

在教学和提问中拓展

“赫赫师尹，民具尔瞻。”毕业之际，感念西南大学教育学部的领导和老师的谆谆教诲，他们的渊博学识、严谨治学精神、宽厚待人的人格魅力深深濡染我的每一个细胞，是我人生的宝贵财富。感谢靳玉乐教授、李森教授、徐学富教授、陈时见教授、张学敏教授、陈恩能教授、范蔚教授、吴晓蓉教授、兰英教授、孙振东教授、赵伶俐教授等老师在博士生课堂上带来的知识饕餮大餐，满足了我求知需求，让我受益匪浅。特别感谢徐学富教授、李森教授、吴晓蓉教授、范蔚教授、罗生全教授、张家军教授、张辉蓉教授、兰英教授、唐智松教授等老师在我论文开题和预答辩中不辞辛劳、指点迷津，拓展了我的研究视野，促进了论文的完善。感谢教育学部秦荣芳老师、李佳老师、李青老师的关心和帮助。

在帮助和鼓励中进步

“片言之赐，皆是师也。”在博士生学习和论文撰写过程中，得到了诸多好友和同学的帮助和鼓励，与他们不断的交流过程中，获得了诸多良言，促进了我论文日趋完善。感谢西南大学教育学部副教授林克松师兄在繁忙的工作中还抽出宝贵的时间认真地审阅我的论文，对论文结构、遣词造句、参考文献格式等方面详细地提出了许多富有建设性的修改意见和建议。感谢同门同级的李鹏博士在美留学时帮我下载英文文献和共享科研心得。感谢同门好室友吕鹏博士在我论文撰写受困受挫时给予启迪与鼓励，以及在生活上给予关照和论文修改上的指教。感谢好友张铭凯博士后在我撰写论文懈怠时给予敦促，分享科研心得，以及对论文提出了许多可行性修缮建议。感谢西南大学教育学部教授张良博士后给予论文提出的研究思考点，以及提供参考书籍。感谢姚元锦师兄、徐晓容师姐、陈正权师弟、彭敏师妹、马新星师弟、张媛媛师妹、吴虑师妹、蒋成飞师弟、黎兴城师弟、许丽丽师妹、王新华师弟、曾欢师妹、马红霞师妹等同门在我求学期间的鼓励和帮助。感谢吴仁英、李叶峰、张云奇、何谐、毋改霞、兰珍莉、侯秀云、梁剑、张和平、陈宣霖、张有龙、谭天美、廖为海、刘志慧、李伟、石娟等同学的帮助与关心。感谢老友李旭、何孔潮、陈星、欧阳修俊、付光槐、王伟、邵忠祥、左成光、杨新友、张鸿翼、赵庚、徐计、沈成春、王炳庆、吕龙、蒙海、鲁应剑等的关照与帮助。感谢“羽协”提供了锻炼身体和充分交流的机会，从而达成劳逸结合、体智双修。感谢西南大学教育学部408机房的小伙伴们的关心与帮助。感谢秦兴东、汪梅、金桂梅、刘勇、吴道江等好友为我联系访谈对象。感谢受访教师积极配合调研工作。

在支持和关心中安放

心安才能固学。博士学位论文能得以付梓，与家人的理解和大力支持不可分割，没有他们的理解和支持，我难以专一于学业。于此，要感谢早已迈入暮年且疾病缠身的父母没抱怨儿子因学业繁重而在他们生病时未能尽应有的孝道,反而时时不忘问候我的学业进展和身体健康情况,本想从今以后可以弥补这些年的“负债”,终生遗憾的是父亲却等不到这一刻。感谢年迈的岳父岳母放弃晚年的休养,在身体有恙时仍坚持帮忙抚育和接送女儿,感谢他们的理解和关心。感谢我的爱人余舒,感谢她用单薄的身体坚强地挑起了我读博期间的家庭重担,感谢她不辞辛苦地给予女儿无微不至的照顾和关怀备至的教育。感谢我可爱乖巧懂事的女儿,即便不能经常陪伴你成长,你依然爱这个不称职的老爸,甚至给予暖心的安慰——“爸爸,要早点完成作业”。感谢三姐在繁忙之中不忘却关心我的学业和身体近况,感谢您及家人在我最困难的时候给予资助。感谢家人给予的精神慰藉和大力的物质支持。感谢哥哥和姐姐在父母生病时毫无怨言的照料,感谢他们的理解与支持。正是他们为我提供了坚强后盾,才使我焦虑之心得以安放,专注学业。因此,本书凝结了他们的心血、温情和教诲。

此外,感谢百忙之中抽出宝贵时间评阅我博士学位论文和出席我博士学位论文答辩的专家、教授。感谢他们对论文的进一步完善提出了宝贵的、中肯的、建设性的修改意见。

“生有涯,学无涯。”博士求学经历即将画上句号,新的人生学习之旅即将开启。老师的谆谆教诲,同学的热情帮助,家人的理解支持,都深深烙印在我的灵魂深处,永远激励着我砥砺奋前。

本书能得以付梓出版,一是感谢贵州师范大学教育学院的经费支持,特别感谢贵州师范大学教育学院的领导和各位同事给予我工作和生活上的关照;二是感谢知识产权出版社的王辉老师,他耐心仔细地校对和不厌其烦的沟通减少了书中许多错误;三是感谢团队的成员——吴雪、黄远佳、黄澳庆、付臣宇、余碧林、陈彦旭、杨乡锐、李欢、邓丽娅、李金雪等在书稿校对中所做的基础性工作。

由于作者水平有限,书中难免挂一漏万,恳请读者批评指正!

吴金航

2024年4月22日

书稿于贵州师范大学教育学院